中国证券业发展报告(2015)

Development Report of China's Securities Industry (2015)

中国证券业协会◎著

中国财政经济出版社

图书在版编目（CIP）数据

中国证券业发展报告.2015/中国证券业协会著.—北京：中国财政经济出版社，2015.5

ISBN 978-7-5095-6184-3

Ⅰ.①中… Ⅱ.①中… Ⅲ.①证券市场-经济发展-研究报告-中国-2015 Ⅳ.①F832.51

中国版本图书馆CIP数据核字（2015）第079198号

责任编辑：翁晓红等　　责任校对：徐艳丽

封面设计：田　晗　　版式设计：董生平

中国财政经济出版社出版

URL：http：//www.cfeph.cn

E-mail：jiaoyu@cfeph.cn

社址：北京市海淀区阜成路甲28号　邮政编码：100142

发行处电话：88190406　财经书店电话：64033436

北京财经印刷厂印刷　各地新华书店经销

787×1092毫米　16开　26.75印张　580 000字

2015年5月第1版　2015年5月北京第1次印刷

定价：70.00元

ISBN 978-7-5095-6184-3/F·4981

（图书出现印装问题，本社负责调换）

本社质量投诉电话：010-88190744

打击盗版举报热线：010-88190492、QQ：634579818

《中国证券业发展报告（2015）》

编 委 会

《中国证券业发展报告（2015）》

作者名单

（按照姓氏笔画排序）

于　佳	万华伟	王庆莉	王宏博	王明昆	王建业
王海航	井维维	文京雄	邓纬安	申　屹	台　闯
吕　阳	吕丽华	朱有为	朱志雄	朱　蕾	庄虔华
刘　威	刘　胤	刘晓亮	许志祥	孙天姝	孙雯雯
严志辉	严登伟	李坤堂	李明亮	李　凯	李海英
李朝晖	李　歌	杨冉冉	肖　丹	吴一萍	何苗苗
汪　丽	汪　睿	宋世浩	宋旭东	宋　娜	张大威
张小莉	张　庆	张春玲	张　玲	张　荣	张　黎
陈久红	陈春雷	陈显泉	欧阳王钴	罗再宏	周洪荣
胡友群	胡泽利	姜婧一	姜　斓	姚泽力	贺　娜
贾　新	谈　恺	曹永强	曹　芳	常丽娟	商　田
董　妍	雷霏霏	蔡振忠	谭先福	潘志坚	潘静思

前　言

中国证券业协会会长　**陈共炎**

2014 年是资本市场改革深化、证券行业创新发展成效显著的一年。国务院出台的《关于进一步促进资本市场健康发展的若干意见》（简称新“国九条”），从经济社会发展全局的高度，对新时期资本市场长期稳健发展进行了统筹规划和总体部署。中国证券业协会以资本市场新“国九条”为指引，在中国证监会的领导下，持续推动行业创新发展，通过组织召开证券经营机构创新发展研讨会，着力于证券行业创新措施的落实，逐步消除证券公司创新发展的制约因素，证券行业创新发展环境显著改善，进一步夯实了行业创新发展的基础。证券公司投融资、销售交易、资产管理、支付结算、风险管理等基础功能更加健全；行业收入结构得到改善，特别是证券公司资产管理、融资融券等资本中介业务飞速发展，已经成为行业重要的收入来源；业务范围不断拓展，证券公司柜台业务、场外金融衍生品、互联网证券业务、私募业务、跨界业务等创新业务已经起步，服务实体经济特别是中小微企业的业务能力增强。

《中国证券业发展报告（2015）》紧紧围绕行业和市场的变化，以专题报告的形式重点介绍了 2014 年场外市场、互联网证券、场外衍生品等的发展情况。作为年度发展报告，《中国证券业发展报告（2015）》立足于从行业宏观视角和业务发展的维度，通过对行业数据的分析、国际经验的借鉴，全面、深入、客观地反映了 2014 年行业的发展全貌、行业特色和发展趋势，力求为中国证券业的发展留下真实可靠的历史资料，并为今后证券业的发展提供必要借鉴。

由于编写时间紧迫，《中国证券业发展报告（2015）》难免有疏漏、错误之处，敬请业内同仁、广大读者提出宝贵意见和建议。

2015 年 4 月

目　录

总　报　告

2014 年中国证券业发展回顾与展望

分　报　告

分报告之一：2014 年中国证券经纪业务发展回顾与展望

分报告之二：2014 年中国投资银行业务发展回顾与展望

分报告之三：2014 年中国证券公司资产管理业务发展回顾与展望

分报告之四：2014 年中国证券公司融资类业务发展回顾与展望

分报告之五：2014 年中国证券公司投资业务发展回顾与展望

分报告之六：2014 年中国证券公司国际化业务发展回顾与展望

分报告之七：2014 年证券经营机构投资咨询业务及证券资信评级业务发展回顾与展望

专 题 报 告

专题报告之一：2014 年场外市场发展综述

专题报告之二：2014 年互联网证券发展综述

专题报告之三：2014 年证券公司场外衍生品业务发展综述

专题报告之四：中国证券公司固定收益业务发展综述

专题报告之五：2014 年中国证券业信息技术与服务发展综述

专题报告之六：2014 年中国证券公司合规与风险管理发展综述

专题报告之七：2014 年证券公司投资者保护工作报告

总 报 告

2014 年中国证券业发展回顾与展望

第一章

2014 年中国证券业发展现状

2014 年作为全面深化改革的元年，中国经济步入新常态，如何平稳实现经济结构调整和增长方式升级转变，加速推进创新驱动发展战略，对国内资本市场建设和证券行业发展而言，既是机遇，也是挑战。

2014 年 5 月，国务院发布《关于进一步促进资本市场健康发展的若干意见》（以下简称新“国九条”），作为贯彻落实党的十八大和十八届二中、三中全会精神、全面深化资本市场改革的纲领性文件，从经济社会发展全局的高度，对新时期资本市场改革、开放、发展和监管等方面进行了统筹规划和总体部署，对于指导当前和今后一个时期资本市场各项工作具有重要的现实意义，对我国资本市场的长期稳健发展产生深远影响。为落实新“国九条”，2014 年证券监管部门采取了一系列举措：大力推进监管转型，简化行政审批程序，取消部分行政审批，同时加强事中事后监管；积极推动《中华人民共和国证券法》（简称《证券法》）修订及证券发行注册制改革；不断完善监管法规，推出优先股试点管理、私募基金管理等制度，完善创业板上市制度、上市公司资产重组制度、退市制度，全国中小企业股份转让系统做市商制度等；推动多层次资本市场建设，全国中小企业股份转让系统挂牌公司数量大幅增加，区域股权市场呈现出融资渠道更为灵活多样的新特点，证券公司柜台市场成为私募业务创新的新平台；推出“沪港通”，资本市场双向开放取得突破性进展。

2014 年也是证券行业创新发展较快的一年，行业整体实力显著提升，基础功能进一步完善，服务实体经济能力不断加强，以融资类业务为代表的资本中介业务快速成长，业务范围不断扩大，产品种类日益丰富，证券行业盈利水平显著提升，互联网证券布局明显提速，证券业务国际化步伐加快。截至2014年底，120家证券公司总资产为4.09万亿元，净资产为9 205.19亿元，净资本为6 791.60亿元，客户交易结算资金余额（含信用交易代理买卖证券款）1.2万亿元，托管证券市值24.86万亿元，受托管理资金本金总额7.96万亿元，共实现营业收入2 602.84亿元，净利润965.54亿元。与2013年相比，证券公司总资产和净资产分别增长96.63%和22.11%，证券公司客户交易结算资金余额增加115%；托管证券市值增加62%；受托管理资金本金总额增加53.27%；融资融券余额增幅达195.48%；营业收入增长63.45%，净利润增长119.34%。

一、证券行业总体情况

（一）证券公司发展情况

截至2014年底，全国共有证券公司120家，较2013年新增5家。其中20家证券公司在沪、深证券交易所上市，较2013年新增国信证券1家；4家证券公司在香港联合证券交易所上市，较2013年新增中原证券1家；另有两家证券公司在全国中小企业股份转让系统挂牌（见图1－1）。

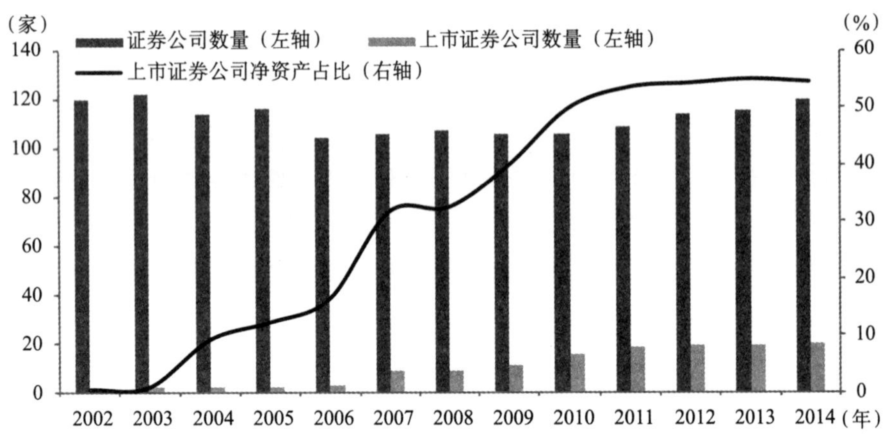

图1－1　2002—2014年证券公司数量及上市证券公司净资产占比变化

资料来源：中国证券业协会网站、Wind资讯。

1. 证券公司资产规模——资本实力增强，抗风险能力提升

截至2014年12月31日，证券公司总资产为4.09万亿元，净资产为9 205.19亿元，净资本为6 791.60亿元，客户交易结算资金余额（含信用交易代理买卖证券款）1.2万亿元，托管证券市值24.86万亿元，受托管理资金本金总额7.96万亿元（见图1－2）。

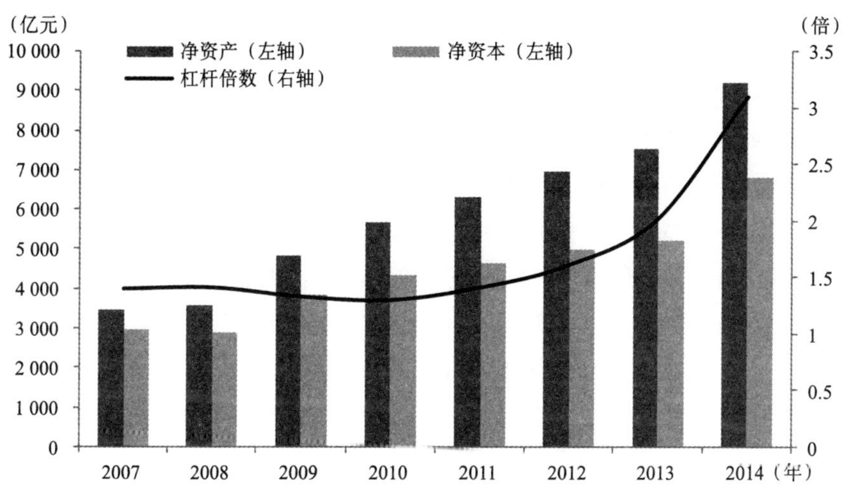

图 1－2　2007—2014 年证券公司资本规模情况

注：杠杆倍数＝（总资产－客户交易结算资金）/净资产。

资料来源：中国证券业协会网站、Wind 资讯。

与 2013 年相比，2014 年证券公司总资产和净资产分别增长 96.63% 和 22.11%，资本实力明显增强，抗风险能力有所提升。受益于证券市场上扬，2014 年末证券公司客户交易结算资金余额 1.2 万亿元，较 2013 年底的 5 557.42 亿元增加 115.93%；托管证券市值 24.86 万亿元，较 2013 年 15.36 万亿元增加 61.85%；受托管理资金本金总额 7.96 万亿元，较 2013 年增加 53.27%；融资融券余额大幅增至 10 256 亿元，较年初增加了 6 785 亿元，增幅达 195.48%。

证券公司规模的集中度数据显示出竞争格局的状态基本稳定，净资产和净资本集中度在经历了 2013 年的阶段性谷底之后缓慢回升，但总资产集中度却始终保持着上升趋势，早已超越了 2007 年的高点。2014 年总资产、净资产、净资本前 5 家证券公司的集中率（CR5）分别为 38.70%、33.63% 和 22.68%（见图 1－3）。

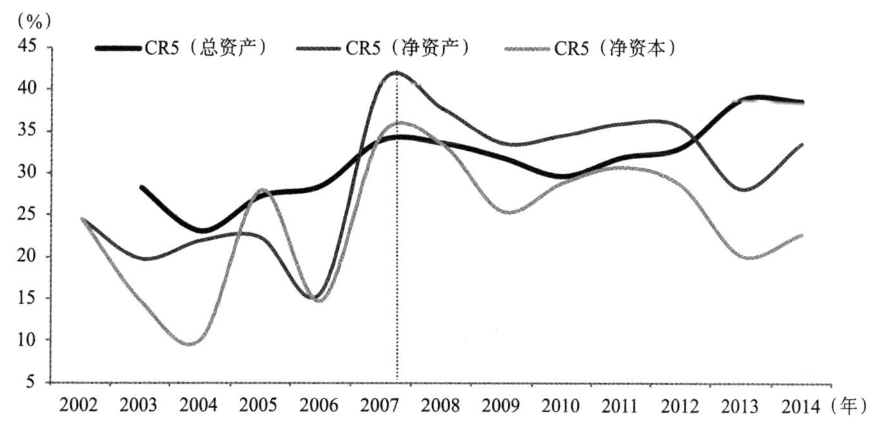

图 1－3　2002—2014 年证券公司规模集中度变化情况

资料来源：中国证券业协会、Wind 资讯、各公司年报及 2014 年中报。

2. 证券公司业务利润变动和收入结构情况——盈利水平提升，收入结构改善

2014 年全年证券公司实现营业收入 2 602.84 亿元，同比增加 63.45%；实现净利润 965.54 亿元，同比大幅增加 119.34%；净利率为 37.10%，大幅提升 9.46 个百分点；行业净资产收益率（ROE）为 10.49%，上升了 4.65 个百分点。

在盈利水平提升的同时，2014 年证券公司营收结构亦有所改善，创新业务和传统业务相得益彰、相互促进。经纪、承销和自营这三项传统业务占比加总虽然近年来始终维持在 75%左右的水平，但比例有所调整：一是证券投资净收益受益于证券市场指数持续上扬，收入占比较 2013 年增长了 8.1%；二是 2014 年下半年证券市场交易量持续放大助推经纪业务收入占比回升；三是证券承销与保荐业务占比较 2013 年微幅提升，从 8.08%增至 9.23%。与此同时，融资融券等创新业务快速成长并已成为证券公司主要收入来源之一，占总收入的比重从 2013 年的 11.59%增至 2014 年的 17.14%（见表 1－1）。

表 1－1　　2014 年证券公司利润和收入情况

项目	2014 年上半年	2014 年全年	2013 年
营业收入（亿元）	930.30	2 602.84	1 592.41
代办买卖证券业务净收入占比（%）	34.51	40.32	47.68
投资咨询业务净收入占比（%）	0.88	0.86	1.62
证券承销与保荐业务净收入占比（%）	11.77	9.23	8.08
财务顾问业务净收入占比（%）	2.38	2.66	2.81
受托客户资产管理业务净收入占比（%）	5.06	4.78	4.41
证券投资净收益占比（%）	29.01	27.29	19.19
融资融券业务利息净收入占比（%）	17.56	17.14	11.59
其他业务占比（%）	2.10	1.24	4.62
净利润（亿元）	323.49	965.54	440.21
净利率（%）	34.77	37.10	27.64

注：净利率 = 净利润/营业收入 ×100%。

资料来源：中国证券业协会。

尽管证券公司的盈利状况仍与股票市场的波动明显挂钩，行业对市场波动的依赖程度还是比较高，但我们通过分析收入结构不难发现，伴随创新业务的快速成长及其与传统业务的融合发展，证券行业“靠天吃饭”的局面已大幅改善（见图 1－4）。

3. 证券公司营业网络分布情况——布局更加优化

截至 2014 年底，证券公司营业部共 7 199 家，较 2013 年增加 1 414 家，增幅达 24.44%，其中新增营业部多为轻型营业部。在区域分布上，广东、江苏、浙江等沿海省份依然是增设营业部最多的区域，分别较 2013 年增加了 165、158、145 家；中部地区格局不像沿海地区稳定，2013 年扩张较快的湖南、河南、陕西 2014 年都较稳定，而江西却异军突起，2014 年扩张了 111 家营业部，增速接近沿海大省。东部沿海地区的营业部竞争激烈程

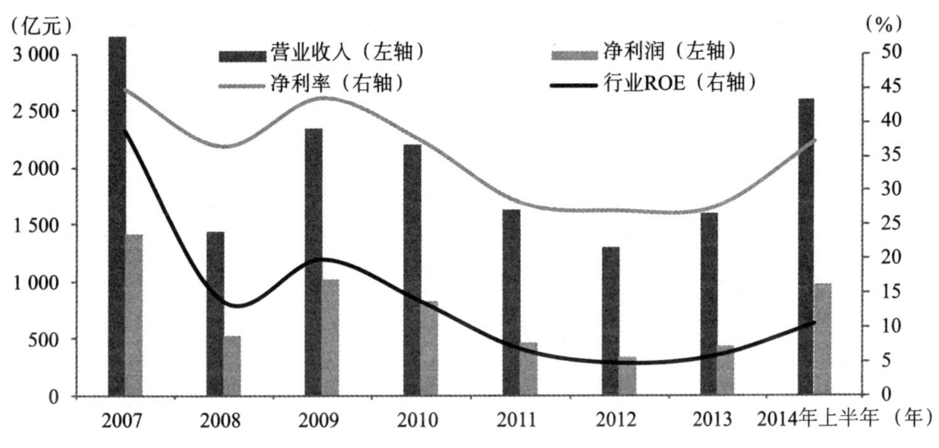

图 1－4　2007—2014 年证券公司盈利情况

资料来源：中国证券业协会网站、Wind 资讯。

度从扩张速度就可以看得出来，而这一趋势在中部地区愈发明显（见表 1－2 和图 1－5）。

表 1－2　　近年来证券公司营业部辖区分布　　（单位：家）

地区	2010 年	2011 年	2012 年	2013 年	2014 年
广东	613	673	703	769	934
江苏	300	334	363	445	603
浙江	333	370	381	436	581
上海	476	483	489	501	575
山东	222	253	280	315	403
北京	228	253	265	287	338
福建	188	218	237	256	316
四川	199	210	219	242	301
辽宁	205	202	215	228	283
湖北	145	182	190	204	249
湖南	162	168	177	209	243
江西	108	114	117	124	235
河南	131	143	145	170	229
安徽	135	148	158	165	211
河北	148	158	165	175	199
陕西	92	105	119	140	168
重庆	96	111	111	119	163
山西	90	108	122	130	146
黑龙江	113	117	121	122	140
天津	95	101	103	108	128

续表

地区	2010 年	2011 年	2012 年	2013 年	2014 年
广西	82	87	98	101	127
云南	64	69	74	101	121
吉林	84	91	96	104	120
内蒙古	51	60	61	66	85
甘肃	58	60	63	66	71
贵州	32	44	48	54	66
新疆	59	62	62	62	64
海南	33	37	40	40	44
宁夏	18	19	23	24	29
青海	10	13	13	16	17
西藏	3	4	5	6	10
总计	4 573	4 997	5 263	5 785	7 199

资料来源：上海证券交易所网站。

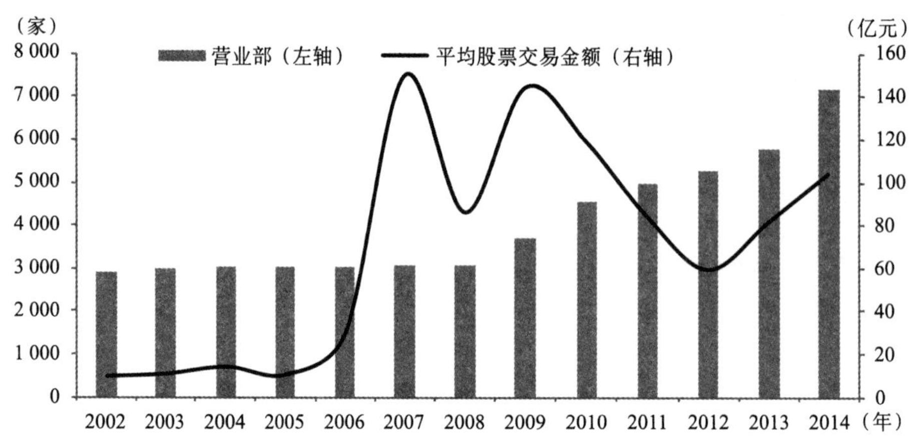

图 1－5　2002—2014 年证券公司营业网络分布发展情况

资料来源：上海证券交易所网站，Wind 资讯。

尽管证券公司营业部数量快速增长，2014 年单家证券营业部平均股票交易金额仍延续了 2013 年的回升势头，单家营业部平均股票交易金额从 81 亿元增至 105 亿元，增幅为 29. 63% 。受证券市场交投活跃影响，证券公司营业部的经营状况有所改善。

4. 证券行业从业人员——从业人员数量平稳增长

截至 2014 年底，证券行业（含证券公司和证券投资咨询机构）已注册从业人员 23. 97 万人，较 2013 年增加 15 437 人，增幅为 6. 88% 。其中，一般从业人员 14. 5 万人，证券经纪业务营销人员 2 962 人，证券经纪人 5. 55 万人，证券投资咨询业务（分析师）2 866 人，证券投资咨询业务（投资顾问）2. 95 万人，保荐代表人 2 637 人，投资主办人 1 214 人。

证券从业人员的结构出现了“四多一少”的变化格局：投资主办人同比增幅最大，较

2013 年增加 23.12%；其次是证券经纪人，同比增幅为 19.65%；投资顾问和保荐代表人数量均较 2013 年增长 11.93%；一般证券业务从业人员数量同比增长 2.58%；证券投资咨询业务（分析师）人数与 2013 年大致相当；证券经纪业务营销从业人员数量则较 2013 年减少 995 人，降幅近 25.15%（见表 1－3）。

表 1－3　2013—2014 年证券行业（含证券公司和证券投资咨询机构）从业人员规模及分布

（单位：人）

年度＼人员	从业人员	一般证券业务	证券经纪业务营销	证券经纪人	证券投资咨询业务（分析师）	证券投资咨询业务（投资顾问）	证券投资咨询业务（其他）	保荐代表人	投资主办人
2014 年	239 734	145 033	2 962	55 503	2 866	29 519	0	2 637	1 214
2013 年	224 297	141 388	3 957	46 389	2 838	26 373	0	2 356	986

资料来源：中国证券业协会。

（二）证券投资咨询公司发展状况

截至 2014 年底，通过中国证监会年检的证券投资咨询公司共 84 家。证券咨询机构的格局基本上保持稳定，变化不大。从地域分布来看，上海、北京和深圳仍然是证券投资咨询公司的集中地，上海 19 家，北京 18 家（2014 年增加 1 家），深圳 9 家。

2014 年证券投资咨询机构的注册证券从业人员 1 522 人，较上年的 1 495 人有小幅增加。其中具有注册证券投资咨询业务（分析师）资格的有 209 人，较 2013 年减少 29 人；具有注册证券投资咨询业务（投资顾问）资格的有 1 046 人，较 2013 年增加 16 人；具有一般证券业务资格的有 267 人，较 2013 年增加 40 人。

（三）证券市场资信评级机构发展状况

截至 2014 年底，经中国证监会批准的从事证券市场资信评级业务的资信评级机构共 7 家。根据 2014 年中国证券业协会专项调查统计，7 家资信评级机构资产总额达 15.46 亿元，同比增加 35.73%；营业收入合计 7.78 亿元，比 2013 年增长 14.24%，其中证券评级业务收入约占 31.79%。

2014 年，得益于债券市场扩容力度的加大，资信评级业务出现大幅增长。2014 年我国债券市场共发行各类债券 12.13 万亿元，同比大幅增加 34.48%。资信评级机构共承接债券评级项目 6 270 项，为 2013 年的 4.56 倍。首次评级项目 4 917 单，跟踪评级项目 1 353单。

截至 2014 年底，7 家证券资信评级机构的员工总数共计 1 305 人，其中具有证券从业资格的评级人员 448 人，较 2013 年增长 8%；具有硕士以上学历的人员占比为 62%，较 2013 年提升了 8%；拥有博士学历人员的占比由 2013 年的 4% 上升至 6%。

二、证券公司各项业务开展情况

（一）经纪业务——营收增长，集中度微幅下滑

1. 市场规模、交易及收入情况

截至2014年底，境内上市公司（A、B股）达到2 613家，相比于2013年增加124家；上市公司总市值和流通市值大幅提升，分别同比增加55.79%和58.12%，达到37.25万亿元和31.56万亿元，流通市值占比约为84.72%。

2014年，股票和基金交易共实现79.11万亿元的交易额，同比增长63.82%。其中，全市场全年累计成交股票74.39万亿元，较2013年增长58.92%；累计成交基金4.72万亿元，是2013年的3.19倍，交易活跃度显著提升。2014年交易所债券市场持续火爆，实现89.28万亿元的成交量，同比增长37.84%；交易所债券成交额再次超过股基交易总额（见表1－4）。

表1－4　　2013—2014年市场规模和交易情况

项目 / 年度	上市公司数量（家）	退市公司数量（家）	股本（万亿股）		市值（万亿元）		股票成交额（万亿元）	基金成交额（万亿元）	交易所债券成交额（万亿元）
			总股本	流通股本	总市值	流通市值			
2014年	2 613	3	3.68	3.23	37.25	31.56	74.39	4.72	89.28
2013年	2 489	7	3.38	3.00	23.91	19.96	46.81	1.48	64.77

资料来源：Wind资讯。

证券公司经纪业务与证券市场交易活跃状况密切相关。2014年随着股基交易量的大幅增长，证券公司经纪业务净收入达1 049.48亿元，同比增长38.23%。

2. 股票账户情况

2014年，沪深两市股票账户和基金账户较2013年均有所增长，增幅明显快于2013年。截至2014年底，两市A股账户总数超过1.81亿户，净增882.24万户，同比增加5.11%；B股账户共255.55万户，净增1.29万户，同比增加0.51%；基金账户共5 186.22万户，净增740.81万户，同比增加16.66%（见表1－5）。

表1－5　　2013—2014年A股账户和基金账户变化情况　　（单位：万户）

账户 / 年度	A股账户总数	B股账户总数	基金账户总数
2014年	18 145.62	255.55	5 186.22
2013年	17 263.38	254.26	4 445.41

资料来源：中国证券登记结算有限责任公司。

从A股账户的构成来看，与2013年相比，除证券公司自营账户外，2014年各类账户的

数量均有增加。其中，人民币合格境外投资者（RQFII）、基金公司专户理财产品、证券投资基金和证券公司集合理财的账户增速最为明显，增幅均超过 60%。从各类账户的比重来看，2014 年自然人账户约占 99.61%，与 2013 年基本持平；一般机构账户和专业机构账户分别约占 0.31% 和 0.07%，专业机构账户数量比重略有提升（见表 1－6）。

表 1－6　　2013—2014 年 A 股账户结构变化情况

账户	2014 年	2013 年
A 股账户总数（亿户）	1.8146	1.7263
自然人（亿户）	1.8076	1.7198
证券投资基金（户）	5 080	3 089
证券公司自营（户）	85 205	91 384
证券公司集合理财（户）	3 311	2 041
基金公司专户理财产品（户）	9 450	3 859
社保基金（户）	254	230
企业年金（户）	6 184	5 598
QFII（户）	826	612
RQFII（户）	563	156
保险（户）	1 955	1 564
信托（户）	17 170	13 700
一般机构（户）	569 792	533 107

资料来源：中国证券登记结算有限责任公司。

3. 市场集中度情况

2014 年，证券经纪业务的市场集中度与 2013 年相比略有下降。2014 年，排名前 5 家（CR5）和前 10 家（CR10）的证券公司股票及基金交易量的市场份额分别为 24.93% 和 43.5%，与 2013 年相比分别下降 0.16 和 0.52 个百分点。

（二）投资咨询业务——投资顾问与财富管理融合发展，研报业务创新不断深化

投资咨询业务包括证券投资顾问业务和发布研究报告这两种基本的服务形式。2014 年全年，投资咨询业务实现净收入 22.31 亿元，同比下降 13.46%。

1. 投资顾问与财富管理业务相互融合、探索前行

2014 年中国证券业协会专项调查统计显示，截至 2014 年底，在参与调研的 92 家证券公司中，共有 84 家已开展投资顾问业务。其中，63 家设立了专门从事及管理投资顾问业务的独立部门，与 2013 年相比基本持平。特别是，2014 年已有 19 家证券公司成立了一级部门来从事投资顾问业务，比 2013 年多 5 家，其余 44 家则多在经纪业务总部、零售业务部、销售交易部、产品服务部等一级部门下开展该项业务。从投资顾问部门的内部分工来看，主要从产品、服务、管理和技术支持等方面着手。从事投资顾问业务的部门主要定位于以服务

为导向，且从事投资顾问业务的公司中有 61 家已经创造业务收入，业务收入主要源于差别佣金和投资顾问费用。

证券公司投资顾问业务的组织形式基本以总部和分支机构分工协作为主。总部主要负责投资顾问业务规章制度、投研体系、风控体系的构建，以及业务的组织、推广、培训、指导及系统支持等；分支机构则具体负责投资顾问业务的开展。从人员规模来看，总部投资顾问的平均团队规模为 12 人，分支机构投资顾问平均规模为 216 人，分支机构规模明显提升。虽然人员总体规模与 2013 年相近，但拥有硕士及以上学历的从业人员规模上升明显，达到 4 959 人，约为 2013 年的 2.40 倍。

2014 年中国证券业协会专项调查统计显示，投资顾问业务的产品类型较为丰富。根据投资者的风险偏好，设立稳健型、平衡型、进取型产品；根据投资标的，设立权益类、固定收益类、杠杆类、组合类产品；根据服务对象，设立标准化产品和个性化产品；根据服务方式，设立基础服务产品、终端服务产品、投资顾问服务产品、短信服务产品及资讯服务产品。同时，投资顾问业务出现了新的发展渠道，微信平台、电商平台等开放性平台也成为投资顾问业务发展的新途径。

2014 年，投资顾问业务发展最重要的变革是向财富管理业务的转型升级。2014 年中国证券业协会专项调查统计显示，在已经开展投资顾问业务的 84 家证券公司中，有 44 家已将投资顾问业务向财富管理业务转型，40 家证券公司设立了专门从事及管理财富管理业务的独立部门。调查统计显示，财富管理业务的产品类型包括公司内部开发的资产管理计划、柜台市场产品及代销的公募基金、私募基金产品、固定收益产品、另类投资产品等。证券公司财富管理业务的组织形式也基本以总部和分支机构分工协作为主。从人员规模来看，总部财富管理的平均团队规模为 18 人，分支机构财富管理平均规模为 420 人，其中拥有硕士及以上学历的从业人员平均规模达到 57 人，具有 5 年以上从业经验的员工平均规模为 194 人，可见财富管理业务的从业人员总体上具备较高的专业素养。

2014 年投资顾问业务和财富管理业务依然是在探索中前行，在发展中规范。整体来说，投资顾问业务和财富管理业务还未能摆脱服务经纪业务的从属地位，投资顾问业务整体定位依然是增强客户黏性，提升客户满意度。从业务形势来看，获取差别佣金和投资顾问管理费是投资顾问业务的主要盈利模式；财富管理业务则是在了解客户风险偏好的基础上，通过为客户配置各类金融产品，获取产品销售费用。

2. 发布研究报告业务平稳发展

根据 2014 年中国证券业协会专项调查统计，在参与调研的 90 家证券公司中，设有研究所（部、子公司）的 85 家证券公司，总共发布研究报告 130 995 篇，同比减少 19.25%；其中，深度报告 14 276 篇，约占研究报告总数的 10.89%，在数量上略有降低，但在比重上上升了近 2 个百分点。

从证券研究的广度来看，主要包括宏观研究、策略研究、行业与公司研究、金融工程研究、综合研究、基金研究、债券及固定收益研究、买方研究、衍生品研究、特别覆盖研究、理财产品研究、大宗商品研究、汇率研究、数量与指数研究、财富研究、中小市值研究、（金融）创新研究等。研究报告为证券研究产品的主要形式。

证券研究服务包括本公司内外部服务。在开展证券研究的 85 家证券公司中，79 家开展了对公司内部的服务，62 家开展了对机构客户的产品推广及服务工作，并有 51 家以内部服务为主，该比重明显上升。外部服务对象包括公募基金、保险公司、社保基金、私募基金、产业资本、资产管理公司、证券公司资产管理部门、证券公司自营部门、合格境外机构投资者（QFII）、合格境内机构投资者（QDII）、海外客户 、高净值客户等，服务形式以提供研究报告和路演为主。内部服务包括对本公司分支机构的服务和对公司其他部门的服务。前者服务形式以发布研究报告和举行策略报告会为主；后者服务对象涉及公司其他各个业务部门，包括经纪业务部、投资银行部、资产管理部、证券投资部、固定收益部、融资融券部等，服务形式以提供研究咨询和投资报告为主。

2014 年，证券研究部门适应市场变化，加强研究业务创新，创新方向主要体现在以下几个方面：（1）应对“沪港通”需求，加强国际化研究和国外机构客户服务；（2）推出微信公众号，拓展研究发布渠道；（3）加大量化研究力度；（4）加强新三板等场外市场研究；（5）围绕相关主题、热点进行跨行业、跨公司的整合性研究。

根据 2014 年中国证券业协会的专项调查统计，从事发布研究报告业务的人员数量有所减少，85 家证券公司研究所（部、子公司）的全部员工总数为 3 332 人；其中，具有 5 年及以上从业经验的员工人数为 1 193 人，约占 35. 80%；具有博士及以上学历的员工人数为 309 人，同比减少 91 人。

（三）证券承销与发行业务——股权融资业务增长明显

2014 年证券公司在境内证券交易所市场（包括 A 股市场、B 股市场和证券交易所债券市场）证券承销总额为 10 757. 81 亿元，同比增长 56. 25%。其中，首次公开发行（IPO）融资 668. 89 亿元，占证券承销总额的 6. 22%；股票再融资 6 778 亿元，占证券承销总额的 63. 01%；债券承销总额为 3 310. 92 亿元，约占证券承销总额的 30. 78%。受益于 IPO 重启及再融资持续活跃，2014 年股权融资较 2013 年大幅增长，股权融资总量同比增幅达 165. 7%，并且证券公司股权承销业务集中态势继续维持，但在交易所市场债券承销总额较 2013 年有所下降。

1. 股票发行与承销业务

（1）首次公开发行（IPO）。2013 年 12 月中国证监会重启 IPO 后，2014 年证券公司共完成首次公开发行 125 家公司，共募集资金 668. 89 亿元。

（2）再融资。2014 年再融资市场持续升温，全年实现再融资规模共计 6 778 亿元，较 2013 年增长 3 975. 24 亿元，增幅超过 141. 83%。

2. 债券发行与承销业务

2014 年，证券公司在交易所市场承销债券总额达 3 325. 53 亿元，同比减少 18. 53%。其中，公司债的承销占比最大，约占74.64%。中小企业私募债作为创新融资产品，2014年持续迅速发展。全年共发行313只中小企业私募债，共募集资金532亿元，较2013年增长71.14%，平均单只私募债融资约1.70亿元，也高于2013年单只1.26亿元的融资水平（见表1-7）。

表1-7　2013—2014年证券公司在交易所市场承销债券规模和结构情况　（单位：亿元）

项目 年度	总计	公司债	可转债	可分离债	中小企业私募债
2014年	3 325.53	2 482.30	311.23	0.00	532
2013年	4 082.07	3 219.91	551.31	0.00	310.85

资料来源：中国证监会。

3. 证券公司参与全国中小企业股份转让系统业务

（1）挂牌公司情况。根据全国中小企业股份转让系统统计数据，2014年全国中小企业股份市场发展迅速，截至2014年底，全国中小企业股份挂牌公司数量达1 572家，是2013年底的4.42倍；市场成交金额达130.36亿元，是2013年的16.02倍。

2014年共有76家证券公司作为主办证券公司，参与全国中小企业股份公司挂牌和推荐业务。其中，前5家推荐公司数量占比达到25.22%，前10家占比为41.71%，分别比2013年降低13.26和15.87个百分点。

（2）定向增发融资情况。2014年，全国中小企业股份融资规模增长迅速。全年中小企业股份转让系统共完成327次发行，共计发行26.42亿股，实现募集资金129.99亿元，分别较2013年增长805.14%和1 197.31%；平均每家挂牌公司募集资金5 767.94万元，单家公司募资规模是2013年的3.40倍（见图1-6）。

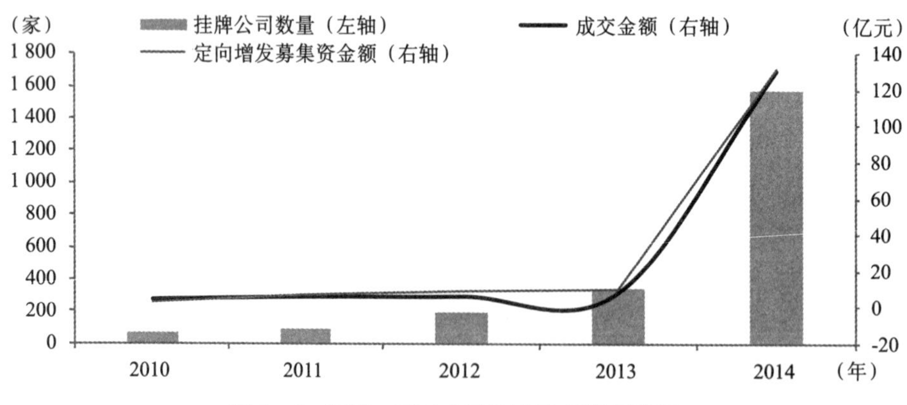

图1-6　2010—2014年新三板市场发展情况

资料来源：全国中小企业股份转让系统。

4. 证券承销与发行业务收入情况

2014年，证券公司证券承销业务行业总收入为240.19亿元，同比增长86.74%，这是2011年后该业务收入增长幅度最大的一次。IPO重启和再融资规模持续放大是2014年证券承销与发行业务收入显著增长的主要原因（见图1-7）。

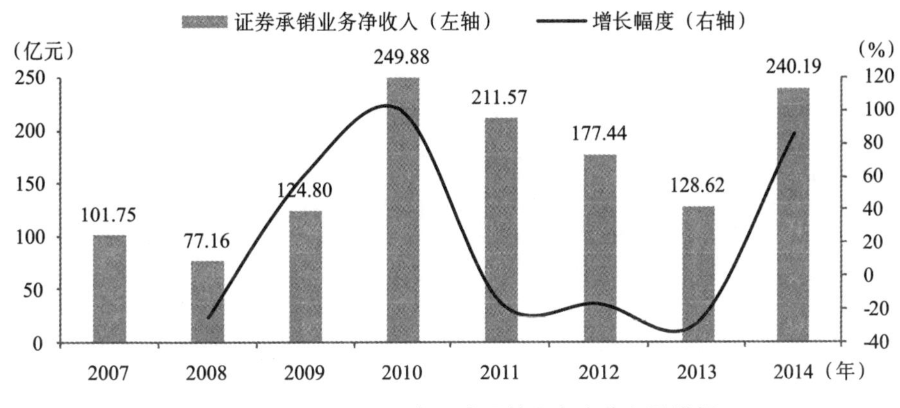

图 1－7　2007—2014 年证券承销业务净收入及增幅

资料来源：中国证券业协会。

5. 市场集中度情况

从股票和债券承销项目募集资金的集中度来看，2014 年改变了 2005 年以来证券承销业务集中度逐步下降的趋势；股债承销市场前 5 家证券公司的集中率上升 1.96 个百分点，前 10 家证券公司的集中率上升 3.72 个百分点。其中，债券承销市场集中度的提升较为显著，前 5 家和前 10 家的集中度分别上升 5.17 和 5.40 个百分点；股票承销市场的集中度反而有所下降，CR5 和 CR10 两个指标分别下降 8.58 和 4.11 个百分点。

（四）财务顾问业务——并购交易活跃，助推产业升级转型

2014 年，根据中国证监会的公告数据，共有 183 个并购重组项目通过并购重组委的审核。其中，上市公司的并购重组主要集中于“发行股份购买资产”和“吸收合并”两种类型。全年首次披露重大资产重组交易 234 起，同比增长 68.34%，重大资产重组交易规模达 5 976 亿元，同比上升 65.15%。在经济结构调整和产业升级的背景下，全年电子、计算机、传媒等新兴产业并购交易占比较高，跨界并购、海外并购有所上升。

2014 年，证券公司财务顾问业务累计实现 69.19 亿元的营业收入，同比增长 54.61%；财务顾问业务在行业总收入的比重与 2013 年基本持平，约为 2.66%（见图 1－8）。

（五）资产管理业务——规模大幅提升，产品线日益丰富

1. 资产管理产品规模情况

截至 2014 年底，国内证券公司受托管理资金总计 7.96 万亿元，较 2013 年增长 53%。其中，集合理财产品 2 197 只，期末合计受托管理金额 6 437.01 亿元，规模增长 78.91%；专项资产管理产品 149 只，期末受托管理金额合计 395.13 亿元，是 2013 年的 3.55 倍；90 家证券公司发行了定向资产管理产品，合计期末受托管理金额 7.28 万亿元，是 2013 年的 1.51 倍，且占 2014 年资产管理资金总规模的 91.4%。相较于 2013 年，2014 年证券公司资产管理业务在公募基金产品、QDII、资产证券化方面均推出了各自的创新产品，单只集合理

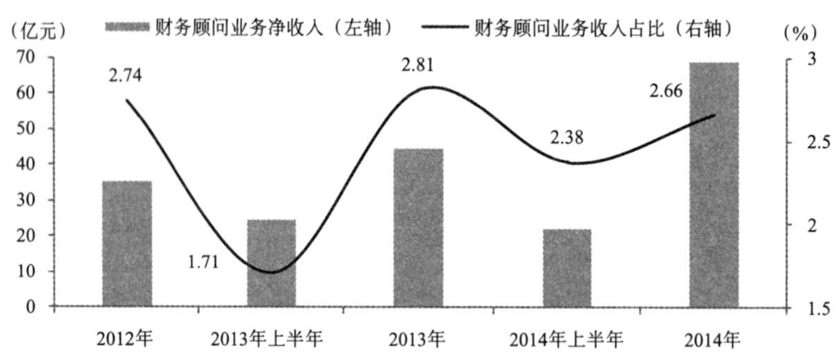

图 1－8　2012—2014 年财务顾问业务净收入及其业务比重

资料来源：中国证券业协会。

财产品新发行规模大幅下降，定向资产管理产品增速减缓，专项理财产品发行规模稳定成长，备案制有效助推资产证券化产品发行数量和规模出现井喷，资产管理产品投资业务同比大幅提升（见表 1－8）。

表 1－8　2013—2014 年证券公司资产管理业务规模（存量）一览

类别 年度	集合资产管理产品		专项资产管理产品		定向资产管理产品	
	产品数量（只）	期末受托金额（亿元）	产品数量（只）	期末受托金额（亿元）	产品数量（只）	期末受托金额（亿元）
2014 年	2 197	6 437. 01	149	395. 13	90	72 792. 72
2013 年	1 308	3 597. 95	48	111. 46	89	48 251. 30

资料来源：中国证券业协会。

2. 资产管理业务收入情况

2014 年，证券公司资产管理业务规模的扩大也带来营业收入的大幅提升；全年该业务净收入达 124. 35 亿元，同比增长 76. 88%；资产管理业务在行业总收入中的占比也略有提升，由 2013 年的 4. 41% 提高到 4. 78%（见图 1－9）。

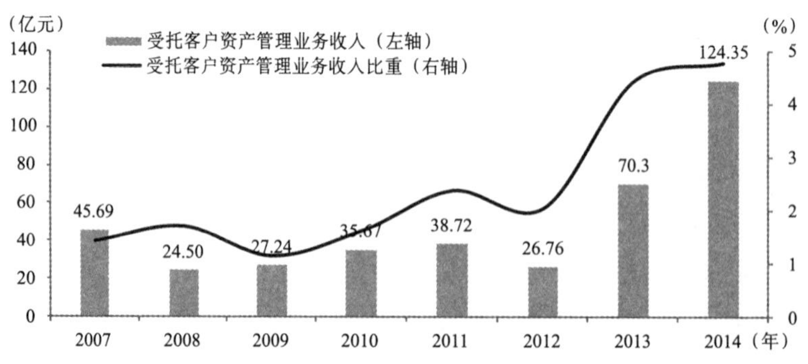

图 1－9　2007—2014 年资产管理业务净收入及其业务比重

资料来源：中国证券业协会。

（六）证券自营业务——投资规模增长，收益大幅提升

受益于证券市场持续向好，2014 年证券公司证券投资业务收益大幅提升。截至 2014 年底，证券公司进行金融产品投资的资金规模达 8 764.34 亿元，同比增加 32.50%。其中，股票资产的比重相较于 2013 年提升了 3.83 个百分点，债券资产的比重同比下降了 8.29 个百分点。全年证券公司含公允价值变动的证券投资收益达 710 亿元，较 2013 年增加 404.48 亿元，增幅达 132.39%（见表 1－9）。

表 1－9　2013—2014 年证券公司金融产品投资配置情况

产品 年度	投资规模（亿元）	股票（%）	基金（%）	债券（%）	权证（%）	其他证券产品（%）
2014 年	8 764.34	16.51	6.84	63.60	0	13.50
2013 年	6 614.80	12.68	6.36	71.89	0	9.07

资料来源：中国证券业协会。

（七）融资类业务——规模增长显著，成为证券公司收入的主要来源

1. 融资融券业务——余额大幅增长，市场快速发展

2014 年转融通业务和融资融券业务均得到空前发展。首先，转融通业务逐渐成熟，转融资试点证券公司由 2013 年底的 52 家增至 81 家，转融券试点证券公司由 2013 年底的 30 家增至 73 家，标的证券由 287 只扩大至 625 只；其次，融资融券标的证券由 2013 年底的 712 只增加至 914 只，开展融资融券业务的证券公司数量由 84 家增至 91 家。此外，年内启动的“沪股通”还允许投资者在中国香港市场开展具备上交所融资融券标的资格的“沪股通”标的证券的融资融券交易。

（1）融资融券交易情况。2014 年，融资融券市场交易规模迎来爆发式增长。截至 2014 年底，融资融券余额突破万亿元大关，达 10 256.56 亿元，是 2013 年底该余额的 2.96 倍。其中，融资余额 10 172.06 亿元，约占融资融券余额的 99.20%；融券余额 81.84 亿元，约占 0.80%。与 2013 年底相比，融券余额的比重下降 0.08 个百分点。

从融资融券的交易规模来看，2014 年融资买入和融券卖出总额首次突破十万亿元规模，累计达到 15.55 万亿元，约为 2013 年的 2.48 倍。其中，融券卖出的交易额约占融资买入和融券卖出总额的 7.24%，显著低于 2013 年的 14.95%。由此可见，融资交易在 2014 年比 2013 年更为活跃，相反，融券交易则较为谨慎。

从整个 A 股市场来看，2014 年融资融券交易成为提高股票市场流动性的重要力量。截至 2014 年底，融资融券余额约占 A 股市场流通市值的 3.21%，融资融券交易额约占 A 股交易总额的 20.98%，而这一数字在 2013 年分别为 1.74% 和 10.19%（见图 1－10 和图 1－11）。

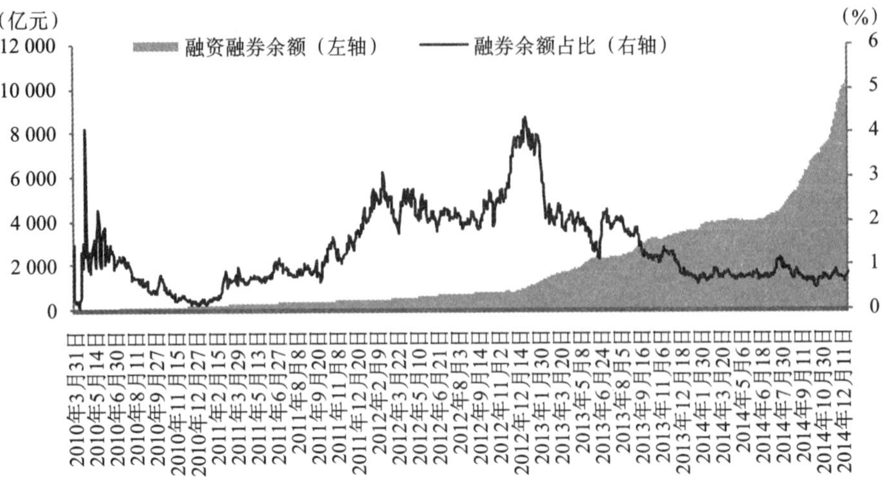

图 1－10　融资融券业务开展以来规模发展情况

资料来源：Wind 资讯。

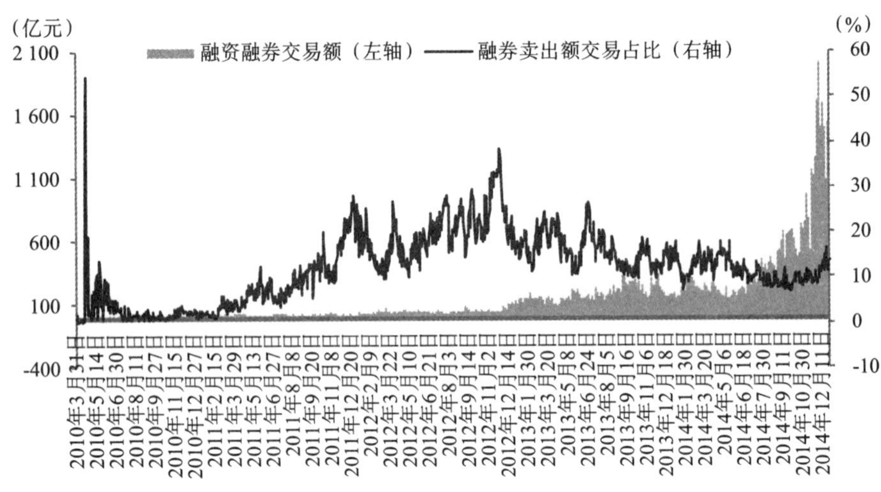

图 1－11　融资融券业务开展以来交易情况

资料来源：Wind 资讯。

（2）转融通交易情况。我国的转融通业务包括转融资业务和转融券业务。转融资业务是指中国证券金融股份有限公司将自有或者依法筹集的资金出借给证券公司，供其办理融资业务的经营活动；转融券业务是指持有股票的机构（包括基金公司、上市公司大股东、投资公司等）将自有或者融入的证券出借给证券公司，供其办理融券业务的经营活动。我国证券市场的转融资和转融券业务分别于 2012 年 8 月 30 日和 2013 年 2 月 28 日开始启动。2014 年 6 月，转融券试点范围进一步扩大，新增 43 家证券公司获得转融券业务试点资格。

截至 2014 年底，分别有 81 家和 73 家证券公司在中国证券金融公司具有转融资和转融券资格，转融通余额约为 1 144.61 亿元，是 2013 年底的 1.98 倍，约占融资融券余额的 11.16%。其中，转融券余额在转融通余额中的比重在 2014 年 12 月达到历史最高值，约为

9.39%（见图 1-12）。

（3）融资融券投资者情况。2014 年，融资融券业务参与者数量持续增加。截至 2014 年 12 月，融资融券信用账户开户数为 586.43 万户，约是 2013 年底的 2.19 倍；2014 年平均每月新增 26.60 万户信用账户，该值约为 2013 年月增量的 1.90 倍（见图 1-13）。

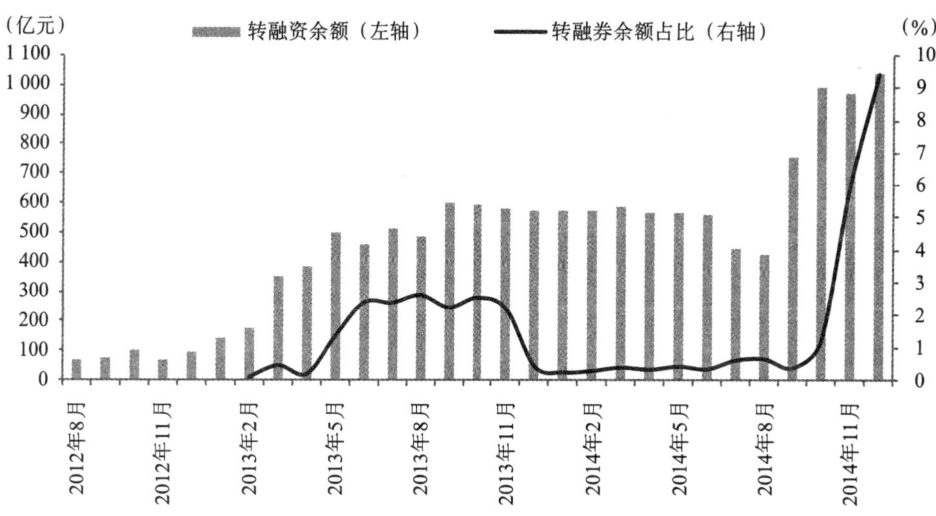

图 1-12　转融通业务开展以来规模情况

资料来源：Wind 资讯。

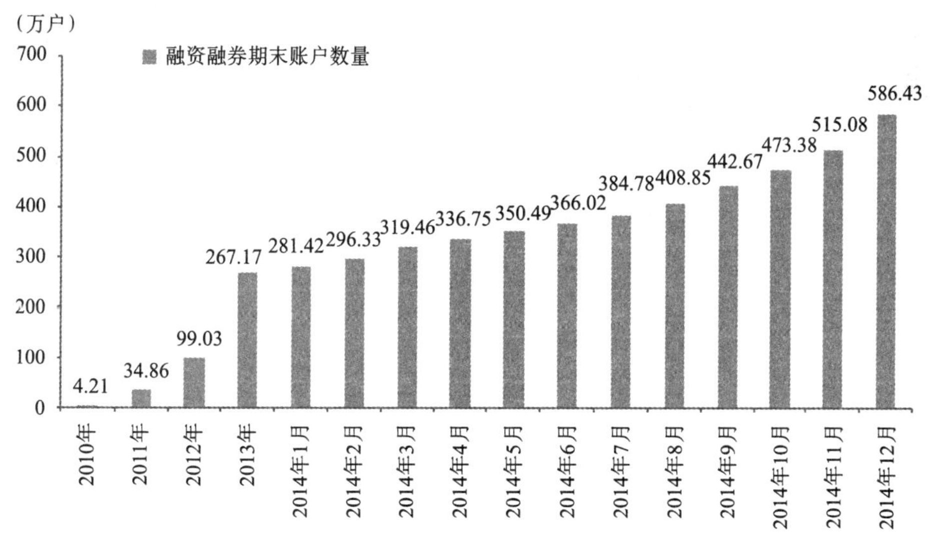

图 1-13　证券信用账户期末账户数量

资料来源：中国证券金融股份有限公司。

（4）融资融券市场集中度情况。截至 2014 年底，国内证券市场共有 91 家证券公司开展融资融券业务，前 5 家证券公司融资融券余额的集中度变化不大，而前 5 家融券余额的集中度呈现上升趋势。在2014年内，融资融券余额前5家占比由1月份的30.99%略降至12月份的30.45%，融券余额前5家占比则由年初的46.01%上升至52.86%，上升了6.85个百分点。同时，融券余额的集中度明显高于融资融券余额（或融资余额）的集中度，2014年末前者比后者高22.41个百分点（见图1－14）。

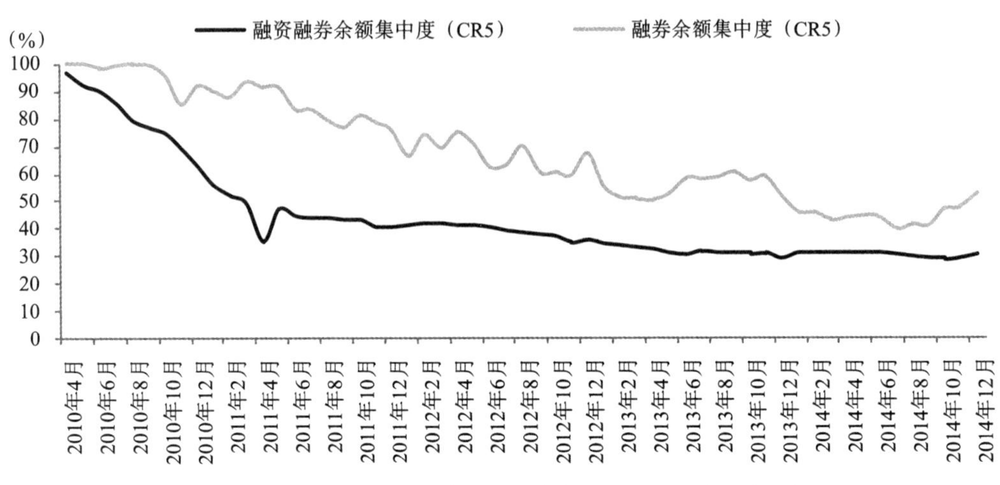

图1－14　证券公司开展融资融券业务的融资融券余额集中度情况

资料来源：Wind资讯。

2. 约定购回式证券交易业务——存续金额下滑

上海证券交易所和深圳证券交易所约定购回式证券交易业务分别于2011年10月和2013年1月开闸。约定购回式证券交易是指符合条件的客户以约定价格向其指定交易的证券公司卖出标的证券，并约定在未来某一日期客户按照另一约定价格从证券公司购回标的证券，除指定情形外，待购回期间标的证券所产生的相关权益于权益登记日划转给客户的交易行为。

根据上海证券交易所和深圳证券交易所专项统计数据，截至2014年底，沪市和深市均有81家证券公司获得约定购回式证券交易试点资格，其中在上海证券交易所实际开展交易的证券公司有74家，在深圳证券交易所实际开展交易的有76家。自两市开展该业务以来，共完成29 348笔初始交易，初始交易金额共计709.45亿元，沪市和深市分别完成16 387笔、410.85亿元和12 961笔、298.6亿元。其中，购回交易共计25 000笔，购回交易总额约为601亿元，约占初始交易金额的84.71%。

2014年，受交易规则限制及股票质押式回购交易的替代作用影响，约定购回业务的市场规模逐步下降。2014年末两市存续金额约109亿元，较2013年末的约260亿元大幅下降58.08%。

截至2014年底，证券公司间约定购回式证券交易业务的竞争发展更为集中，初始交易金额排名前5位的证券公司交易金额约占行业整体的46.84%，前10位的证券公司交易金额约占64.95%，分别比2013年底增加3.37个百分点和2.25个百分点。

3. 股票质押式回购交易业务——规模快速增长，业务多元化发展

2013年6月，股票质押式回购交易业务同时在上海证券交易所和深圳证券交易所开闸。

股票质押回购是指符合条件的资金融入方以所持有的股票或其他证券质押，向符合条件的资金融出方融入资金，并约定在未来返还资金、解除质押的交易。

根据上海证券交易所和深圳证券交易所专项统计数据，截至 2014 年底，共有 90 家证券公司在沪、深证券交易所开通股票质押式回购交易权限，其中在上海证券交易所实际开展交易的证券公司有 84 家，在深圳证券交易所实际开展交易的有 89 家。截至 2014 年底，两市股票质押式回购初始交易金额共计 4 854.81 亿元，其中 1 480.20 亿元已购回，约占 30.49%。待购回初始交易金额 3 374.61 亿元，涉及股票市值 10 075.67 亿元，平均履约担保比例约为 298.57%。从资金融出方来看，约 57.65% 的资金为证券公司自有资金，42.35% 的资金为证券公司受托客户资金，其中证券公司自有资金比重大大降低，比 2013 年底降低约 12.88 个百分点。2014 年末股票质押式回购业务存量规模约 3 375 亿元，较 2013 年增长 3 倍。

截至 2014 年底，证券公司间股票质押式回购交易业务的竞争发展稍有分散，初始交易金额排名前 5 位的证券公司交易金额约占行业整体的 39.16%，前 10 位的证券公司交易金额约占 56.27%，分别比 2013 年底降低 1.67 个百分点和 3.90 个百分点。与此同时，证券公司股票质押式回购业务呈现多样化发展：首先，资产管理资金占比近半，业务有通道化的趋势；其次，伴随各家证券公司“融资打新”工具的推出，业务模式更加丰富，服务群体更加广泛，在“董监高大额长期融资”的基础上增加了“中小投资者小额短期融资”。

4. 收益互换/跨境收益互换迅速发展

收益互换/跨境收益互换是指证券公司与符合条件的客户约定在未来一定期限内，根据约定数量的名义本金和收益率定期交换收益的行为。其中，交易一方或双方支付的金额将与境内外特定的股票、指数、基金、可转债等标的证券的表现挂钩。原则上，双方按照收益轧差后的净额进行支付，不发生本金交换。

证券公司从 2012 年底开始开展收益互换/跨境收益互换业务，截至 2014 年底，开展该项业务的证券公司已达到 21 家，交易笔数达到 5 822 笔，较 2013 年底增加了 962%，合约累计名义本金已达到 4 120.67 亿元，较 2013 年底增加了 2 377%。

（八）直投业务——发展环境持续改善，募投更加活跃

2014 年 1 月 3 日，中国证券业协会修订发布了《证券公司直接投资业务规范》。根据中国证监会《关于做好私募产品备案管理及风险监测工作的通知》（证监办发〔2014〕41 号），证券公司直投业务备案管理与风险监测信息相关报备事项于 2014 年移交中国基金业协会。

1. 2014 年直投业务发展的环境

2014 年 IPO 市场活跃、全国中小企业股份转让中心强势扩容、上市公司以及非上市公司并购重组环境的制度优化等为证券公司直投业务的开展创造了良好的市场环境。同时，2014 年国内私募股权市场受到政策利好促进，募资环境大幅向好，根据清科研究中心统计，完成募集的基金数和募资总金额均创历史新高。这也为证券公司直投业务的发展提供了良好

的氛围。

2. 2014 年中国证券公司直投业务总体情况

根据中国证券投资基金业协会统计，截至 2014 年 12 月底，共 60 家证券公司设立直投子公司，注册资本合计 422.6 亿元。总资产合计 577.4 亿元，净资产合计 502.5 亿元。实现净利润共计 27.1 亿元，较 2013 年增加 9.7 亿元；对外投资项目共计 167 个，对外投资总额 72.15 亿元；共有 55 笔投资项目实现退出，退出方式以股权相关的债权为主，退出项目平均收益率为 19.88%。

其中，共有 33 家证券公司直投子公司发起设立 90 只直投基金，存续 89 只。其中，股权投资基金 41 只、夹层基金 14 只、创业投资基金 15 只、并购基金 11 只、债权投资基金 4 只、其他 5 只。存续期内直投基金计划募集金额 892.76 亿元，已募集金额 640.53 亿元，完成募集金额的 71.75%，平均单只直投基金已募集金额为 7.12 亿元，平均存续期为 5.07 年。2014 年，共发起设立 46 只直投基金，较 2013 年增加 88%。2014 年，直投基金投资项目共 159 个，投资总额 138.5 亿元，仅有 6 个项目实现退出，且以股权相关的债权方式退出为主。

（九）国际化业务——加速布局境外市场，行业国际化程度日趋提高

2014 年，我国证券公司加速布局境外市场，行业国际化程度趋于提高。一方面，在“沪港通”背景下，证券公司积极布局我国香港市场。2014 年内，西南证券旗下子公司西证国际参股香港敦沛金融公司 51% 的股权，国金证券以 1.9 亿港币收购香港老牌证券公司香港粤海证券。此外，发行 H 股已成为证券公司打开香港市场的新手段。除已在香港市场上市的国泰君安、海通国际、申银万国等大型证券公司，2014 年下半年，广发证券和华泰证券也纷纷发布公告，准备登陆香港市场发行 H 股。另一方面，大型证券公司通过并购、新设分支等方式向美国、新加坡、加拿大、日本等市场扩展，如中信并购里昂、海通并购日本投行和葡萄牙投行、广发证券设立加拿大公司等。

在经纪业务方面，我国证券公司的国际化业务仍主要集中在中国香港市场。香港联交所将市场参与者按照 A、B、C 三类进行区分。其中 A 类参与者为市场占有率前 14 名，B 类为 15—65 名，C 类为 65 名以后。中银国际位列 A 类证券公司，其余属 B 类中型证券公司。随着中国市场国际化程度不断提高，我国证券公司在香港的投入将会持续增加，市场份额持续扩大。

在投资银行业务方面，2014 年我国证券公司在香港市场仍有巨大的发展潜力。具体如下：在股票承销与发行业务方面，2014 年在港交所 IPO 市场上，承销额排名前 50 名中有 6 家为我国证券公司，且市场份额总占比为 11.7%，较 2013 年上升 1.8 个百分点。债券承销业务方面，2014 年香港各类国债、金融债、企业债、可转债市场中，国泰君安和海通证券 2 家证券公司入围承销额前 40 名，市场份额分别为 0.5% 和 0.1%；离岸人民币债券市场中，中信证券、海通证券、中金公司、国泰君安 4 家证券公司入围承销额前 50 名，共占据 2.2%

的市场份额。在兼并与收购业务方面，2014 年，香港并购市场排名前 50 位的投行中有 6 家证券公司，合计市场份额 7.5%，平均交易数量在 1.2 家。我国证券公司仍有广阔的提升空间。

在资产管理业务方面，我国证券公司通过中国香港平台打开的资产管理及境外投资业务规模持续扩容。第一，合格境内机构投资者（QDII）规模新增。截至 2014 年底，已有 15 家证券公司获得 QDII 资格，共获得 QDII 投资额度 76 亿美元，2014 年新增 15 亿美元。第二，中资证券公司合格境外机构投资者（QFII）资格扩容。截至 2014 年底，共有 8 家中资证券公司获得 QFII 资格，较 2013 年新增 1 家。2014 年，QFII 累计额度为 657.48 亿美元，同比增长 32%；其中证券公司 QFII 业务累计额度总计 19 亿美元，同比增长 2.8 倍。第三，人民币合格境外机构投资者（RQFII）业务试点进一步扩大，中国证监会与中国人民银行、国家外汇管理局等有关部门共同修改了 RQFII 相关法规，放宽对 RQFII 的资产配置限制、扩大 RQFII 试点范围。截至 2014 年 11 月 28 日，RQFII 投资总额度达到 2 984 亿元人民币，同比增长 89%，较刚推出时额度增长近 27 倍；其中，证券公司系 RQFII 总额度为 548.5 亿元人民币，同比增长 86.2%，占 RQFII 总额度的 18.4%。

（十）其他业务

1. 金融衍生品业务

2014 年证券市场持续向好，股指期货和国债期货交易交投活跃。根据中国金融期货交易所披露的数据显示，2014 年股指期货交易量接近 21 665.83 万手，成交额近 164.14 万亿元，分别较 2013 年增加 2 343.78 万手和 22.44 万亿元，增幅分别为 12.13% 和 15.95%；国债期货交易量达 92.29 万手，成交金额 8 715.87 亿元，分别较 2013 年增加 59.41 万手和 5 721.28 亿元，增幅分别为 180.68% 和 186.73%。

2014 年，证券公司积极运用场外衍生品开拓业务渠道，场外衍生品市场规模快速壮大。截至 2014 年底，30 家证券公司与 499 家机构客户签署 832 份场外金融衍生品主协议，并与其中 310 家客户展开初始交易 6 779 笔，涉及初始名义金额 5 236.74 亿元，未了结交易 3 063 笔，未了结名义本金余额 2 983.48 亿元。其中，互换初始交易 5 833 笔，初始名义本金 4 121.99 亿元，未了结交易 2 507 笔，未了结交易名义本金 2 364.21 亿元；期权初始交易 946 笔，初始名义本金 1 114.75 亿元，未了结交易 556 笔，未了结交易名义本金 619.27 亿元。

2. 资产证券化业务

2014 年 11 月，中国证监会发布《证券公司及基金管理公司子公司资产证券化业务管理规定》及配套指引，取消事前行政审批，施行基础资产负面清单管理，证券行业资产证券化业务正式迎来备案制，年内共有 24 只资产证券化产品发行，共计实现资金募集 322 亿元。

三、证券行业制度建设情况

（一）证券监管部门

2014 年是证券行业监管转型和制度建设的关键一年。围绕国务院《关于进一步促进资本市场健康发展的若干意见》，中国证监会大力推进监管转型实现“六个转变”，统筹安排市场改革开放、创新发展、监管执法和投资者保护等各项工作，全年共取消行政审批 13 项，发布的重要法规内容主要涉及创业板上市规则修订完善、企业兼并重组环境优化、上市公司退市制度完善、优先股试点管理以及资产证券业务施行备案制管理等多个方面。

1. 创业板发行上市制度进一步完善，提升创业板服务于新兴战略产业和创新企业的力度

2014 年 5 月，中国证监会发布了《首次公开发行股票并在创业板上市管理办法》和《创业板上市公司证券发行管理暂行办法》。遵循十八届三中全会提出的“健全多层次资本市场体系，多渠道推动股权融资，提高直接融资比重”的基本指导思路，中国证监会对创业板推出了诸多重要的改革措施。包括：适当放宽创业板首发财务准入指标，简化发行条件，进一步加强对创新型、成长型企业发展的扶持力度；拓展创业板的服务覆盖面，将战略性新兴产业以及其他行业和业态的创新型、成长型企业纳入创业板市场支持的范围；改进创业板的再融资制度，合理设定发行条件，推出适合中小企业需求的定向增发机制。同时完善创业板并购重组制度以及信息披露规则，进一步严格创业板的退市制度，不允许借壳上市，进一步提升创业板运行环境的公平与公正。

2. “沪港通”机制平稳推出，资本市场双向开放取得突破性进展

为推动资本市场双向开放，有序提高跨境资本和金融交易可兑换程度，中国证监会于 2014 年 6 月 13 日发布了《沪港股票市场交易互联互通机制试点若干规定》。此项规定便利了两地投资者，拓宽了两地的投资渠道与资金来源，加强了两地资本市场联系，增强了两地资本市场的整体实力，有利于巩固香港国际金融中心的地位，推进上海国际金融中心的建设，扩大人民币跨境使用与投资。2014 年 11 月，“沪港通”正式启动。“沪港通”为境外投资者投资境内资本市场提供了更加灵活的选择，与现行的 QFII、RQFII 制度优势互补。可以说，“沪港通”是推进上海与香港两地资本市场双向开放的重大举措，是资本市场的一项重大制度创新。

3. 企业兼并重组的资本市场环境进一步优化，有力推动产业结构升级转型

为了优化企业在资本市场中的兼并重组环境，2014 年 6 月，中国证监会发布了《非上市公众公司收购管理办法》和《非上市公众公司重大资产重组管理办法》。这两个办法突出了股东自治原则和市场化的约束机制，在整个制度设计上以市场化为导向，进一步放松管制，强化事中、事后监管，构建有别于交易所市场和上市公司的并购重组制度体系。例如，非上市公众公司不实施强制全面要约收购制度；对自愿要约价格、支付方式、履约保证能力进行适度放宽；丰富重大资产重组支付手段等。这些制度有利于提升非上市公司并购重组的

质量和效率。2014 年下半年，中国证监会又对上市公司的并购重组管理办法进行了完善。2014 年 10 月，中国证监会发布新的《上市公司重大资产重组管理办法》和《关于修改〈上市公司收购管理办法〉的决定》，进一步减少和简化了并购重组行政许可，对信息披露、事中事后监管、中介机构归位尽责、保护投资者权益等方面都进一步强化与细化。比如，对不构成借壳上市的上市公司重大购买、出售、置换资产行为，取消审批；对发行股份的定价增加了定价弹性和调价机制规定，完善了发行股份购买资产的市场化定价机制等。可以说，这些制度的完善有利于进一步增强上市公司并购重组活动的市场化程度。

4. 上市公司退市制度进一步完善，有利于实现上市公司退市制度的市场化、法制化和常态化

2014 年 10 月，中国证监会正式发布了《关于改革完善并严格实施上市公司退市制度的若干意见》（简称《退市意见》），完善了上市公司退市制度。首先，《退市意见》明晰了因收购、回购、吸收合并以及其他市场活动引发的多种主动退市情形，并推出了一系列有针对性的配套政策措施，以引导主动退市的市场化。其次，明确实施重大违法公司强制退市制度。最后，严格执行市场交易类、财务类强制退市指标。《退市意见》在统一创业板与主板、中小板上述退市标准的同时，允许证券交易所在其上市规则中对部分指标予以细化或者动态调整，并且针对不同板块的特点做出差异化安排。与此同时，还完善了与退市相关的配套诸多制度安排。比如，要求证券交易所对强制退市公司股票设置“退市整理期”，统一安排强制退市公司股票在全国股份转让系统设立的专门层次挂牌交易等。总之，2014 年推出的一系列完善上市公司退市制度的举措，对进一步健全、完善资本市场基础功能，实现上市公司退市的市场化、法制化和常态化具有重要现实意义。

5. 从严治市，着力维护资本市场公平公正的运行秩序

2014 年 12 月，中国证监会发布了《中国证监会委托上海、深圳证券交易所实施案件调查试点工作规定》，明确试点初期委托对象为上海、深圳证券交易所；对欺诈发行、内幕交易等常规案件，采取专项委托方式；对重大、新型和跨市场等特定个案，采取一事一委托方式委托交易所调查取证等等。中国证监会委托交易所调查取证，有利于加强证券期货稽查执法力量，提高办案效率，及时查处违法违规行为。可以说，这是 2014 年中国证监会加强资本市场稽查执法的一项重大制度创新，有利于更好地维护资本市场公平公正的市场秩序。此外，2014 年中国证监会还发布了《关于修改〈证券期货市场诚信监督管理暂行办法〉的决定》和《期货公司监督管理办法》等。

总之，2014 年资本市场建设更加全面和深入，多层次资本市场建设稳步推进，成效明显。如启动优先股试点，推出全国中小企业股份转让系统做市转让等。

（二）证券业自律组织——中国证券业协会

2014 年，中国证券业协会积极引领行业创新发展，推动私募市场建设，深化行业自律管理，进一步完善从业人员管理与服务，促进行业提高合规风控水平，推动证券行业健康持

续发展。

1. 积极稳妥组织证券公司柜台市场试点，完善证券公司基础功能

2014 年 8 月，中国证券业协会发布了《证券公司柜台市场管理办法（试行）》。截至 2014 年 12 月 31 日，共有 42 家试点证券公司获得柜台市场试点资格。该办法总结了一年多来证券公司柜台业务试点经验，从私募产品发行销售转让、登记托管结算、自律管理等方面，对证券公司柜台市场业务进一步规范，对于落实新“国九条”“规范发展证券期货经营机构柜台业务”、再造证券公司基础功能、推动证券公司向现代化投行转型具有积极有效的推动作用。

2. 不断完善报价系统建设，推进私募市场互联互通

2014 年 8 月，中国证券业协会发布《机构间私募产品报价与服务系统管理办法（试行）》。私募报价系统是为机构投资者提供私募产品报价、发行、转让及相关服务的专业化电子平台。报价系统定位于私募市场、机构间市场、互联互通市场和互联网市场。证券期货经营机构的柜台市场、区域性股权交易市场等私募市场均可自愿与其对接。2014 年 9 月，中国证券业协会发布《机构间私募产品报价与服务系统参与人管理规则（试行）》和《机构间私募产品报价与服务系统发行与转让规则（试行）》。2014 年 10 月和 11 月，中国证券业协会相继发布《证券公司短期债券试点办法》、《并购重组私募债券试点办法》、《私募投资基金募集与转让业务指引（试行）》和《私募股权投资基金项目股权转让业务指引（试行）》。2014 年机构间私募产品报价与服务系统不仅为证券公司发行资产管理计划、收益凭证、次级债、私募股权投资基金等私募产品，还进行了证券公司短期公司债券业务和并购重组私募债券的试点。截至 2014 年 12 月 31 日，已累计发行产品 361 只，募集资金 185.89 亿元。作为私募市场的一项重要基础设施，报价系统的建设和规范发展对于培育私募市场、促进私募市场互联互通具有重要意义。

3. 推动行业创新发展，促进行业提高合规风控水平

2014 年，在中国证监会的领导下，中国证券业协会依靠行业力量，支持行业创新发展。组织召开 2014 年度证券经营机构创新发展研讨会。会后，积极落实《关于进一步推进证券经营机构创新发展的意见》的 15 条基本措施，持续推动新产品、新业务创新。2014 年，中国证券业协会分批次评审通过了对 91 项创新业务方案的专业评价，2014 年共有 28 家证券公司获准开展金融衍生品业务试点，35 家证券公司获准开展互联网证券业务试点，42 家证券公司获准开展柜台市场试点。坚持推进创新发展与合规风控动态平衡。2014 年 2 月，中国证券业协会发布《证券公司全面风险管理规范》、《证券公司流动性风险管理指标》，引导证券公司加强风险管理制度、组织架构、系统和人才队伍建设，促进行业提升风险管理能力。2014 年 9 月，中国证券业协会制定并发布《证券公司资本补充指引》，引导证券公司完善资本补充机制，提高资本管理能力，强化资本约束。

4. 深化行业自律管理，建立健全自律规则体系，推动证券行业健康持续发展

2014 年，根据监管转型要求，中国证券业协会对相关职能进行全面梳理，减少各类备

案、报告、评价等事项。发布一系列自律规则，分业务线进行自律规则的废改并立工作。其中，2014 年新发布自律规则 10 项，修订 7 项，涉及证券公司风险控制、证券公司直接投资、首次公开发行备案及配售、证券公司柜台市场、机构间私募产品报价与服务系统、证券公司资本补充、证券公司短期公司债券试点、并购重组私募债券试点等。推动建立资本市场统一的从业人员管理制度体系，加强从业人员执业行为管理。制定并发布《证券从业人员执业行为准则》，规范证券业从业人员执业行为，树立从业人员的良好职业形象，维护行业声誉，提高从业人员专业服务水平，促进证券行业健康持续发展。

第二章
2014 年中国证券业发展特点

2014 年，伴随监管转型与多层次资本市场建设的稳步推进，证券行业为我国经济平稳增长和中小企业发展提供了强有力的支持。与 2013 年相比，2014 年行业发展呈现以下特点：

一、监管转型，制度优化，证券行业创新发展市场化进程加快

2014 年是证券行业监管转型和制度建设的关键一年，在 2014 年年初的全国证券期货监管工作会议上，肖钢主席明确指出要推进监管转型实现“六个转变”，围绕国务院《关于进一步促进资本市场健康发展的若干意见》，中国证监会坚持以市场化、法治化为导向，统筹安排市场改革开放、创新发展、监管执法和投资者保护等各项工作。全年证监会取消行政审批 13 项，发布的重要法规内容主要涉及优先股试点管理、创业板上市制度修订、上市公司资产重组以及私募基金管理等多个方面。

在市场建设方面，新股发行注册制改革有条不紊，创业板上市条件进一步放宽，上市公司退市制度进一步完善，优先股试点正式启动，“沪港通”平稳推出。与此同时，场外市场建设迈入新的阶段，全国中小企业股份转让系统快速扩容并推出做市交易，机构间私募产品报价与服务系统正式投入运转。另外，私募基金备案登记和自律管理亦有利于私募市场规范发展，2014 年已完成备案的各类私募基金 7 654 只，管理资产规模达 2. 12 万亿元。

在 2014 年，得益于监管转型和制度环境优化，证券行业基础功能进一步完善，证券公司短期公司债和收益凭证试点亦为行业未来快速成长夯实了资本基础。2014 年中国证监会和中国证券业协会分别对证券公司证券承销、直投业务、并购重组、资产证券化等业务规范和自律规则做了修订，简化审核流程，确保业务健康发展。同时，证券行业牌照管理改革探索亦在稳步推进。

监管转型稳步推进保证了证券行业治理水平进一步完善。2014 年中国证监会坚持从严治市，加强事中、事后监管，并积极使用新技术手段查处打击违法违规行为，2014 年对上市公司和中介机构立案调查 43 起，对 171 名上市公司高管做出行政处罚，为资本市场平稳

运行和投资者利益提供了有力保障。

二、多层次资本市场建设提速，场内场外并举，服务实体经济能力进一步增强

建设多层次资本市场是证券行业持续创新发展和提升市场配置资源效率的关键。2014 年我国多层次资本市场建设取得了较快进展，场内市场治理改革稳步推进，全国中小企业股份转让系统迎来爆发式增长，区域性股权交易市场快速扩容并呈现出融资渠道更为灵活多样等新特点，柜台市场已逐渐成长为证券公司私募业务创新的重要平台，机构间私募产品报价及服务系统则为证券公司柜台市场互联互通提供了有力支持。

2014 年境内证券市场实现融资约 10 757. 81 亿元，同比增长 56. 25%，其中股权再融资 6 778 亿元，占比 63. 01%。2014 年 5 月，中国证监会发布《首次公开发行股票并在创业板上市管理办法》和《创业板上市公司证券发行管理暂行办法》，适当放宽创业板准入标准，提升其服务新兴战略产业和创业企业的能力；全年 82 家公司成功实现中小企业板和创业板 IPO，实现募集资金 357. 12 亿元，占全年 IPO 融资总额的 53. 39%；全年共发行中小企业私募债 313 只，募集资金 532 亿元，同比增长 71. 14%。资本市场服务中小企业能力进一步增强。

2014 年，场外证券市场充满活力并逐渐成长为多层次资本市场服务中小微企业的重要力量。其中，全国中小企业股份转让系统是多层次场外市场建设的重点，其在挂牌公司数量、市场成交量、融资规模和投资者数量等方面均有大幅增长。2014 年 8 月，全国中小企业股份转让系统正式引入做市商制度。2014 年 12 月，中国证监会发布《关于证券经营机构参与全国股转系统相关业务有关问题的通知》，进一步明确了证券经营机构参与全国股份转让系统业务的有关事项。截至 2014 年底，全国中小企业股份转让系统挂牌公司总数达 1 572 家，市值 4 591. 42 亿元，分别较 2013 年增长 341. 57% 和 1 003. 52%；全年共完成交易 22. 82 亿股，交易金额 130. 26 亿元，分别同比增长 1 027. 39% 和 1 501. 53%；全年共计发行 26. 42 亿股，实现募集资金 129. 99 亿元，分别较 2013 年增长 805. 14% 和 1 197. 31%；个人投资者 43 980 户，机构投资者 4 695 户，分别同比增长 491. 45% 和 331. 53%。

作为多层次资本市场的重要组成部分，区域股权市场在 2014 年继续保持高速成长态势，通过与地方政府密切合作来为当地企业提供更多元化的融资渠道选择，挂牌企业数量大幅增长，融资产品创新和信息披露制度建设进展明显，区域性股权交易市场成为多层资本市场的重要一环。截至 2014 年底，根据公开披露数据显示，全国共有 31 家区域股权中心（含筹备中的 1 家），挂牌公司总量接近 2. 5 万家，其中前海股权交易中心和上海股权托管交易中心挂牌公司数量均超过 3 000 家。

2014 年 8 月，中国证券业协会发布实施《证券公司柜台市场管理办法（试行）》，证券公司柜台业务发展驶入新的快车道，为完善资本市场结构、服务实体经济和满足客户多元化投融资需求做出了积极贡献。根据中证资本市场发展监测中心数据显示，截至 2014 年底，

共有42家证券公司获得柜台市场试点资格，主要以销售固定收益类和融资类金融产品为主，机构账户和个人账户分别达5 736户和99.27万户，分别较2013年增长551.82%和918.16%。全年共计销售各类柜台产品9 521.21亿元，同比增长10.23%。

新“国九条”从顶层设计高度提出“培育私募市场”、“发展私募基金”、“建立健全私募发行制度”、“发展私募投资基金”等举措。2014年中国证券业协会加速推进机构间私募产品报价与服务系统建设，该系统定位于私募市场，主要服务于专业机构投资者，充分利用互联网技术实现场外市场互联互通，对于完善多层次资本市场、支持创新创业企业发展、满足财富管理需求、提高证券公司核心竞争力和服务实体经济能力都将产生深远的意义。自2014年8月18日首只产品上线以来，2014年累计发行产品361只，共募集资金185.89亿元。其中，证券公司收益凭证325只，募集资金规模145.82亿元，资产管理计划产品33只，募集资金规模18.87亿元，私募基金两只，募集资金规模1.2亿元，中国证券金融公司发行次级债1只，募集资金规模20亿元。截至2014年底，私募产品报价系统共有229家参与人，其中207家参与人已开通相关业务权限，为投资者开立账户151 167个，其中包括个人开户数150 588个和机构开户数579个，报价系统登记结算功能日趋完善，私募产品转让和股权市场建设有序推进。

三、资本中介业务快速成长，行业营收结构优化，盈利水平稳步提升

2014年，以融资融券业务为代表的资本中介业务快速成长，已成为证券行业盈利模式转型和业务结构优化的重要推动力。2014年共有91家证券公司开展融资融券业务，月均信用账户新增量较2013年高出90%，共实现利息收入446.24亿元，是2013年的2.42倍，占行业营收总额的比重超过17.14%，同比高出5.55个百分点。截至2014年底，“两融”业务余额达10 253.9亿元，同比增长195.9%。与此同时，证券公司其他融资类创新业务亦呈现出快速增长态势。上海证券交易所和深圳证券交易所专项统计数据显示，2014年两市分别有84家和89家证券公司实际开展股票质押式回购交易业务，2014年底两市股票质押式回购初始交易金额达4 854.81亿元，较年初增长4.37倍，其中待回购初始交易金额3 374.61亿元，涉及股票市值超过1万亿元。

为了进一步壮大证券行业，提升证券业服务实体经济的能力，2014年中国证监会拓宽证券公司融资渠道，相继发布《证券公司资本补充指引》和《证券公司短期公司债券试点办法》，证券公司收益凭证试点工作亦相应提速。年内证券公司通过发行短期融资券和公司债共募集资金6 530.25亿元，同比增长59.62%；证券公司债余额同比增长184.18%；净资产收益率50家证券公司在机构间私募产品报价与服务系统共发行325只收益凭证，募集资金145.82亿元。受益于此，2014年证券行业杠杆倍数从年初的2.02增至年底的3.09，行业盈利明显改善，净资产收益率（ROE）增长4.65个百分点至10.49%。

除资本中介类创新业务快速成长外，2014年证券公司传统业务收入亦表现不俗。尽管

平均佣金率同比下滑 15.54%，但得益于 2014 年下半年证券市场交投活跃，证券公司代理买卖证券收入同比增长 38.23%，证券投资收入同比增长 132.48%。IPO 重启、再融资规模激增和并购市场活跃是证券公司投行业务营收增长的主要原因，2014 年证券公司承销与保荐业务收入和财务顾问业务收入分别实现同比增长 86.74% 和 54.61%，其中证券公司参与全国中小企业股份转让系统及其他场外市场业务收入占投行总收入的比重从 2013 年的 2.31% 增至 5.93%[①]。2014 年证券公司资产管理业务有序发展，产品创新和接入互联网端口成为竞争力提升的重点。截至 2014 年底，证券行业受托管理资产 79 624.86 亿元，同比增加 53.27%，其中集合资产管理产品受托金额首次突破 6 000 亿元，同比增长 79.41%。规模增长的同时盈利能力明显提升，资产管理业务收入同比增长 76.88%，占总营收的比重近 4.78%，创近年来新高。2014 年 11 月，中国证监会发布《证券公司及基金管理公司子公司资产证券化业务管理规定》及配套工作指引，取消事前行政审批，实行基础资产负面清单管理，证券公司资产证券化业务正式迎来备案制，2014 年年共有 24 只资产证券化产品发行，募集资金 322 亿元。

与此同时，伴随融资融券业务规模增长和证券公司产品创新大量涌现，行业负债规模增大和杠杆提升带来的流动性风险亦值得关注，少数证券公司短借长贷问题突出，个别信用交易客户高比例持有单一担保证券，信用风险和操作风险凸显，这无疑对证券行业精细化管理提出了更高要求。

四、互联网金融布局提速，证券行业竞争加剧

随着证券行业监管转型和业务创新逐渐深化，互联网金融方兴未艾，越来越多的证券公司开始加速互联网证券业务布局，通过打造多层次互联网平台，整合升级线上线下资源，加速网络证券业务创新，增强客户黏性。

证券公司业务与互联网的结合将推动证券行业盈利模式转型步入新阶段，全年有 35 家证券公司取得互联网证券业务试点资格，年初国金证券“佣金宝”、中山证券“惠率通”等类似创新业务相继上线，开启新一轮佣金下调通道的同时也激发了全行业网络证券业务探索的新浪潮。根据中国证券业协会专项调查数据，51 家已完成互联网金融平台搭建的证券公司中，44 家选择自主创建方式，其余 7 家则选择与互联网企业、电商共建的方式，例如华泰证券与网易、广发证券与新浪、东吴证券与同花顺以及太平洋证券与京东商城等。在网络证券开户和交易方面，2014 年有 77 家证券公司开展网上开户业务，2014 年实现网上开户近 300 万户，占全年新增 A 股账户的比重超过 1/3，其中 21 家证券公司网上开户占新增开户总量的比重已超过 50%。2014 年证券公司对移动互联网终端入口的重视明显提升，67 家证券公司支持移动终端开户，其中 33 家证券公司的移动终端开户数占网络开户总数的比重超过

① 资料来源：中国证券业协会投资银行业务专项调查数据。

一半。相应地，使用移动终端进行证券交易的客户平均占比亦从 2013 年的 20.26% 增至 24.75%，其中 24 家证券公司移动终端交易比重提升幅度超过 10 个百分点。与此同时，在线金融产品销售依然是目前互联网证券业务的主流模式，2014 年 36 家证券公司通过互联网平台实现金融产品销售额达 1 056.48 亿元，22 家证券公司开展网络资讯服务实现销售额近 1.17 亿元。

此外，部分证券公司还将融资类业务与互联网终端相结合，以增强其在创新类资本中介业务方面的竞争力，如光大证券的“富易贷”、国泰君安的“君弘微融资”及中山证券的“小贷通”等。与此同时，2014 年中国证券登记结算公司统一证券账户平台正式上线，多家证券公司主导参与的证通公司也处于积极筹备阶段，这都将为证券行业联网互通平台搭建和完善证券行业支付功能提供了有力支持。

五、“沪港通”起航，国际化探索取得新进展

2014 年是中国证券市场持续发展和扩大开放的一年，以开放促发展成为新时期多层次资本市场建设的新特点。2014 年 3 月，上海证券交易所将境外投资者在上交所的持股比例放宽至 30%，并在自贸区内设立面向国际投资者的国际金融资产交易平台，2014 年末中国证监会还批准上海国际能源交易中心开展原油期货交易，“沪港通”则成为 2014 年资本市场双向开放的新里程碑。

作为资本市场一项重大的制度创新，“沪港通”开创了操作便利、风险可控的跨境证券投资新模式，自 2014 年 11 月 17 日平稳启动以来，2014 年累计成交 1 881 亿元人民币。“沪港通”与现行的 QFII、RQFII 制度优势互补，为境内外投资者投资 A 股和港股提供便捷，丰富了交易品种，优化了市场结构，有利于拓展两地市场的深度和广度，推动人民币国际化进程，加快上海国际金融中心建设，增强多层次资本市场整体实力，“沪港通”还为中国财富管理行业拓展了新的发展空间，并将助推国内证券公司加快实施“走出去”战略，为培育与大国地位相匹配的战略性投资银行提供了良好环境。

此外，2014 年资本市场双向开放“引进来”与“走出去”齐头并进，RQFII 总额度增至 8 200 亿元人民币，试点范围进一步扩大至韩国、德国和法国等地，有力促进了人民币离岸市场的发展。为了便利企业境外融资，中国证监会简化审核程序，取消了境内企业境外上市申请的财务审核，2014 年实现境外上市融资 364 亿美元，较 2013 年增长 109%。

与此同时，2014 年证券行业的国际化征程持续深入，并借道区域化迈向全球布局。中国香港是国内证券公司扬帆出海的首站，2014 年西南证券收购香港敦沛金融、国金证券收购粤海证券进一步壮大了内地证券公司在香港市场的实力；6 月中原证券正式登陆港交所；2014 年华泰证券和广发证券相继宣布拟发行 H 股；中信证券、海通证券也公告计划增发 H 股。2014 年有 6 家内地证券公司排名港交所 IPO 承销额前 50 名，总市场份额占比 11.7%，同比上升 1.8 个百分点。证券公司系 RQIFF 总额度增至 548.5 亿元，较 2013 年增长

86.2%，QFII 业务累计额度 19 亿美元，同比增长 280%。

继在中国香港上市之后，部分资本实力较强的证券公司开始向东南亚和欧美市场寻求扩张，海通证券和东吴证券均已在新加坡设立证券子公司，太平洋证券则在老挝设立了代表处，广发证券在温哥华设立子公司。同时，海通证券年内还先后收购日本研究机构 Japaninvest 和葡萄牙第二大投行 Novo Banco，中信证券则借道里昂证券收购纽约证券公司 BTIG。此外，结合国家“一带一路”战略，国内证券公司拓展国际资本市场创新业务也有所突破，中航证券成为国内首单苏库克（Sukuk）债券发行的独家全球协调人和财富顾问。

第三章
2015年中国证券业发展展望

2015年，证券市场面临着机遇和挑战，国务院发布的《关于进一步促进资本市场健康发展的若干意见》提出，要完善金融市场体系，推进股票发行注册制改革，加快多层次股权市场建设，发展并规范债券市场，培育私募市场，提升证券期货服务业竞争力，扩大资本市场开放。2015年1月，全国证券期货监管工作会议提出了继续深化监管转型、推动《证券法》修订和股票发行注册制改革等几项重要工作。在此背景下，可以预期，将对证券行业发展带来较大变化。

一、《证券法》修订2015年或可完成，对证券行业健康发展将意义深远

2015年是《证券法》全面修订的关键之年。作为资本市场的一部基本法律，《证券法》的修订将对证券业健康发展产生重大影响。通过本次《证券法》修订工作，一方面，能够有效实现简政放权，推进市场化进程，促进市场在资源配置中发挥决定性作用；另一方面，也能放松管制，鼓励创业创新，推动证券行业创新持续深化和健康发展。本次《证券法》修订有望扩大“证券”定义范畴，加强以信息披露为中心的证券机构经营行为规范，推动股票发行注册制改革，完善投资者保护制度，扩大市场主体的投融资自主权。

二、以注册制为突破口，证券行业发展市场化进程进一步提速

推进股票发行注册制改革是2015年资本市场改革的头等大事，也是中国证监会推进监管转型的重要突破口。注册制作为一种法定的、非典型的行政许可，是对核准制的进一步改革与完善，也是市场化程度较高的股票发行监管制度。推进股票发行注册制改革，多渠道推动股权融资，提高直接融资占比，有助于提升市场在资源配置中发挥决定性作用。我国由审核制向注册制转变将对资本市场产生根本性变革：投资者与拟上市公司的博弈将在平衡资本市场供需关系中起主导作用；市场发行价格和节奏由投资者、市场发行主体博弈产生；注册制将改变目前“炒壳”、“炒小”风格，投资者行为将产生较大变化；市场参与主体将在博

弈中产生默契；注册制将推动中国资本市场的产品创新，形成多层次的市场结构和多元化的产品结构。

三、深化监管转型，探索建立事中事后监管新机制，提升监管效率

探索建立事中事后监管新机制，从以事前审批为主，转变到以事中、事后监管为主，是提升监管效能的必然要求。从监管重点上看，就是制定监管规则和开展监管执法，即“一手抓规则，一手抓执法”；从监管手段上看，主要包括现场检查、非现场监管、教育培训和稽查执法四个方面；从监管理念上讲，事中监管以风险导向为主，兼顾行为导向，事后监管以行为导向为主，兼顾风险导向；从监管主体上看，主要包括行政监管系统的中国证监会机关、派出机构和自律管理系统的交易所、行业协会、会管单位，共同构成一个有机整体。

四、加强信息披露管理，健全资本市场信息披露规则体系，为监管转型提供重要支持

信息披露是解决资本市场信息不对称、规范市场主体行为、帮助投资者决策的基本制度安排。以信息披露为中心的监管理念，其内涵就是股票、债券、基金发行人负有信息披露的强制义务，作为信息披露的第一责任人，必须确保所披露的信息真实、准确、及时。保荐机构、会计师事务所等中介机构要对市场主体披露的信息履行保荐或鉴证职责。贯彻以信息披露为中心的监管理念，必须有一整套科学管用的制度体系提供支撑和保障。第一，以投资者需求为导向，处理好信息披露统一性与投资者需求多样性的关系。第二，在《证券法》、《公司法》等相关法律之下，分层次优化信息披露规则体系的总体框架。第三，明确信息披露规则体系制定与实施的职责分工。

五、互联网证券加速发展，促进证券行业创新转型

互联网证券大势所趋，2015 年国内证券行业还将继续加强在互联网证券业务方面的拓展，积极运用互联网尤其是移动互联终端技术来改善业务办理效率，提升客户体验，降低展业成本。证券公司借助互联网技术促进证券行业打造新业态将继续深化，通过对大数据、云储存、云计算技术来进一步加强证券公司业务链的线上线下整合，提高线上线下互动频率，构建移动式线上线下互通新模式，向客户提供更加精准化和个性化的服务，增强互联网业务平台的黏性，并积极探索互联网证券业务模式的多元化、差异化和动态化，借此推动证券行业的业务模式调整和升级转型。同时，管理层通过互联网证券试点、鼓励创新、改革账户体系等多种途径支持互联网证券发展，取得了显著成效。在互联网金融加速发展的大背景下，互联网证券给证券公司带来了重大发展机遇。互联网证券相关立法有望加快，以转变监管理

念和模式，保障公平市场秩序，完善信用体系，为互联网证券发展营造良好的法规政策环境。互联网在带给证券公司冲击的同时，更多的是推动证券公司完成由“自我为中心”到“客户为中心”的理念转变，进而对证券业模式生态产生深刻影响。未来的互联网证券将形成优强证券公司专业主导、中小证券公司特色各异、融合双方优势互补、移动互联主宰平台的模式生态格局，成为推动证券业全面转型升级的主导力量。

六、多层次资本市场建设加快，有效助推创新驱动发展战略

伴随股票发行注册制改革的稳步推进，交易所市场将继续壮大，挂牌上市公司数量平稳增加，上市公司质量和治理水平稳步提升。与此同时，2015 年场外市场有望继续保持高速发展态势，投融资功能和各项机制设计进一步完善，成为提升市场决定资源配置能力和助推创新驱动发展战略的关键。其中，全国中小企业股份转让系统快速发展并更加完善，竞价转让交易、投资者适当性门槛调整和股转系统指数有望年内推出。区域股权市场发展定位将更加明确，对于健全我国多层次资本市场体系和服务地方中小微企业具有十分重要的意义。作为场外多层次市场的重要组成部分，证券公司柜台市场将在资金融通、信息传递、市场定价等方面发挥独特作用，并能促进整体市场组织、制度、产品和功能的多层次创新。另外，机构间市场进一步壮大，为私募市场培育和发展贡献积极力量。

七、“深港通”年内启程，“沪港通”机制进一步优化，资本市场双向开放进一步扩大

继续优化“沪港通”机制，“深港通”有望推出。我国香港是内地金融市场与国际接轨的重要窗口，“沪港通”的成功开启，进一步拓展了两地市场的深度和广度，大大提高了两地市场的融合程度。管理层将根据试点运行情况，不断优化“沪港通”的机制，但进一步优化的前提是两地的投资者要熟悉对方规则。“深港通”将是“沪港通”的升级版，2015 年有望推出。“沪港通”、“深港通”等有望推动境内外交易制度逐步接轨，有利于引入增量资金等。证券公司国际化业务将继续深化发展，资本市场双向开放进一步扩大。

八、拓宽证券公司资金来源，发展资本中介业务

直接融资的提升带动行业大投行业务的发展，行业空间巨大。随着多层次资本市场的建设和降低市场融资成本的要求，直接融资占比将逐步提升，带动证券公司大投行业务的发展。证券公司资金来源有望拓宽，除了股权融资之外，证券公司能发行短期融资券、公司债，还可以进行债券质押式报价回购。从业务发展和转型上看，证券公司的非通道业务将是未来的增长点。资产证券化、互联网金融、FICC、主经纪商业务、全国中小企业股份转让

系统的投行和做市业务、收益凭证等业务均将由稳步开展进入迅速推广的状态。证券公司业务范围将继续拓宽，如大力发展融资融券、股票质押式回购等类贷款业务，增加业务种类，发展中小企业私募债、公募基金业务，代销金融产品范围从基金拓宽至所有金融产品。同时，资本中介业务的开展将使证券公司从通道服务商向资本服务商转型。政策松绑，将会打破各类金融机构的资产管理业务分割局面，各类金融机构均全面介入资产管理领域竞争，“大资产管理时代”来临。通过资产管理业务与其他证券业务如经纪、投行等业务的高度协同，最终证券公司资产管理业务将成为全方位资产配置平台，证券公司的核心竞争优势向人才转移。随着投行、资产管理、交易等业务的兴起，具有良好激励机制的证券公司将能吸引更好的管理团队和业务团队。

附：

中国证券业发展规划纲要（2014—2020）

前　言

《中国证券业发展规划纲要（2014—2020）》依据十八大关于加快发展多层次资本市场的战略部署、十八届三中全会《中共中央关于全面深化改革若干重大问题的决定》、《国务院关于进一步促进资本市场健康发展的若干意见》、《国务院办公厅关于进一步加强资本市场中小投资者合法权益保护工作的意见》、《中华人民共和国国民经济和社会发展第十二个五年规划纲要》、《金融业发展和改革“十二五”规划》以及《关于推进证券公司改革开放、创新发展的思路与措施》等编制。本规划的规划期为2014年至2020年。

第一章　发展基础和背景

第一节　发展基础

——法律法规体系和监管制度架构基本确立。形成了以《证券法》为核心、以《证券公司监督管理条例》为主体、以各项业务和管理制度为配套的法律法规体系，建立了以风险管理能力和市场竞争力为基础的分类监管制度、以净资本为核心的风险预警和监控制度、以第三方存管为代表的客户交易结算资金安全管理制度、以公开透明为标准的信息报送与披露制度、以适当性制度为重点的投资者保护制度，基本确立了证券业发展的制度安排和运作机制。

——行业发展已经具备一定规模。二十多年来，证券业已逐步发展成为金融体系的重要组成部分，在社会主义市场经济体制的建立和完善过程中发挥了重要作用。截至2013年底，全国共有证券公司115家，其中A股上市证券公司19家；证券投资咨询机构86家；证券资信评级机构6家。证券公司总资产2.08万亿元，净资产7 538.55亿元，受托管理客户资产5.2万亿元，从业人员24.59万人。

——服务实体经济和服务投资者能力明显增强。证券业优化资源配置，维护“公开、公平、公正”原则和投资者合法权益，推进公司治理，弘扬股权文化等作用初步显现。帮助数千家国有和民营企业进行了股份制改造、公开发行股票并上市，推动了现代企业制度的建立和完善，提供了市场化的资本形成与融资机制。截至2013年底，全行业累计为企业融资超过10.8万亿元，为1.4亿A股账户、4 484万基金账户提供了投资服务。

——业务范围逐步扩大。从最初的国库券和柜台交易，逐步发展到以证券经纪、证券承销与保荐、证券资产管理、证券投资咨询、财务顾问、证券自营等为主的多种业务，基金、期货、直接投资、金融衍生品、融资融券等业务实现快速增长，行业盈利能力稳步提升。2013 年，全行业实现营业收入 1 592.41 亿元，净利润 440.21 亿元。

——集团化经营初具雏形。一些综合实力较强的国有或民营机构通过设立金融控股集团同时经营银行、证券、保险或信托等金融业务，进行了综合经营试点。一批证券公司通过设立专业子公司、控股参股基金或期货公司，搭建了集团化经营架构。截至 2013 年底，证券公司设立了 57 家直接投资公司、5 家资产管理公司、31 家另类投资公司，参股控股了 54 家基金公司、70 家期货公司。

——国际化进程循序推进。按照我国资本市场对外开放战略，本着“以我为主、循序渐进、安全可控、竞争合作、互利共赢”的原则，统筹“引进来”和“走出去”，循序渐进地推进证券业对外开放。设立了一批合资证券公司，一批证券公司在境外设立了分支机构，开展了 QDII、QFII 和 RQFII 等业务。截至 2013 年底，外资参股证券公司 13 家、咨询公司 1 家。24 家证券公司在境外设立了子公司，2 家证券公司在香港上市。

——风险防范机制日益完善。经过证券公司综合治理，一批高风险公司被关闭，长期积累的风险得到化解，行业风险处置机制得以确立，合规意识和风控制度建设明显加强，风险管理架构初步建成，风控能力不断提升，为证券业的持续发展夯实了基础，为减少国际金融危机对中国经济和金融体系的影响做出了积极贡献，有效维护了国家的金融安全和稳定（见表 1）。

表 1　　2008—2013 年证券业发展状况

	2008 年	2009 年	2010 年	2011 年	2012 年	2013 年
公司数量（家）	107	106	106	109	114	115
其中：分支机构数量（家）	3 545	3 956	4 644	5 088	5 261	6 363
总资产（亿元）	11 909	20 287	19 665	15 728	17 159	20 788
净资产（亿元）	3 594	4 840	5 664	6 303	6 943	7 539
净资本（亿元）	2 895	3 821	4 319	4 634	4 971	5 205
总收入（亿元）	1 229	2 053	1 927	1 360	1 295	1 592
净利润（亿元）	497	934	784	394	329	440
管理客户资产（亿元）	919	1 483	1 866	2 819	18 900	51 951
从业人员（万人）	8.49	13.43	21.94	27.45	25.44	24.59

资料来源：中国证券业协会。

第二节　发展机遇

——国民经济持续稳定增长为证券业发展奠定了坚实基础。改革开放以来，我国经济持续 30 多年快速发展。2013 年，我国国内生产总值达到 56.88 万亿元，位居全球第二。十八大提出到2020年实现全面建成小康社会的宏伟目标，国内生产总值和城乡居民人均收入将比2010年翻一番。国民经济持续稳定增长为证券行业发展奠定了坚实的基础，并将继续为证券行业快速发展提供难得的机遇。

——加快转变政府职能和经济发展方式为证券业发展提供了广阔舞台。根据十八大、十八届三中全会的重要战略部署，经济体制和行政体制改革将不断深化，政府将切实转变职能，进一步简政放权，市场将在资源配置中发挥决定性作用。资本市场是市场化配置资源的重要平台，作为资本市场最主要的参与力量，证券业可以为企业投融资、并购重组、管理升级、技术进步和“走出去”提供专业化金融服务，在服务经济方式转变、有效组织市场资源过程中发挥重要作用。

——社会财富增长和社会保障体系建设为证券业发展打开了巨大空间。截至2013年，我国居民银行存款总额达到45.2万亿元，现金及存款占其金融资产的比重高达69%，与资本市场相关的股票、债券和基金合计占比不到9%。十八大提出，要全面建成覆盖城乡居民的社会保障体系，这将推动社会保障基金、社会保险基金、企业年金等资产规模快速增长。财富积累和社会保障体系建设将极大地推动证券业财富管理和资产管理业务快速发展。

——深化金融体制改革特别是加快发展多层次资本市场为证券业发展带来了重要契机。2013年，我国社会融资规模为17.29万亿元，其中直接融资为2.02万亿元，仅占总规模的11.7%。直接融资与间接融资的比例不协调，金融风险过于集中于银行体系，金融结构调整势在必行。十八大提出，要健全促进宏观经济稳定、支持实体经济发展的现代金融体系，稳步推进利率和汇率市场化改革，加快发展多层次资本市场。证券业作为直接金融的主要提供者和服务者，将在金融结构调整中发挥重要作用。深化金融体制改革，调整金融结构，特别是加快发展多层次资本市场，能为证券业提供持久的发展动力。

第三节　面临挑战

——证券业发展不能完全适应国民经济持续健康发展的需要。我国将加快完善社会主义市场经济体制和加快转变经济发展方式，坚持走中国特色的工业化、信息化、城镇化、农业现代化道路，保持国民经济持续健康发展。证券业支持经济发展方式转变和结构调整的任务十分艰巨，尤其是在扶持创新创业、支持战略性新兴产业发展、支持中小微企业和农业企业利用资本市场做优做强、拓宽城镇建设融资渠道和居民投资渠道等方面还存在诸多薄弱环节。

——证券业发展不能完全支撑多层次资本市场加快发展的需要。我国将形成股票市场和债券市场并重、场内市场与场外市场并立、公募市场与私募市场互补、基础金融产品市场与衍生金融产品市场协调发展的资本市场体系。证券业虽然已具备一定规模，但与资本市场发展需求相比，仍显得过于弱小，小行业难以支撑大市场。证券业融资服务和财富管理尚未形成不可替代的核心竞争力，业务模式单一导致同质化竞争，合规管理和风控能力仍需不断提高，诚信经营意识亟待加强，无法满足多层次、多元主体对资本市场的需要，无法完全满足居民对高效、安全、便捷的金融服务的需要。

——证券业发展不能完全支持国家金融经济安全的需要。打造中国经济升级版，实现国民经济转型升级，必然要求现代金融体系支撑。目前，我国金融体系不合理，直接融资比重过低，间接融资比重过高，风险在银行体系中不断累积。证券业作为服务直接融资主体，发展不足，尚未形成系统重要性机构，难以起到有效管理和化解金融风险的作用。

——证券业发展不能完全满足我国经济进一步扩大对外开放的需要。后金融危机时代，全球金融监管和国际金融治理正在发生重大变化，国际金融市场格局将重塑和调整，中国金融改革发展面临更加复杂的国际环境。在中国经济进一步扩大对外开放进程中，中国资本“走出去”战略将进一步深化，证券业将在全球范围内参与资本市场竞争，面临众多国际金融机构特别是国际投资银行的正面挑战。同时，人民币国际化及利率、汇率市场化进程加快，中国企业和居民跨境金融服务和风险管理需求将日益增加，对证券业提出了新的金融服务需求。与成熟资本市场相比，我国证券业的总体实力、资产定价能力仍有很大差距，国际化程度和竞争能力严重不足，难以满足经济对外开放的需要。

第二章　指导思想和目标

第一节　指导思想

深入贯彻落实党的十八大、十八届三中全会精神和国务院有关要求，坚决维护“公开、公平、公正”原则，坚决维护投资者特别是中小投资者的合法权益，坚持推进证券业改革开放、创新发展，坚持市场化、法治化的发展方向，提高行业核心竞争力，促进资本市场长期、稳定、健康发展。充分发挥证券业在加快多层次资本市场建设、服务于经济发展方式转变和经济结构战略性调整、服务于创新驱动国家战略的实施、服务于居民财产性收入增加中的关键作用，维护金融稳定，助推中国经济转型升级、科学发展，助力实现“中国梦”。

第二节　战略目标

到 2020 年，证券行业总资产、管理客户资产等主要指标实现年均 20%—30% 的增长，核心竞争力显著提升，成为国内金融体系中举足轻重的产业，成为国民经济转型的重要驱动力，实现行业与经济社会和谐共进和可持续发展。

——完善证券经营机构功能定位，显著提升证券业服务实体经济的能力。按照现代投资银行属性，完善证券经营机构的功能定位。支持证券经营机构发展投资融资、销售交易、资产托管等基础功能，支持证券经营机构加强市场组织能力，提升融资覆盖范围，丰富融资产品，为经济转型中的主导产业、战略性新兴产业、创业创新型企业和中小微企业提供多元化的融资服务，促进证券经营机构产业投资基金、私募股权投资基金、创业投资基金、并购基金等各类投资业务发展，为中国资产全球化布局服务，推动经济转型升级。

——进一步扩大直接融资规模，显著提升直接融资比重。全面提升证券业发展规模和质量，加快储蓄直接转化为投资的效率，改善投融资结构，实现社会资源的优化配置，提高资源配置效率。推动金融结构调整取得明显进展，显著提高直接融资占社会融资规模的比重，进一步增强资本市场在金融资源配置中的基础性作用。

——增强财富管理能力，显著提升投资者服务水平。支持证券经营机构增强产品创设和营销功能，切实为投资者提供诚信专业的、个性化的财富管理产品和风险管理工具。搭建以客户为中心的产品和服务体系，形成业务覆盖广泛、客户网络发达、风险管理有效的运行模式，增强投资者服务能力。

——支持中小微企业发展，显著提升服务中小微企业的能力。发展证券经营机构柜台市场、机构间市场，鼓励和引导创业投资基金支持中小微企业，打造层次多元、机制灵活、融资便利、风控有效的投融资平台，着力解决中小微企业融资难的问题。创新科技金融产品和服务，着力发展创新创业企业需要的融资工具，着力解决农村融资服务不足的问题，发展普惠金融，促进战略性新兴产业发展。

——守住不发生系统性、区域性风险底线，显著提升行业风控水平。不断提升系统性风险的监测和应对能力。提升证券经营机构全面风险管理能力。优化以净资本及流动性风险防范为核心的证券经营机构风险控制指标体系。健全证券公司合规管理体系，显著增强行业合规管理能力。

——加强行业基础建设，显著提升服务多层次资本市场的水平。不断强化行业基础建设，加强行业人才队伍建设、信息系统建设、风控合规建设、研究能力建设，提升组织创新和管理能力，提升业务开发和产品创设能力，形成与多层次资本市场发展相匹配的中介服务体系。加强登记、结算等公共基础设施建设，推进资本市场信息系统建设。

——推动行业国际化发展，显著提升服务中国企业“走出去”和“引进来”的能力。行业对外开放水平显著提高，证券经营机构国际化经营能力明显增强，在全球主要金融中心和经济中心设立经营机构，开展境外业务，客户范围覆盖主要国家和地区，为中国企业和居民投资全球市场提供服务，为全球投资者投资中国提供服务。在中国经济对外开放过程中，支持中国企业全球布局、并购重组、跨境发展，积极引进海外资金、机构、人才，提升我国经济的国际影响力。

——倡导“诚实守信”的行业文化，显著提升行业的社会形象。强化证券经营机构与证券从业人员的诚信体系建设，充分发挥行业在促进社会和谐、国家统一、民族团结和经济社会建设中的积极作用，引导从业人员成为资本市场改革发展的自觉实践者、勇于探索者和合格工作者。建立回馈社会的理念和机制，勇于承担社会责任，实现证券业与社会的共同协调发展，提升证券业的社会公众认可度和满意度，使证券业成为备受尊重和信赖的行业。

第三节　基本任务

为实现证券业发展的战略目标，规划期内，证券业发展的基本任务是：形成开放、多元、包容的行业格局，推动证券经营机构向现代投资银行转型，形成具有国际竞争力、品牌影响力和系统重要性的机构。

——形成开放、多元、包容的行业格局。支持行业对内、对外开放，实现差异化竞争、包容性增长、多元化发展。支持各类社会资本进入证券行业，发展民营证券经营机构，支持民营资本参与证券经营机构重组改造。完善证券经营机构准入退出机制，形成证券业优胜劣汰的良性市场环境。支持大型证券经营机构与中小证券经营机构，综合性、集团化证券经营机构与专业性、特色化证券经营机构并存发展。鼓励各证券经营机构依据自身特点，走差异化发展之路。支持有条件的证券经营机构发展成为国际一流的投资银行，支持中小证券经营机构走“小而优”、“专而精”的特色化经营道路。支持各类专业服务机构创新发展。有效改变同质化现象，优化行业生态。

——推动证券经营机构向现代投资银行转型。现代投资银行应具备五个方面特征：是直接融资服务的主要提供者，能够运用股权、债务、可转换证券、资产证券化等多种工具为企业和政府客户提供融资服务；是资产管理和财富管理者，能够以客户需求为导向，立足资本市场，结合货币、外汇、商品、房地产、衍生品等多种市场和工具，提供广泛的金融产品和投资顾问服务；是交易和流动性提供者，可为投资者提供交易通道、交易执行、研究咨询、做市等多种交易服务，以及融资融券、抵押融资、过桥融资等各种流动性服务；是市场的重要投资者，可在权益、固定收益、货币、大宗商品、衍生品等多个市场从事自营业务，在实体经济领域从事直接投资业务；是有效的风险管理者，能为客户提供风险管理和信用评级服务，利用各类风险对冲工具，为实体经济的稳定运行缓释和分散风险，防范发生区域性、系统性风险，维护国家金融安全与稳定。

——促进形成具有国际竞争力、品牌影响力和系统重要性的机构。支持有条件的证券经营机构通过发行上市、并购重组、探索跨境业务和综合经营，不断做大做强，形成具有系统重要性的机构。这类机构应当具备以下特征：一是行业集中度高，核心竞争力强、综合化和国际化经营程度高，客户服务能力强，合规风控水平高，可在行业创新发展中发挥引领作用；二是影响力大，总资产及管理客户资产规模大，有很强市场影响力和就业吸纳能力，在国际市场具有强大的资源配置能力和影响力，拥有一定国际定价权；三是对维护国家安全和稳定具有重要作用。

第三章　战略路径和举措

第一节　深化改革　完善行业发展的体制机制

——完善制度体系。适应证券业发展需要，配合评估、修改《证券法》等相关法律法规和清理整合相关规章和规范性文件，促进完善由融资与并购、市场交易、产品业务、市场与机构主体、投资者保护、监管执法、对外开放、审慎监管等子体系组成的法律实施规范体系。配合完善行业顶层设计，调整行业功能定位，拓宽行业发展空间，夯实行业发展的制度基础，提升行业规范化运作的水平和效率。

——加强行业自律。在完善行业自律规则的基础上，按市场化方向配合落实监管转型，顺应监管转型要求充分发挥行业自律管理功能，积极发挥自律组织在执业检查、纠纷调解、会员服务、信息提供等方面作用。完善行业自律管理的标准和流程，提高透明度和公信力，加强自律检查及自律惩戒。建立健全监管部门和自律组织之间的沟通机制，加强行业协会对地方协会的业务指导，构建全国统一的自律协调体系。

——强化公司自治。强化证券经营机构法人责任，提高证券经营机构自我管理和自主创新能力。促进证券经营机构切实按现代投资银行的要求，完善公司治理，强化内部控制，提高执业质量。在创新发展的同时不断强化公司风险管理和合规管理。

第二节　加快开放　推动行业做大做强

——加快对内开放，降低准入门槛。在推进相关法律法规修改完善的基础上，支持证券公司、基金管理公司、期货公司、证券投资咨询公司等交叉持牌。支持国有证券经营机构开展混合所有制改革，支持各类资本和专业人员等符合条件的主体参股或设立证券经营机构，鼓励和支持行业内的并购重组，形成国有、民营，内资、外资并存的多元化竞争格局和优胜劣汰机制。支持全国社会保障基金积极参与资本市场投资，支持社会保险基金、企业年金、职业年金、商业保险资金、境外长期机构资金等机构投资者资金逐步扩大资本市场投资范围和规模，壮大专业机构投资者。支持长期机构资金管理机构运营或设立专业证券经营机构。支持证券投资咨询、证券评级等机构的转型升级和业务发展，规范优化证券市场中介服务，提升会计师事务所、评估事务所、律师事务所等中介机构的专业服务能力。

——加快对外开放，推进国际化进程。在与我国经济发展水平、市场发育程度和监管能力相适应的前提下，积极稳妥地推进证券业对外开放。统筹研究并形成有利于行业对外开放的政策规则体系。鼓励证券经营机构引入合格境外战略投资者。加强境内外证券监管机构、行业自律组织间的国际交流与合作。促进国内证券经营机构“走出去”，在境外设立分支机构、开展境外融资和并购重组，积极推进跨境业务。支持证券经营机构参与综合经济金融改革试验区建设。积极推进跨境业务及产品在“两岸三地”先行先试。支持证券经营机构为符合条件的境外机构提供境内人民币债务融资等相关服务。

第三节　支持创新 提升行业核心竞争力

——完善证券经营机构基础功能。完善证券经营机构功能定位，支持证券经营机构拓展完善投资融资、销售交易、资产托管等基础功能。完善登记结算体系，加强境内外各类证券登记结算机构间的互联互通。建立多层次托管体系，支持证券经营机构开展托管业务。完善证券经营机构综合金融账户服务体系。在风险可控前提下，优化客户交易结算资金存管模式。鼓励证券经营机构发挥市场组织主体的作用，为大宗交易、私募产品、衍生品等各种金融产品开展做市等交易服务。促进证券经营机构采用多种方式为客户提供融资服务。提升投资功能，拓宽投资范围。

——促进证券经营机构业务及产品创新。支持证券经营机构以提升行业竞争力为目标开展业务与产品创新。支持证券经营机构通过场内和场外市场拓展融资类业务、资产证券化、房地产投资基金（REITs）、固定收益、外汇和大宗商品、衍生品交易等多种业务，发展和创新多元化的投融资工具，打造完整的金融产品供应链，形成跨市场、跨品种的业务能力。支持证券经营机构自主创设私募产品。

——推动传统业务转型升级。支持证券经营机构进一步完善和深化经纪、自营、资产管理、承销与保荐等传统业务。推动经纪业务从简单的通道中介模式向财富管理模式转型。配合股票发行注册制改革，推进承销与保荐业务创新，支持证券经营机构完善新股发行承销业务内部控制，加强对网下投资者和承销机构报价、定价和配售的自律管理，促进并购重组业务发展。进一步规范发展资产管理业务，提高主动管理能力。推动证券经营机构自营业务创新，逐步拓宽投资范围和标的。支持证券投资咨询业务规范发展。

——推动互联网证券业务健康有序发展。支持开展互联网证券业务，统一线上线下业务监管标准，按照“媒介中立”的原则加强对互联网证券业务的监管。支持证券经营机构利用网络信息技术创新产品、业务和交易方式，支持证券经营机构探索基于互联网的新型证券业务模式。完善互联网证券自律管理环境，加强证券行业信息服务机构的自律管理，建立与互联网证券发展相适应的信息技术安全管理，建立健全证券行业征信体系和法规建设，推动互联网证券业务规范有序发展。

——拓宽证券经营机构融资渠道。拓宽证券经营机构长期稳定资金来源。鼓励探索新的融资渠道和新型融资工具。支持证券经营机构进行股权和债权融资，在境内外发行上市、在全国中小企业股份转让系统挂牌，发行优先股、公司债，开展并购重组。

——推动证券经营机构组织管理体系创新。强化证券经营机构的自治权利，支持证券经营机构适应现代投资银行业务发展需要，建立灵活、高效、安全的组织架构，优化管理制度和管理流程。进一步放开内部组织架构的限制，提升对分支机构及复杂业务的管理能力，支持证券经营机构从“以业务为中心”转向“以客户需求为中心”重构业务流程和内部组织。

——建立自主创新、包容失败的创新文化。服务于建立创新型社会，支持证券经营机构在不违反法律法规的前提下，根据实体经济和财富管理的需求，大胆探索、自主创新。尊重公司的首创精神，探索创新过程中的知识产权保护机制，形成崇尚创新、尊重创新、包容失败的创新文化。

第四节　发展私募　提升行业服务多层次资本市场能力

——夯实私募市场发展基础。促进完善与私募市场相适应的法规制度体系、产品备案管理体系、账户体系、登记结算体系和自律管理体系。按照分类监管的原则，逐步实现自主创设私募产品事后备案。研究私募合格投资者标准，明确中介机构的责任机制。完善私募市场基础设施建设，研究建立行业统一支付平台、机构间私募产品报价与服务系统和行业增信机构。

——规范发展多种组织形态的私募市场。积极推动证券经营机构柜台市场发展；支持证券经营机构参与交易所设立的非公开市场、股份转让系统私募业务平台和区域性股权市场。稳步发展机构间市场，建立各个市场间的有机联系机制。

——加强私募市场监测监控。加强统一互联的私募市场监测监控平台和备案系统的建设，建立私募业务运作、风险控制、交易信息报告和行业自律管理机制。

第五节　强化内控　促进行业健康发展

——强化合规管理。引导树立合规经营的理念，加强合规制度建设，持续开展合规管理有效性评估，建立健全合规管理长效机制。强化事中、事后检查监督，加强内部稽核监督，提升证券经营机构自我约束和内控能力，构建规范有效的内部控制体系，加大违规处罚力度，不断提升合规管理有效性。完善信息隔离墙制度建设，严格防范利益冲突、内幕交易行为。切实做好反洗钱工作，防范和化解洗钱风险。加强重点业务领域和业务创新的合规管理，及时应对和解决行业创新发展中存在的合规问题。促进证券经营机构提升内部控制和公司治理水平。

——提升全面风险管理能力。完善以净资本为核心的风险控制指标管理制度，加强流动性风险指标动态监控。推动证券经营机构树立全面风险管理理念，构建覆盖风险识别、风险评估、风险应对的全面风险管理体系，创新风险管理工具，提升证券经营机构应对流动性风险、信用风险、操作风险、市场风险等的风险管理能力。

——完善风险防范和处置机制。建立健全系统性风险的监测、预警、检查和应对机制。加强对新产品、新业务等重点领域的风险监控、预警、检查、评估。建立和完善风险准备、流动性救助、风险处置“三位一体”的风险防范和处置机制。积极推进市场基础设施建设，逐步建立系统性风险缓释机制。配合制定证券经营机构破产清算的相关法律法规，完善行业退出机制。

第六节　加强投资者保护　提高行业社会责任意识

——健全投资者适当性制度。建立规范的投资者分类标准和统一的投资者适当性管理规定，规范不同层次市场及交易品种的投资者适当性制度安排，建立健全不匹配情形的记录、分析和沟通反馈机制。加强证券经营机构的适当性管理责任，完善产品或者服务的风险分级标准，建立对不同层次市场和各类交易品种风险级别的动态调整机制，完善产品风险评价，根据投资者风险承受和识别能力以合适的方式推荐相适应的产品和服务，培育投资者价值投资、长期投资和理性投资理念。

——推动完善投资者救济机制。加强投资者资产安全保护。完善证券侵权民事赔偿制度，优化投资者依法维权程序，降低维权成本。研究建立证券市场的公益诉讼、集团诉讼制度，支持和帮助投资者获得民事赔偿。探索建立行政和解制度，开展行政和解试点。强化中介机构责任，推动证券经营机构建立执业规范和内部问责机制。严厉打击内幕交易等侵害投资者利益的行为。研究建立承诺违约强制履约制度。健全中小投资者赔偿机制，研究建立侵权行为人主动补偿投资者的制度。建立多元化纠纷解决机制，建立专业调解、行政和解与仲裁、诉讼的对接机制。

——强化投资者教育。引导行业持续将投资者教育服务工作融入公司日常经营各个环节，切实保障投资者合法权益。支持将投资者教育逐步纳入国民教育体系。根据投资者特点积极探索差异化教育。充分发挥媒体的舆论引导和宣传教育功能。维护中小投资者知情权。引导中小投资者树立理性投资和防范非法证券期货活动意识，依法行使权利和履行义务，提高风险防范意识和自我保护能力。

第七节　健全人员管理体系　优化行业人才发展环境

——健全从业人员管理体系。适应行业发展需要，修改从业人员资格管理办法，明确从业人员分类管理原则，强化从业人员职业道德和执业管理，推动从业人员管理重点从资格准入向胜任能力保障转变、从静态资格管理向动态执业行为管理转变，实现从业人员准入、执业注册、后续职业培训、执业过程管理、诚信管理等全程动态管理。

——完善人才培养体系。积极吸引境外投资银行高级管理人员和专业人才进入国内证券经营机构，组织推动证券经营机构业务骨干学习交流，加强高层次人才的开发、引进，培养一批在行业内具有一定知名度和影响力的领军人才，将证券业建成专业化、国际化、创新型人才聚集的人力资本密集型行业。完善培训体系，强化继续教育。建立并完善胜任能力考试和水平测试体系。建立多元化的重点领域专业人才社会储备机制，优化梯队结构。健全高级管理人员的选聘、考核、使用和培养机制。

——强化诚信体系建设。深入开展诚信教育，培育诚信合规的行业文化。强化职业道德、执业规范建设，完善从业人员诚信执业准则体系。健全从业人员诚信管理系统，探索建立诚信评估制度，强化诚信约束机制。健全诚信信息交换机制，实现与相关行业组织的诚信信息共享。完善自律惩戒体系内容和程序，加大执业检查和自律惩戒工作力度，增强诚信自律管理的有效性。

——完善人才激励约束机制。在《证券法》修改的基础上，推动建立健全行业人才激励约束机制，完善行业薪酬的市场化形成机制，支持建立高级管理人员股权激励和员工持股、期权等与经营业绩挂钩的长效激励约束机制。

第八节　加强合作　促进金融业全面转型升级

——加强金融行业合作。大力推动证券业与银行、保险、信托等金融行业在金融工具、金融产品、金融服务创新方面的合作，实现资源共享、优势互补，优化社会融资结构，提高金融资源配置效率。加强行业间客户征信信息共享。加强对跨市场、跨行业系统性风险的统计、预警、监测和分析中的沟通合作。共同推动金融衍生品市场发展，完善金融体系的风险管理功能。通过行业合作，构建现代金融体系，改变金融业态，支撑国民经济更好、更快发展。

——加强证券业对其他金融行业的支持服务。支持证券经营机构积极参与信贷资产证券化，建立信贷体系与证券市场的对接机制，分散银行体系的信贷风险。推动证券经营机构提升资产管理、产品创设与合规风控能力，进一步拓宽保险资金投资渠道，更好地支持保险业的快速发展。

——支持综合经营探索。支持证券经营机构在合法合规的前提下探索综合经营，支持证券经营机构在有效隔离风险的基础上从事资产管理、期货、直接投资、另类投资等业务，实行集团化经营。

第四章　组织实施

——加强规划实施中的行业支持。行业自律组织顺应监管转型要求，充分发挥自律管理功能，加强行业基础设施建设，指导证券经营机构认真落实规划，协调办理证券经营机构难以分散解决的事项，切实落实市场运行保障、投资者服务、风险监测监控、行业纠纷调解、市场教育培训及研究等职能。完善专业委员会工作机制，调动行业力量和智慧，加强专业委员会“交流平台、议事平台、办事平台”功能，充分发挥专业委员会在行业规划实施中的作用。

——充分支持行业主体自主实施规划。充分发挥证券经营机构在规划实施和创新发展工作中的主动性和积极性，有效激发市场主体活力。证券经营机构应进一步完善公司治理结构，建立健全内部控制，完善激励约束机制，进一步提高创新能力，自主识别、判断并承担创新风险，依法自主开展业务和产品创新，加强风险控制和合规管理，提升核心竞争力。

——营造有利的行业发展环境。推动完善信息共享机制，促进规划实施中的跨部门监管合作。优化沟通机制，加强沟通协调，支持建立以行政监管部门为主、行业自律组织参与的全方位、全覆盖的机构监管执法联动机制。积极配合支持立法机关做好立法工作，主动反映证券行业改革发展的制度需求。积极配合支持“营改增”等税收政策研究，争取有利于行业创新发展的税收环境。做好媒体关系管理，为媒体准确解读政策与信息提供支持，改善舆论环境。

——务实推进、及时评估、动态调整。建立对规划实施情况的跟踪监测、检查和评估机制，扎实稳妥地推进行业规划实施。客观评估和分析规划实施中出现的新情况、新问题，及时采取应对措施，实事求是地加以动态调整和完善。

分报告

分报告之一：
2014 年中国证券经纪业务发展回顾与展望

第一章
2014 年中国证券经纪业务的总体情况和竞争格局

第一节　2014 年中国证券经纪业务的总体情况

一、市场总体情况和经纪业务规模

（一）两市指数大幅上行，股票、基金、债券交易量急剧增长

2014 年沪、深两市指数上半年低位平稳运行，下半年呈现爆发式上涨，上证综指创 4 年新高，深证综指创 6 年新高。2014 年，上证综合指数从上年收盘的 2115.98 点，最高到 3239.36 点，最低达 1974.38 点，收盘 3234.68 点，全年指数上涨 52.87%；深证综合指数从上年收盘的 1057.67 点，最高到 1504.48 点，最低达 1013.26 点，收盘 1415.19 点，全年指数上涨 33.80%。

2014 年中小板块指数和创业板块指数滞涨，落后大盘平均涨幅度。2014 年，中小板指数从上年收盘的 4979.85 点，最高到 5898.03 点，最低达 4432.71 点，收盘 5461.19 点，全

年指数上涨 9.67%。创业板指数从上年收盘的 1304.44 点，最高到 1674.98 点，最低达 1210.81 点，收盘 1471.76 点，全年指数上涨 12.83%（见表 1－1）。

表 1－1　　2013—2014 年板块指数变化情况

	上证指数（000001）	深证综指（399106）	中小板指数（399005）	创业板指数（399006）
2013 年收盘点位	2115.98	1057.67	4979.85	1304.44
2014 年收盘点位	3234.68	1415.19	5461.19	1471.76
上涨幅度	52.87%	33.80%	9.67%	12.83%

资料来源：沪、深证券交易所。

股票基金交易量大幅度提升。根据沪、深两市交易所的统计数据，2014 年两市股票基金总成交 79.11 万亿元，较 2013 年的 48.29 万亿元激增 30.82 万亿元，增幅 63.82%。其中，上海证券交易所股基交易金额 41.46 万亿元，深圳证券交易所股基交易金额 37.65 万亿元，分别较 2013 年上升 73.78%和 54.12%。日均成交量方面，2014 年成交天数为 245 日，较 2013 年 238 个交易日增加了 7 个交易日，2014 年两市日均股基交易量提升更为显著，达到3 229.17亿元，较 2013 年日均 2 028.99 亿元上升 59.15%。

股票、基金、债券①交易量均出现大幅增长，基金交易量涨幅超过三倍。2014 年，沪、深两市股票合计成交 74.39 万亿元，较 2013 年的 46.87 万亿元增长 58.72%，股票日均交易额从 2013 年的 1 969.45 亿元增长到 2014 年的 3 036.38 亿元，增幅为 54.17%；基金成交方面，2014 年两市基金成交金额 4.72 万亿元，较 2013 年的 1.48 万亿元上升了 218.92%；债券成交方面，近两年持续增长，且增幅显著，2014 年债券合计成交 90.58 万亿元，较 2013 年 67.83 万亿元增长了 33.54%（见图 1－1）。

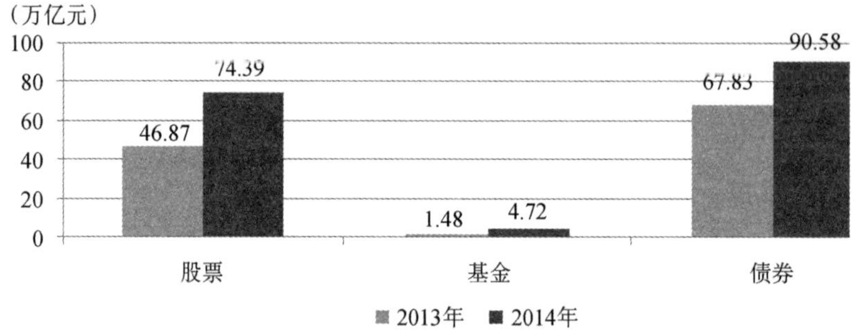

图 1－1　2013 年和 2014 年各品种交易量变化对比图

资料来源：沪、深证券交易所。

（二）市场重启扩容，市值迅速增长，市盈率快速提高

2014 年市场重启了新股发行。截至 2014 年底，境内上市公司数（A、B 股）合计 2 613

① 本文的债券交易特指上海证券交易所和深圳证券交易所的债券交易。

家，较 2013 年底 2 489 家增加了 124 家，增幅为 4.98%。

随着市场新股扩容和指数的上涨，沪、深两市总市值快速增长。2014 年底，沪、深两市股票市价总值为 37.25 万亿元，较 2013 年的 23.91 万亿元增长 55.79%；其中，流通市值从 2013 年的 19.96 万亿元提升到 2014 年底的 31.56 万亿元，升幅达 58.12%。

市场平均静态市盈率大幅提升。截至 2014 年底，沪市平均静态市盈率为 15.99 倍，较 2013 年底的 10.99 倍提升幅度为 45.50%；而深市的平均静态市盈率为 34.05 倍，较 2013 年底的 27.76 倍上涨了 22.66%（见表 1－2）。

表 1－2　　2014 年证券市场概况统计表

	2013 年底	2014 年底	相比 2013 年底
境内上市公司数（A、B 股）（家）	2 489	2 613	4.98%
境内上市外资股（B 股）（家）	106	104	－1.89%
股票市价总值（A、B 股亿元）	239 077.19	372 546.96	55.83%
其中：股票流通市值（亿元）	199 579.53	315 624.31	58.14%
股票成交金额（亿元）	468 728.61	743 912.98	58.71%
日均股票成交金额（亿元）	1 969.45	3 036.38	54.17%
上证综合指数（收盘）	2 115.98	3 234.68	52.87%
深证综合指数（收盘）	1 057.67	1 415.19	33.80%
股票有效账户数（万户）	13 247.15	14 214.68	7.30%
平均市盈率（静态）			
其中：上海	10.99	15.99	45.50%
深圳	27.76	34.05	22.66%
证券投资基金数（只）	1 552	1 897	22.23%

资料来源：中国证监会、上海证券交易所、深圳证券交易所、中国证券登记结算公司。

（三）行业收入快速增长，代理买卖业务净收入占比下降

2014 年，市场股基交易量大幅度上升，信用业务继续保持快速发展的势头，证券行业整体盈利情况出现很大的改观。

根据中国证券业协会公布的统计数据，全行业 120 家证券公司（较上年增加了 5 家）2014 年实现营业收入 2 602.84 亿元，较 2013 年的 1 592.41 亿元增长 63.45%，环比增速提高 44 个百分点。净利润为 965.54 亿元，较上年的 440.21 亿元上升了 119.34%。具体到经纪业务收入方面，行业代理买卖证券业务净收入为 1 049.48 亿元，较 2013 年的 759.21 亿元增长了 38.23%。收入结构与 2013 年相比，代理买卖业务净收入占营业收入的比重从 47.68% 下降到 40.32%，而融资融券业务利息收入占比从 11.59% 提升至 17.14%（见表 1－3、表 1－4）。

表 1－3　2013—2014 年证券行业主要经营数据对比

	2013 年	占比	2014 年	占比
营业收入（亿元）	1 592.41		2 602.84	
代理买卖证券业务净收入（亿元）	759.21	47.68%	1 049.48	40.32%
证券承销与保荐业务净收入（亿元）	128.62	8.08%	240.19	9.23%
财务顾问业务净收入（亿元）	44.75	2.81%	69.19	2.66%
投资咨询业务净收入（亿元）	25.87	1.62%	22.31	0.86%
资产管理业务净收入（亿元）	70.3	4.41%	124.35	4.78%
证券投资收益（含公允价值变动）（亿元）	305.52	19.19%	710.28	27.29%
融资融券业务利息收入（亿元）	184.62	11.59%	446.24	17.14%
净利润（亿元）	440.21		965.54	
证券公司盈利家数（家）	104	90%	119	99%

资料来源：中国证券业协会。

表 1－4　2013—2014 年证券行业主要财务指标对比

	2013 年	2014 年	增减值	增减幅度
证券公司数量（家）	115	120	5	4%
总资产（万亿元）	2.08	4.09	2.01	97%
净资产（亿元）	7 538.55	9 205.19	1 666.64	22%
净资本（亿元）	5 204.58	6 791.6	1 587.02	30%
客户交易结算资金余额（万亿元）	0.56	1.2	0.64	116%
受托管理资金本金总额（万亿元）	5.20	7.97	2.77	53%

资料来源：中国证券业协会。

（四）融资融券交易继续保持快速发展势头，融资业务快于融券

2014 年，融资融券业务继续保持迅猛增长势头，“两融”业务余额由 2013 年的 3 465.27 亿元上升到 10 256.56 亿元，增幅 196%。融资业务方面增速显著。截至 2014 年底，融资余额 10 173.73 亿元，期间买入额 95 065.59 亿元，偿还额 88 326.56 亿元，而 2013 年同期对应的三项指标仅分别为 3 434.70 亿元、32 891.94 亿元及 30 314.18 亿元；增幅分别达到 196%、189%及 191%。融券方面，增速同样显著，但依然低于融资业务增速，2014 年期间合计卖出 2 026.73 亿元，增幅为 83%（见表 1－5 和图 1－2）。

表 1－5　　2010—2014 年融资融券业务发展数据

	融资			融券		
	截止日余额（亿元）	期间买入额（亿元）	期间偿还额（亿元）	截止日余额（亿元）	期间卖出量（亿股）	融资融券余额（亿元）
2010 年	127.61	695.13	567.42	0.11	0.73	127.72
2011 年	375.48	2 908.99	2 661.12	6.59	22.88	382.07
2012 年	856.94	7 265.98	6 784.51	38.21	358.47	895.16
2013 年	3 434.70	32 891.94	30 314.18	30.57	1 108.71	3 465.27
2014 年	10 173.73	95 065.59	88 326.56	82.83	2 026.73	10 256.56
2014 年比 2013 年的变化幅度（%）	196	189	191	171	83	196

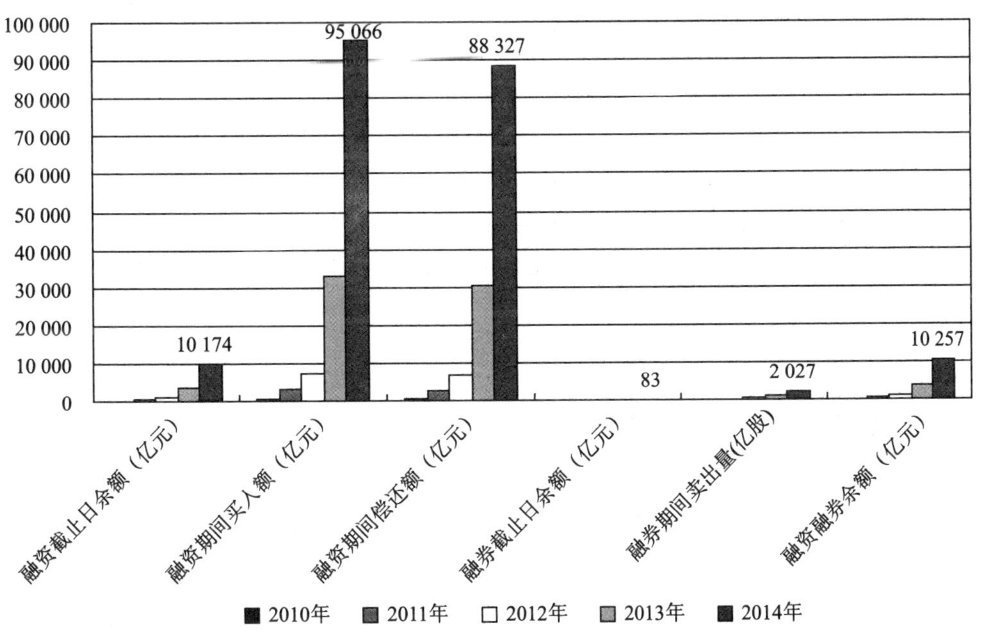

图 1－2　2010—2013 年融资融券业务发展数据

资料来源：Wind 资讯。

（五）股票质押交易保持快速增长，约定式购回交易回落

2014 年，沪、深两市股票质押交易次数从 2013 年的 1 004 次增加到 2014 年的 2 410 次，总质押股份数从 2013 年的 230.73 亿股增加到 2014 年的 585.69 亿股，增幅为 153.84%；未解押交易的股数从 2013 年的 80.25 亿股增加到 2014 年的 492.81 亿股，增幅为 514.10%；已解押交易的股数明显下降，从 2013 年的 150.481 亿股下降到 2014 年的 92.88 亿股（见表 1－6）。

表 1－6　　股票质押交易（2013—2014 年）

年份	全部交易			未解押交易			已解押交易		
	交易次数（次）	总质押股数（亿股）	参考市值（亿元）	交易次数（次）	总质押股数（亿股）	参考市值（亿元）	交易次数（次）	总质押股数（亿股）	参考市值（亿元）
2013 年	100	230.73	2 343.41	371	80.25	854.84	633	150.48	1 488.57
2014 年	241	585.69	7 100.90	2010	492.81	6 064.12	400	92.88	1 036.78
增幅（%）	141.00	153.84	203.02	441.78	514.12	609.38	－36.81	－38.28	－30.35

资料来源：Wind 资讯。

证券公司分布方面，沪、深两市股票质押业务待回购金额占比靠前的十大证券公司分别为中信证券、海通证券、国信证券、华泰证券、兴业证券、东吴证券、东方证券、广发证券、中信建投证券及华融证券，前 10 家合计占比达 54.40%，较 2013 年下降 5.6 个百分点，行业集中度略下降。

与股票质押交易相比，约定购回式交易呈现萎缩趋势。2014 年，两市约定购回式交易次数从 2013 年的 99 次减少到 2014 年的 22 次，交易股份数从 2013 年的 16.17 亿股减少到 2014 年的 4.22 亿股，降幅为 73.90%；未购回的股数从 2013 年的 5.38 亿股下降到 2014 年的 3.61 亿股，降幅为 32.92%；已购回的股数从 2013 年的 10.78 亿股下降到 2014 年的 0.61 亿股，降幅为 94.36%（见表 1－7）。

表 1－7　　约定购回式交易（2013—2014 年）

年份	全部交易			未购回			已购回		
	交易次数（次）	交易总数量（亿股）	交易总价值（亿元）	交易次数（次）	交易数量（亿股）	交易市值（亿元）	交易次数（次）	交易数量（亿股）	交易市值（亿元）
2013 年	99	16.17	137.00	42	5.38	60.89	57	10.78	76.11
2014 年	22	4.22	36.49	18	3.61	31.21	4	0.61	5.28
增幅（%）	－77.78	－73.90	－73.36	－57.14	－32.90	－48.74	－92.98	－94.34	－93.06

资料来源：Wind 资讯。

证券公司分布方面，两市约定购回式交易金额占比靠前的十大证券公司分别为海通证券、方正证券、国元证券、东北证券、华泰证券、国泰君安证券、华安证券、华福证券、兴业证券和山西证券。约定购回式交易金额排名前 10 名的证券公司合计占比达 95.71%。

二、市场参与主体

（一）投资者期末空仓占比比 2013 年有所扩大

截至 2014 年末，沪、深股票账户数合计为 18 401.17 万户，同比增长 5.04%。其中，A 股账户 18 145.62 万户，B 股账户 255.55 万户，剔除休眠账户 4 186.48 万户，有效账户为 14 214.69万户，有效账户同比增长 7.30%。

2014 年末，“一码通”账户数为 11 607.63 万户，下挂 A 股子账户的“一码通”账户为 7 216.83万户，占比 62.17%。

2014 年末，沪、深两市共有 A 股有效账户 13 958.95 万户。其中 5 853.71 万户近一年内参与了二级市场交易，占期末 A 股有效账户的 41.94%，参与交易的 A 股有效账户中，33%的账户期末空仓（未持有任何证券，下同)。未参与交易的 A 股有效账户 8 105.24 万户，占期末 A 股有效账户的 58.06%，未参与交易的账户中，82%的账户期末空仓。

2014 年末持仓的 A 股账户数为 5 412.09 万户，持仓 A 股账户占全部 A 股有效账户的比重为 38.77%；空仓账户占 61.23%，较 2013 年末增加了 940.21 万户，占 A 股有效账户比重提高了 2.68 个百分点。

1. 股票账户持续增加，且增速有所回升

2014 年，随着市场环境的好转，入市人群增加，股票账户增幅一改连续 4 年下降的趋势，明显回升。

2014 年沪、深两市股票账户净增 883.53 万户，增长幅度为 5.04%，与 2013 年的 2.66%相比，增长幅度回升了 2.4 个百分点。其中 A 股账户净增 882.24 万户，增长幅度为 5.11%；B 股账户净增 1.29 万户，增长幅度为 0.51%（见表 1 - 8 和图 1 - 3)。

表 1 - 8　　2013—2014 年股票账户变化

	2013 年	2014 年
期末股票账户总数（万户）	17 517.64	18 401.17
较 2013 年增长（%）	2.66	5.04
期末 A 股账户数（万户）	17 263.38	18 145.62
较 2013 年增长（%）	2.69	5.11
期末 B 股账户数（万户）	254.26	255.55
较 2013 年增长（%）	0.47	0.51

资料来源：中国证券登记结算有限责任公司。

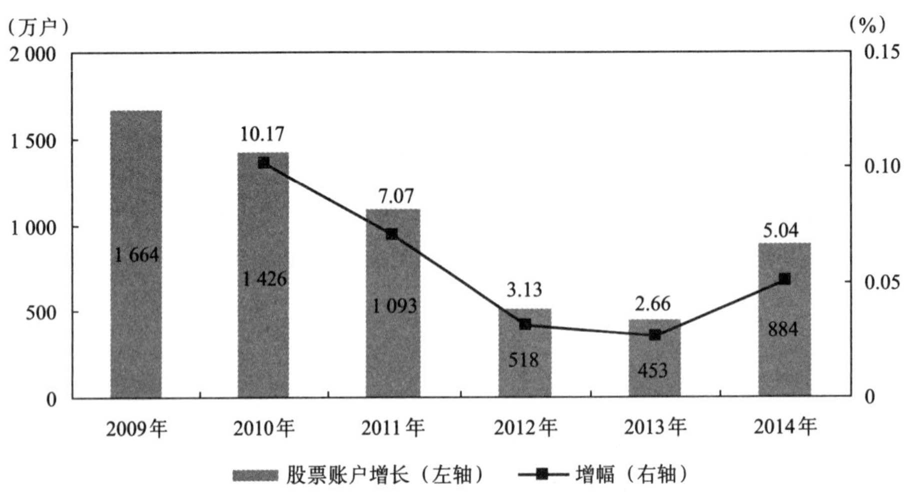

图 1－3　2009—2014 年股票账户数

资料来源：中国证券登记结算有限责任公司。

2. 基金账户规模呈现快速增长的趋势

截至 2014 年底，沪、深两市基金账户总数为 5 186.22 万户，相较 2013 年底的 4 445.40 万户，净增 740.82 万户，增长幅度为 16.66%，相较 2013 年 10.62% 的增幅提升了 6.04 个百分点（见表 1－9 和图 1－4）。

表 1－9　　2010—2014 年基金账户总数　　（单位：万户）

	2010 年	2011 年	2012 年	2013 年	2014 年
期末基金账户总数	3 404.25	3 712.30	4 018.69	4 445.40	5 186.22

资料来源：中国证券登记结算有限责任公司。

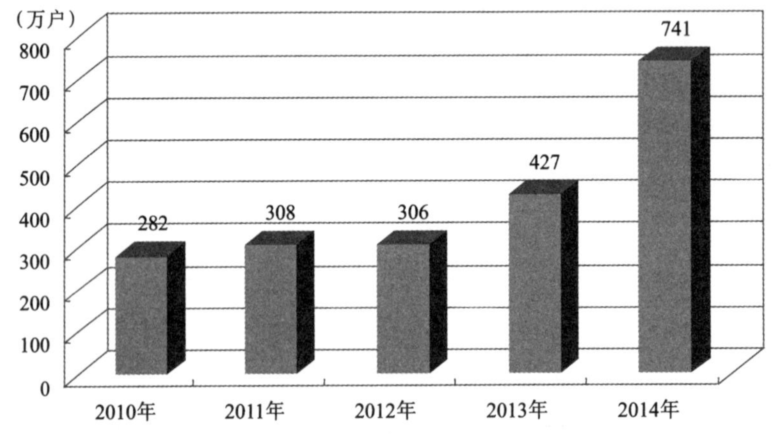

图 1－4　2010—2014 年基金账户增加数

资料来源：中国证券登记结算有限责任公司。

3. 具有创业板功能账户数持续增加

2014 年，开通创业板块的账户增幅较上年明显提升。截至 2014 年末，具有创业板块功能账户数为 2 522.61 万户，占 A 股有效账户数量之比为 18.07%，较 2013 年末净增 255.82 万户，增幅为 11.29%，增幅较上年提升了 5.49 个百分点（见表 1－10 和图 1－5）。

表 1－10　　2011—2014 年具有创业板功能账户数　　（单位：万户）

项　目	2011 年末	2012 年末	2013 年末	2014 年末
期末具有创业板功能账户数	2 044.65	2 142.57	2 266.79	2 522.61

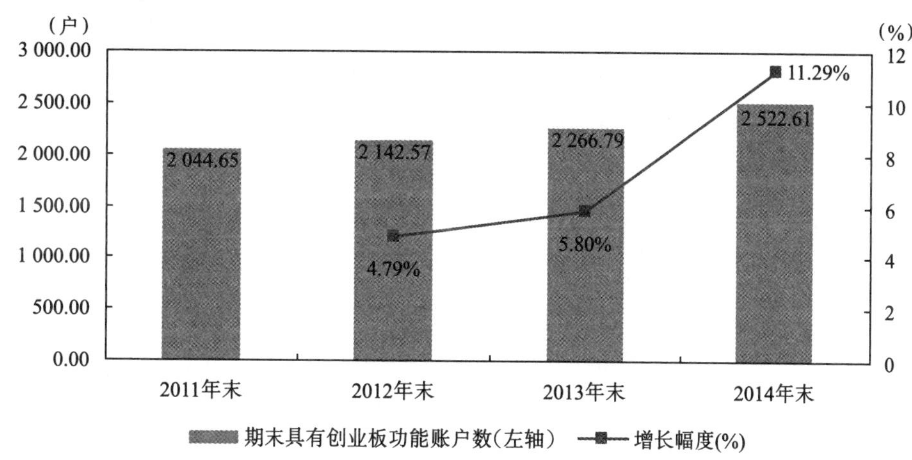

图 1－5　2011—2014 年具有创业板功能账户数

资料来源：中国证券登记结算有限责任公司。

4. 信用账户数量迅速增长

2014 年末，信用证券账户为 586.72 万户，较上年增长了 320.53 万户，增幅为 120.41%（见表 1－11 和图 1－6）。

表 1－11　　2011—2014 年信用证券账户数　　（单位：户）

项　目	2011 年	2012 年	2013 年	2014 年
期末信用证券账户	348 610	990 284	2 661 917	5 867 191
其中：个人	347 507	986 891	2 655 505	5 857 134
机构	1 103	3 393	6 412	10 057

（二）自然人与机构投资者账户市值分布差异较大

2014 年，上线“一码通”之前开展了全行业的证券账户清理。清理之后，2014 年 10 月末“一码通”账户共 37 994 887 户，其中个人账户 37 937 331 户，占比 99.85%；机构账户 57 556 户，占比 0.15%。

根据中国证券登记结算公司 2014 年底的专项统计数据，对于投资者 A 股账户的期末已

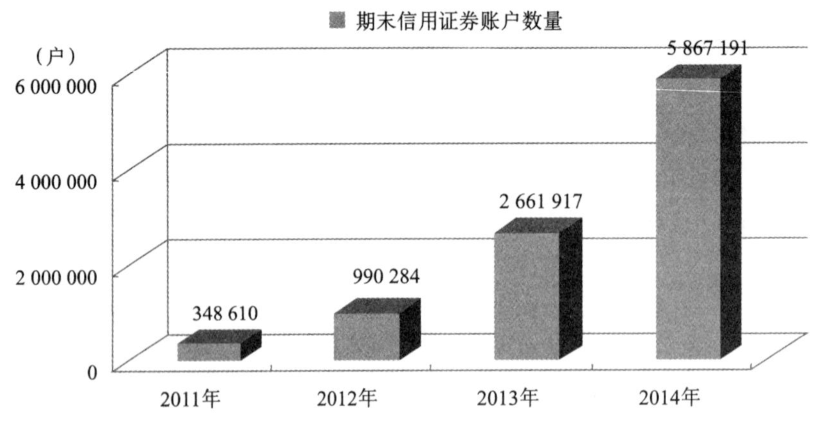

图 1－6　2011—2014 年信用证券账户数

资料来源：中国证券登记结算有限责任公司。

上市 A 股流通市值，72.84% 的自然人账户低于 10 万元，93.75% 的账户低于 50 万元；38.76% 的机构账户低于 50 万元，33% 的账户超过 500 万元。从占比上看，大部分自然人的 A 股账户市值在 50 万元以下，而机构投资者不同资产区间账户数量的分布比较平均。

2014 年与 2013 年相比，无论是自然人还是机构，50 万元以下市值的账户占比均有明显下降；500 万元以上市值的账户占比个人变化不大，机构略有下降（见表 1－12 和表 1－13）。

（三）投资者开户地区主要分布在上海、广东、江苏、深圳、北京、浙江和山东等经济发达区域

投资者按地区分布情况，截至 2014 年底，沪、深两市 A 股账户的开户数前三位依然是上海、广东和江苏，其中上海的开户数占比达到全国的十分之一以上。其余位居前列的区域有深圳、北京、浙江、山东等沿海和经济较发达地区。中西部省份中，比重较高的有四川、湖北、河南等省份（见表 1－14）。

表 1－12　　2013—2014 年自然人证券账户结构变化

期末已上市的 A 股流通市值	2013 年 10 月末		2014 年“一码通”账户	
	账户数（户）	比重（%）	账户数（户）	比重（%）
1 万元以下	20 002 281	37.72	9 232 400	24.34
1 万—10 万元	24 979 037	47.10	18 398 300	48.5
10 万—50 万元	6 639 834	12.52	7 933 745	20.91
50 万—100 万元	834 466	1.57	1 347 077	3.55
100 万—500 万元	512 777	0.97	911 278	2.4
500 万—1 000 万元	39 180	0.07	73 030	0.19
1 000 万元—1 亿元	20 792	0.04	38 898	0.1
1 亿元以上	1 660	0.002	2 603	0.01

资料来源：中国证券登记结算有限责任公司。

表 1－13　**2013—2014 年机构投资者证券账户结构变化**

期末已上市的A股流通市值	2013 年 10 月末		2014 年“一码通”账户	
	账户数（户）	比重（%）	账户数（户）	比重（%）
1 万元以下	6 959	8.77	3 744	6.50
1 万—10 万元	15 274	19.24	8 306	14.43
10 万—50 万元	16 581	20.89	10 263	17.83
50 万—100 万元	7 494	9.44	5 467	9.50
100 万—500 万元	13 655	17.20	10 782	18.73
500 万—1 000 万元	4 130	5.20	3 457	6.01
1 000 万元—1 亿元	8 860	11.16	8 175	14.20
1 亿元以上	6 420	8.09	7 362	12.79

资料来源：中国证券登记结算有限责任公司。

表 1－14　**2014 年底投资者开户地区分布**

地区	上海分公司开户总数（户）	深圳分公司开户总数（户）	两市合计开户总数（户）	比重（%）
北京	6 164 230	5 040 970	11 205 200	5.88
天津	1 322 172	1 612 124	2 934 296	1.54
河北	2 368 041	2 498 967	4 867 008	2.56
山西	1 652 793	1 547 761	3 200 554	1.68
内蒙古	940 584	900 584	1 841 168	0.97
辽宁	3 485 938	3 806 861	7 292 799	3.83
吉林	1 481 598	1 435 784	2 917 382	1.53
黑龙江	2 036 829	2 110 037	4 146 866	2.18
上海	12 840 613	7 296 679	20 137 292	10.57
江苏	7 418 707	7 334 252	14 752 959	7.75
浙江	5 336 553	6 024 371	11 360 924	5.96
安徽	2 041 836	1 817 731	3 859 567	2.03
福建	3 368 360	3 584 711	6 953 071	3.65
江西	1 572 689	1 856 440	3 429 129	1.80
山东	5 535 866	5 452 234	10 988 100	5.77
河南	3 224 819	3 736 136	6 960 955	3.65
湖北	3 432 388	3 649 964	7 082 352	3.72
湖南	2 796 417	3 412 076	6 208 493	3.26
广东	8 403 663	9 810 858	18 214 521	9.56
深圳	6 654 467	6 390 014	13 044 481	6.85

续表

地区	上海分公司开户总数（户）	深圳分公司开户总数（户）	两市合计开户总数（户）	比重（%）
广西	1 453 621	1 779 658	3 233 279	1.70
海南	548 866	781 760	1 330 626	0.70
重庆	1 411 576	1 537 607	2 949 183	1.55
四川	3 829 614	4 173 306	8 002 920	4.20
贵州	611 146	596 157	1 207 303	0.63
云南	1 025 618	1 088 520	2 114 138	1.11
西藏	29 006	40 489	69 495	0.04
陕西	1 752 303	2 055 101	3 807 404	2.00
甘肃	972 495	981 484	1 953 979	1.03
青海	338 831	255 008	593 839	0.31
宁夏	441 657	328 357	770 014	0.40
新疆	1 261 760	1 187 488	2 449 248	1.29
其他	3 440	584 103	587 543	0.31
合计	95 758 496	94 707 592	190 466 088	—

资料来源：中国证券登记结算有限责任公司。

（四）投资者性质分布：自然人账户占据绝对多数

从A股账户构成上来看，同前几年一致，自然人账户依旧占据绝对多数，占比达99.61%，比例与2013年基本持平。机构账户中占比较高的依然是一般机构和证券公司自营账户。

从变化趋势来看，证券自营账户连续两年大幅度下降，其他各类型的投资者账户数均较上年有所增加。其中自然人账户增加878万户，表明市场对个人投资者的吸引力有所增强。

从增幅大小来说，近几年机构投资者的增幅要远远高于自然人的增幅。账户机构化趋势比较明显（见表1－15）。

表1－15　2014年A股账户结构及变化

投资者	2014年末A股账户数（户）	占比（%）	2013年末A股账户数（户）	2014年较2013年变化（户）	变化幅度（%）
自然人	180 756 405	99.61	171 978 413	8 777 992	5.10
证券公司自营	85 205	0.05	91 384	－6 179	－6.76
证券公司集合理财	3 311	0.0018	2 041	1 270	62.22
证券投资基金	5 080	0.0028	3 089	1 991	64.45
基金公司专户理财产品	9 450	0.0052	3 859	5 591	144.88

续表

投资者	2014 年末 A 股账户数（户）	占比（%）	2013 年末 A 股账户数（户）	2014 年较 2013 年变化（户）	变化幅度（%）
社保基金	254	0.0001	230	24	10.43
企业年金	6 184	0.0034	5 598	586	10.47
QFII	826	0.0005	612	214	34.97
RQFII	563	0.0003	156	407	260.90
保险	1 955	0.0011	1 564	391	25.00
信托	17 170	0.01	13 700	3 470	25.33
一般机构	569 792	0.31	533 107	36 685	6.88

资料来源：中国证券登记结算有限责任公司。

第二节　2014 年中国证券经纪业务的竞争格局

一、行业集中度相对下降

2014 年，证券行业集中度较 2013 年有所下降。股票基金交易量排名行业前 20 位的证券公司的市场份额总和为 62.56%，比 2013 年的 64.03% 减少了 1.47 个百分点。

2014 年，证券经纪业务股票基金市场份额前 10 名的证券公司分别是：华泰证券、国泰君安证券、中国银河证券、海通证券、广发证券、招商证券、国信证券、中信证券、申银万国证券及中信建投证券。其中，前 4 位交易排名中，国泰君安证券超越银河证券列第 2 位；广发证券从 2013 年的第 7 位上升到第 5 位；申银万国证券从 2013 年的第 6 位下滑到第 9 位；国信证券上升 1 位，名列第 7 位；中信证券从 2013 年的第 9 位上升到第 8 位；中信建投证券依旧排名第 10 位。

第 11—20 位的证券公司没有发生变化，但排名略有变化，安信证券从 2013 年的第 14 位上升到第 12 位。齐鲁证券、中国中投证券分别下降 1 位，名列第 13、14 位。宏源证券与东方证券相较 2013 年互换了排名，分别位列第 19 名、第 20 名。

相较于 2013 年，2014 年排名前 50 位内上升幅度较大的证券公司有国金证券、中国民族证券、中原证券、西南证券、华福证券，下滑幅度较大的证券公司有中国国际金融公司与民生证券（见表 1－16）。

表 1-16　　2014 年股票基金份额排名前 50 位的证券公司统计

证券公司	市场份额（%）			排名（位）	
	2014 年	2013 年	变化幅度	2014 年	2013 年
华泰证券	6.364	6.043	5.32	1	1
国泰君安证券	4.886	5.005	-2.38	2	3
中国银河证券	4.874	5.098	-4.40	3	2
海通证券	4.546	4.673	-2.72	4	4
广发证券	4.256	3.977	7.00	5	7
招商证券	4.180	4.272	-2.13	6	5
国信证券	3.763	3.901	-3.55	7	8
中信证券	3.638	3.486	4.36	8	9
申银万国证券	3.615	4.153	-12.95	9	6
中信建投证券	3.373	3.407	-1.02	10	10
光大证券	2.843	3.062	-7.17	11	11
安信证券	2.394	2.280	5.02	12	14
齐鲁证券	2.248	2.381	-5.62	13	12
中国中投证券	2.162	2.354	-8.15	14	13
中信证券（浙江）	1.879	1.941	-3.20	15	15
方正证券	1.769	1.838	-3.76	16	16
长江证券	1.669	1.731	-3.61	17	17
兴业证券	1.468	1.577	-6.90	18	18
宏源证券	1.362	1.408	-3.26	19	20
东方证券	1.273	1.441	-11.64	20	19
浙商证券	1.127	1.095	3.00	21	23
平安证券	1.095	1.208	-9.35	22	21
财通证券	1.082	1.097	-1.35	23	22
国元证券	0.995	1.072	-7.15	24	24
华西证券	0.992	1.029	-3.59	25	26
东兴证券	0.982	1.061	-7.36	26	25
国金证券	0.930	0.687	35.47	27	38
东吴证券	0.881	0.903	-2.35	28	27
中银国际证券	0.861	0.886	-2.82	29	28
西南证券	0.805	0.751	7.21	30	33
华福证券	0.790	0.744	6.26	31	34
信达证券	0.790	0.853	-7.46	32	29

续表

证券公司	市场份额（%）			排名（位）	
	2014 年	2013 年	变化幅度	2014 年	2013 年
长城证券	0.775	0.810	-4.29	33	31
上海证券	0.735	0.755	-2.66	34	32
东莞证券	0.724	0.718	0.85	35	36
中国民族证券	0.689	0.645	6.74	36	42
湘财证券	0.687	0.732	-6.11	37	35
中信万通证券	0.678	0.686	-1.16	38	39
东北证券	0.663	0.698	-4.96	39	37
中国国际金融公司	0.655	0.811	-19.25	40	30
中原证券	0.651	0.620	5.08	41	46
华安证券	0.630	0.634	-0.57	42	44
南京证券	0.608	0.645	-5.74	43	43
国海证券	0.608	0.671	-9.39	44	40
财达证券	0.592	0.608	-2.59	45	47
东海证券	0.583	0.627	-6.95	46	45
民生证券	0.562	0.646	-12.95	47	41
国联证券	0.541	0.568	-4.66	48	48
西部证券	0.517	0.523	-1.22	49	50
新时代证券	0.514	0.514	-0.01	50	51

资料来源：沪、深证券交易所。

二、证券营业网点数量不断增加，行业佣金率持续下滑

截至 2014 年底，证券公司营业部数量达 6 969 家，相比 2013 年的 5 932 家，增加了 1 037家，增幅为 17.48%。整体来看，行业的网点数量一直呈现稳步增长的趋势。

从营业部数量排名靠前的证券公司比较来看，2014 年，银河证券增加了 97 家，营业部数量跃居行业第 1 名；海通证券增加了 32 家，营业部数量保持行业第 2 名；国泰君安增加了 49 家，营业部数量保持行业第 5 名的位置（见表 1-17）。

表 1-17　网点数量排名靠前的证券公司 2013—2014 年营业部数量　（单位：家）

会员名称	2013 年营业部数量	2014 年营业部数量	增加数量
中国银河证券	234	331	97
海通证券	240	272	32

续表

会员名称	2013 年营业部数量	2014 年营业部数量	增加数量
华泰证券	236	255	19
广发证券	238	248	10
国泰君安证券	195	244	49
齐鲁证券	190	227	37
中信建投证券	175	200	25
安信证券	149	179	30
申银万国证券	156	173	17
招商证券	130	162	32

资料来源：上海证券交易所。

随着行业市场化发展，竞争加剧，传统通道佣金率继续呈现下降的趋势。2014 年，行业平均佣金率为 0.6633‰，较上一年的 0.7851‰下降了 12.18%（见图 1－7）。

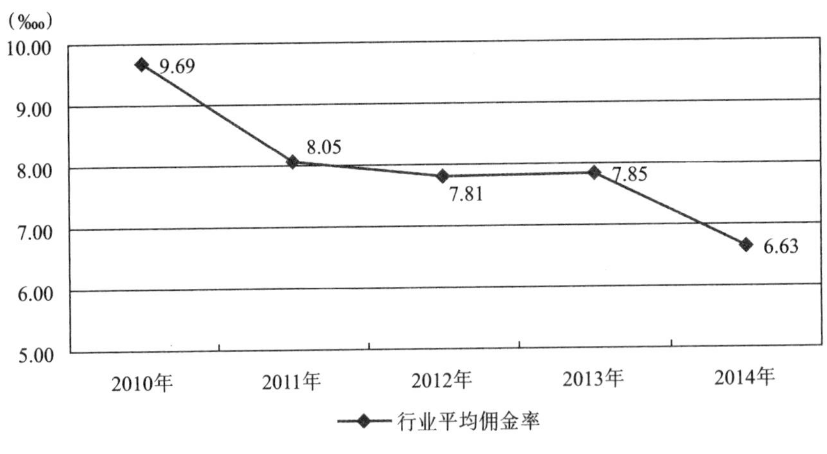

图 1－7　2010—2014 年行业佣金率

三、行业托管市值大幅回升

2014 年行业托管证券市值达到了 251 165 亿元，较 2013 年的 153 586 亿元，增长幅度达到 63.53%。

在市场交易份额排名靠前的证券公司中，银河证券 A 股托管总额（流通市值）前几年一直排名第 1 位，但 2014 年，中信证券超过银河证券，居第 1 位；华泰证券超过国泰君安证券，排名第 3 位。

相比 2013 年，2014 年 10 家证券公司托管市值都有大幅度提升，上升幅度较高的有中信证券、海通证券、中信建投证券，均超过了行业平均增幅（63.53%）（见表 1－18 和表 1－19）。

表 1-18　　2013—2014 年份额排名靠前证券公司 A 股托管总额　　（单位：亿元）

证券公司	2013 年	2014 年	2014 年较 2013 年变化
银河证券	16 413.00	25 167.94	53.34%
中信证券	14 775.10	26 125.10	76.82%
国泰君安证券	9 909.10	14 089.28	42.19%
广发证券	8 902.70	13 821.67	55.25%
招商证券	8 807.90	13 998.19	58.93%
华泰证券	8 962.80	14 602.80	62.93%
海通证券	8 062.30	13 785.92	70.99%
国信证券	6 859.00	10 826.94	57.85%
申银万国证券	6 498.30	10 068.29	54.94%
中信建投证券	4 631.70	7 582.46	63.71%

资料来源：中国证券登记结算有限责任公司。

表 1-19　　2014 年底两市 A 股托管总额前 50 位的主要参与人排名情况

序号	名称	上海托管总额（亿元）	比例（%）	名称	深圳托管总额（亿元）	比例（%）
1	中国银河证券	19 980.55	8.16	广发证券	7 665.22	6
2	中信证券	19 770.70	8.08	华泰证券	7 103.58	5.56
3	中银国际证券	11 092.86	4.53	国信证券	6 756.86	5.29
4	中国中投证券	10 575.95	4.32	中信证券	6 354.40	4.97
5	交通银行托管	8 762.11	3.58	海通证券	6 193.83	4.84
6	招商证券	8 431.07	3.44	国泰君安证券	5 666.73	4.43
7	国泰君安证券	8 422.55	3.44	招商证券	5 567.12	4.35
8	宏源证券	7 981.22	3.26	中国银河证券	5 187.39	4.06
9	东兴证券	7 620.86	3.11	中国工商银行	4 455.88	3.49
10	海通证券	7 592.09	3.10	中信建投证券	3 321.25	2.60
11	华泰证券	7 499.22	3.06	申银万国证券	3 154.85	2.47
12	申银万国证券	6 913.44	2.82	宏源证券	2 534.16	1.98
13	中国国际金融	6 873.42	2.81	光大证券	2 522.49	1.97
14	工商银行托管	6 306.30	2.58	中国建设	2 469.19	1.93
15	广发证券	6 156.45	2.51	齐鲁证券	2 400.48	1.88
16	中信建投证券	4 261.21	1.74	平安证券	2 205.23	1.72
17	国信证券	4 070.08	1.66	安信证券	2 070.26	1.62
18	建设银行托管	3 963.69	1.62	中国中投证券	1 979.48	1.55
19	光大证券	3 716.70	1.52	中国银行	1 757.08	1.37

续表

序号	名称	上海托管总额（亿元）	比例（%）	名称	深圳托管总额（亿元）	比例（%）
20	兴业证券	3 540.28	1.45	长江证券	1 667.06	1.3
21	齐鲁证券	3 246.31	1.33	兴业证券	1 644.43	1.29
22	中国银行托管	3 041.16	1.24	中信证券（浙江）	1 527.37	1.19
23	东方证券	2 774.72	1.13	国元证券	1 485.23	1.16
24	长江证券	2 424.23	0.99	东吴证券	1 453.44	1.14
25	中航证券	1 915.22	0.78	中国国际金融	1 326.41	1.04
26	安信证券	1 903.86	0.78	中国农业银行	1 244.54	0.97
27	长城证券	1 861.68	0.76	东方证券	1 219.80	0.95
28	西南证券	1 822.00	0.74	方正证券	1 189.06	0.93
29	中信证券（浙江）	1 809.85	0.74	中航证券	1 150.79	0.90
30	山西证券	1 783.49	0.73	交通银行	1 111.65	0.87
31	农业银行托管	1 775.61	0.73	东北证券	1 081.96	0.85
32	华宝证券	1 735.67	0.71	西南证券	1 076.93	0.84
33	汇丰银行托管	1 647.08	0.67	民生证券	1 052.50	0.82
34	方正证券	1 400.86	0.57	浙商证券	1 037.92	0.81
35	国元证券	1 362.71	0.56	华西证券	967.37	0.76
36	上海证券	1 350.54	0.55	西部证券	934.39	0.73
37	东吴证券	1 009.35	0.41	财通证券	916.58	0.72
38	平安证券	960.22	0.39	山西证券	894.87	0.70
39	华西证券	900.24	0.37	长城证券	881.29	0.69
40	香港中央结算	865.14	0.35	国海证券	824.77	0.65
41	湘财证券	831.33	0.34	中银国际证券	784.73	0.61
42	信达证券	795.51	0.32	汇丰银行（中国）	767.89	0.60
43	英大证券	781.91	0.32	财达证券	761.25	0.60
44	中原证券	777.39	0.32	东莞证券	750.67	0.59
45	花旗银行托管	727.45	0.30	湘财证券	746.01	0.58
46	财通证券	726.28	0.30	中原证券	723.47	0.57
47	东海证券	720.4	0.29	国金证券	707.22	0.55
48	德邦证券	710.32	0.29	信达证券	653.39	0.51
49	华融证券	688.89	0.28	东海证券	642.19	0.50
50	华安证券	684.25	0.28	中信证券（山东）	637.88	0.50

资料来源：中国证券登记结算有限责任公司。

四、证券从业人员数量增加，专业岗位人员增长迅速

根据中国证券业协会统计数据，2014 年证券公司登记的证券从业人员数继续呈现上升态势。截至 2014 年底，登记的证券从业人数为 238 212 人。证券从业总人数比 2013 年增加了 15 410 人（增幅为 6.92%）。从人员总体数量来看，证券行业转暖，对证券业务人员和专业人员需求增加，证券从业人员数量出现回升，说明证券行业对人才的吸引力增强。

从证券从业人员结构变化趋势看，一般从业人员和证券经纪业务营销人员呈现持续下滑的趋势（大部分人员转岗为投资顾问），证券投资咨询业务（投资顾问）、保荐代表人和投资主办人等占比提升，说明证券行业专业化发展过程中对专业人才的需求增加，尤其是保荐人与投资主办人人数的持续增加显示了业内对投行与资管业务人才的重视，侧面反映出行业综合化和专业化发展的趋势（见表 1－20、图 1－8、图 1－9）。

表 1－20　　2013—2014 年证券公司从业人员结构

年　份	2013 年（人）	2014 年（人）	增加人数（人）	增幅（%）	2014 年占比（%）
一般证券业务	141 161	144 766	3 605	2.55	60.77
证券经纪业务营销	3 957	2 962	－995	－25.15	1.24
证券经纪人	46 389	55 503	9 114	19.65	23.30
证券投资咨询业务（分析师）	2 610	2 657	47	1.80	1.12
证券投资咨询业务（投资顾问）	25 343	28 473	3 130	12.35	11.95
保荐代表人	2 356	2 637	281	11.93	1.11
投资主办人	986	1 214	228	23.12	0.51
已注册的从业人员总数	222 802	238 212	15 410	6.92	100.00

资料来源：中国证券业协会。

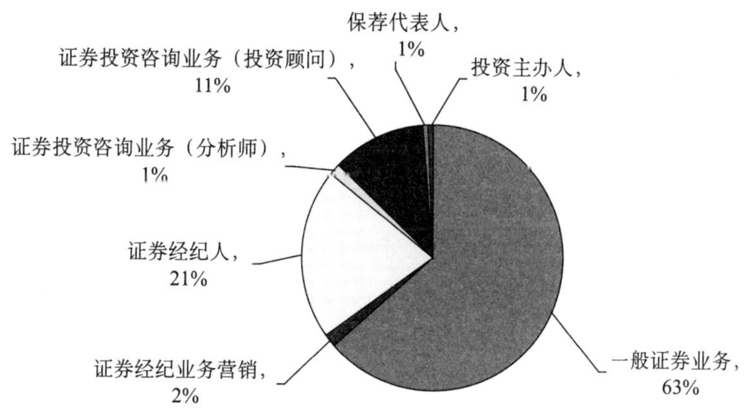

图 1－8　2013 年证券从业人员结构

资料来源：中国证券业协会。

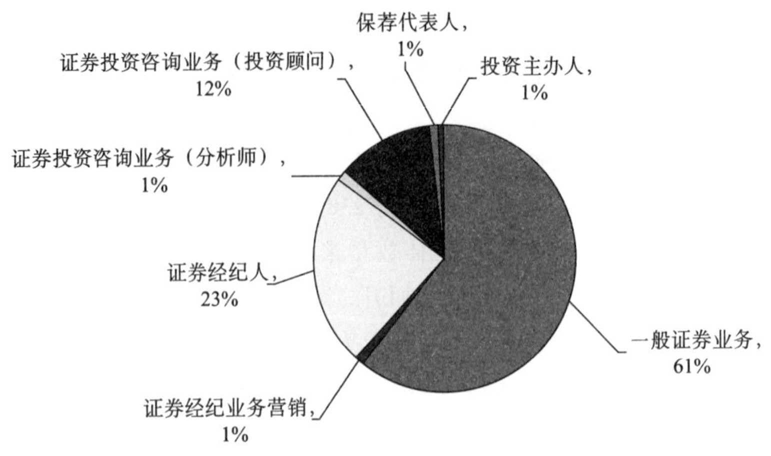

图 1－9　2014 年证券从业人员结构

资料来源：中国证券业协会。

五、互联网和金融加速融合，推动业务模式和产品创新

目前大数据、云计算、移动互联网、社交媒体等新技术正被广泛应用于金融行业，并对传统业务模式产生了极大的影响，推动业务模式和产品创新。

从 2013 年至今，主流的互联网公司都明确制定了互联网金融事业发展策略，如阿里巴巴公司在 2012 年 9 月确定了“平台、金融、大数据”三大未来发展策略后，在金融领域成功推广了支付宝、余额宝等产品，其小微金融服务事业部也在积极筹备网络银行的建设；腾讯公司在互联网金融事业方面，其控股的前海微众银行已经成立，并正在涉猎小贷、证券公司、保险等行业；京东商城在 2013 年初规划了“自营电商、开放服务和数据金融”三大未来发展方向和实施路线，其中数据金融的重点工作是大数据分析，2014 年又成立了金融集团，加快推进数据金融业务，助力企业朝着 POP（Point Of Purchase）开放平台发展。在金融行业，过去的一年多，大中型银行（如建行）、保险公司（如平安）和证券公司（如国信证券）都在积极规划和加快互联网金融战略部署。2014 年海通证券、华泰证券、国信证券、银河证券、广发证券等纷纷成立了网络金融部或电子商务部；中信证券、长城证券等正在筹备成立网络金融部门。

2014 年，证券公司纷纷与互联网企业开展战略合作。如中信证券与金融街、证券之星，湘财证券与大智慧，华泰证券与网易，国元证券与万得，东吴证券与同花顺等携手，进行线上综合服务模式的创新探索。这种战略合作模式充分利用互联网企业的客户流量规模和信息资源，促进业务较快增长。

第二章
2014 年中国证券经纪业务面临的问题及 2015 年前景展望

第一节　2014 年中国证券经纪业务面临的问题

2014 年我国证券市场表现较好，成交活跃，全年证券经纪业务代理买卖净收入为 1 049 亿元，较 2013 年同比增长 38.2%。但 2014 年证券公司加速营业网点扩张，10 月份“一码通”正式上线，同时互联网金融继续呈现爆发式增长，都加剧了证券行业证券经纪业务的竞争，导致行业证券经纪业务佣金率较上年有较大幅度下降。面对激烈竞争，各证券公司纷纷加快经纪业务向财富管理转型步伐，但各证券公司的差异化服务能力与经纪业务转型的实际需求尚有差距，亟待提高。

一、多因素导致行业平均佣金率明显下降

营业网点的增加、“一码通”的上线以及互联网金融迅速发展等多方面因素加剧了行业内的竞争，导致 2014 年行业平均佣金率出现明显下滑，全年平均为 6.6‱，较 2013 年平均 7.9‱的水平进一步下降。

2013 年中国证监会放开了证券公司新设营业网点限制之后，各证券公司加大营业网点布点的力度，2013 年、2014 年新增网点数量明显超越前几年，截至 2014 年第三季度末，全国共有证券公司网点6 882个，较 2013 年底新增 950 个，增幅为 16%。营业网点数量的大量增加加剧了竞争，而同质化的服务导致各证券公司主要通过降低价格（佣金率）来争取客户。

统一账户平台于 2014 年 10 月正式上线，平台为每一位投资者设立一个统一的“一码通”账户，投资者可以将不同的证券账户统一关联到该账户下，用于各类证券交易。这样，由于投资者可以在不同证券公司间开立账户，而不用注销之前证券公司账户，使得客户对于现有证券公司的佣金议价能力进一步提升，也导致证券行业整体佣金水平的加速下滑。

另外，自 2013 年起呈现爆发式增长态势的互联网金融，也为证券业带来了较大的冲击。

如国金证券、中山证券等中小型证券公司纷纷与互联网企业合作，推出“佣金宝”等接近“零佣金”的服务和产品，这也是导致证券行业整体佣金水平加速下滑的最主要原因之一。

针对行业佣金率快速下滑的变化，各证券公司开始加快经纪业务向财富管理转型的步伐，希望以多元化、差异化服务为客户提供增值服务，以挽留客户并提升或稳住佣金水平。

二、差异化服务能力与经纪业务转型实际需求仍有差距

快速降低的佣金水平对传统经纪业务提出了严峻的挑战，证券行业对于传统经纪需向财富管理转型，需满足客户多元化需求，提供一站式、全方位、多市场、多品种的理财服务已达成了共识。目前，国内证券公司已陆续开展一些业务，为以往依靠纯通道收费的传统经纪提供新的收入来源，如融资融券业务、IB 业务、公募基金、信托等金融产品销售、投资顾问业务等。

虽然国内证券公司提供的这些新增业务使得国内经纪业务模式开始由价格竞争向服务竞争转变，但从目前来看，各证券公司之间提供的服务、产品的相似程度高，差异化服务能力与经纪业务转型实际需求仍有差距。

提升证券公司差异化服务能力可以来自两方面：一是提升前端投资顾问的专业能力。由于财富管理的内涵与外延十分丰富，目前投资顾问的专业和知识还普遍跟不上业务转型的实际需求。从实际经验来看，投资顾问可以分为资产配置型、荐股型及机构业务型等几类。不同类型的投资顾问所擅长的服务不同，因此，各证券公司有必要对投资顾问进行分类培育、管理与促进，构建长效培训机制，针对不同类型、不同层级的投资顾问设计专属课程，鼓励并引导投资顾问结合自身特长，提升差异化的服务能力。二是加强后端业务协同支持能力。随着投资顾问队伍成长与网点轻型化、差异化的发展，中、后台支持将成为证券公司经纪业务转型与竞争的核心能力。各证券公司应围绕投资顾问，着力提升中、后台的投研能力、适当性管理能力及客户服务协同能力，以支持财富管理业务的良性发展。

第二节　2015 年中国证券经纪业务发展前景展望

一、交易量继续活跃

2014 年，沪、深两市成交量较 2013 年大幅上升，全年日均交易额达到 3 256 亿元，特别进入 9 月后，交易额开始加速攀升，12 月中旬周日均交易额曾接近 1 万亿元（见图 2 - 1）。

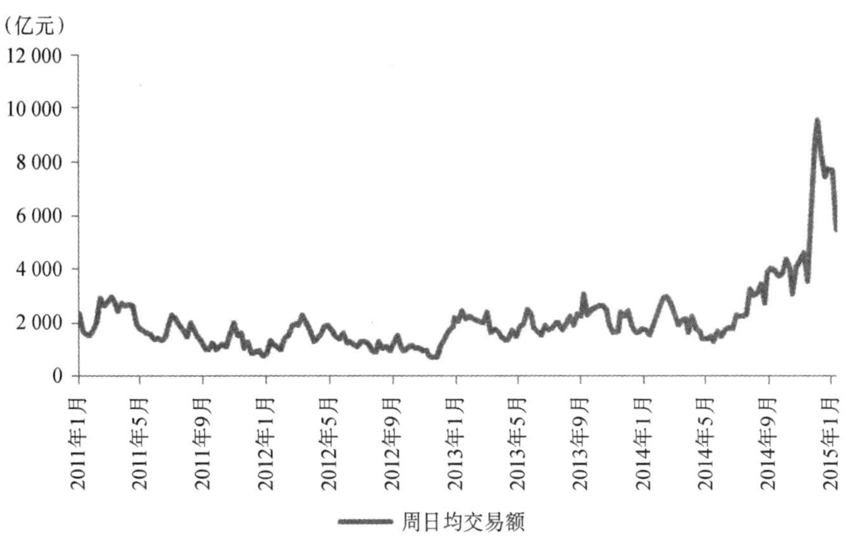

图 2－1　市场交易量自 2014 年第 4 季度起开始明显活跃

资料来源：Wind 资讯。

展望 2015 年，目前市场普遍对 A 股行情持有乐观预期，因此在这个大前提下，交易量预计将会继续活跃。另外，有几大因素可能触发交易量增长：一是期权上市。中国证监会表示，上证 50ETF 期权将于 2015 年 2 月 9 日上市。一方面 ETF 期权推出将增加 ETF 市场流动性，提升相关权重股的流动性溢价，入场投资者的增加将活跃标的资产市场交易。另一方面，若 ETF 期权进展顺利，个股期权预计也将随后推出。期权的上市将大大增加市场内交易的活跃性，推升交易量进一步上升。二是“深港通”的开通。“沪港通”已于 2014 年 11 月开启，目前深交所也在积极申请“深港通”，如果 2015 年“深港通”开通，将带入大量海外资金入场，刺激交易量提升。

二、佣金率下滑趋势延续

2014 年下半年起，互联网巨头如腾讯、部分互联网金融服务商如大智慧等已开始积极通过业务合作及并购等方式介入证券业务，考虑到 2015 年证券业务牌照有可能放开，新一轮佣金战在所难免。与以往不同，目前的佣金战是由跨界竞争者带来的，其对佣金率带来的影响和持续的时间将可能大幅提升。2014 年行业平均佣金率已经出现明显下滑，2015 年佣金整体下行的压力仍然不容小觑。

然而，如果 2015 年市场依然能维持 2014 年底以来的良好表现，证券行业平均佣金率的下行速度在一段时间内有可能放缓，主要是在市场活跃的情况下，由于赚钱效应，投资顾问的作用被放大，投资者的注意力会更集中在如何赚钱，而非如何降低少许佣金费用。

三、市场内专业化、机构化程度进一步提高

2014 年，证券经纪业务的市场参与主体结构出现明显变化：集合理财、基金、基金专户等机构账户占比大幅提高；2014 年末，50 万元以上，特别是 500 万元以上的自然人账户较 2013 年出现大幅上升（见表 2－1 和表 2－2）。

表 2－1　　A 股账户变动情况

市场参与主体	2013 年末（户）	2014 年末（户）	百分比（%）
自然人	171 978 413	180 756 405	5.1
证券公司	91 384	85 205	－6.8
证券公司集合理财	2 041	3 311	62.2
基金	3 089	5 080	64.5
基金专户	3 859	9 450	144.9
社保基金	230	254	10.4
年金	5 598	6 184	10.5
QFII	612	826	35.0
RQFII	156	563	260.9
保险	1 565	1 955	24.9
信托	13 700	17 170	25.3
一般机构	533 106	569 792	6.9
合计	172 633 753	181 456 195	5.1

资料来源：中国证券登记结算有限责任公司。

表 2－2　　A 股自然人账户市值分布情况

	2013 年末	2014 年末	百分比（%）
1 万元以下	20 002 281	9 232 400	－53.8
1 万—10 万元	24 979 037	18 398 300	－26.3
10 万—50 万元	6 639 834	7 933 745	19.5
50 万—100 万元	834 466	1 347 077	61.4
100 万—500 万元	512 777	911 278	77.7
500 万—1 000 万元	39 180	73 030	86.4
1 000 万元以上	22 452	41 501	84.8

资料来源：中国证券登记结算有限责任公司。

数据显示，在融资融券、股指期货、“沪港通”等新业务、新工具的带动下，A 股市场内参与主体的专业化、机构化程度明显提高，经纪业务进一步向高端投资者集中。2015 年，ETF 期权将正式推出，个股期权、“深港通”将有望实施，这些新业务、新工具将进一步推

动市场内的参与主体向专业化、机构化的程度发展。

四、场外市场快速发展成为经纪业务新的增长点

2014 年，我国多层次资本市场建设取得一定进展，全国中小企业股份转让系统市场实现较快发展，证券公司柜台市场实现互联互通并有一定发展。截至 2014 年底，股份转让系统挂牌企业达到 1 500 多家，全年交易量 130 多亿元。预计在 2015 年，场外市场将迎来一轮快速增长，场外市场的发展将成为证券公司经纪业务新的增长点。一方面场外市场交易佣金收入将有所增长；另一方面，场外市场挂牌企业以及其股东、高管等中高端客户将成为证券公司经纪业务的重要潜在客户。

五、基金交易活跃，互联网企业介入证券行业

受 A 股市场景气度持续提升的影响，沪、深两市交易自 2014 年下半年起快速放大，各类 ETF 及分级基金表现突出，成交活跃。预计 2015 年基金市场能跟随股票市场保持较高的交易量（见图 2－2）。

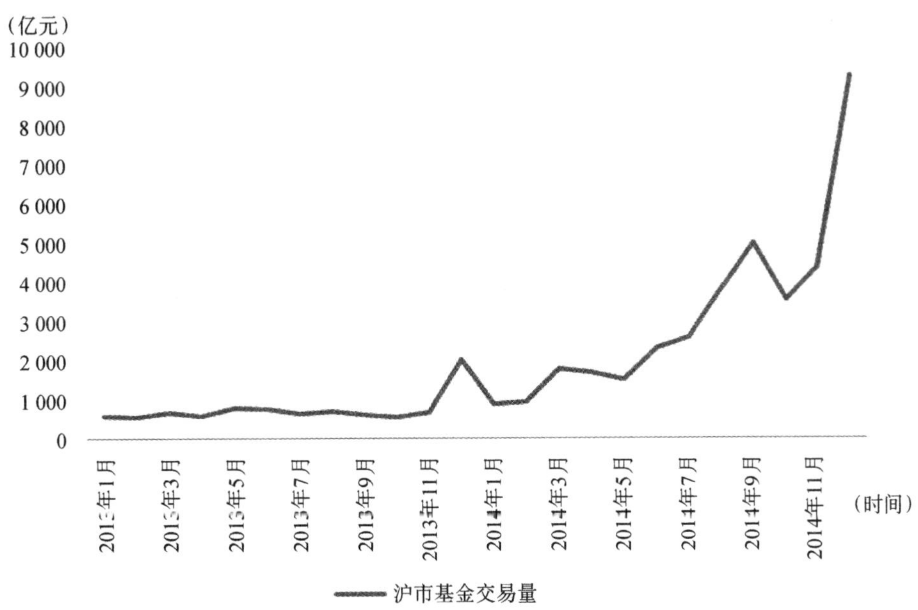

图 2－2　上海证券交易所基金交易量 2014 年下半年开始明显放大

资料来源：上海证券交易所。

在基金交易活跃的同时，互联网企业开始涉入基金第三方销售市场。基金销售仅是互联网企业进入证券、金融业的第一步。其后可以预见的是，通过这些企业庞大的客户资源和用户黏性，其业务可以向销售保险、银行、信托、证券公司等理财产品延伸。同时，证券公司

牌照有望在 2015 年向互联网企业放开，更多企业在获得证券公司牌照之后有能力将业务延伸至交易、咨询等传统证券服务范畴。

六、证券公司开始选择不同的商业模式，形成差异化竞争格局

在牌照壁垒逐步弱化的背景下，面对跨界竞争者的威胁，证券公司纷纷选择适合自己公司的商业模式，探索参与重塑金融格局的进程，使得证券行业开始形成差异化竞争格局。

目前，各证券公司的商业模式总体可分成三类：第一类是综合经营的大型证券公司，正继续发展综合金融服务，并致力于打造国际影响力；第二类是专业化、特色化、网络化经营的证券公司，着重打造特定区域或领域竞争力；第三类是其他行业企业跨业渗透、并购控股的证券公司，尝试新型经营、集团经营和联动。

虽然不同商业模式的证券公司之间产生的竞争将改变以往行业内高度同质化竞争的局面，但可以预见的是，在 2015 年以及更远的未来，证券公司之间在经纪业务领域争夺客户的激烈程度将有增无减。因为只有争取客户并留住客户，才能吸引客户利用其证券公司账户提供各类金融产品和服务。

分报告之二：
2014 年中国投资银行业务发展回顾与展望

第一章
2014 年中国投资银行业务的总体情况和比较分析

2014 年，中国投资银行业务总体发展形势较好，境内证券承销总额为 8 412.40 亿元，同比增长 22.19%。受 IPO 重启发行及再融资业务持续活跃的影响，全年股权融资业务较 2013 年大幅增长，股票承销总额为 4 841.82 亿元，同比增长 72.75%；债券融资业务较 2013 年有所下降，总额为 3 570.58 亿元，同比下降 12.53%[①]。

在产业升级及转型的背景下，上市公司重大资产重组交易数量及交易规模均创历史新高，电子、计算机、传媒等新兴产业并购占比较高，跨界并购、海外并购有所提升。全国中小企业股份转让系统挂牌企业数量迅猛增长，融资功能及流动性逐渐改善，其他区域性股权市场等场外市场也逐渐发展。资产证券化、优先股等创新业务，尚处于实践初期，市场规模较小。

① 资料来源：中国证监会统计数据。

第一节 股权融资业务情况①

一、股权融资发行情况

2014 年，我国证券市场股权融资金额和主承销商项目家数与 2013 年相比大幅上升，全年股权融资（包括 IPO、公开增发、融资性非公开发行、配股，不包括优先股、可转换公司债券）募集资金 4 841.82 亿元，比 2013 年的 2 802.76 亿元增加了 72.74%；主承销项目家数共 449 家，比 2013 年增加 119.02%（见图 1－1）。此外，非公开发行股份购买资产涉及金额超过 2 700 亿元。

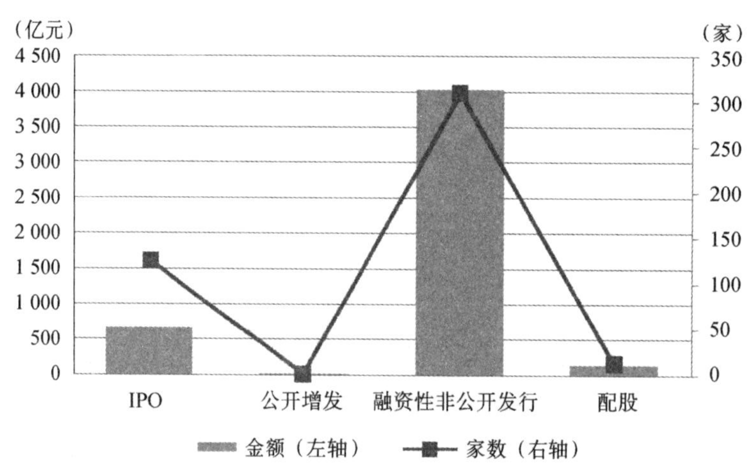

图 1－1 2014 年上市公司股权融资情况

资料来源：Wind 资讯。

（一）首次公开发行

2014 年共完成首次公开发行项目 125 家，上市公司募集资金 668.89 亿元，平均每家募集资金 5.35 亿元。其中，47 家同时进行了老股转让，老股转让金额合计 117.67 亿元，平均每家 2.50 亿元。由于 2013 年首次公开发行暂停，与 2012 年相比，2014 年发行家数减少 24 家，募集资金总额减少 326.16 亿元，平均每家首次公开发行募集资金减少 1.33 亿元。

从首次公开发行上市板块分析，主板 43 家，募集资金 311.77 亿元；中小板 31 家，募集资金 197.66 亿元；创业板 51 家，募集资金 159.46 亿元。上海主板与中小板、创业板之间平均融资金额差距减小，分别为 7.25 亿元、6.38 亿元和 3.13 亿元。

① 资料来源：中国证监会统计数据和 Wind 资讯。

（二）公开增发

2014 年仅完成沧州大化 1 家公开增发项目，募集资金 3.65 亿元。在二级市场偏弱的情况下，市场对公开增发的热情有限，主承销商面临的包销风险较大。

（三）融资性非公开发行

2014 年融资性非公开发行家数和融资额继续保持增长趋势，融资额在 2013 年基础上增加了近一倍。全年共完成融资性非公开发行项目 310 家，募集资金 4 031.30 亿元，平均每家约 13 亿元；与 2013 年相比发行家数增加 122 家，募集资金增加 1 784.71 亿元。

除融资性非公开发行外，还有超过 160 家因公司间资产置换、壳资源重组、实际控制人资产注入等原因非公开发行股份购买资产。2014 年，该部分非公开发行的股票合计约 430 亿股，涉及金额超过 2 700 亿元。

（四）配股

2014 年共有 13 家公司实施配股，总计募集资金 137.98 亿元，平均每家 10.61 亿元；与 2013 年相比发行家数增加 1 家，募集资金减少 337.77 亿元。

二、股权融资发行特点

（一）首次公开发行重启，发行节奏受控，发行市盈率趋同

2014 年，A 股首次公开发行在暂停一年之后重启。1 月至 2 月有 48 家企业实现上市；2 月底至 6 月初，无新股发行；6 月以来，首次公开发行再次重启，发行数量按月大体均衡。

2014 年新股发行市盈率平均为 23.08 倍，与 2012 年相比降低 6.27 倍，全年发行市盈率逐渐趋同。由于发行市盈率控制严格，上市后股价表现较好，以 2014 年 12 月 31 日收盘价计算，没有一家首次公开发行公司股价跌破发行价。

（二）股权再融资以非公开发行为主，融资额创历史新高

2014 年，共 324 家上市公司完成再融资（包括公开增发、融资性非公开发行、配股，不包括因发行股份购买资产等情况非公开发行股票），再融资金额达到 4 172.93 亿元，家数较 2013 年增长 58.05%，融资金额较 2013 年增长 48.89%，家数和金额均创出历史新高。

再融资品种中，融资性非公开发行增长显著。2014 年，共 310 家上市公司通过非公开发行股票融资，募集资金 4 031.30 亿元，也创造了历史新高。其中，并购重组业务激发出一部分融资需求，重组配套融资 99 家，融资金额 411.82 亿元。

（三）股权融资行业分布发生变化

从股权融资公司所属行业看，由于首次公开发行重启和市场风格转换，2014 年度，股权融资行业分布情况发生一些变化，计算机、通信和其他电子设备制造业表现突出。2013 年融资金额居前的三大行业为材料制造业、资本货物和银行业，融资规模占比分别为 23.01%、14.18%和 13.54%。2014 年，股权融资行业分布相对分散，融资规模最大的行业为计算机、通信和其他电子设备制造业，募集资金 868.38 亿元，占比 17.93%；其次为房地产业，募集资金 353.62 亿元，占比 7.30%；第三是电器机械和器材制造业，募集资金 337.32 亿元，占比 6.97%。

第二节 公司债券业务情况①

一、公司债券发行情况

2014 年，在上市公司股权融资业务发展形势较好的情况下，作为上市公司直接融资手段之一的公司债，部分融资需求被挤压，发行规模呈下行趋势。根据 Wind 统计，2014 年公司债融资（包括可转换公司债券、公开发行公司债和创业板非公开发行公司债，不包括中小企业私募债）共募集资金 1 090.99 亿元，较 2013 年的 1 914.86 亿元减少了 43.03%；发行家数 93 家，较 2013 年的 107 家下降 13.08%（见图 1-2）。

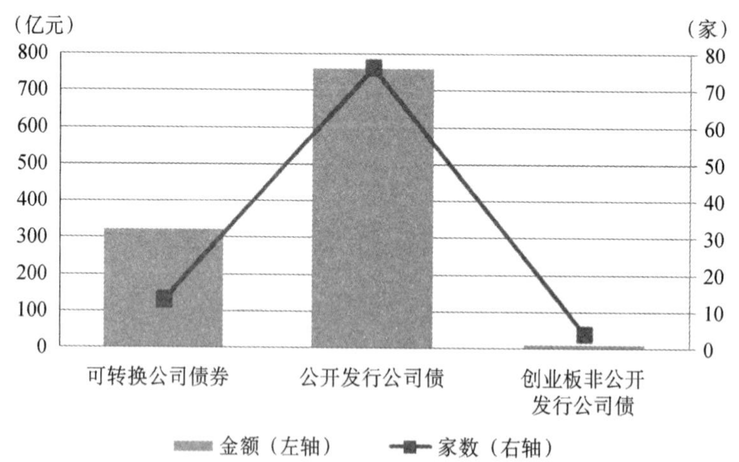

图 1-2 2014 年上市公司债券融资情况

资料来源：Wind 资讯。

① 本节数据除特别说明以外，均来源于 Wind 资讯。

（一）可转换公司债券和可分离交易可转换公司债券发行情况

2014 年全年发行 13 家可转换公司债券，较 2013 年增加 5 家，募集资金 320.99 亿元，较 2013 年减少 41.78%。其中，募集资金规模最大的是浙能转债，募集资金 100 亿元。自 2011 年起，分离交易可转换公司债券一直处于停滞状态，2014 年全年无发行。

（二）通过中国证监会审核的公司债券发行情况

2014 年，公司债券（含创业板公司非公开发行公司债，不含可转换公司债券和中小企业私募债）发行规模延续下行趋势，全年发行 80 只，合计募集资金 770 亿元，平均每只募资 9.63 亿元。与 2013 年相比，发行数量减少 14 只，募集资金规模减小 43.46%。

其中，有 4 家创业板公司非公开发行的公司债，发行总额 11 亿元，平均期限 4.5 年，平均利率 8.48%。

（三）中小企业私募债发行情况

中小企业私募债发行规模有所扩大，全年发行 313 只，募集资金 532 亿元[①]，与 2013 年相比分别增加 22% 和 58%。

二、公司债券发行特点

2014 年，公司债券与中小企业私募债合计发行规模为 1 623 亿元，较 2013 年减少 28%。其中，公司债券发行规模为 1 091 亿元，较 2013 年减少 43%；中小企业私募债发行规模 532 亿元，较 2013 年增加 58%。目前，我国债券市场年发行规模已达 10 万亿量级，公司债券与中小企业私募债仅占债券市场总额的 1%—2%，亟待扩大市场发行规模，提升对中小企业和实体经济的支持作用。2014 年，接连发生的违约事件使中小企业私募债市场变得更加谨慎。2013 年提供担保措施的比例约为 60%，2014 年几乎所有中小企业私募债均提供了担保措施。同时，发行主体有所变化，地方国有企业的参与度增加，占比达到 40% 左右。

第三节　并购重组业务情况[②]

一、并购重组市场及审核情况

2014 年，上市公司重大资产重组交易数量及交易规模均创历史新高。首次披露重大资

① 资料来源：中国证券业协会。

② 本节数据除特别说明以外，均来源于 Wind 资讯。

产重组交易数量达234起，较2013年上升68.34%；重大资产重组交易规模达5 976亿元，较2013年上升65.15%。

从行业分布看，2013年能源及矿产行业、房地产行业、机械制造业等传统行业的并购热度较高；2014年并购行业热点切换，代表新兴产业的电子、计算机、传媒等行业成为并购主力军。

从审核情况看，2014年中国证监会共核准通过重大资产重组185家，上海证券交易所31家、深圳证券交易所154家，分别占其交易所上市公司数量的3.14%和9.59%，同比2013年变动率分别为-3.13%和185.19%；深圳证券交易所中小板上市公司和创业板上市公司并购重组尤其活跃，同比上年分别增长326.67%和190.91%。从申请类型看，集中于"发行股份购买"资产，还有少部分的"吸收合并"。

二、并购重组市场特点

在资本汇聚、制度创新的双轮驱动下，A股并购市场热潮迭起，涌现出以下新特点。

（一）市场化趋势明显

2014年，关于并购重组的政策暖风频频吹来，极大激发了市场活力，并购交易市场化势头日趋明显。国务院为优化企业兼并重组市场环境，先后颁布了《国务院关于进一步优化企业兼并重组市场环境的意见》、《关于加快推进重点行业企业兼并重组的指导意见》，从制度的顶层设计层面鼓励上市公司开展并购重组，并鼓励上市公司进行市值管理。2014年10月，中国证监会颁布了《上市公司重大资产重组管理办法》、《关于修改〈上市公司收购管理办法〉的决定》，规定除发行股份购买资产和借壳上市外的重大资产购买、出售、置换行为，全部取消审批。新办法传达了"简政放权、加强监管"的市场化监管理念，进一步为上市公司并购营造了良好的制度环境。在新的制度环境下，并购市场需求进一步释放，市场力量不断壮大，在交易定价、支付方式等方面不断创新。

（二）产业并购引导行业深度整合

我国并购市场中，新兴产业链整合正快速发展，上市公司积极利用融资优势进行新兴产业并购，通过横向并购以拓宽产品线、进入新市场；通过纵向并购向上下游拓展、延伸产业链、进入细分行业。并且，随着新兴行业的快速发展，其对传统行业的渗透、改造也越来越深入，新兴行业在经济结构中所占的比重越来越大，随着时间的推移，逐渐成为经济发展的主要驱动力量。

（三）资本推动开启跨界并购热潮

2014 年以来，A 股上市公司跨界重组不断上演，出现了“汽车塑料燃油箱 + 网游”、“出版 + 手游”、“LED + 传媒”、“实木地板 + 手游”等跨界并购现象。这主要是因为，在资本的青睐下，以数字新媒体产业（TMT）、新能源、医药等为代表的新兴产业企业的估值被持续推高，部分传统行业上市公司面对产能过剩和激烈的市场竞争，纷纷选择通过并购新兴行业来实现跨界转型，从而实现业绩和市值的增长。

（四）海外并购规模不断壮大

随着中国经济的迅猛增长，中国企业加快了海外并购的步伐。2014 年，我国 A 股市场海外并购交易活跃，共有 119 家上市公司参与海外并购，较去年上升 153.19%，创历史新高。国内企业进行海外并购的主要动力是企业产业发展和产业升级的需求。通过跨境并购可以获得核心技术和管理经验，迅速、有效提升企业核心竞争力，开辟海外市场。此外，2014 年 10 月 6 日，商务部新修订的《境外投资管理办法》正式施行，确立了以“备案为主、核准为辅”的管理模式，成为企业海外并购的另一助力。

第四节　证券公司参与场外市场情况

一、证券公司参与全国中小企业股份转让系统情况[①]

2014 年是全国中小企业股份转让系统（以下简称“全国股转系统”）加速发展的一年。申请主体扩容至全国，挂牌公司数量增长迅猛，2014 年新增挂牌公司 1 225 家，挂牌公司总计 1 572 家。市场交易活跃度大幅提升，2014 年成交数量和成交金额激增，流动性大幅提升（见图 1 - 3）。全国股转系统挂牌公司价值渐获市场认可，截至 2014 年 12 月 31 日，挂牌公司总市值 4 591.42 亿元，平均市盈率 35.27 倍。

2014 年，全国股转系统的市场建设同步进行，交易结算系统上线、做市商制度以及做市商扩容等举措陆续实施。2014 年 12 月 25 日，中国证监会发布《关于证券经营机构参与全国股转系统相关业务有关问题的通知》，从政策层面继续大力推动证券公司参与全国股转系统业务。

① 本部分资料来源于全国中小企业股份转让系统。

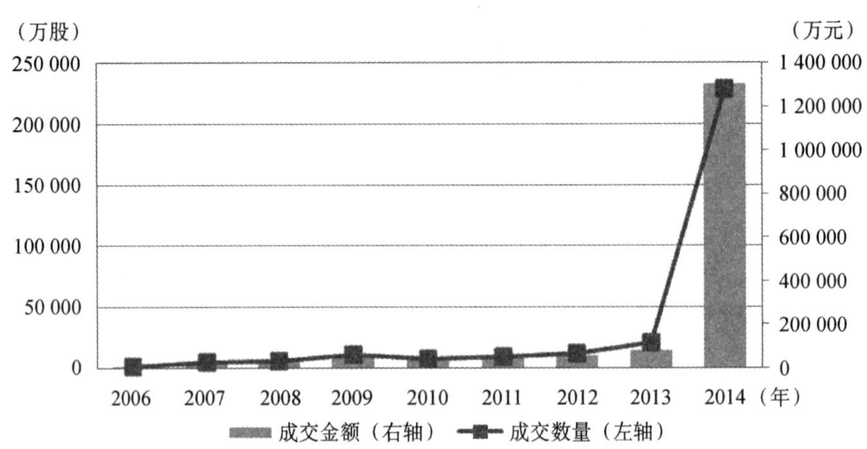

图 1-3 全国中小企业股份转让系统成交数量和成交金额情况

资料来源：全国中小企业股份转让系统。

（一）推荐挂牌情况

2014 年新增挂牌企业 1 225 家。按行业分类统计，制造业企业以 735 家位居榜首，占比 60%；其次是信息传输、软件和信息技术服务业，217 家企业挂牌，占比 17.71%；第三是建筑业 52 家，占比 4.24%。全国股权系统挂牌公司以中小企业为主，按 2013 年末的财务数据，净资产在 5 000 万元以下的公司占比约 60%（见图 1-4），净利润在 500 万元以下的公司占比约 57%（见图 1-5）。

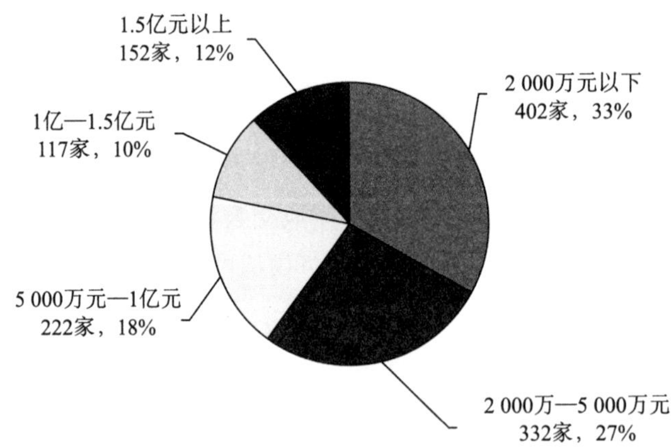

图 1-4 全国中小企业股份转让系统挂牌公司 2013 年末净资产情况

资料来源：全国中小企业股份转让系统。

主办证券公司方面，2014 年，申银万国、齐鲁证券推荐挂牌数量居前，分别为 84 家和 72 家，前 10 名推荐家数占比为 41.71%（见表 1-1）。

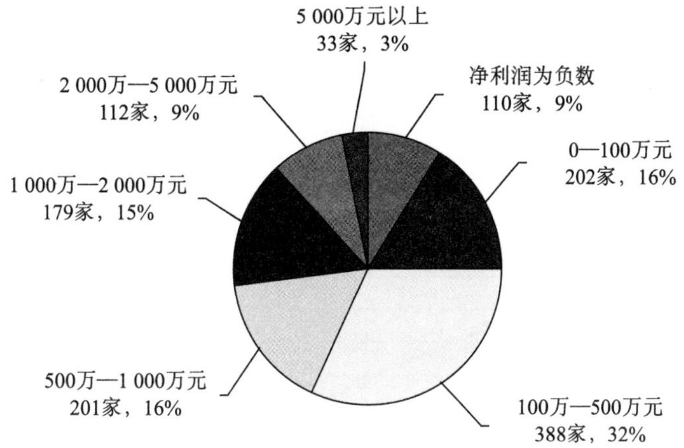

图 1－5　全国中小企业股份转让系统挂牌公司 2013 年末净利润情况

资料来源：全国中小企业股份转让系统。

表 1－1　2014 年推荐挂牌家数前 10 名的证券公司

序号	主办证券公司	推荐挂牌家数（家）	市场占比（%）
1	申银万国证券股份有限公司	84	6.86
2	齐鲁证券有限公司	72	5.88
3	广发证券股份有限公司	55	4.49
4	长江证券股份有限公司	50	4.08
5	中信建投证券股份有限公司	48	3.92
6	安信证券股份有限公司	45	3.67
7	国信证券股份有限公司	44	3.59
8	招商证券股份有限公司	38	3.10
9	宏源证券股份有限公司	38	3.10
10	东吴证券股份有限公司	37	3.02

资料来源：全国中小企业股份转让系统。

全国股转系统挂牌推荐及做市商资格正在向证券公司以外的主体放开。2014 年 12 月，中国证监会发布《关于证券经营机构参与全国股转系统相关业务有关问题的通知》，支持基金管理公司子公司、期货公司子公司、证券投资咨询机构、私募基金管理机构等机构经中国证券业协会备案后，在全国股转系统开展推荐业务和做市商业务。

（二）挂牌公司定向增发情况

2014 年，共 293 家挂牌公司进行了 329 次定向增发，合计发行股份 26.52 亿股，募集资金 132.09 亿元。按发行时间区分，挂牌后发行 265 单，发行股份小计 24.44 亿股，募集资金 89.90 亿元；挂牌同时定向增发 64 单，发行股份小计 2.08 亿股，募集资金 42.19 亿元。

2014 年，全国股转系统定向增发平均单次规模为 4 014.77 万元，中位数为 1 000 万元。

单笔规模两极分化，单笔规模小于 1 000 万元的有 153 单，占比 46.50%，募集资金合计 6.77 亿元，占比仅为 5.12%；单笔融资金额在 1 亿元以上的有 15 单，占比 4.56%，募集资金合计 85.85 亿元，占比高达 65.00%（见图 1－6）。

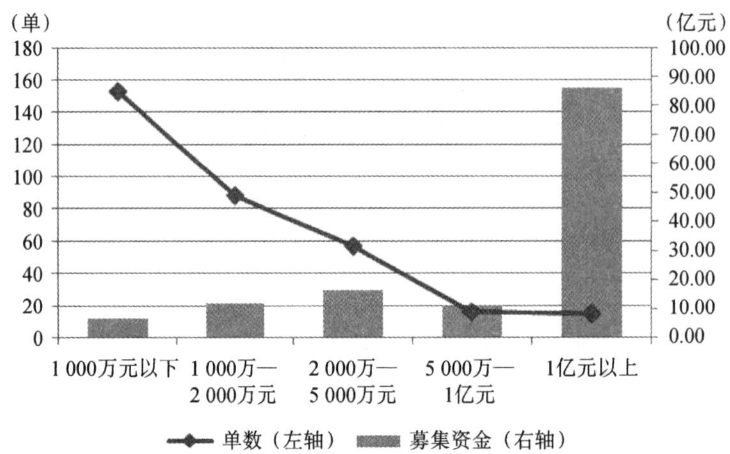

图 1－6　2014 年挂牌公司定向增发情况

资料来源：全国中小企业股份转让系统。

二、区域性股权交易市场发展情况

区域性股权交易市场是由地方政府管理的、非公开发行证券的场所，服务对象立足于中小微企业。截至 2014 年底，全国大部分省和直辖市均设立了区域性股权交易中心，已公开披露数据的区域股权中心有 28 家，挂牌公司总量突破 1.5 万家。根据 Wind 资讯的数据，挂牌企业家数居前的有前海股权交易中心、上海股权托管交易中心、浙江股权交易中心等。各地股权交易市场发展并不均衡，存在挂牌企业数量不多、交易活跃度较低的情况。

区域性股权交易市场是我国多层次资本市场的组成部分，其运营模式和投融资服务功能仍在摸索和建立之中。从中小微企业的实际需要出发，创新思路、综合利用资源，区域股权交易市场将发挥更大的作用。

第五节　创新业务情况

一、资产证券化发行情况

根据 Wind 资讯统计，2014 年证券市场共 21 家发行人完成 25 单资产证券化项目，发行规模 351.88 亿元。

2014 年 11 月 19 日，中国证监会发布《证券公司及基金管理公司子公司资产证券化业务管理规定》及配套的《证券公司及基金管理公司子公司资产证券化业务信息披露指引》、《证券公司及基金管理公司子公司资产证券化业务尽职调查工作指引》。新办法将资产证券化业务管理人范围由证券公司扩展至基金管理公司子公司，统一以资产支持专项计划作为特殊目的载体开展资产证券化业务，并取消事前行政审批，实行基金业协会事后备案和基础资产负面清单管理。2014 年 11 月 25 日，深圳证券交易所发布《深圳证券交易所资产证券化业务指引（2014 年修订）》；2014 年 12 月 24 日，中国证券投资基金业协会发布《资产支持专项计划备案管理办法》及配套规则的通知。

随着基础资产种类增加、业务管理人范围扩大和备案制的实施，资产证券化业务有望迎来新的发展阶段。

二、优先股发行情况

2014 年《优先股试点管理办法》及配套法规正式公布。2014 年 3 月 21 日，中国证监会发布《优先股试点管理办法》，明确了优先股发行条件、程序及监管措施；2014 年 4 月 3 日，中国银监会和中国证监会联合发布《关于商业银行发行优先股补充一级资本的指导意见》，进一步明确了商业银行发行优先股的条件；2014 年 5 月 9 日，上海证券交易所发布《上海证券交易所优先股业务试点管理办法》，明确了优先股的上市、转让、交易安排；2014 年 6 月 20 日，中国证券登记结算有限责任公司发布《优先股试点登记结算业务实施细则》，对优先股登记和结算安排进行了规定；2014 年 10 月 17 日，中国保监会发布《中国保监会关于保险资金投资优先股有关事项的通知》，允许保险机构投资优先股。

随着优先股各项政策的陆续发布，多家上市公司相继发布优先股发行预案。截至 2014 年底共有 5 家公司完成优先股发行，发行方式均为非公开发行，募集资金总额 1 030 亿元，具体发行情况详见表 1－2。

表 1－2　　2014 年优先股发行情况

发行人	发行日期	发行规模（亿元）	中国证监会行业
中国农业银行	2014 年 11 月 13 日	400	银行业
中国银行	2014 年 11 月 27 日	320	银行业
浦发银行	2014 年 12 月 9 日	150	银行业
兴业银行	2014 年 12 月 9 日	130	银行业
康美药业	2014 年 12 月 11 日	30	医药制造业

资料来源：上市公司公告。

第六节　投资银行业务组织架构基本情况

一、证券公司集中度较高

2014 年，A 股融资规模和家数维持集中态势，前 10 家证券公司市场占有率超过 50%。根据 Wind 资料统计，股权主承销方面，前 10 家证券公司主承销的金额占比为 52.63%，较 2013 年下降 6.43 个百分点；家数占比为 47.13%，较 2013 年微升 0.36 个百分点。债券主承销方面，前 10 家证券公司主承销金额占比 60.36%，较 2013 年提高 5.96 个百分点；家数占比为 50.81%，较 2013 年提高 4.54 个百分点（见图 1－7）。

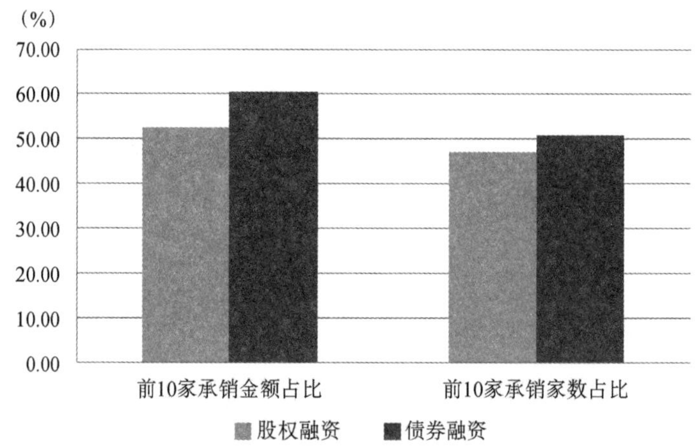

图 1－7　2014 年前 10 家证券公司承销金额和家数的占比情况

资料来源：Wind 资讯。

二、证券公司开展投资银行业务的组织架构情况①

各家证券公司开展投资银行业务的组织架构设置情况，既有相似性，也有差异性。总体而言，多数证券公司设置了股权承销业务部、债券承销业务部、资本市场部和质量控制部。层级关系设计上，约半数的证券公司股权承销业务与债券承销业务分开设立；资本市场部，有的是股债合一，有的则分别设置股权资本市场部（EMC）与债务资本市场部（DCM）；质量控制部门多隶属于承销部门，仅 20% 左右的证券公司单独设置了质量控制部门。

从组织架构设置上可以看出，近 20% 的证券公司独立设置了并购重组业务部门，从事

① 本节第二、第三部分数据均来源于中国证券业协会 2014 年专项调查。

并购重组业务；约 1/3 的证券公司将全国股权系统业务部门隶属于投资银行部，约 1/3 的证券公司单独设立从事全国股权系统业务的部门；约 15% 的证券公司设置了从事新产品、新服务品种开发协调工作的创新业务部；近 30% 的证券公司对国际业务有所涉猎，有的还单独设置了国际业务部。

三、从业人员数量变化情况

根据中国证券业协会 2014 年专项调查的数据，证券公司投资银行（含股权、债券承销和资本市场等部门）总人数约 1.2 万人，比 2013 年度增加约 10%。主要负责股权融资业务的投资银行部门（不含资本市场部门、债券承销部门）2014 年底人数接近万人。其中，保荐代表人数为 2 629 人，在保荐代表人注册制度改革的大环境下呈现稳步增长态势，较 2013 年增长了约 12%。债券承销部门总人数较 2013 年增长约 20%，已将近 1 800 人。资本市场部（含股权资本市场、债券资本市场人数）总人数约 850 人，较 2013 年增长约 10%（见图 1－8）。

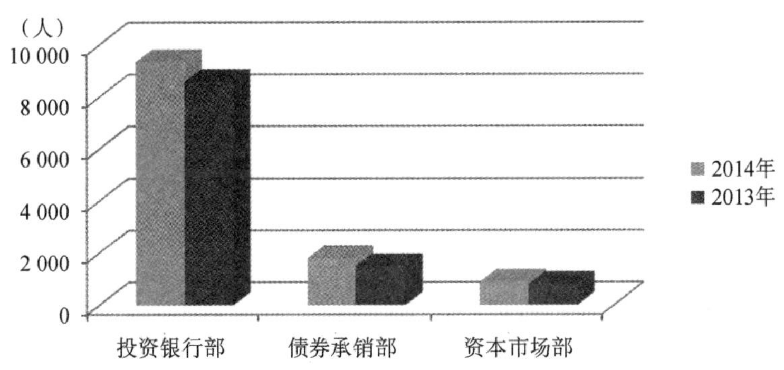

图 1－8　2013—2014 年投行从业人员数量情况

资料来源：中国证券业协会 2014 年专项调查。

第二章
2014 年中国投资银行业务面临的问题及前景展望

第一节　中国投资银行业务当前存在的主要问题

一、业务结构单一，收入受市场和政策的双重影响

承销业务仍是投资银行收入的主要来源，根据中国证券业协会专项调查近三年来的数据，股票保荐与承销、债券承销业务收入二者合计占投资银行业务总收入的 80% 左右，业务结构相对单一。

由于收入来源集中，市场和政策两方面的影响显著。2014 年下半年以来，二级市场股价表现渐入佳境，融资性非公开发行家数呈增长趋势，融资规模创历史新高。2014 年首次公开发行两次重启，随着新股发行和询价制度的变化，证券公司该类收入呈现时断时续、前高后低的特点。根据 Wind 资讯的数据，2014 年初至 2 月中旬，发行新股 48 只，承销及保荐费收入合计 20.64 亿元、老股转让收入 5.48 亿元；2 月中旬至 6 月首次公开发行暂停；6 月二次重启至年末，发行新股 77 只，承销及保荐费收入合计 28.52 亿元，老股转让收入只有 0.46 亿元。

国内投资银行正在努力改变收入结构，2014 年证券公司参与全国股权系统业务、并购重组业务和其他业务收入均大幅增长，资本中介等各类创新业务不断发展壮大。尤其是证券公司参与全国股转系统业务，收入增幅将近 250%。虽然就目前而言，其收入绝对数值仍难以与证券保荐承销费收入相匹敌，但有望改变证券公司收入结构较为单一的现状。

二、通道业务占比高，同质化竞争局面亟待改变

目前，投资银行业务中，需要证券保荐承销牌照的通道业务占比较高，收入也相对丰厚。这类业务同质化竞争现象较为普遍。有限的业务品种、相似的业务流程，专业水平和价值创造作用不明显，服务的深度和广度难以满足实体经济的多元化需求，造成了证券行业通

道业务的竞相压价和过度竞争。随着发行监管体制的市场化改革，传统通道业务的利润空间也将遭到挤压。面对新的市场环境，证券公司如何进行创新，如何为客户提供更有价值的服务将成为一个重要命题。

创新的基石是提高产品设计、定价与自主配售能力，从以产品为中心转向以客户为中心。如何重构内部平台与激励机制，增进这一能力，各家证券公司都在进行探索和有益的实践。2014 年，优先股、资产证券化、全国股权系统做市商、资本中介等业务悄然兴起、壮大，星星之火可以燎原，这些创新业务将开拓投资银行业务空间，引领证券公司转型升级。

三、风险控制体系建设有待加强，更好地实现归位尽责

风险控制体系建设将成为证券公司投资银行业务的关键点。随着“放松管制、加强监管”的政策环境改变，证券发行人的质量控制工作将由证券公司承担，保荐承销风险大增。监管机构的“宽进”意味着证券公司的“严选”，要引导证券公司建立符合自身市场定位的项目筛选标准，加大项目承做投入，建立全员质控、过程质控、系统质控的风险控制体系，从根本上遏制保荐风险。

资本市场健康发展有赖于市场参与各方归位尽责。深化发行体制改革，通过立法手段确立市场参与各方的角色，明确责任和义务边界，强化监督和事后监管，有益于逐渐形成自觉的责任意识和良好的市场秩序。

第二节　2015 年中国投资银行业务前景展望

一、注册制改革推动投资银行业务转型发展

2013 年 11 月 15 日，“股票发行注册制改革”被首次写入中共十八届三中全会《中共中央关于全面深化改革若干重大问题的决定》。注册制改革“牵一发而动全身”，需要一系列配套条件的完善，经过 2014 年的过渡和酝酿，2015 年有望成为资本市场改革措施密集出台并落实的一年。2015 年《证券法》修改、注册制推出、退市制度完善、多层次资本市场建设加快等将给资本市场注入新的活力，推动市场化改革的深入落实。

注册制改革是要建立市场主导、责任到位、披露为本、预期明确、监管有力的股票发行上市制度。具体而言，市场主导，即由企业决定何时发行，由发行人和投资者博弈决定能否成功发行和发行价格高低。责任到位，强化各市场参与主体归位尽责。发行人是信息披露第一责任人，中介机构承担对发行人信息披露的把关责任，投资者依据公开披露信息自行作出投资决策并自担投资风险。披露为本，政府不对企业的资产质量和投资价值进行判断和背

书，监管机构不对信息披露的真实性负责，审核环节将集中精力专注于信息披露的充分性、客观性及有效性。预期明确，以市场主体之间的博弈替代行政干预，形成稳定、明确的市场预期。监管有力，实行宽进严管，重在事中事后监管，严惩违法违规，保护投资者合法权益。

作为保荐机构，由于信息披露把关不严等原因造成的保荐风险将进一步加大，证券公司要积极应对注册制带来的变化。转变投资银行运作模式，加强项目筛选和内部控制体系建设，逐步将投资银行业务的竞争焦点转移到项目选择、内部控制、承销发行、并购和创新融资等综合金融服务。

二、市值管理助力上市公司拓展实体经营

国务院《关于进一步促进资本市场健康发展的若干意见》明确提出，鼓励上市公司建立市值管理制度。根据 Wind 资讯的数据，截至 2014 年 12 月 31 日，A 股市场总市值 37.25 万亿元，达到历史新高度。对上市公司而言，市值是公司股份规模与公司股票价格相乘的积，而这个积正越来越成为衡量上市公司价值的一种标准，逐渐替代以往的净资产、净利润等指标。

市值与上市公司再融资、并购重组的关系密切。并购交易多发生在股价高估值的区域，并购交易热点与二级市场的热点高度契合，如 2014 年并购交易家数居前的电子、计算机、传媒等行业。通过股权再融资、发行股份购买资产、股权质押融资等途径，高市值公司可将市值优势转变为对产业竞争和经营活动的支持，更加从容地进行研究开发、引进人才、规模扩张及整合行业内外的优势资源等。

市值管理将助力上市公司拓展实体经营规模、引进新技术、新产品并实现规模效应，也将为投资银行业务带来更多的机会。在认识到市值重要性的同时，不能忽视其变化性和动态性，公司价值最终要体现在规范经营、优质业绩和对社会进步的积极作用上。

三、证券公司并购重组和上市，行业格局迎来新变化

2014 年，多家证券公司宣布或完成并购重组和上市，为行业格局带来新的变化。2014 年下半年，海通证券通过其子公司收购在日本东京上市的独立证券研究机构 Japaninvest 和葡萄牙圣灵投资银行。2014 年 11 月 18 日，中纺投资披露重大资产重组方案，拟注入安信证券 100% 股份。2014 年 12 月 10 日宏源证券停牌，以换股吸并方式与申银万国证券合并。2014 年 12 月 29 日，国信证券正式挂牌上市，募集资金近 70 亿元。

与国际知名投资银行相比，国内投资银行的规模、综合竞争能力及国际影响力均有待提高。并购重组和发行上市是证券公司利用市场手段集中优势、做大做强的重要举措，也是走向国际化的手段之一。通过并购重组和资本运作，证券公司资本规模和综合实力有望增强，

投资银行业务的市场集中度有望继续提升。

四、多层次资本市场建设将带来多重业务机会

党的十八届三中全会《中共中央关于全面深化改革若干重大问题的决定》还提出健全多层次资本市场体系，这是发挥市场配置资源决定性作用的必然要求，也是推动经济转型升级和可持续发展的有力引擎。我国于 2004 年推出中小板，2009 年推出创业板；场外市场经过多年发展，2014 年，全国股转系统服务范围扩展至全国，并在挂牌数量、市场成交、估值、融资能力等方面都有大幅提升，各地区区域股权转让市场和证券公司柜台市场正积极探索前行。

多层次资本市场建设将为投资银行业务带来多重业务机会，如推荐挂牌业务、做市商业务、私募债券、股权融资承销、直投业务、并购财务顾问业务、基金业务、柜台业务等等。另外，多层次资本市场服务对象中有许多符合行业发展方向、具有市场潜力的中小微企业，它们是投资银行重点关注、培育的未来客户，也是并购重组的标的资源。

分报告之三：
2014 年中国证券公司资产管理业务发展回顾与展望

第一章 2014 年中国证券公司资产管理业务的总体情况

第一节 2014 年中国证券公司资产管理业务的发展环境

作为证券公司发挥专业优势、支持实体经济健康高效发展的重要手段，2014 年资产管理业务规模继续大幅扩大。虽然相对于国内其他资产管理机构，证券公司资产管理业务在理财市场份额的占比仍然较低，同时存在着发展结构不均衡、通道业务比重较大等问题，但其崛起趋势已然形成，且背后有着深刻的社会发展必然性。

2014 年我国 GDP 同比增长 7.4%，国民经济平稳增长；全年 CPI 同比上涨 2.3%，经济在保持着稳步增长的同时，控制物价过快增长的调控目标也得以实现；同时，我国国内居民可支配收入保持持续增长态势，这为证券公司资产管理业务的继续发展奠定了基础。另外，经历了 2013 年制度环境的重大变化后，2014 年证券公司资产管理业务的相关政策进入巩固和深化阶段，例如《关于进一步促进资本市场健康发展的若干意见》（简称新“国九条”）、《关于进一步推进证券经营机构创新发展的意见》、《沪港股票市场交易互联互通机制试点若干规定》等一系列政策规定大大拓宽了证券公司资产管理业务的投资范围以及创新空间；

中国证监会颁布的《证券公司及基金管理公司子公司资产证券化业务管理规定》使资产证券化业务正式实行事后备案制和资产负面清单制等。

一、推动证券公司资产管理业务发展的经济环境

在推动证券公司资产管理业务发展过程中，除经济增长速度和居民可支配收入外，利率市场化、居民资产配置等都已成为新的重要经济因素。

第一，经济增长和由此导致的居民财富积累是证券公司资产管理业务发展的源泉。2014 年我国经济增长率为 7.4%，尽管相比前几年增速有所放缓，但环顾世界其他经济体的增长状况，我国经济仍处于快速增长阶段（见图 1－1）。同时，我国居民可支配收入随着经济的快速增长也保持着稳定增长的态势。

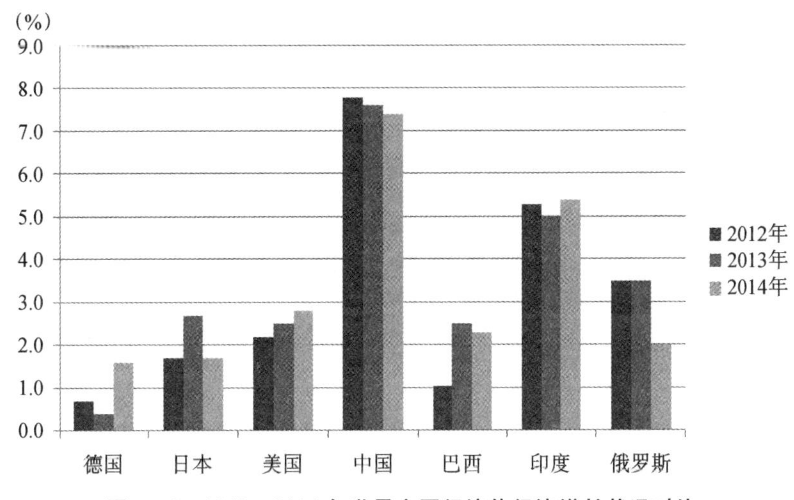

图 1－1　2012—2014 年世界主要经济体经济增长状况对比

资料来源：根据国际货币基金组织（IMF）数据绘制。

第二，随着利率市场化的深入和金融脱媒的深化，银行等金融机构利润水平受到不同程度冲击。但挑战与机遇并存，利率市场化进程也将加速财富管理市场的发展，证券公司资产管理业务便有望从中受益。特别地，利率市场化后银行开发理财产品也将更多与证券公司合作，这是理财产品定价和结构设计的要求会越来越高决定的。

第三，根据中国人民银行每季度公布的城镇储户问卷调查报告分析，2014 年我国倾向于进行更多投资的居民比例一直稳定在 35% 左右；至于投资的资产类别，我国居民偏爱的前三种投资方式依次为："基金及理财产品"、"房地产投资" 和 "购买债券"，其中 "基金及理财产品" 最受欢迎。

二、推动证券公司资产管理业务发展的制度环境

2014 年，"放松管制，加强监管" 依然是证券公司资产管理业务的政策导向，但市场化

成为主导。例如2014年11月19日，中国证监会颁布《证券公司及基金管理公司子公司资产证券化业务管理规定》，资产证券化业务管理人范围由证券公司扩展至基金子公司，并且引入备案制，对基础资产实施“负面清单”管理。这将有利于提升资产证券化产品的发行、交易效率，从而帮助提高证券公司资产管理业务的主动管理能力。

2014年证券公司资产管理业务的主要政策变化如表1-1所示。

表1-1　　2014年证券公司资产管理业务的主要政策变化

监管主体	新颁布或修改的政策规定	主要政策变化
国务院	《关于进一步促进资本市场健康发展的若干意见》	(1) 培育私募市场，对私募发行不设行政审批，允许各类发行主体在依法合规的基础上，向累计不超过法律规定特定数量的投资者发行股票、债券、基金等产品； (2) 放开业务准入，支持符合条件的其他金融机构在风险隔离基础上申请证券期货业务牌照； (3) 引导证券期货互联网业务有序发展，支持各类资产管理机构利用网络信息技术创新产品； (4) 扩大合格境外机构投资者、合格境内机构投资者的范围，提高投资额度和上限。
中国证监会	《关于进一步推进证券经营机构创新发展的意见》	(1) 支持证券经营机构拓展投资融资、销售交易、资产托管等基础功能，进行销售交易类产品创新，满足客户对非标准化产品的需求； (2) 证券经营机构要创新和改进资产管理业务流程，提升产品销售、产品设计、投资运作、售后服务等环节的专业水平； (3) 研究建立房地产投资信托基金的制度体系及相应的产品运作模式和方案，积极探索开展信贷资产证券化业务，支持证券经营机构设立并购基金、夹层基金、产业基金等直投基金。
中国证监会	《私募投资基金监督管理暂行办法》	(1) 明确全口径登记备案制度，包括各类私募基金管理人和各类私募基金登记备案； (2) 确立合格投资者制度，即从资产规模（净资产不低于1 000万元，个人金融资产不低于300万元）或收入水平（最近三年年收入不低于50万元）、风险识别能力和风险承担能力、单笔最低认购金额三个方面规定了适度的合格投资者标准； (3) 明确了私募基金的募资规则； (4) 提出了规范投资运作行为的有关规则，对整个私募市场的行为准则划定了一个运作底线； (5) 确立了对不同类别私募基金进行差异化行业自律和监管的制度安排。
中国证监会	《证券公司及基金管理公司子公司资产证券化业务管理规定》以及配套指引	(1) 统一以资产支持专项计划作为特殊目的载体开展资产证券化业务； (2) 将资产证券化业务管理人范围由证券公司扩展至基金管理公司子公司，并将《证券公司资产证券化业务管理规定》更名为目前名称； (3) 取消事前行政审批，实行基金业协会事后备案和基础资产负面清单管理； (4) 强化重点环节监管，制定信息披露、尽职调查配套规则，强化对基础资产的真实性要求，以加强投资者保护； (5) 将租赁债权纳入基础资产范围； (6) 对于基础资产解除相关担保负担和其他权利限制的时点，明确为原始权益人向专项计划转移基础资产时需解除相关担保负担和其他权利限制； (7) 明确要求为资产证券化业务出具专业意见的服务机构如审计、评估机构等应具备证券期货相关业务资格。

续表

监管主体	新颁布或修改的政策规定	主要政策变化
中国证监会	《沪港股票市场交易互联互通机制试点若干规定》	(1) 明确了上海证券交易所、香港联合交易所、证券交易服务公司及中国证券登记结算公司、香港中央结算公司开展“沪港通”业务应当履行的职责； (2) 对境内证券公司开展“沪港通”业务提出原则性要求； (3) 明确了“沪港通”的业务范围、外资持股比例、清算交收方式、交收货币等相关事项； (4) 对投资者保护、监督管理、资料保存等内容提出了相关要求。
中国证监会	《关于证券公司参与“沪港通”业务试点有关事项的通知》	(1) 证券公司设立专门投资于香港股票，或者同时投资于内地股票和香港股票的资产管理计划，相关合同等法律文件应当约定相关股票投资比例和策略，并充分揭示风险； (2) 现有资产管理计划参与“沪港通”交易，应当依法变更合同相关条款，按照合同约定的方式取得客户和资产托管机构同意，保障客户选择退出资产管理计划的权利，对相关后续事项作出合理安排，并依法履行相关备案程序； (3) 证券公司应当针对资产管理计划参与“沪港通”交易，制定严格的授权管理制度和投资决策流程，强化内部控制制度，完善风险管理体系； (4) 证券公司、资产托管机构应当依法确定资产管理计划参与“沪港通”的交易结算模式，明确交易执行、资金划拨、资金清算、会计核算等业务中的权利和义务，健全资金安全保障机制。
中国证券业协会	《关于进一步规范证券公司资产管理业务有关事项的补充通知》	(1) 对《关于规范证券公司与银行合作开展定向资产管理业务有关事项的通知》中合作银行的范围进行明确； (2) 进一步明确证券公司聘用第三方机构为集合资产管理计划提供专业服务应具备的条件； (3) 规定证券公司分级集合资产管理计划的产品设计应遵循设计与风险收益相匹配的原则； (4) 明确规定不得通过集合资产管理计划开展通道业务； (5) 证券公司开展客户资产管理业务应当充分关注流动性风险。

资料来源：根据国务院、中国证监会、中国证券业协会、中国证券投资基金业协会等网站内容整理。

上述政策规定的颁布和实施无疑将对证券公司资产管理业务的发展产生直接且重要影响，如直接促进资产管理业务基础制度完善，帮助证券公司资产管理业务与其他业务进一步融合与转型等。

三、制度变革对推动证券公司资产管理业务发展具有重大意义

（一）促进资产管理行业基础制度完善

第一，新“国九条”强化了资产管理行业的竞争与退出机制。新“国九条”推动实施公开透明、进退有序的证券期货牌照管理制度，允许不同机构交叉持牌。这打破了原来业务的割裂，放宽了机构设置的限制，有利于资产管理行业的竞争机制与退出机制建立。

第二，证券公司资产管理业务的创新空间放大。虽然证券公司资产管理业务不得不面对

通道业务收紧和产品规模下降的情况，但其投资范围得到放宽，审批流程也被简化了；同时，证券公司资产管理业务中的公募基金产品和资产证券化产品渐次放开，市场准入制度逐步降低，“沪港通”开启。这都使得证券公司资产管理业务的创新空间进一步拓宽。

第三，中国证券业协会凸显了行业自律功能，对证券公司开展资产管理业务具体问题进行指导。针对证券公司较为普遍存在的聘用第三方机构提供专业服务的情况，规范了第三方机构应当具备的条件，避免证券公司聘请第三方机构出现良莠不齐的情况。银证合作定向资产管理业务是证券公司定向资产管理业务的重要组成部分，对该类业务作出了明确的规范。证券公司资产管理业务规模近年来迅速膨胀，不可避免地蕴藏某些风险因素。中国证券业协会将行业自律的重点放在风险防范方面，也提升了证券公司资产管理业务的可操作性。

（二）证券公司资产管理业务与其他业务进一步融合与转型

2014 年的一系列制度变革有效促进了证券公司资产管理业务与投资银行业务的进一步融合与转型，这既是对日渐增长的各类客户综合性理财需求的回应，也是证券公司未来业务发展的转型方向。佣金自由化改革后，单纯的低佣金已经无法有效吸引客户，只有让客户的资产保值增值，实现真正意义上的财富管理，才是证券公司留住客户的长久发展之道。未来资产管理业务发展的过程就是不断强化财富管理，实现保值增值的过程。

另外，相关制度变革也有利于构建证券公司跨业务合作的联动机制，如促进投资银行业务实现从传统的承销模式向“投行 + 资产管理”融合的综合金融管理服务转型。资产管理业务发展能够为投资银行业务带来丰富的客户资源和多元化、综合性的服务组合；投资银行业务的拓展能够为资产管理业务提供投资工具及产品设计、投资标的发行的对接平台。目前，企业和机构客户的金融需求已经不仅仅局限于股权和债权融资，还包括一系列的理财、投融资等金融需求。从国外投资银行的发展经验来看，投资银行业务的重点已经从首次公开发行上市业务，逐步向上市后的综合资产配置方向转移，包括企业现金的管理、再融资的解决方案、战略规划、收购兼并、全球资产配置等。这些衍生的资产管理性质的服务所带来的收入已远远超过首次公开发行承销的收入，成为欧美大型投资银行业务的主要收入来源。而这也将是我国证券公司业务的转变方向。以资产管理业务的发展为推手，证券公司的全面业务整合将进一步强化，证券公司也将走上综合创新的发展道路。

第二节　2014 年中国证券公司资产管理业务的发展情况

一、2014 年证券公司资产管理产品发行市场的特征

自 2013 年集合资产管理计划由审批制改为备案制，以及投资范围扩大以来，证券公司

集合资产管理计划呈爆发式增长。但 2014 年由于证券公司大集合产品发行停滞，只能发小集合产品，而小集合所针对的开户群体较窄，导致当年集合资产管理计划新发行出现回调，单只规模大幅下降。从规模上看，定向资产管理业务仍然是证券公司资产管理业务的主要构成，2014 年规模占比约 91.4%。此外，2014 年虽然有 17 家证券公司设立专项资产管理计划，但受托资金规模仅有 395.13 亿元。

下面对各类证券公司资产管理产品发行市场特征进行介绍。

（一）集合资产管理计划新发行数量小幅上涨，单只规模大幅下降

2014 年证券公司集合资产管理业务维持了 2013 年的蓬勃发展态势，充分体现了政策红利带来的结构性变化。但与 2013 年同期相比，2014 年新发行集合理财产品 2 197 只，仅小幅上涨 9.58%（见图 1-2）；单只规模 1.07 亿份，大幅下降 37.35%。

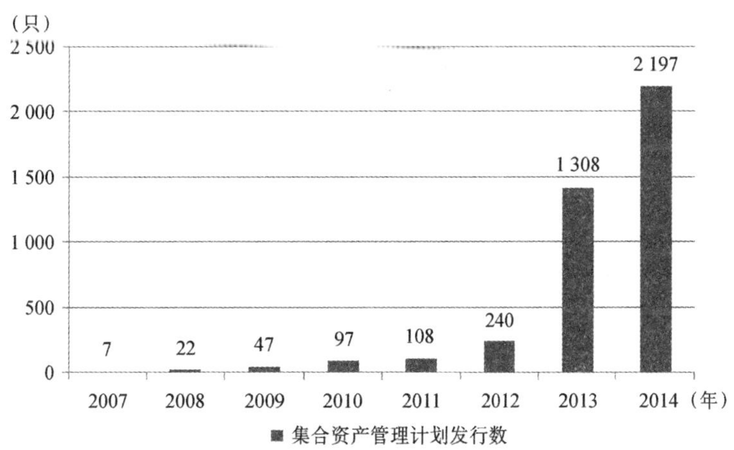

图 1-2 2007—2014 年证券公司集合理财产品新发行情况

资料来源：Wind 资讯。

从集合理财产品结构来看，债券型产品和混合型产品数量在 2014 年仍保持绝对优势；而由于 A 股市场持续波动，投资者对市场看法谨慎，股票型产品较少，增速也低于整体水平（见图 1-3）。

（二）定向资产管理计划发行规模增速减缓，但仍占绝对优势

监管政策放松之后，定向资产管理业务经过 2012 年的初步繁荣继续发展壮大，成为证券行业的主流业务模式。根据中国证券业协会数据，2014 年定向资产管理业务仍是证券公司资产管理规模崛起的主要力量，90 家证券公司开展相关业务，受托资金规模共约 7.28 万亿元，占比高达约 91.4%。此外，2014 年证券公司从商业银行等机构客户处获得的受托资金规模约 7.27 万亿元，占到定向资产管理业务总规模的 99.8%。

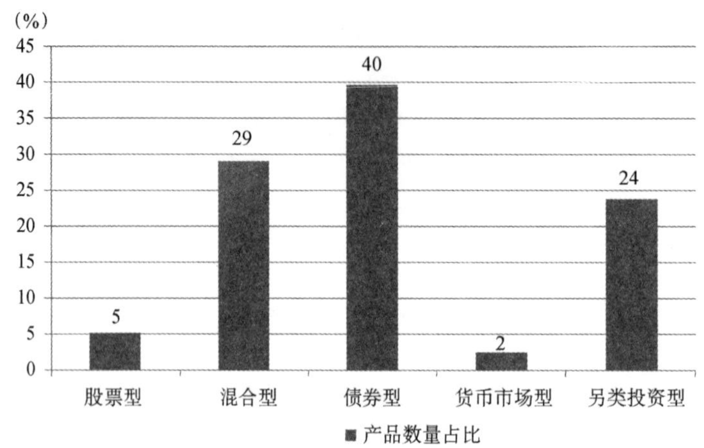

图 1－3　2014 年证券公司集合理财产品结构分布情况

资料来源：Wind 资讯。

（三）专项理财产品发行规模稳定增长

2014 年证券公司专项理财产品数量和规模都大幅增长。但由于基数较小，相比于集合、定向理财产品的发行数量和规模，专项理财产品仍然有非常大的差距（见图 1－4）。

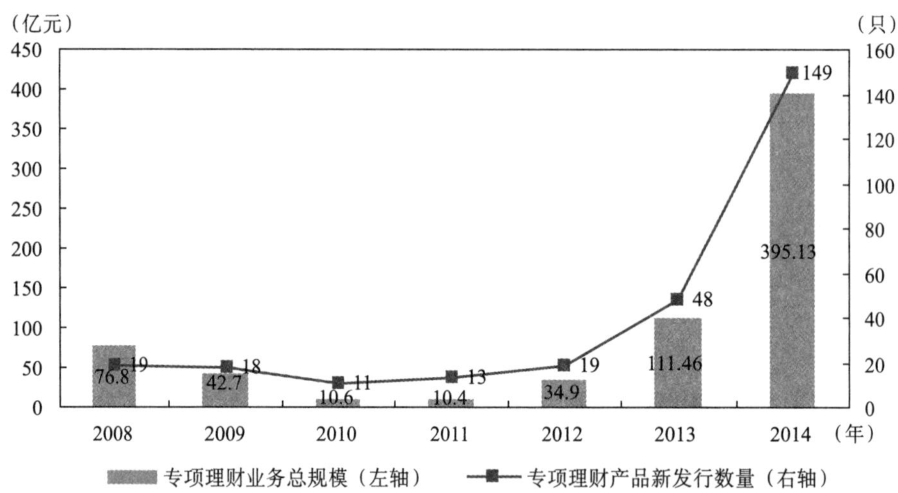

图 1－4　2008—2014 年证券公司专项理财产品新发行数量及规模

资料来源：根据中国证券业协会数据整理。

（四）资产证券化产品发行数量与规模井喷

2014 年，由于资产证券化业务由审批制改为备案制，证券公司资产证券化产品发行数量与规模均出现井喷，发行规模较 2013 年增加 4 倍多，发行数量较 2013 年增加 2 倍多（见图 1－5）。

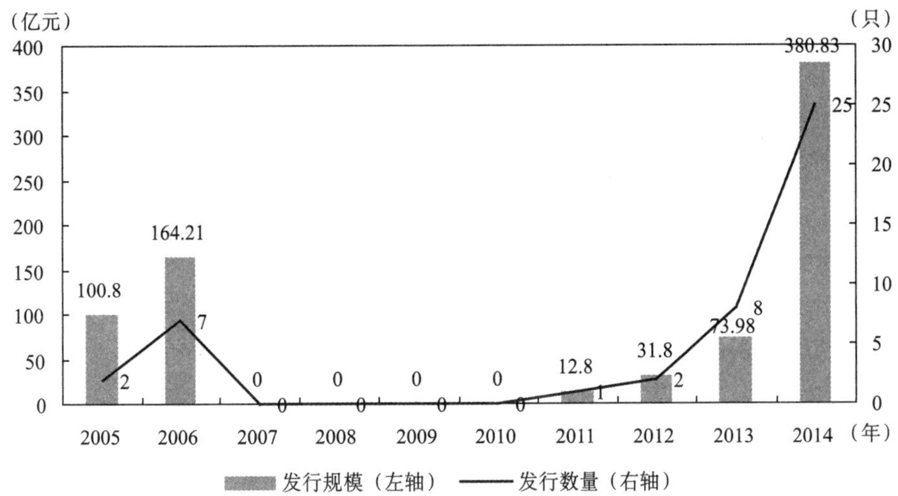

图 1－5　2005—2014 年我国证券公司资产证券化产品发行情况

资料来源：Wind 资讯、申万宏源证券。

（五）证券公司公募基金产品崭露头角

2014 年我国共有 7 只证券公司公募基金产品发行，其中，东证资管共发行 4 只，且均是混合型基金；浙商证券首只公募产品——浙商汇金转型成长也已发行；华融证券目前共发行两只公募产品，分别是货币基金华融现金增利和华融新锐混合基金；另外两家具备公募业务资格的证券公司暂无产品推出。

二、2014 年证券公司资产管理产品投资收益概况

2014 年证券公司资产管理产品的投资业绩有较大提升。具体地，2014 年共有 89 家证券公司开展集合资产管理业务，合计管理产品 2 197 只，受托资金总额 6 437.01 亿元。满一年业绩可查的 1 631 只证券公司集合理财产品（剔除清盘及成立未满一年的产品）平均收益率达 13.22%，呈现普涨局面。其中，1 305 只产品获得正收益，占比超过八成；收益为零的产品 237 只，占比 14.53%；其余的为亏损产品，占比仅 5.46%。整体来看，2014 年证券公司集合理财产品的收益情况要好于 2013 年（见图 1－6）。

从集合理财产品所属概念来看，在 2014 年实现正收益的产品中，28.74% 为混合型产品，债券型产品的比重为 45.90%，股票型产品所占的比重仅为 2.22%（见图 1－7）。

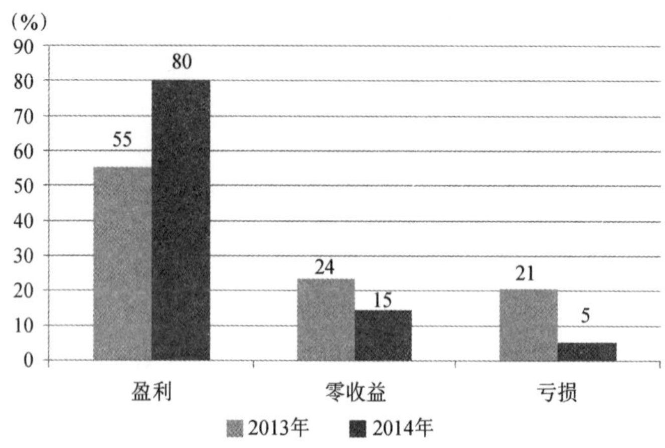

图1－6　2013年和2014年证券公司集合理财产品投资业绩比较

资料来源：根据Wind数据计算绘制。

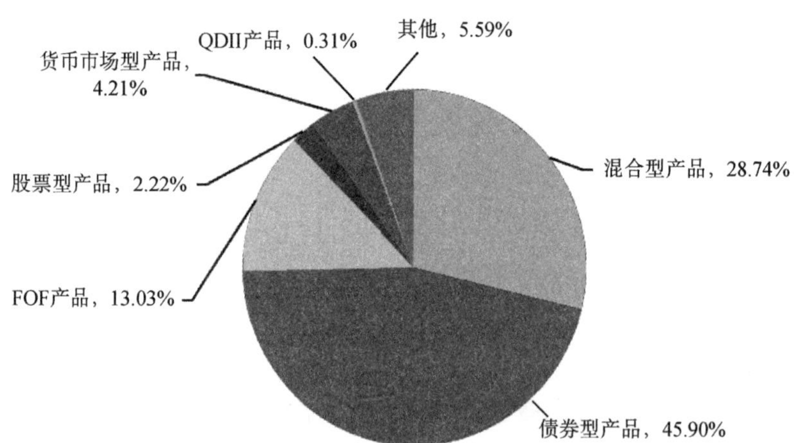

图1－7　2014年实现正收益的证券公司集合理财产品的类型及分布情况

资料来源：根据Wind数据计算绘制。

2014年，证券公司混合型产品中“万联拓璞2号风险B”收益率高达217.55%，位列混合型产品第一位（见表1－2）；股票型产品中收益率最高的是“安信安悦B”，收益率为341.92%（见表1－3）；债券型产品中收益率最高的是“海通年年升风险级”，收益率达640.55%（见表1－4）；货币型产品中收益率最高的为“中信建投悠享财富1号”，收益率为8.69%（见表1－5）；另外，8个QDII产品中收益率最高的是“国信金汇宝人口红利”，收益率为10.89%（见表1－6）。

表 1-2　　2014 年证券公司资产管理混合型产品收益率排名前 10 位

产品名称	收益率（%）	规模（亿元）	成立日期	投资类型	管理公司
万联拓璞 2 号风险 B	217.55	0.7213	2013 年 8 月 22 日	灵活配置型	万联证券
广发恒定 10 号进取级	200.92	1.3400	2013 年 12 月 12 日	灵活配置型	广发证券
渤海定增宝 1 号 C	191.59	3.8372	2013 年 10 月 29 日	灵活配置型	渤海证券
广发恒定 8 号进取级	190.63	2.3537	2013 年 12 月 11 日	灵活配置型	广发证券
华龙金智汇 3 号 B	152.13	0.6738	2013 年 3 月 25 日	灵活配置型	华龙证券
宏源鑫丰 1 号 B	150.01	8.8791	2013 年 6 月 20 日	灵活配置型	宏源证券
中山宝睿精选成长	112.92	0.8680	2013 年 5 月 8 日	灵活配置型	中山证券
华西证券金网 1 号	90.32	30.2254	2012 年 10 月 30 日	偏债混合型	华西证券
华安理财合赢 12 号 B	89.98	0.1977	2013 年 5 月 29 日	偏债混合型	华安证券
国泰君安君享新泉一号	89.20	0.2200	2013 年 8 月 23 日	灵活配置型	国泰君安证券

资料来源：Wind 资讯。

表 1-3　　2014 年证券公司资产管理股票型产品收益率排名前 10 位

产品名称	收益率（%）	规模（亿元）	成立日期	投资类型	管理公司
安信安悦 B	341.92	2.0385	2013 年 4 月 24 日	普通股票型	安信证券
海通海富 6 号 B	282.90	9.6752	2013 年 12 月 10 日	事件驱动	海通证券
安信安悦	128.93	1.3010	2013 年 4 月 24 日	普通股票型	安信证券
金中投结构优势 B	112.21	0.0453	2013 年 4 月 12 日	被动指数型	中国中投证券
海通海富 5 号	78.10	1.6565	2013 年 12 月 10 日	事件驱动	海通证券
海通海富 7 号	75.05	4.4388	2013 年 12 月 27 日	事件驱动	海通证券
银河 99 指数	69.13	2.7961	2010 年 12 月 21 日	被动指数型	中国银河证券
海通海富 5 号 B	59.56	1.5303	2013 年 12 月 10 日	事件驱动	海通证券
华泰紫金中证 800 增强	52.01	0.1233	2013 年 5 月 28 日	增强指数型	华泰证券
高华证券盛享 1 号	51.98	0.4069	2011 年 12 月 8 日	普通股票型	北京高华证券

资料来源：Wind 资讯。

表 1-4　　2014 年证券公司资产管理债券型产品收益率排名前 10 位

产品名称	收益率（%）	规模（亿元）	成立日期	投资类型	管理公司
海通年年升风险级	640.55	11.0256	2013 年 5 月 29 日	短期纯债型	海通证券
光大阳光北斗星 B	278.22	12.1693	2013 年 4 月 18 日	混合债券型一级	光大证券
海通月月升风险级	229.30	8.1871	2013 年 4 月 25 日	短期纯债型	海通证券
海通半年升风险级	189.40	4.4842	2013 年 5 月 29 日	短期纯债型	海通证券
海通年年鑫风险级	149.90	9.4667	2013 年 5 月 13 日	混合债券型一级	海通证券
华安理财合赢 9 号 B	147.44	0.3328	2013 年 5 月 16 日	混合债券型一级	华安证券
广发金管家沪深 300 多空杠杆看涨	122.35	1.5571	2013 年 1 月 21 日	中长期纯债型	广发证券

续表

产品名称	收益率（%）	规模（亿元）	成立日期	投资类型	管理公司
安信瑞泽 B	121.00	1.6084	2013 年 6 月 19 日	混合债券型一级	安信证券
财通月月福 2 号普通级 B	115.38	0.1631	2013 年 9 月 5 日	混合债券型二级	财通证券
海通月月赢风险级	112.35	39.7248	2012 年 12 月 24 日	短期纯债型	海通证券

资料来源：Wind 资讯。

表 1-5　　2014 年证券公司资产管理货币型产品收益率排名前 10 位

产品名称	收益率（%）	规模（亿元）	成立日期	投资类型	管理公司
中信建投悠享财富 1 号	8.69	1.0002	2013 年 6 月 18 日	货币市场型	中信建投
中信建投悠享财富 2 号	6.15	0.0004	2013 年 8 月 5 日	货币市场型	中信建投
国泰君安君得利 1 号	5.11	82.7168	2005 年 10 月 11 日	货币市场型	国泰君安证券
华泰紫金天天发 C	5.06	173.3514	2012 年 11 月 29 日	中长期纯债型	华泰证券
华泰紫金天天发 B	5.06	173.3514	2012 年 11 月 29 日	中长期纯债型	华泰证券
华泰紫金天天发 A	5.06	173.3514	2012 年 8 月 21 日	货币市场型	华泰证券
华泰紫金货币增强	5.06	5.6810	2013 年 5 月 29 日	货币市场型	华泰证券
国泰君安君得利 2 号	5.05	50.0658	2010 年 12 月 23 日	货币市场型	国泰君安证券
齐鲁稳固 21 天	5.03	3.1657	2013 年 5 月 29 日	货币市场型	齐鲁证券
中银国际中国红货币宝	5.03	8.4364	2010 年 5 月 24 日	货币市场型	中银国际证券

资料来源：Wind 资讯。

表 1-6　　2014 年证券公司资产管理 QDII 型产品收益率情况

产品名称	收益率（%）	规模（亿元）	成立日期	投资类型	管理公司
国信金汇宝人口红利	10.89	0.0376	2012 年 11 月 29 日	国际（QDII）混合型	国信证券
广发全球稳定收益债券	7.53	0.3382	2013 年 5 月 31 日	国际（QDII）混合型	广发证券
光大全球灵活配置	5.18	0.1461	2011 年 5 月 30 日	国际（QDII）混合型	光大证券
国信金汇宝香江收益 2 号	3.66	0.0672	2013 年 6 月 28 日	国际（QDII）混合型	国信证券
光大金马海外高息	0.00	1.0067	2013 年 8 月 27 日	国际（QDII）混合型	光大证券
国泰君安君汇 Wilshire 全球尊享 QDII	—	2.5160	2014 年 10 月 29 日	国际（QDII）混合型	国泰君安证券
国泰君安君富香江	-1.40	0.5224	2010 年 9 月 30 日	国际（QDII）混合型	国泰君安证券
华泰紫金龙大中华	-11.56	0.6901	2011 年 2 月 15 日	国际（QDII）混合型	华泰证券

资料来源：Wind 资讯。

三、2014 年证券公司资产管理创新进程

2014 年证券公司资产管理业务回归主动管理已成共识，并且诸多证券公司开拓了新的资产管理产品线，在运作模式、投资标的和结构设计方面具有明显突破。比较来看，2014 年证券公司资产管理业务在资产证券化、公募基金、合格境内机构投资者等方面均推出了各

具特色的创新产品。

（一）资产证券化产品

证券公司资产证券化业务在 2014 年迎来实质进展。东方证券推出的“东证资管—阿里巴巴专项资产管理计划”已经滚动发行 10 期，该产品主要投向“阿里小额”对会员贷款的债券，在结构设计上，该产品按照 75%、15%、10% 的比例分为优先级、次优先级和次级份额。此外，广发证券资管公司发行“广发恒进—河北金租 1 期集合资产管理计划”，成为首只登陆上海证券交易所的金融租赁类创新集合产品，该集合计划投资于基金专项计划份额，原始权益人为河北金租，基础资产分布于基础设施建设、制造等行业，是融资租赁资产证券化的创新产品。

下面介绍资产证券化产品的几个主要创新要素：

1. 基础资产

按基础资产划分，资产证券化产品包括债权类（如“东证资管—阿里巴巴专项资产管理计划”）和权益类（如“广发恒进—河北金租 1 期集合资产管理计划”）。债权类产品所涉及的资产类别主要包括：CLO、MBS、汽车贷款、租赁租金、个人贷款、企业债权；权益类产品所涉及的资产类别主要包括：基础设施收费、物业租金、公园景区门票。

2014 年我国发行的资产证券化产品基础资产涉及七大类资产类别，分别是企业贷款、企业债权、汽车贷款、信用卡应收款、个人住房抵押贷款、基础设施收费、银行债券和租赁租金资产（见图 1－8），其中，证券公司主要涉及企业债券和基础设施收费。

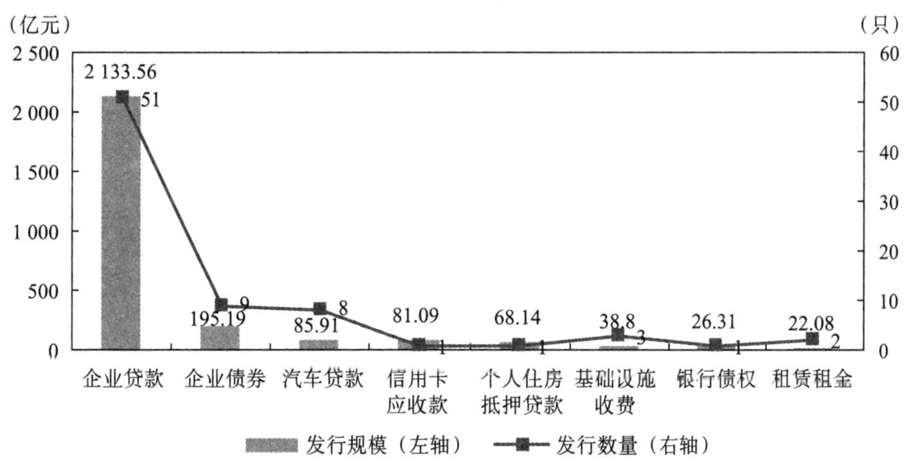

图 1－8　2014 年我国资产证券化产品按基础资产统计情况

资料来源：Wind 资讯、华泰证券研究所。

2. 产品期限

2014 年发行的资产证券化产品期限跨度较大，期限最短的为 1.25 年，最长的为 25.45 年，总体来看，平均到期期限为 4.85 年（见图 1－9）。具体考虑资产证券化产品中的分级特点，一般优先级的到期期限均较短，例如优先级的 A 类到期期限一般在 1 年以内，之后优先级的 B 类到期，最后是次级档到期。因此，资产证券化产品应该属于中短期的债券类品种。

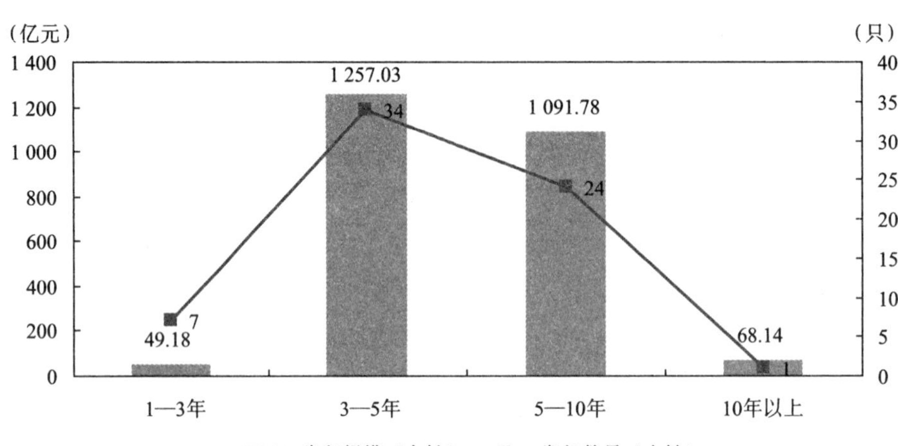

图 1－9　2014 年我国资产证券化产品按期限统计情况

资料来源：Wind 资讯、华泰证券研究所。

3. 产品利率

资产证券化产品均是分级发行，为了控制产品风险，适应不同的投资群体，产品发行时一般会分为优先级和次级，并且优先级中还分为 A 类和 B 类。从 2014 年发行的资产证券化产品来看，在证券公司发行的产品中，优先级产品的平均到期期限为 3.19 年，发行利率为 7.68%，高于银行所发行产品的利率。主要原因应该是证券公司发行的产品基础资产较为单一，风险高于银行产品，再加上分级层次少于银行产品，因此产品发行利率要求较高。

（二）资产管理产品互联网化

目前最具代表性的证券公司资产管理产品互联网化应属华泰证券的保证金资产管理产品“天天发”。2014 年 7 月，华泰证券在“涨乐财富通”手机客户端最新上线了融资打新功能，即投资人可以股票质押打新，最大限度利用资金；同时，在“打新”间隙投资人可以参与资产管理产品“天天发”，收益远超活期存款利率。最新数据显示，“天天发”产品资金规模已经突破 200 亿元。

事实上，“天天发”在产品风险应对上还有独特的结构安排，以“自有资金”加上由业绩报酬提取的风险准备金组成补偿资金，一旦产品出现亏损，由风险准备金和自由资金补偿客户损失；费率上，产品除提取一定的业绩报酬外不收取任何费用。此外，为了进一步提高客户的资金使用效率，“天天发”还开通了小额取现功能，在额度内，赎回资金当日可取，实现了 T+0。

（三）公募产品

2014 年我国证券公司公募产品取得突破性进展，已有 5 家证券公司获得公募业务资格，分别是东方证券资产管理公司（简称“东证资管”）、华融证券、山西证券、浙商证券和渤海证券。

东方证券资产管理公司作为首家获批开展公募业务的证券公司，自获牌照以来陆续发行了 4 只公募基金，且均是混合型基金。包括：首只证券公司系公募基金——东方红新动力混合基金，成立于 2014 年 1 月且参与资金起点为 1 000 元；东方红产业升级混合基金，成立于 6 月；东方红睿丰混合基金，2014 年提前结束募集且募集规模超过 16 亿元；东方红睿阳混合基金，募集申请于 12 月获中国证监会批准。

浙商证券于 2014 年 8 月 20 日获批公募基金管理业务资格，10 月 24 日其首只公募产品——浙商汇金转型成长的募集申请获中国证监会批准。浙商汇金转型成长是一只混合型产品，主要投资于与经济转型相关的上市公司，同时其所投资的转型成长主题包括传统产业中因转型而出现业绩拐点的企业和新兴产品中业绩显著增长的企业。

华融证券的华融新锐混合是 2014 年底唯一在批的证券公司系公募基金，也是华融证券第二只公募基金，首只产品为货币基金华融现金增利，首募规模仅为 2. 02 亿元。另外，山西证券和渤海证券尚未发行公募产品。

概括而言，自从 2013 年 6 月 1 日正式实行的《资产管理机构开展公募证券投资基金管理业务暂行规定》将公募管理资格放宽至证券公司、私募基金和保险公司。虽然证券公司表现最为积极，但目前还没有形成规模效应。公募产品类型较为单一，现有的 7 只基金中，仅有 1 只货币基金，其余 6 只均是混合型产品。证券公司发行公募产品，意在和公募基金公司旗下产品竞争，但后者的产品线已相当丰富和成熟，包括从权益类产品到固定收益类产品，从投资国内市场到投资海外市场，以及规模惊人的货币基金和牛市中收益超高的分级基金。所以，证券公司现阶段推出的公募产品事实上仍缺乏足够竞争力。

（四）合格境内机构投资者（QDII）产品

2014 年证券公司系 QDII 产品普遍有良好表现，大部分产品都获得正收益，而且有创新产品出现。2014 年市场上的证券公司系 QDII 产品有 8 只，其中国泰君安君富香江、华泰紫金龙大中华、光大全球灵活配置和国信金汇宝人口红利 4 只产品主要投资海外股市；光大金马海外高息、广发全球稳定收益债和国信金汇宝香江收益 2 号主投海外债券市场的债券型理财产品；国泰君安君汇 Wilshire 全球尊享 QDII 则是一款基金中的基金（FOF）产品。

第三节　我国证券公司资产管理业务的比较分析

一、证券公司资产管理业务的特点

（一）资产管理计划的发行特征

证券公司自 2005 年以来开始发行集合理财产品，从最初的 12 只产品到 2014 年的 2 197

只，7 年间增长了 183 倍。由于 A 股市场在 2014 年 1－11 月长期低迷，集合产品发行数量增速曾大幅回落，以致收敛到资管新政推出前的水平（见图 1－10）。

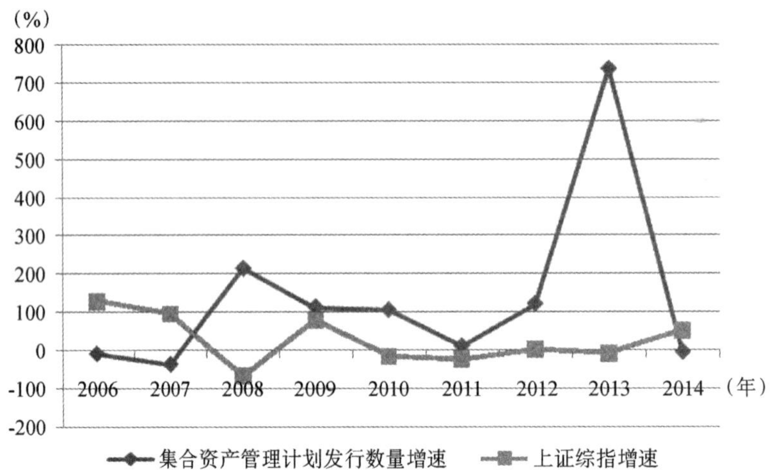

图 1－10　2006—2014 年证券公司发行集合理财产品与市场状况间的关系

资料来源：根据 Wind 数据计算绘制。

从证券公司集合理财产品发行规模来看，产品总规模与平均规模都基本呈现负相关走势（见图 1－11），主要原因包括以下几个方面：（1）相对于持续低迷的 A 股市场，近几年集合理财产品发行太多；（2）近几年以来，尽管各大证券公司都在积极创新，但创新产品面世后不久，其他公司就会争先恐后模仿，各公司集合理财产品同质化严重，导致竞争加剧，拉低了单只集合理财产品的发行规模；（3）集合计划目前的资金门槛和客户人数的限制导致客户群狭窄，这是集合计划无论是单只规模还是总规模都上涨乏力的主要原因。

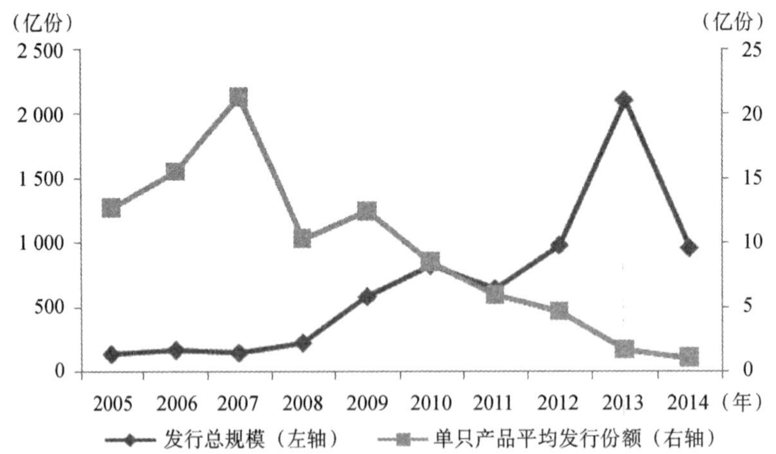

图 1－11　2005—2014 年证券公司发行集合理财产品总规模与单只产品平均规模

资料来源：根据 Wind 数据计算绘制。

（二）证券公司资产管理产品的结构特点

将截至2014年底证券公司发行的全部集合理财产品按所属概念进行划分，可以发现：债券型产品数量占比最高，为41.26%；其次是混合型产品，占比30.36%；另类投资型产品数量占比15.54%；股票型和货币型数量最少，占比分别为7.21%和5.41%（见图1-12）。单纯的股票型集合理财计划易受市场波动影响，而混合型产品能够对风险与收益做到一定平衡，故后者发行数量远远超过前者。此外，由于近年市场与客户对固定收益和类固定收益产品较为青睐，因此债券型及货币市场型产品已几乎占据证券公司集合资产管理业务的一半。

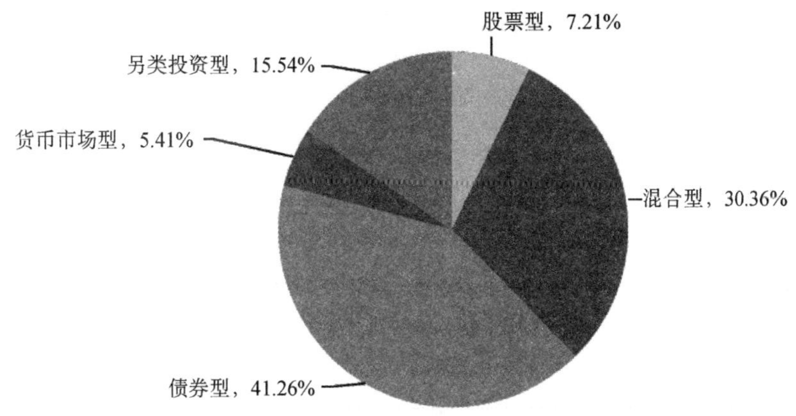

图1-12　截至2014年底证券公司发行集合理财产品投资类型构成

注：由于四舍五入，图中加总不为100%。

资料来源：根据Wind数据绘制。

从产品结构来看，2012—2014年由于资管新规出台，各类产品数量大幅增加，其中债券型产品数量增幅最大并且占证券公司集合资产管理产品总数比重最大（见图1-13）。混合

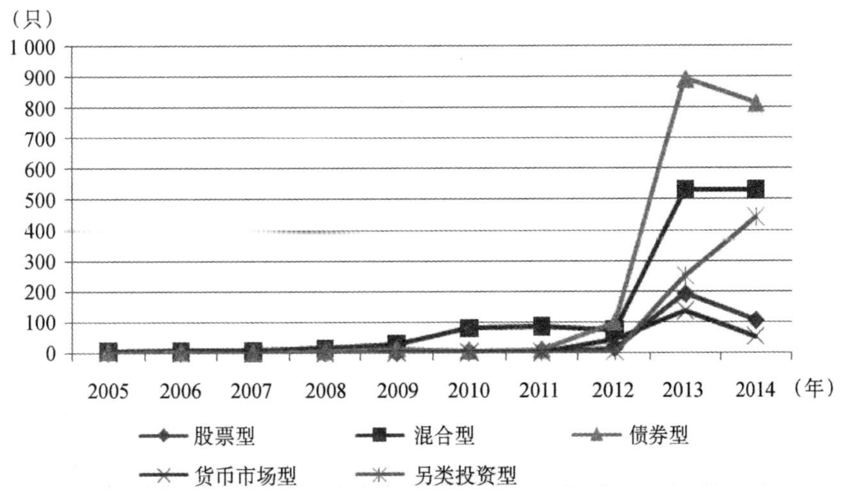

图1-13　2005—2014年证券公司发行集合理财产品投资类型构成变动

资料来源：根据Wind数据绘制。

型产品在证券公司集合理财业务中始终占有重要地位，受到市场的长期青睐，主要原因在于其产品设计灵活，仓位可以灵活调整。在震荡行情中，如果市场持续下挫，混合型产品可以果断减仓甚至清仓以减少损失，并投资固定收益类产品；而在市场走强时，该类产品的股票仓位也可以达到95%的上限。由于混合型产品在耐力和爆发力上都有所兼顾，因此最受投资者青睐。

二、证券公司资产管理业务收入分析及其特点

（一）证券公司资产管理业务收入情况及其特点

根据中国证券业协会数据，2014 年证券公司资产管理业务净收入为 124.35 亿元，同比增长 76.88%；资产管理业务在行业总收入中的占比也略有提升，由 2013 年的 4.41% 提高到 4.78%。

为了测度证券公司资产管理行业的集中度，分析证券公司资产管理行业的竞争状况，本报告采用资产管理业务净收入的“绝对差额”和“相对比”两个指标来测度证券公司资产管理行业竞争状况，并且分别用证券公司资产管理业务净收入前 3 名、前 5 名、前 10 名收入之和占前 20 名之和的比重，来分析证券公司资产管理行业的集中度。结果显示：第一，将证券公司资产管理业务净收入第 1 名与第 20 名对比，发现 2013—2014 年“绝对差额”出现巨幅上升，比 2012 年的 22 805 万元均高出 1 倍多。另外，“相对比”（第 1 名/第 20 名）总体上呈现出平稳下降趋势，这说明证券公司资产管理业务行业内部竞争日益加剧。第二，从行业集中度来看，目前前 3 名、前 5 名和前 10 名收入占前 20 名比重均出现上涨，这表明优胜劣汰将在证券公司资产管理行业中快速体现出来，旧有的竞争格局可能被打破，新的规模化经营模式正在形成。

（二）证券公司资产管理业务净收入占营业收入情况

从证券公司资产管理业务净收入占其营业收入的比重来看，资产管理业务对证券公司的贡献目前还较小。2010—2014 年，虽然证券公司资产管理业务净收入总和占总收入的比重不断增长，但仍与高盛、摩根士丹利这些国际大型证券公司有不小的差距。这说明我国证券公司资产管理业务的发展还处于起步阶段，未来具有很大的发展空间。

另外，由于资产管理行业爆发式增长，2014 年绝大多数证券公司资产管理业务的贡献度都大幅提升，特别是中小型证券公司的资产管理业务贡献度相对更大，这可能是由于中小型证券公司其他类型业务发展相对薄弱，导致资管业务净收入的占比较高。

三、证券公司与其他各类金融机构资产管理业务比较

2014 年是证券公司资产管理业务充分利用制度红利发展壮大的一年，同业竞争环境明

显改善，且与银行、信托等其他金融机构管理客户资产规模的差距不断缩窄，在市场中的地位已显著提升。然而，2014 年证券公司资产管理规模虽已远远超越基金行业，但与银行、保险、信托公司还存在一定差距，这意味着证券公司在理财业务市场上还有巨大的成长空间（见表 1－7）。

表 1－7　各类金融机构历年资产管理规模　（单位：万亿元）

年份	信托	证券公司	保险	公募基金	阳光私募
2010	3.04	0.15	4.60	2.50	0.1000
2011	4.81	0.12	5.54	2.13	0.1420
2012	6.32	1.89	6.85	2.80	0.2226
2013	10.13	5.20	8.29	3.00	0.3017
2014	13.98	7.96	9.82	4.49	0.4000

资料来源：根据中国保险业协会、中国信托业协会、中国证券业协会和中国证券投资基金业协会数据统计。

下面对证券公司与其他各类金融机构资产管理业务进行简要比较。

第一，证券公司资产管理业务结构与银行理财业务有明显不同，前者主要通过划分为集合资产管理计划、定向资产管理计划和专项资产管理计划来进行分析，而后者通常可从产品期限结构、收益类型、基础资产等方面进行了解。关于证券公司资产管理业务结构，前文已有阐述，而关于银行理财业务结构，主要可关注三点：一是从产品期限结构来看，银行理财产品以 1—6 个月中短期产品为主。短期化的理财产品极大提高了投资者闲散资金的使用效率，在保有灵活性和流动性的基础上，能够获得可观的投资收益。二是从收益类型看，银行理财产品可划分为保本固定型、保本浮动型和非保本型。目前，非保本型理财产品在银行理财业务中占主导地位，比重高达 67.95%。三是从基础资产来看，债券和利率是银行理财产品的两大重要基础资产，其数量占比之和超过 50%。

第二，信托产品投资范围比证券公司资产管理产品更为宽松灵活。此外，二者的业务结构也有明显区别。具体地，从资金运用方式来看，信托产品包括证券投资信托、贷款类信托、股权投资信托等八类，其中证券投资信托产品于 2014 年发行的数量最多，占全部产品的 47.49%；从投资领域来看，目前最核心信托产品有五大类，包括房地产信托、金融机构信托、基础设施信托、工商企业信托和公益信托，其中房地产信托占比最高。

第三，证券公司目前正在积极寻求与保险公司资产管理机构合作。2014 年 8 月出台的保险新“国十条”对“鼓励保险资金采取多种方式，支持新型城镇化、重大基础设施建设和棚户区改造等，支持股票、债券市场长期稳定发展”和“大力发展出口信用、境外投资”等进行政策引导，也赋予了保险业新的定位。在保险新“国十条”政策红利影响下，2014 年保险资管通过业务创新，参与实体经济与金融市场运行，发挥长期资金的独特优势，目前已成为我国投资市场的中坚力量。事实上，不仅是证券公司，信托、私募和第三方资管机构等都在积极寻求与保险资金的合作。

第四，公募基金理财产品比证券公司资产管理产品的投资门槛更低、流动性更强。与证券公司资产管理产品定位于高净值客户不同，公募基金主要定位于普通投资者（基金专户理财业务除外），投资门槛很低。公募基金的起始认购份额一般为一手，通常价格在 1 000 元以上即可。此外，受到行业监管政策的监督，公募基金都有非常透明的净值披露制度，便于投资者对资产回报率进行实时跟踪。从流动性上说，基金产品的流动性也相对较高。开放式基金可以随时申购赎回，符合一定条件的封闭式基金也可上市交易，较高的流动性为普通投资者资金周转提供了极大的便捷。加上基金购买渠道便捷，通过银行、基金公司、证券公司营业部都可以申购，因此成为大众广为接受的投资理财工具。

第五，阳光私募产品与证券公司集合理财产品的分类相同（见图 1－14），但产品结构存在较大差异，最明显的是：证券公司债券型产品与混合型产品占比最高，2014 年分别为 41.26% 和 30.36%，而股票型产品占比很低，仅为 7.21%；阳光私募产品恰恰相反。

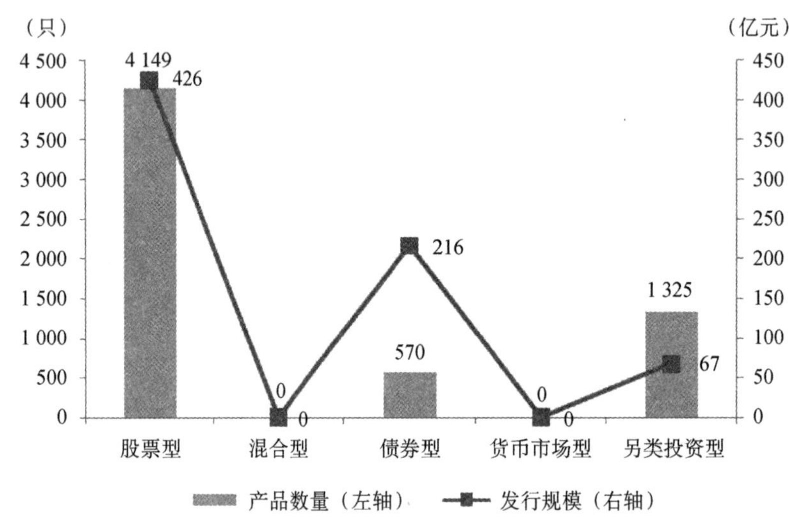

图 1－14　2014 年阳光私募产品分布结构

资料来源：申万宏源证券整理。

总之，证券公司与信托、基金、银行理财和保险在产品类别、投资范围、资金投向和客户投资门槛等方面均有很大差异，具体如表 1－8 所示。

表 1－8　证券公司、信托、基金、银行、保险理财投资运作制度比较

	银行理财产品	信托产品	保险产品	基金产品	证券公司资管产品
主要类别	结构化产品、信贷类产品、债券及货币市场产品、票据类、综合类	单一资金信托、集合资金信托、管理财产信托	传统寿险、分红险、万能险、投连险	股票型基金、混合型基金、债券型基金、货币型基金	集合理财产品；定向理财产品；专项理财产品
可投资产范围	债券、货币市场、新股、信贷资产；不能投资在二级市场交易的股票、基金、未上市公司股权和上市公司非公开发行的股份	可运用债券、物权、股权及其他可行方式运用信托资金。目前集中于基础产业、工商企业和房地产	银行存款、债券、基金、流通股股票、境内理财产品、金融衍生品、基础设施计划和不动产投资	上市交易的股票、债券、证监会规定的其他证券及其衍生品种	股票、债券、基金、央票、短期融资券、资产支持证券、股指期货等金融衍生品，可以参与融资融券业务

续表

	银行理财产品	信托产品	保险产品	基金产品	证券公司资管产品
主要资金投向	债券，货币市场、信贷资产	基础产业（22%）；工商企业（22%）；金融机构（14%）；房地产（14%）；债券、股票、基金（9%）	银行存款（28%）；金融债券（23%）；企业债券（16%）；国债（11%）、基金（7%）	上市股票、债券、货币市场产品	上市股票、债券、货币市场产品
历史收益率范围	信贷类产品：2.65%—6.1% 债券货币市场类：4%—6.5% 综合类：3.3%—5.4%	集合信托：7%—10% 银信产品：3%—5%	3%—5%	货币市场基金：2%—3% 债券型基金：-5%—15% 混合基金：-40%—100% 股票型基金：-50%—130%	限定型：0%—15% FOF：-15%—10% 股票型：10%—15% 混合型：-20%—25% 量化型：-10%—10% 指数型：-3%—3%
投资门槛	风险一级、二级：5万元 风险三级、四级：10万元 风险五级：20万元	100万元以上	基本无门槛；具体由保单金额决定	基本无门槛，一般1 000元以上即可	大集合：5万元（限定性）、10万元（非限定性） 小集合：100万元

资料来源：申银宏源证券整理。

第二章
2014 年中国证券公司资产管理业务发展中面临的问题及 2015 年发展展望

第一节 2014 年中国证券公司资产管理业务发展中面临的问题

我国证券公司资产管理业务经过多年发展已取得了较大的进步，但与资产管理行业的其他类型机构相比，证券公司的资产管理业务发展水平仍存在不小差距。2014 年证券公司资产管理业务发展势头良好，行业呈现出新气象，但证券公司该业务发展过程中的一些新问题值得各方关注。

一、业务结构不平衡

2014 年，虽然证券公司资产管理业务继续保持快速发展，但发展不平衡的态势非常明显，主要表现为证券公司定向资产管理业务发行过快，集合理财产品、专项理财产品发展仍旧缓慢。不可否认，集合理财产品规模和数量也有大幅增长，专项资产管理业务亦取得了不小的突破，但从规模看，结构性的偏离并没有得到根本改变。

二、风险控制能力有待提高

根据修订后的《证券公司集合资产管理业务实施细则》（以下简称《集合细则》），集合理财计划由审批制改为备案制，同时证券公司的集合理财计划投资范围大幅扩宽。投资范围增加了中期票据、保证收益及保本浮动商业银行理财计划、股指期货等衍生品、银行间市场交易的投资品种、金融监管部门批准或备案发行的金融产品以及境外金融产品等。

投资范围的拓展和审批制度的放松在推动证券公司集合理财业务快速发展的同时，证券公司介入之前并不熟悉的投资领域也使集合理财业务除市场风险外增加了信用风险、操作风险和合规风险。

第一，证券公司集合计划分级和衍生品投资增加了市场风险。杠杆操作性的增强放大了集合理财计划的各类风险敞口规模。一方面，根据《集合细则》，证券公司集合理财计划可参与融资融券交易，从而集合理财投资中符合规定投资证券可以通过再融资放大杠杆。另一方面，股指期货等衍生品本身就具有高杠杆的特征。

第二，投资范围的放开增加了信用风险、操作风险和合规风险。集合资产管理计划增加了信托、私募债、银行理财产品等监管层认可的其他金融产品，投资范围的放开使得证券公司资产管理的投向非常广泛和灵活，增加了信用风险、操作风险和合规风险。次级债、信托等高风险产品以及涉及更多利益主体的可投资产品将使其面临更高的系统性风险敞口。在宏观经济的某一方面，如银行体系、房地产体系或地方政府债务体系等存在较大系统性泡沫的时候，任一种或几种风险将通过各类金融机构间的金融联系、各类金融产品和金融市场间的传导效应对集合理财产品造成系统性冲击。特别在目前国家监管机构对各类影子银行、资金池等新型金融风险监管不足、相关制度不完善的情况下，金融机构系统风险处于较高水平，这进一步提高了集合理财业务的相关风险暴露水平。

第三，定向资产管理计划的快速膨胀增加了证券公司的信用风险和操作风险。定向资产管理计划主要是与银行、信托、基金子公司等金融同业开展的通道业务。对于涉及非标准化债权以及融资类项目中的信用风险的把控并非证券公司所擅长，证券公司也缺乏此类风险管理人员。另外，定向资管业务涉及与众多金融机构的对接，各机构业务流程差异较大，容易产生操作风险。

总之，由于证券公司资产管理业务投资范围的拓宽、投资品种的迅速增加，证券公司必须不断提升自己各方面的风险控制能力，向投资风险控制专业化发展。

三、现有“一法两规”制约资产管理业务统一监管

从发达国家及地区来看，资产管理业务统一监管是国际惯例。美国、英国、中国香港等成熟市场对资产管理机构和财富管理机构的业务范围并无特别限制，同一家公司可以同时发行不同的产品，而监管主要基于产品进行。我国内地目前仍然实行分业监管的方式，资产管理业务分别由中国银监会、中国证监会、中国保监会以及国家发展和改革委员会监管。而各金融机构从事资产管理业务各有制度上的优势和劣势，在市场准入、投资范围、运作模式、审批效率方面不尽相同，导致市场竞争规则和投资者保护处于不利境地。未来随着泛资产管理业务的继续发展，不同金融机构之间的交集会继续扩大，这将倒逼监管部门协调对于这一领域的监管措施，统一监管可能会成为未来的发展方向。但要实现真正意义上的统一监管，现行的《证券公司客户资产管理业务管理办法》、《证券公司集合资产管理业务实施细则》等法规需要同步修订，否则将制约证券公司资产管理业务的开展。

四、证券公司资产管理行业加速分化

由于大资管行业近几年的加速发展，不同资管机构争夺业务人才等各类资源，行业内加速分化。特别地，行业内的中小证券公司资产管理业务收入利润规模没有与其业务发展形成正向促进，甚至出现收入、利润下降，导致人才流失业务拓展及风险管理能力下降等问题。此外，部分中小证券公司资产管理业务未能快速提高主动管理能力及对各类资源的整合能力，业务发展方向不够清晰，被市场淘汰的压力明显增加。

第二节　中国证券公司资产管理业务 2015 年展望

展望 2015 年，我国证券公司投研优势、协同优势和渠道优势将助力资产管理业务竞争力逐步提升；在监管政策收紧、风控趋严、利率市场化和金融脱媒的冲击下，通道业务将不断收紧，证券公司资管回归主动管理将是大势所趋。随着备案制落地，资产证券化有望成为证券公司重要利润增长点；设立资产管理子公司乃大势所趋。

一、证券公司资产管理业务的竞争力将逐步提升

随着监管的逐步放松，资产管理行业的藩篱正在被打破，各类金融机构涌入该业务领域，混业经营势头迅猛。2015 年资产管理行业中各市场主体的竞争格局将更为均衡。在此背景下，证券公司充分利用“放松管制、加强监管”的制度红利，并充分发挥自身优势，有望在泛资产管理时代不断提升竞争力以及行业地位。

具体来看，证券公司在开展资产管理业务时具备以下突出优势：

一是协同优势。“一法两规”修订发布后，证券公司从一级市场到二级市场的业务链条清晰，能够实现项目的主动管理，包括项目开发、尽职调查、产品分销、风险管理等。通过证券公司各部门间的协作，提供客户一揽子投融资服务，并能够根据客户需求进行个性化的服务合同设计，客户管理能力将得到极大提升。具有综合牌照的证券公司各业务条线的协同优势将愈发明显。

二是投研优势。信托公司目前的业务中超过 50% 是和银行及私募基金合作的“纯通道”业务，这些业务中，开展项目审批和执行投资交易的专业能力都分别掌握在银行和私募基金手中，而对信托公司自身的投资研究实力要求很低。与信托公司相对照，证券公司经过 20 多年的发展，无论从一级发行市场投资银行业务还是到二级市场经济业务、投资业务的投研经验及能力的积累，投研队伍都在不断发展和完善中。单从从业人员的数量上看，信托行业

目前的从业人员数量仅 2 万余人，其中行政人员占了较高比例。与此不同，根据中国证券业协会的统计，证券公司注册从业人员数量已达 23.8 万人，其中分析师（研究员）超过 2 600 人，投资顾问超过 2.8 万人。另外，证券公司的研究实力及优势还体现在不仅可以直接服务于证券公司资产管理业务的投资决策，还可以促成其资产管理业务与私募基金、保险机构的合作，将经纪业务的客户转化到资产管理业务上来。

三是渠道优势。证券公司相对于银行之外的资产管理机构具有组织架构方面的优势。开展资产管理业务需要充分了解个人客户、企业、金融机构的需求，证券公司分布广泛的分支机构可以使证券公司更充分接触客户，发掘业务机会。与信托公司、基金公司等资产管理机构相比，证券公司具有更多的分支机构和从业人员，可以充分发挥证券公司的网络效应，更大范围地拓展业务。

二、设立资产管理子公司乃大势所趋

目前，我国证券公司开展资产管理业务有两种组织形式：设立资产管理部门或者设立资产管理子公司。东方证券、国泰君安证券、光大证券、海通证券、广发证券等先后获批成立了资产管理子公司。独立的子公司模式在激励机制、管理效率方面都更具优势。出于创品牌的目的，证券公司资产管理子公司也会更多地发行体现主动管理能力的产品，这间接地促进了证券公司资产管理行业的整体转型。

2014 年 3 月，21 世纪资产管理研究中心对证券公司资管主动管理能力进行观察，其公布的《2013 年证券公司资管竞争力排行榜》显示，排名前三位的分别是国泰君安资产管理子公司、东方证券资产管理子公司、海通证券资产管理子公司，从侧面反映了独立的公司制运作在管理能力方面的优势。

从风险防范的角度，与母公司构建完善的防火墙，避免交叉交易、利益输送，是资产管理代客理财职责的体现。

三、通道业务将收紧，争取公募业务资格以发展主动管理

在“放松管制、加强监管”的政策指引下，证券公司资管的市场格局、设计规则逐步迭代，大资管体系正进一步夯实。天然的通道优势助推证券公司资管规模超越公募基金，成为资产管理行业规模排名第四的金融机构。然而，通道业务的过度发展，对实体经济、资产管理行业均有危害，主要体现在三个方面：一是资金掮客盘剥实体经济；二是层层转包导致权责模糊、风险责任悬空；三是不利于资产管理行业长期健康发展。

经历了 2012 年以来的高速增长后，通道业务从 2014 年下半年开始收紧，主要原因是：相关监管政策收紧（例如“一对多”通道业务被取消）、风控趋严、利率市场化和金融脱媒产生冲击，以及通道费率逐渐降低。

在上述背景下，证券公司资管回归主动管理将是大势所趋。从业务的实操层面分析，主动管理包括主动投资管理和主动融资管理。随着投资者加大对金融资产的配置，资产管理业务的非标转标、资产证券化都要求资产管理产品管理者要以出色的主动管理能力胜出。此外，鉴于投资者参与公募产品的门槛通常只要 5 万元，大大低于集合理财产品的门槛 100 万元，而且目前只有三家证券公司推出公募产品，市场空间还较大。因此，证券公司还应积极申请公募牌照，并推出符合市场行情的产品来吸引投资者，从而发展主动管理。

四、资产证券化业务有望成为证券公司重要利润增长点

2014 年，证券公司资产证券化正式迎来了备案制，这是继 2013 年从试点业务转为常规业务后又一重要的制度变革。2014 年 11 月 19 日，中国证监会发布《证券公司及基金管理公司子公司资产证券化业务管理规定》及配套工作指引，取消事前行政审批，实行基金业协会事后备案和基础资产负面清单管理。备案制的实施将提升资产证券化产品的发行效率和降低发行综合成本，为资产证券化业务打开了广阔的发展空间。2014 年 12 月初，备案制实施尚不足 1 个月，已有农信 - 公益小额贷款资产专项、东证资管 - 安吉租赁 1 号专项等首批资产证券化产品出炉。其中，东证资管 - 安吉租赁 1 号专项计划的基础资产池为安吉租赁与承租人的车辆融资租赁合同，也是首单全部以个人汽车租赁债权为基础资产的证券化产品。

证券公司资产证券化业务的基础资产正在不断扩展，成为盘活存量资产、服务实体经济的重要方式之一。以 2014 年完成发行的东证资管 - 阿里巴巴 1 - 10 号专项计划为例，该专项为业内首单小额贷款资产证券化产品，合计募集资金规模达到上限 50 亿元，满足了数百万计小微企业和个人创业者的融资需求。因此，该业务有望成为证券公司的重要利润增长点，且此前深耕该业务领域并建立起比较优势的证券公司将占得先机。

五、证券公司参与全国股转系统业务将成为资产管理深耕领域

全国股份转让系统通过加快创新发展，极大提升了市场的吸引力。目前证券公司资管针对新三板市场而设计的产品也已破冰。2015 年 1 月 14 日，由华融证券发行的证券公司资管新三板产品上线。

虽然目前证券公司推荐企业挂牌新三板的收益并不高，但通过深耕新三板全产业链，新三板市场有望成为证券公司重要的盈利增长点。现阶段，参与新三板交易的多是 PE 或 VC 企业，极少数公募基金子公司也有参与，但规模非常有限；证券公司集合资产管理计划投资新三板有其独特优势，能够发挥证券公司各业务条线的合力，同时也丰富了新三板市场投资者结构。

此外，证券公司资管业务参与新三板，将进一步激发证券公司对新三板推荐挂牌、做市、定增、发债等一系列业务热情，在中小企业投融资服务方面，新三板的功能将得到更充

分的发挥。

六、泛资产管理时代证券公司势必积极寻求跨界合作

从 2012 年第 3 季度开始，中国资产管理分业经营壁垒被逐渐打破，银行、证券公司、保险、基金、信托等各类资产管理机构涌入，泛资产管理时代正式来临。新的行业竞争格局压缩了原有制度红利，也为各类机构的混业经营提供了崭新的发展机遇。

在利率市场化、人民币国际化的大背景下，整个资产管理行业的产业链不断延伸，为巩固自身实力，证券公司资管势必要积极寻求跨界合作。

未来 3—5 年将是我国资产管理行业跨界合作的黄金期，根据自身的主流业务和核心资产，证券公司将以此为基础，主要开展下列几类跨界合作：

第一，基于客户的跨界合作。经过十多年的发展，证券公司资管已拥有专业的管理团队、稳定的经营业绩，且已与银行开展全方位合作，为银行客户提供专业的投资管理服务。

第二，基于资产的跨界合作。近几年开展的创新业务对证券公司的资本金消耗明显，开展两融收益权转让和股票质押回购为银证合作提供可能。转让两融收益权是指证券公司将两融客户的债权作为收益权卖给银行，以获得资金；等到期后，证券公司再全额回购“两融”收益权。同时，证券公司资管还可以设计一款分级类的产品，由银行认购优先级，证券公司以自有资金认购劣后级。

第三，基于监管政策差异的跨界合作。这种跨界合作的表现形式之一为银行承兑汇票定向资产管理业务。具体运作方式为：银行作为委托人，以募集的理财资金设立证券公司定向资产管理计划，证券公司用银行委托资金购买银行票据，并委托银行对票据资产进行独立保管和托收的业务。票据到期后扣除管理费、托管费，将本金和收益归还给银行，再由发起银行对客户进行收益的分配。在合同期内，会有多期资金进入计划，银行资金可持续地进行投入。

第四，基于金融杠杆和风险管理技术差异的跨界合作。典型的是开展银证信合作（SOT）业务，即银行作为委托人与证券公司签订定向资产管理合同，约定证券公司资产将银行委托的客户理财资金用于投资某一银行指定的单一资金信托的业务。

第五，基于区域和行业优势的跨界合作。证券公司利用国资控股背景，锁定所在区域的三类资产进行产品化杠杆放大，信托公司利用控股股东的行业强势地位在某类资产业务中的地位，与证券公司资管在区域和行业优势方面的合作，将为证信跨界合作提供可能。

分报告之四：2014 年中国证券公司融资类业务发展回顾与展望

第一章 2014 年中国证券公司融资融券业务发展回顾与 2015 年前景展望

第一节 2014 年中国证券市场融资融券业务发展现状

一、融资融券市场余额情况

据 Wind 数据统计，截至 2014 年 12 月 31 日，融资融券市场余额为 10 256.56 亿元，相比于 2013 年末增长 196%，2013 年底融资融券市场余额为 3 465.27 亿元，增长幅度接近两倍（见图 1－1）。

2014 年证券公司融资融券余额分布如图 1－2 所示，其中，前 10 名证券公司合计占比接近 50%，前 30 名证券公司合计占比超 80%。

二、融资融券市场交易情况

2014 年 1 月，沪、深两市融资买入金额为 3 063.50 亿元，占 A 股成交金额比重不到

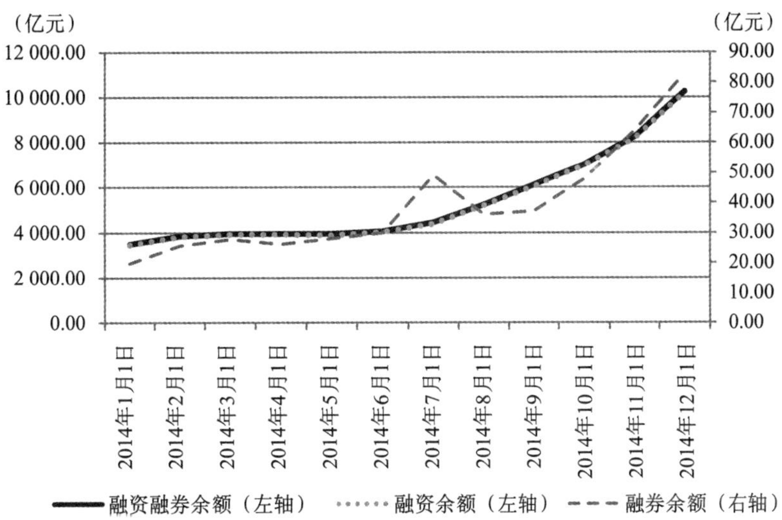

图 1－1　2014 年融资融券市场余额变化情况

资料来源：Wind 资讯。

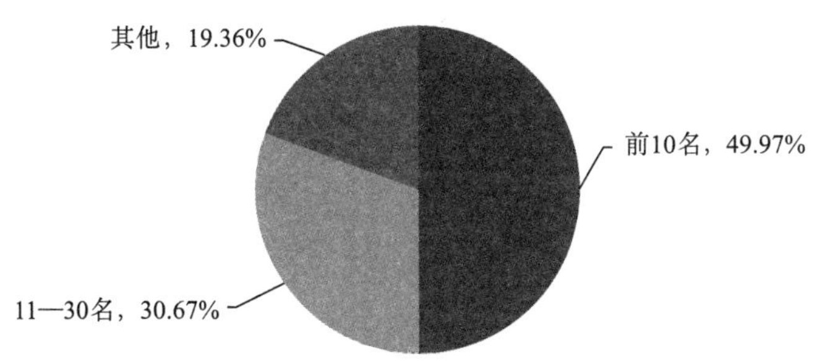

图 1－2　融资融券余额集中度分布

资料来源：Wind 资讯。

10%；沪、深两市融券卖出金额为 432. 15 亿元，占 A 股成交金额比重在 1% 左右。2014 年 12 月，沪、深两市融资买入金额上升至 29 652. 41 亿元，占 A 股成交金额的比重为 16% 左右，最高到达 18. 26%；沪、深两市融券卖出金额为 3 802. 80 亿元，占 A 股成交金额比重上升至 2% 左右（见图 1－3）。

三、融资融券业务开户情况

从融资融券业务的开户情况来看，2014 年，沪、深两市月均新开信用账户 26. 26 万户。截至 2014 年底，信用账户总开户数为 586. 7 万户，是 2013 年末 267. 17 万户的 2. 19 倍（见图 1－4）。

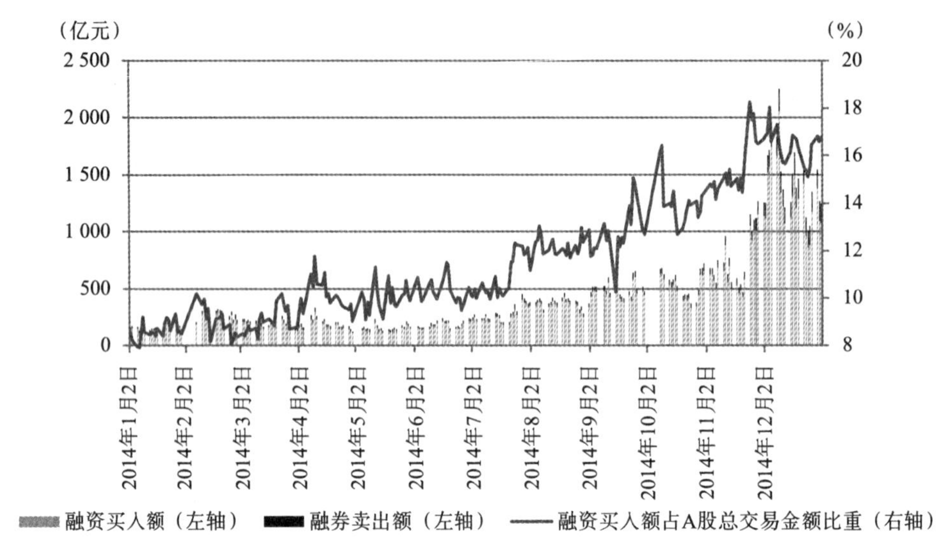

图 1－3　2014 年沪、深两市融资买入额与融券卖出额占 A 股成交额比例

资料来源：Wind 资讯。

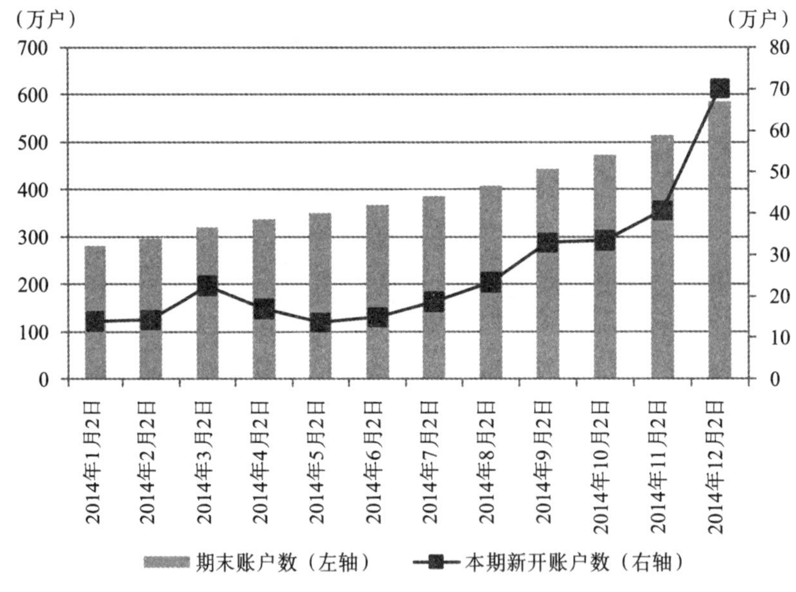

图 1－4　2014 年融资融券账户存量及新开账户数量

资料来源：Wind 资讯。

从融资融券账户结构来看，截至 2014 年末，机构投资者融资融券账户数量约 1 万户，占普通证券账户数量的比例为 1.44%，较年初增长了 0.43%；个人投资者融资融券账户数量为 586 万户，占其普通证券账户的比例为 3.24%，较年初增长了 1.62%（见图 1－5）。

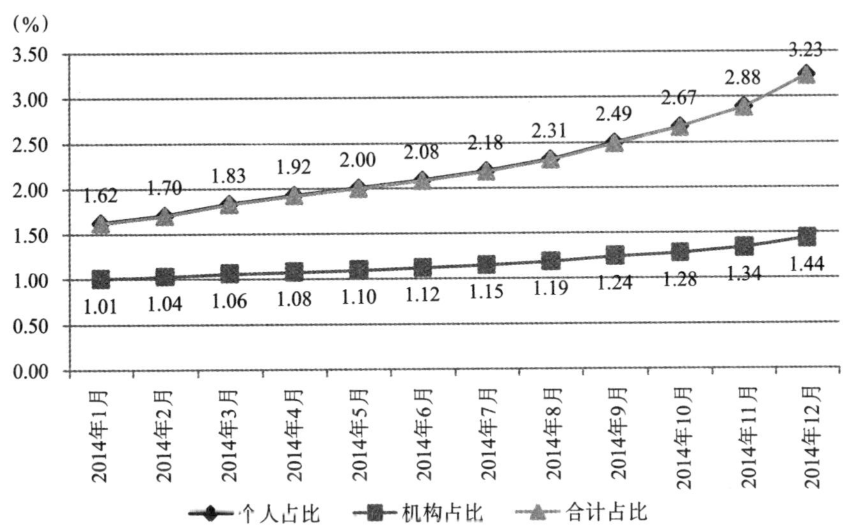

图 1－5　2014 年机构和个人投资者融资融券账户占普通证券账户比例

资料来源：Wind 资讯。

从融资融券业务的参与者来看，参与融资融券业务的投资者数量快速增长。截至 2014 年末，参与融资融券业务客户数量约为 303 万名，较上年末增长了 1.21 倍，占 A 股市场参与者的比重为 4.20%。

四、融资融券业务对证券公司收入贡献情况

经过 2012—2014 年的快速发展，融资融券业务收入已经成为我国证券公司收入的重要来源。据中国证券业协会统计数据显示，全行业 120 家证券公司在 2014 年实现营业收入 2 602.84 亿元，其中融资融券业务利息收入为 446.24 亿元，占营业收入的 17.14%，较上年提高 5.55%。融资融券业务已经成为我国证券公司的主营业务之一，拓宽了证券公司的收入来源（见表1－1）。

表 1－1　　我国证券公司收入数据

年份	营业收入（亿元）	融资融券业务利息收入（亿元）	占比（%）
2012	1 294.71	52.60	4.06
2013	1 592.41	184.62	11.59
2014	2 602.84	446.24	17.14

资料来源：中国证券业协会。

第二节　2014 年中国融资融券业务发展的重大进展

经过几年的准备，2010 年 3 月 31 日，融资融券交易正式进入市场操作阶段，并自此经历了快速发展。2011 年 10 月 26 日，中国证监会正式公布《转融通业务监督管理试行办法》、《关于修改〈证券公司融资融券业务试点管理办法〉的决定》和《关于修改〈证券公司融资融券业务试点内部控制指引〉的决定》。2012 年 8 月底推出转融资业务试点；2013 年 2 月底转融券业务试点正式开展，融资融券业务由试点转为常规。

2014 年，经过“两融”标的券扩容、转融通业务持续创新等举措后，融资融券业务迎来进一步快速发展。

一、沪、深证券交易所融资融券标的再度扩容

上海证券交易所与深圳证券交易所于 2014 年 9 月 12 日同时宣布，从 9 月 22 日起扩大融资融券标的股票范围。扩容后，沪、深两市“两融”标的共有 900 只，比之前的 695 只增加了 205 只。其中，上海证券交易所全部保留了之前的标的，再新增了 104 只标的；而深圳证券交易所调出了 13 只股票，同时调入了 114 只。扩容后，沪市“两融”标的市值占比达 88%，深市达 54%。

此次扩容所包含的中小板和创业板标的股增幅最大。扩容前，具备融资融券条件的中小板股票和创业板股票分别仅有 123 只、34 只，而扩容后中小板、创业板股票数量将分别达到 172 只和 57 只，幅度分别为 39.84% 和 67.65%，远高于此次扩容幅度的 28.57%。

从行业角度来看，“两融”标的数量最多的行业是医药生物、房地产、有色金属和化工，数量最少的是休闲服务、钢铁、纺织服装和综合。本次调入股票数量最多的行业是电子、计算机、机械设备、医药生物。

目前，融资融券标的主要是股票，证券投资基金仅有 15 只交易型开放式指数基金，未来上市开放式基金、债券等交易所交易证券品种都有可能成为融资融券标的；其次，当前符合《融资融券交易实施细则》中规定的成为融资融券标的标准的股票有近 1 300 只，由于细则中规定的融资标的流通股本和流通市值标准低于融券标的，若未来融资和融券标的分别扩容，纳入到融资标的的个股将更多。

二、转融通业务持续发展

截至 2014 年 12 月 31 日，转融通余额为 1 037.09 亿元，相比 2013 年底的 574.71 亿元，

有了大幅增长。

2014 年 6 月 23 日，中国证券金融股份有限公司进一步扩大转融券业务试点范围，试点证券公司由原来的 30 家增加至 73 家，转融券标的证券数量由原来的 287 只股票增加至 628 只股票。转融券业务试点范围的扩大，有利于改善转融券业务成交总体比较清淡的局面，盘活市场闲置证券，进一步发挥融资融券双向交易机制的作用，实现活跃市场交易、增加投资者做空收益及推动融资融券业务均衡发展的目标。

2014 年 8 月 20 日，中国证券金融公司向各证券公司发布了《关于有偿使用转融通担保资金有关事项的通知》，并与各家证券公司签订了《转融通业务合同之补充合同》，正式启动提高担保资金收益业务。

2014 年 12 月 1 日，中国证券金融公司正式推出转融券约定申报方式及其展期业务，并进一步扩大转融资业务试点证券公司范围，试点证券公司由原来的 74 家增加至 81 家。

三、融资余额快速增加

从 2014 年初至 8 月，“两融”余额总体来说维持平稳增长的态势，其中融资交易余额一直维持在 99% 以上。8 月 25 日，沪、深两市融资余额首次突破 5 000 亿元大关，达到 5 024 亿元。9 月 22 日起，融资融券标的股票数量由 695 只扩大至 900 只，使得标的股票流通市值占比上升至 A 股流通总市值的 80% 。此后“两融”余额快速增长，至 12 月 19 日达到 10 001 亿元，突破 1 万亿关口，较 8 月 25 日之前接近翻倍。

从成交量来看，融资融券在 A 股总成交额中占比也越来越高。根据统计数据，2014 年 1 月 2 日，两市融资融券交易占 A 股成交额比重为 9. 70% ；3 月 28 日以后，该比重从未低于 10% ；10 月 30 日以后这一数据上升为 15% ；11 月 20 日之后一直稳定在 20% 左右。

第三节　2014 年中国融资融券业务面临的问题

一、融资融券业务发展不平衡

据市场统计数据，目前融资融券业务发展不平衡，主要表现在融券业务比重过低。2014 年 A 股市场融券交易规模为融资融券交易规模的 8. 56% ；2014 年末，A 股市场融券余额仅为融资融券余额的 0. 80% 。市场融券功能不足，未能充分体现融资融券价格发现和对冲风险的功能。

从成熟市场融资融券的实践经验来看，尽管融资交易量会高于融券交易量，但融券业务的占比仍会占据一席之地。例如，在日本和我国台湾地区的证券市场中，融券交易一般会占融资和融券交易总额的20%左右。相比之下，我国大陆的融券交易量仍然有待提升。这主要是因为：一方面，可交易的融券标的数量相对较少，范围有待进一步扩大。截至2014年末，融资融券标的证券的数量已经从2013年末的713只增加到914只，覆盖约34%的A股股票及ETF。由于融资融券标的券多集中于大盘蓝筹股，融资融券标的券的总市值已经占到A股总市值的约80%。融资融券标的券目前的结构在一定程度上限制了投资者的选择范围。另一方面，由于融券卖空交易对我国投资者来说属于较新的投资方式，市场大部分投资者还未熟练掌握卖空投资。

二、融券渠道进一步拓宽，但作用仍然有限

自2013年2月28日转融券业务试点工作开展以来，已经有73家证券公司获得了转融券试点资格，628只股票成为转融券标的券，约占A股流通市值的70%左右。2014年，转融券交易规模占市场融券交易规模的比例仅为2.29%。可见，转融券对于融券券源的拓宽作用仍有巨大提升空间。

转融券的出借人主要是上市公司股东，以及保险公司、基金公司和投资公司等机构投资者。出借人面临着一定的流动性风险和市场风险，而目前转融券的转融入利率比较低，28天的转融入年利率仅为1.8%。出借人的风险收益率偏低，这在一定程度上影响了出借人的出借意愿（见表1-2）。

表1-2　转融券期限费率（2014年12月31日）　（单位:%）

期限	3天	7天	14天	28天	182天
转融入年利率	1.5	1.6	1.7	1.8	2.0
转融出年利率	4.0	3.9	3.8	3.7	3.5

资料来源：中国证券金融股份有限公司网站。

三、市场化定价机制有待形成

目前，证券公司的融资利率和融券费率基本是一致且固定的，各家证券公司的融资年利率基本上都是8.6%，融券费率为8.6%、9.6%或10.6%不等，而融资利率和融券费率的调整周期基本在1年以上。截至2014年末，转融资利率仅调整过7次，最近的一次调整发生在2014年5月15日；转融券费率尚未调整过（见表1-3）。

表1-3　转融资期限费率（2014年5月15日）　（单位:%）

期限	7天	14天	28天	91天	182天
转融出年利率	6.2	6.3	6.4	6.5	6.6

资料来源：中国证券金融股份有限公司网站。

融资利率和转融资利率的调整频率过低，不能够及时地反映证券公司及中国证券金融公司的融资成本，影响其净收入的稳定性。另外，由于证券存在异质性，每只券的流动性风险、期限错配风险和市场风险均不相同，而每只券的融券费率和转融券费率却是相同的，不能够有效反映出证券出借价值，也难以鼓励稀缺券的持有人出借证券。

在境外发达证券市场中，美国市场的融资融券利率市场化程度最高。美国证券公司设定的融资利率和融券费率按日调整，一般以美联储当天向市场公布的证券公司拆借利率为基准，设定当天的融资利率和融券费率报价。由于美国市场的资金成本较低，并且证券公司面临的市场竞争激烈，融资利率和融券费率低于我国，一般均在 2% 左右。

四、风险控制管理制度有待进一步优化

本着试点先行、稳妥起步的原则，为了保证融资融券业务平稳运行，在业务推出初期，监管部门制定了多项风险控制措施，包括投资者的准入制度、交易规模控制、融券卖出价格控制、保证金比率控制、担保品折算率及市值管理制度等，保证了制度建设和风险控制的审慎推进。严格的风险控制流程确保了业务的稳步开展，经过近五年的实际运行，相关业务环节可进一步优化，降低投资者参与融资融券的各种隐性成本，提高客户交易效率。

五、投资者的认知程度有待进一步加强

我国证券市场已经有 25 年的历史，投资者一直通过做多交易，寻找股票上涨的机会获得收益。这种单边市场的投资习惯使得投资者不能很快转换做空思维，对融券交易的推出还需要一个适应过程。相关研究表明，在已开立信用交易账户的投资者中，仅有大约 50% 的账户申请参与过融资融券交易，说明市场中投资者对信用交易的认知和接受程度还有待提高。

六、机构投资者参与度有待进一步提高

2012 年 10 月 18 日，中国证监会公布了修订后的《证券公司客户资产管理业务管理办法》及配套实施细则，允许证券公司集合资产管理计划和定向资产管理参与融资融券交易。截至 2014 年末，能参与融资融券业务的机构投资者主要包括一般机构、证券公司集合资产管理计划和定向资产管理计划，证券投资基金专户理财产品、公募证券投资基金、合伙制私募基金。而证券公司自营、社保基金、企业年金、QFII、RQFII、保险等特殊机构投资者均不能参与融资融券交易。

数据显示，2014 年底我国 A 股市场融资融券机构客户的账户数量为 10 057 户，仅占所有参与融资融券客户账户数量的 0. 17%。而在欧美成熟市场，参与信用交易的机构客户占比均在 75% 以上（见图 1 -6）。

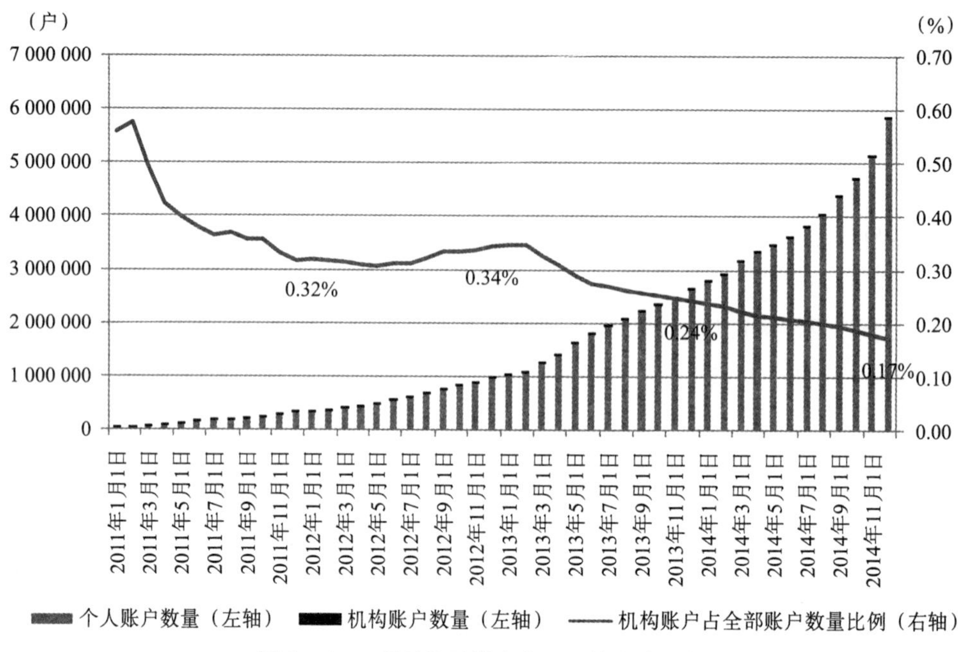

图 1－6　A 股融资融券个人及机构账户总数

资料来源：Wind 资讯。

第四节　2015 年中国融资融券业务的发展前景

一、融资融券已成常态化业务、市场规模增长趋缓

自 2010 年 3 月 31 日融资融券业务正式推出以来的 4 年里，融资融券业务经历了试点阶段、规范发展和稳步推动的阶段，逐步走向常规和规范。截至 2014 年 12 月 31 日，获得融资融券业务资格的证券公司达 91 家，占证券公司总数的 79.82%；融资融券业务为证券公司带来的利息收入达 446.24 亿元，占证券公司 2014 年总收入的 17.14%。

2014 年末的上涨行情使得“两融”余额迅速增长，突破万亿元大关。“两融”余额占 A 股市场总市值的 2.75%，占流通股总市值的 3.25%。2014 年“两融”交易额占 A 股交易额的 21%。根据国外信用交易发展的经验，中国未来市场投资者逐步机构化、理性化，“两融”的余额增长可能会逐步放缓。

二、融券规模逐步扩大

目前“两融”发展不平衡，2014 年底，融券余额占“两融”余额的比例仅为 0.8%，融券交易量占“两融”交易总量的比例仅为 8.56%。由于券源稀缺等供给因素导致融券规模发展较慢，未来在政策逐步开放的基础上，融券规模会逐步扩大。

三、投资者参与逐步理性

投资者在参与融资融券之初，容易出现追高融资、杀跌融券、集中度过高等投资行为，未来随着市场逐步成熟，投资者会对融资融券有更理性的认识，参与融资融券也会对风险和收益进行综合考虑，进而形成更加成熟理性的投资。

四、市场化的转融通机制正在逐步完善

经中国证监会同意，中国证券金融公司将从 2014 年 12 月 1 日起办理转融券约定申报及其展期业务，已参与转融券业务的证券公司均可参与。境外成熟市场达成证券借贷交易的主要方式是议价方式，中国证券金融公司和沪、深证券交易所在借鉴境外市场经验的基础上在制定《转融通业务规则》时就明确规定了约定申报方式及其展期，其技术系统功能的开发和测试早已完成，业务流程也已制定并多次演练，适时推出约定申报及其展期，将有利于进一步推动转融券业务健康发展。

五、“两融”业务风险控制逐步增强

融资融券余额在 2014 年从年初的 3 465.27 亿元上涨至年底的 10 256.56 亿元，增长了 1.96 倍。“两融”余额的迅速增长使得其风险控制成为各大证券公司逐渐关注的一个重要问题，对此各大证券公司也采取了多项措施进行内部风险控制，如融资买入的集中度限制等风控制度。

六、投资者教育工作需进一步加强

融资融券业务的健康发展需要理性成熟的投资者，在我国目前散户为主的市场环境下，投资者教育也就显得更加重要。因此，行业为了追求融资融券业务的长久健康发展，投资者教育应成为一项重要工作。

第二章
2014 年中国证券公司其他融资类业务发展回顾与 2015 年前景展望

第一节 2014 年证券公司其他融资类业务发展状况

一、约定购回式证券交易的发展情况

约定购回式证券交易（以下简称“约定购回”），是指符合条件的客户以约定价格向证券公司（沪市为客户指定交易的证券公司，深市为托管客户证券的证券公司）卖出标的证券，并约定在未来某一日期客户按照另一约定价格从证券公司购回标的证券的交易行为。

沪、深两市对购回期间标的证券所产生的相关权益的处理方式有所不同。沪市，除指定情形外，待购回期间标的证券所产生的相关权益于权益登记日划转给客户；深市，待购回期间标的证券所产生的相关权益先留存在证券公司相应账户上，在购回交易时，证券公司根据与客户签署的协议将待购回期间标的证券产生的相关孳息返还给客户。

约定购回业务最早于 2011 年 10 月 31 日在上海证券交易所正式推出，深圳证券交易所也于 2013 年 1 月 14 日正式上线该业务。截至 2014 年 12 月 31 日，共 81 家证券公司开展约定购回业务。

2014 年，约定购回业务的市场规模逐步下降。根据沪、深证券交易所统计的数据，截至 2014 年 12 月 31 日，两市存续金额约 109 亿元，相比于 2013 年底的 260 亿元左右存续金额，降幅达 58%。其中，沪市由 133.51 亿元降至 59.80 亿元，降幅 55.21%；深市由 126.40 亿元降至 48.70 亿元，降幅 61.47%。

截至 2014 年 12 月 31 日，沪、深两市累计初始交易金额 709.45 亿元，沪市占 57.91%，深市占 42.09%；累计购回初始交易金额 600.95 亿元，沪市占 58.42%，深市占 41.58%；待购回初始交易金额 108.50 亿元，沪市占 55.12%，深市占 44.88%。履约保障比例沪、深两市合并统计为 240.66%，其中，沪市为 241.34%，深市为 239.84%（见图 2-1 和表 2-1）。

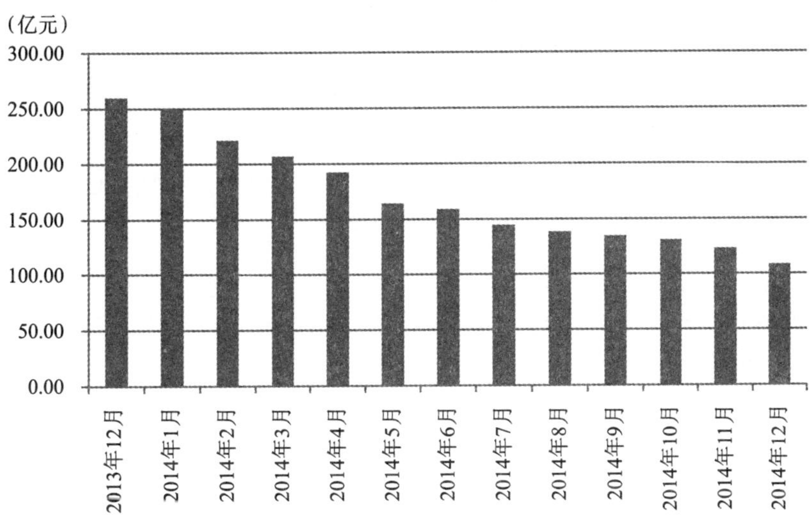

图 2－1　约定购回待购回金额

资料来源：上海证券交易所、深圳证券交易所。

表 2－1　　沪、深证券交易所约定购回交易规模

	上海证券交易所		深圳证券交易所		沪、深两市（亿元）
	金额（亿元）	占比（%）	金额（亿元）	占比（%）	
累计初始交易金额	410.85	57.91	298.60	42.09	709.45
累计购回初始交易金额	351.05	58.42	249.90	41.58	600.95
待购回初始交易金额	59.80	55.12	48.70	44.88	108.50
标的证券市值	144.32	55.27	116.80	44.73	261.12
履约保障比例	241.34%		239.84%		240.66%

资料来源：上海证券交易所、深圳证券交易所，截至 2014 年 12 月 31 日。

因约定购回交易规则及占用权益类自营持仓指标、净资本扣减指标等限制，在 2013 年 6 月推出股票质押回购业务后，约定购回的存量逐渐向股票质押回购转移，约定购回业务规模逐步下降在所难免。针对这一情况，沪、深证券交易所正在积极推动约定购回业务的规则创新，以发挥买断式回购的特性，将约定购回业务从单一融资类工具向交易型工具转型，以和股票质押式回购业务区别化发展。

二、股票质押式回购交易业务的发展情况

股票质押式回购交易（以下简称“股票质押回购”）是指符合条件的资金融入方以所持有的股票或其他证券质押，向符合条件的资金融出方融入资金，并约定在未来返还资金、解除质押的交易。

股票质押回购的主要交易类型包括：初始交易、购回交易、补充质押、部分解除质押。

其中，初始交易是指融入方按约定将所持标的证券质押，向融出方融入资金；购回交易是指融入方按约定返还资金、并解除标的证券及相应孳息的质押；补充质押是指融入方按约定补充提交标的证券进行质押；部分解除质押是指融出方解除部分标的证券或其孳息的质押。

2013 年 6 月 24 日，股票质押回购业务正式上线。根据沪、深证券交易所的统计数据，2013 年末，两市存续规模达约 846 亿元；到 2014 年末，两市存续规模已突破 3 000 亿元大关，达到约 3 375 亿元，增幅高达 300%（见图 2－2）。

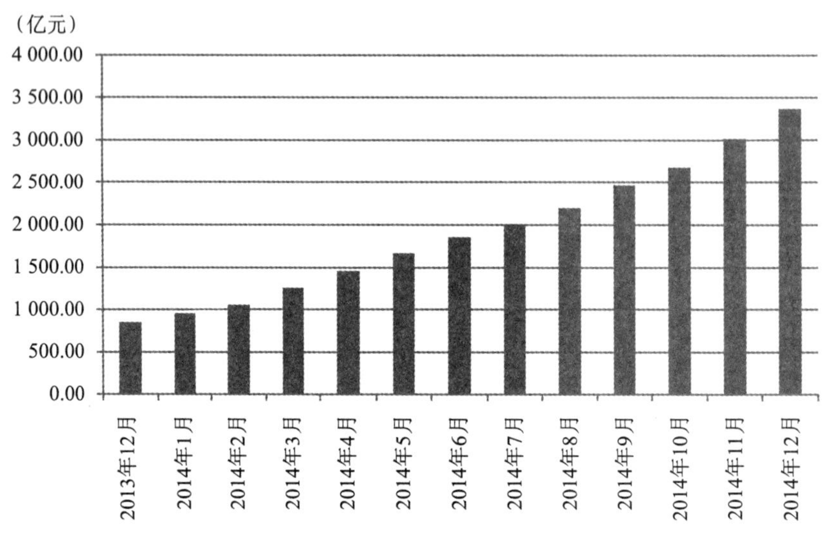

图 2－2　股票质押回购待购回金额

资料来源：上海证券交易所、深圳证券交易所。

截至 2014 年 12 月 31 日，共 90 家证券公司开展了股票质押回购业务。沪、深两市累计初始交易金额 4 854.81 亿元，沪市占 30.30%，深市占 69.70%；累计购回初始交易金额 1 480.20亿元，沪市占 37.16%，深市占 62.84%；待购回初始交易金额 3 374.61 亿元，沪市占 27.29%，深市占 72.71%；履约保障比例沪、深两市合并统计为 298.57%，其中沪市为 293.89%，深市为 300.33%（见表 2－2）。

表 2－2　　沪、深证券交易所股票质押回购交易情况

项目＼交易金额	上海证券交易所		深圳证券交易所		沪、深两市（亿元）
	金额（亿元）	占比（%）	金额（亿元）	占比（%）	
累计初始交易金额	1 470.91	30.30	3 383.90	69.70	4 854.81
累计购回初始交易金额	550.10	37.16	930.10	62.84	1 480.20
待购回初始交易金额	920.81	27.29	2 453.80	72.71	3 374.61
标的证券市值	2 706.17	26.86	7 369.50	73.14	10 073.67
履约保障比例	293.89%		300.33%		298.57%

资料来源：上海证券交易所、深圳证券交易所（截至 2014 年 12 月 31 日）。

待购回标的证券股份性质方面，沪、深两市流通股待购回初始交易金额 1 819.81 亿元，沪市占 33.52%，深市占 66.48%；沪、深两市限售股待购回初始交易金额 1 554.80 亿元，沪市占 19.98%，深市占 80.02%。对沪市，待购回初始交易金额 920.81 亿元，其中流通股占 66.26%，限售股占 33.74%。对深市，待购回初始交易金额 2 453.80 亿元，其中流通股占 49.30%，限售股占 50.70%。对沪、深两市，流通股待购回初始交易金额占比 53.93%，限售股占比 46.07%（见表 2－3）。

表 2－3　沪、深证券交易所不同类型股份待购回初始交易金额情况

交易金额／项目	上海证券交易所		深圳证券交易所		沪、深两市（亿元）
	金额（亿元）	占比（%）	金额（亿元）	占比（%）	
流通股	610.08	33.52	1 209.72	66.48	1 819.81
限售股 *	310.72	19.98	1 244.08	80.02	1 554.80
合计	920.81	27.29	2 453.80	72.71	3 374.61

* 本文关于“限售股”的统计，如未特殊说明，均包含高管锁定股。

资料来源：上海证券交易所、深圳证券交易所（截至 2014 年 12 月 31 日）。

资金融出方情况方面，沪、深两市证券公司待购回初始交易金额 1 945.33 亿元，其中沪市占 22.05%，深市占 77.95%；沪、深两市资产管理产品待购回金额 1 429.28 亿元，其中沪市占 34.42%，深市占 65.58%。对沪市，证券公司待购回初始交易金额占比 46.58%，资产管理产品占比 53.42%。对深市，证券公司待购回初始交易金额占比 61.80%，资产管理产品占比 38.20%。对沪、深两市，证券公司待购回初始交易金额占比 57.65%，资产管理产品占比 42.35%（见表 2－4）。

表 2－4　沪、深证券交易所待购回初始交易金额的融出方分布

交易金额／项目	上海证券交易所		深圳证券交易所		沪、深两市（亿元）
	金额（亿元）	占比（%）	金额（亿元）	占比（%）	
证券公司	428.88	22.05	1 516.45	77.95	1 945.33
资产管理产品	491.93	34.42	937.35	65.58	1 429.28
合计	920.81	27.29	2 453.80	72.71	3 374.61

资料来源：上海证券交易所、深圳证券交易所（截至 2014 年 12 月 31 日）。

在证券公司的股票质押回购业务开展以前，股权质押融资需求主要通过银行、信托等完成。股票质押回购业务的推出，极大地满足了上市公司“大小非”、“董事、监事、高级管理人员”股东的融资需求，以盘活股权资产。股票质押回购业务为交易所标准化业务，具有成交效率高，操作透明，流程简单，违约处置便利等优势。这些特点都使得越来越多的上市公司股权持有者用股票质押回购取代之前的银行、信托质押融资。根据 Wind 资讯统计，从 2013 年 6 月 24 日股票质押回购业务上线以来，至 2014 年 12 月 31 日，全市场累计质押标的证券的市值约18 219亿元（不包含未公告的数据），其中，向证券公司质押的证券市值达

9 010 亿元，占比近 50%，而向银行、信托公司质押的证券市值占比分别为 24%、16%（见图 2－3）。

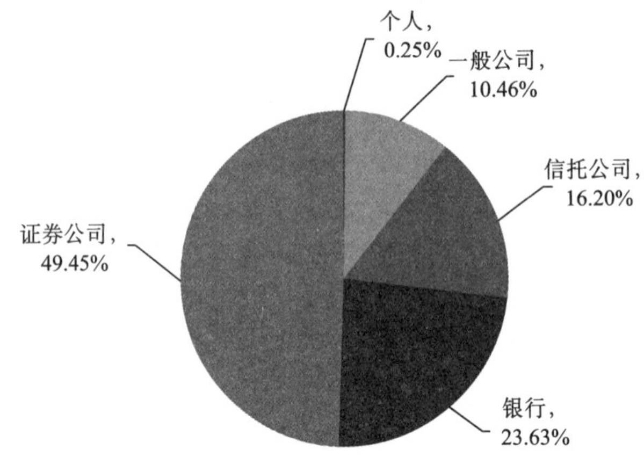

图 2－3　不同质押方的质押市值占比

注：统计区间：2013 年 6 月 24 日—2014 年 12 月 31 日。

资料来源：Wind 资讯。

股票质押回购业务上线初期，融资方多为上市公司的大股东、实际控制人及董事、监事、高级管理人员等客户。这类客户资金需求一般较大，期限一般较长，业务上线初期，多为大额长期融资。2014 年，随着 IPO 的开闸，市场上出现了融资申购新股的需求。部分证券公司以股票质押回购业务为背后逻辑，推出了“融资打新”工具，客户通过股票质押回购交易，将融得资金用于申购新股，同时系统也对客户的融得资金进行相应控制，只能申购新股，不可他用。

继“融资打新”工具后，不少证券公司陆续推出了“小额融资”工具。其背后逻辑仍然为股票质押回购，这些“小额融资”工具多具有融资门槛低、期限灵活、资金用途不限、网上自助操作等优势，受到了广大中小投资者的青睐。沪、深证券交易所也因此调低了质押交易经手费，以使广大中小投资者受惠。

随着新股不断上市以及目前数千亿元的存量市场，预计今后，证券公司股票质押回购业务的规模还将继续提升。

三、收益互换/跨境收益互换

收益互换/跨境收益互换是指证券公司与符合条件的客户约定在未来一定期限内，根据约定数量的名义本金和收益率定期交换收益的行为。其中，交易一方或双方支付的金额将与境内外特定的股票、指数、基金、可转债等标的证券的表现挂钩。原则上，双方按照收益轧差后的净额进行支付，不发生本金交换。

对于客户而言，投资者参与收益互换交易可以分为三类：第一类是投资者将固定收益交换为与标的证券表现挂钩的浮动收益，第二类是投资者将标的证券收益交换为固定收益，第三类是投资者将与一种标的证券挂钩的浮动收益交换为与另一种标的证券挂钩的浮动收益。

证券公司从 2012 年底开始开展收益互换/跨境收益互换业务。截至 2014 年底，开展该项业务的证券公司已达到 21 家，交易笔数达到 5 822 笔，较 2013 年底增加了 962%，合约累计名义本金已达到 4 120.67 亿元，较 2013 年底增加了 2 377% （见表 2 –5）。

表 2 –5　　证券公司开展收益互换/跨境收益互换情况统计

统计时间	证券公司数（家）	初始交易笔数（笔）	初始名义本金额（亿元）
2013 年末	12	548	166.39
2014 年末	21	5 822	4 120.67

开展收益互换/跨境收益互换业务，对于投资者、证券公司而言，都具有重要的现实意义。对于投资者而言，收益互换和跨境收益互换为投资者提供了杠杆投资、风险对冲、股权管理、跨境投资的工具，能够有效满足投资者进行投资组合管理、股权管理和风险管理的不同需求，满足了投资者进行全球资产配置的个性化需求；对于证券公司而言，开展收益互换和跨境收益互换业务，有助于证券公司从传统卖方业务向资本中介型业务的转型，增强证券公司在国际市场的竞争力，增加证券公司的业务收入。

第二节　2014 年证券公司其他融资类业务发展中面临的问题

一、约定购回式证券交易业务面临的主要问题

在股票质押回购业务推出后，由于两项业务具有一定的替代性，并且股票质押回购的交易规则较约定购回业务有一定优势，约定购回业务的规模逐步下降。在业务发展中，面临的问题主要有交易规则、交易成本与监管因素三大类。

（一）交易规则

1. 交收效率

目前，约定购回业务 T 日交易，T +1 日交收，T +2 日资金（或证券）可用。而股票质押回购业务 T 日交易，T 日交收，T +1 日资金（或证券）即可用。使得对交收效率敏感的客户向股票质押回购业务倾斜，限制了业务的发展。

2. 交易期限

目前，约定购回业务的交易期限最长不超过 1 年，而股票质押回购业务为 3 年。1 年的

期限不能满足生产经营客户的融资需求，也一定程度上限制了业务的发展。

3. 购回类型

目前，约定购回业务只允许全部购回，而不能部分购回，交易到期时，若客户无法一笔全部购回，将导致客户违约。若能够支持部分购回（部分还款），这种情况导致的客户违约概率将大幅度降低。

4. 标的证券用途

目前，待购回期间的标的证券存放在证券公司的专用证券账户内，但证券公司不能动用标的证券。因此，标的证券过户带来的优势并不明显，实现功能类似于质押，但却产生了包括信息披露、反向交易限制等诸多法律和合规性问题，无法有效发挥买断式交易的优势。

5. 出资方

目前，约定购回业务的出资方只能为证券公司自有资金。若集合资管计划、定向资管计划也能参与该业务，在一定程度上将促进业务规模的提升。

6. 违约处置

按目前规则，证券公司进行违约处置的，需向交易所提交相应材料，交易所审核材料并核准后通知登记公司进行证券划转，此后证券公司才能处置标的证券。因此，从证券公司着手违约处置到开始进行违约处置，需要较长的时间，使得违约处置结果不确定性加大，客户与证券公司的利益均受到影响。

（二）交易成本

目前，约定购回业务的交易成本较高。对初始交易，融入方需要支付佣金、印花税、过户费（沪市标的），证券公司需要支付经手费、证管费、过户费；对购回交易，融入方需要支付佣金、过户费（沪市标的），证券公司需要支付印花税、经手费、证管费、过户费。一般的，证券公司会把其所支付的交易费用以“固定费用”的形式转嫁给融入方。按 1 年期融资期限计算，客户通过约定购回业务进行融资，所支付的实际融资成本要比融资利率高约 0.25%（印花税及经手费、证管费、过户费，不考虑佣金）。由于上述交易费用与期限无关，若客户进行短期融资，实际融资成本将更高。以 1 个月融资期限为例，实际融资成本要比融资利率高约 3%。

（三）监管因素

持股比例 5% 以上的股东，以及上市公司的董事、监事、高级管理人员股东，受限于各种股票买卖的交易限制，较难参与约定购回业务。

约定购回业务占用证券公司权益类自营持仓指标。证券公司通过约定购回业务持有的证券与通过其他自营持有的该证券合计不得超过该证券总股本的 5%，既限制了约定购回业务的规模，也影响了证券公司的其他自营业务。

二、股票质押式回购交易面临的主要问题

2014 年，股票质押回购业务快速发展，至 2014 年末市场存量达约 3 375 亿元，增幅高达 300%。在业务规模迅速扩张的同时，也面临着较多问题。

（一）交易类型有待完善

目前股票质押回购交易的交易类型有初始交易、购回交易、补充质押以及部分解除质押。由于股票质押回购业务一般期限较长，金额较大，在实际业务开展过程中，经常有期间付息与部分提前还款的情况发生。由于没有相应的交易类型，期间付息与部分提前还款一般通过场外资金划付的方式进行，一定程度影响了场内交易的标准化与效率。此外，交易到期，若客户无法备足购回资金，由于不能“卖券还款”，将造成客户违约，影响客户的利益。

（二）业务错向风险较大

股票质押回购业务的风险主要在于融资方的信用资质恶化而无法及时购回。虽然有标的证券作为质押物，由于融资方多为大股东、实际控制人，其资质与标的证券价值相关性较大，若其资质恶化，则标的证券价值也将下降，造成业务的错向风险较大。

（三）业务贷款资金管理有待进一步完善

目前，中国证监会尚未颁布相关的管理办法，业务规则体系不完备、层级较低，且缺乏对融出资金使用方面的制度性规范。当客户融资资金从证券公司的资金账户转出至关联的三方存管银行账户后，证券公司将无法监控客户融资资金的实际投向。

（四）同业缺乏自律规范

目前，股票质押回购业务同质化程度较高，由于缺乏行业自律规范，一些证券公司通过压低融资利率，调高质押率来吸引客户，影响了证券行业的业务收入，加大了业务风险隐患。

（五）违约处置不确定性较大

在股票质押回购业务的实践中，由于处置手段单一，有时会遇到质押证券无法变现的情况，面临较大的流动性风险。比如质押证券遭遇连续跌停、质押证券被司法冻结等。

（六）证券公司自营出资资金瓶颈

目前，业务的资金融出方可以是证券公司自营，也可以是证券公司资产管理计划。资产

管理计划一般从银行引进资金，由于其业务模式容易通道化，对行业的收入贡献有限。而证券公司自营出资方式越来越受限，相比于银行，证券公司的融资成本偏高且不稳定，造成了证券公司资金供给上的瓶颈。证券公司亟须丰富资金来源，以满足业务的增长需求。

三、收益互换/跨境收益互换面临的主要问题

目前，证券公司开展收益互换/跨境收益互换业务，在交易对手、风险管理、监管制度等方面面临着诸多的问题。

（一）交易对手方面的问题

主要问题在于专业金融机构参与程度不足，主要原因是业务合规性的相关政策尚不明确。从境外市场发展经验看，场外衍生品交易参与主体以专业机构投资者为主，尤其是金融机构。专业金融机构的参与有利于提高市场组织和定价效率。但从国内市场看，以保险公司、共同基金、信托公司、财务公司等为代表的专业金融机构参与程度还有待进一步提高。具体而言，存在以下几方面问题：

一是共同基金产品参与场外衍生品交易缺乏明确的业务合规说明，导致市场主体多处于观望阶段，业务需求无法有效满足。共同基金由专业的基金经理进行产品管理，通过参与收益互换/跨境收益互换，实现基金产品的特定投资目标，丰富共同基金进行投资管理和风险管理的工具。

二是保险公司参与场外衍生品交易缺乏监管部门明确的业务操作指引，导致保险公司业务参与程度不足。但从需求而言，保险公司利用场外衍生工具可以实现灵活的组合管理、风险对冲、收益增强等需求，提高投资组合管理的效率。

三是信托公司存在大量参与收益互换/跨境收益互换的需求，但是目前信托公司要求获得中国银监会的场外衍生品的业务资格批复后，方可开展收益互换/跨境收益互换业务。信托公司管理的信托产品与基金子公司管理的资产管理计划参与收益互换/跨境收益互换的业务模式类似，中国证监会针对基金子公司的资产管理计划参与收益互换/跨境收益互换等相关衍生品交易已经出台了明确的业务指导细则，但是中国银监会对于信托产品参与收益互换/跨境收益互换的指导意见尚不明确，使得信托公司对信托产品开展收益互换/跨境收益互换业务尚处于观望状态。

（二）受限于证券公司融资渠道有限，证券公司存在资金瓶颈

由于收益互换业务是一项资本中介业务，证券公司与客户达成互换合约之后，出于对冲需要往往要买入与合约挂钩数量相当的标的资产进行风险对冲，对于资本金的消耗与合约名义基本规模相当。由于证券公司目前的融资渠道有限，融资成本偏高，融资规模不稳定，造成证券公司资金供给上的瓶颈。证券公司亟须丰富资金来源，提高自身的杠杆率，以满足日

益增长的业务需求。

（三）监管制度方面的问题

1. 对于持股比例超过 5% 的股东，缺乏规范其参与互换交易业务的相关操作规范

互换合约具有收益杠杆且结构灵活，对于上市公司控股股东增持股票、减持股票、对冲风险提供了灵活的解决方案。目前，国内缺乏对于持股比例超过 5% 的股东通过收益互换方式增持、减持上市公司股票应该履行信息披露义务的相关规定，对这种增持行为本身也未明确监管规定，既不能满足客户的合理需求，也制约了证券公司的产品供给能力。

2. 收益互换可能被内幕知情者作为内幕交易工具利用，证券公司可能被客户利用配合完成内幕交易，甚至在不知情的情况下承担监管合规的风险

收益互换合约收益与标的证券价格紧密相关，且具有收益杠杆特征，可能成为内幕知情者利用的交易工具。尽管证券公司在业务开展前会对客户做尽职调查，对标的证券进行限制，对交易集中度、持仓规模进行管控，但仍然不能有效预防客户利用收益互换从事内幕交易，一旦客户进行内幕交易，证券公司甚至在不知情的情况下承担了监管合规风险。

3. 收益互换可能被投资者作为交易分仓工具利用，变相规避信息披露义务，且增加了行业持股集中度风险

目前监管规则暂无对场外衍生品合约头寸与持股头寸合并管理的规定，如何履行信息披露义务尚无明确的操作规则。

收益互换合约一般采用现金结算方式，投资者作为交易一方获得合约挂钩标的证券相关的经济利益，但并不持有标的证券本身。尽管互换合约与直接持股并无必然联系，但证券公司与客户达成合约交易后，出于风险对冲需要通常会买入并持有相应数量标的证券，且该部分持股是为了对冲互换合约风险，金融机构对标的证券的交易与客户对互换合约的交易存在较强联系。因此，业务实际开展过程中，可能存在投资者与多家金融机构订立衍生品合约（每家金融机构持股均未突破信息披露要求水平），其通过互换合约间接“持有”的股份数量已达到或超过法定信息披露要求水平，但按目前监管规则并未明确投资者的信息披露义务。

第三节　2015 年证券公司其他融资类业务发展前景展望

一、约定购回式交易业务

目前，沪、深证券交易所正在积极推动约定购回业务的规则创新。“新版”约定购回的推出，将使约定购回业务从单一融资类工具向交易型工具转型，将能使业务规模逐步下降的

趋势得以缓解，业务规模有望逐渐回升。

二、股票质押式回购交易业务

目前，交易所正在积极推动“部分购回”交易类型的上线。通过“部分购回”，客户可以在场内实现部分提前还款。预计未来交易类型将不断完善。此外，证券公司可通过资产证券化的方式，将质押回购资产形成的债权作为基础资产进行隔离，并以该基础资产发行专项资产管理计划份额，从而盘活资产募集资金，进而解决证券公司自营的资金瓶颈问题，推动业务的发展。总之，随着新股不断上市以及目前数千亿元的存量市场，预计之后几年时间内，证券公司股票质押回购业务的规模还将继续提升。

三、收益互换/跨境收益互换业务

随着国内监管规则的逐步明确和国内投资者对于杠杆投资、跨境投资的需求进一步增强，收益互换和跨境收益互换作为市场上产品形式灵活、交易模式定制化的投资工具，未来的合约规模必将得到迅速扩张。随着国内证券公司“走出去”战略的实施，跨境收益互换也证券公司实现全球化战略的重要一步，对于为境内的客户提供全球投资工具、将境外投资者引入境内市场都具有重要的意义。

分报告之五：
2014 年中国证券公司投资业务发展回顾与展望

第一章
2014 年中国证券公司投资业务的总体情况

第一节　2014 年中国证券公司传统投资业务发展情况

一、2014 年中国证券公司传统投资业务运行情况

我国证券公司传统投资业务可划分为权益投资和固定收益投资两大类。2014 年，证券投资业务成为上市证券公司各项业务中最大的亮点之一，多家证券公司自营业务实现较快增长。2014 年证券公司营业收入中含公允价值变动的证券投资收益达 710 亿元；固定收益和权益投资均取得较高收益（见表 1 －1）。

表 1 －1　　2014 年 12 月底证券行业自营业务运作情况　　（单位：亿元）

序号	指标	期末账面成本	期末公允价值	期末市值
1	股票投资	1 201.25	1 446.08	1 446.73
2	基金投资	571.12	600.55	599.69

续表

序号	指标	期末账面成本	期末公允价值	期末市值
3	债券投资	5 561.29	5 570.28	5 574.45
4	权证投资	0.00	0.00	0.00
5	其他证券产品投资	1 088.50	1 158.34	1 143.47
6	证券投资产品合计	8 422.17	8 775.26	8 764.34

资料来源：中国证券业协会统计数据。

（三）2014 年 A 股市场运行情况

2014 年全球经济缓慢复苏，国内经济仍处于增速小幅下调的阶段。在此背景下，上半年投资者信心低迷，A 股持续走弱。2014 年 5 月习近平主席提出经济“新常态”思路后，各部委相继出台措施贯彻落实，但市场仍然处于观望状态。7 月经济开始出现企稳信号，加之“沪港通”带来增量资金的预期，A 股随之出现止跌回升。伴随着经济“新常态”及对改革和开放的乐观预期深入人心，中国人民银行主导的利率下降和 11 月份的降息，A 股继续快速走高。以证券公司为领涨板块的传统蓝筹股开始轮动，成为推动股指上行的主要动力。2014 年上证指数收盘于 3234.68 点，全年上涨 1118.7 点，从 2000 点站上 3000 点台阶。2014 年，上证指数、深证成指、中小板指数、创业板指数分别上涨了 52.87%、35.62%、9.67%、12.83%。A 股的总市值超越日本股市，成为全球第二大市场，单日成交突破万亿元大关。

（二）2014 年证券公司传统投资业务发展现状

证券公司传统投资规模稳中趋升。证券公司传统投资主要指方向性股票投资业务。2014 年以来，主流大中型证券公司方向性自营平均规模稳定在 30 亿元左右，随着 2014 年下半年市场的上涨，大中型证券公司的方向性自营规模出现增加的趋势。证券公司证券投资收益大幅增长，含公允价值变动的证券投资收益达 710 亿元，同比大幅增长 132%。

在过去几年的震荡市中，证券公司传统投资与创新投资的结合从无到有，对创新工具的运用逐渐增多，如股指期货在传统股票自营业务的仓位管理过程中起到了积极的套期保值作用，并有利于市场价格的稳定。2014 年，更多的证券公司加入了对冲套期保值的队伍，如中信证券等中大型证券公司，均对传统权益投资进行了套期保值，进行了风险敞口的有效管理，并获取了相应的收益。

二、中国证券公司传统投资业务发展特征

（一）证券公司传统投资收入回升，且受股指波动的影响减小

过去证券公司传统投资收入受股指波动的影响较大。2008 年金融危机以来，沪深股指

经历了大幅震荡，过去从事方向性投资的权益投资业务收益率也经历了大起大落。在对冲工具运用较少的情况下，权益类投资收益率受股指波动的影响较大。由于固定收益类的投资收益波动性较小，证券公司传统投资收入主要受权益类业务收入波动影响，进而与股指波动的相关性较高。随着证券公司传统投资对风险对冲工具的运用越来越多，证券公司传统投资收入受股指波动的影响减小，但与指数的相关性仍然很高（见图 1－1）。

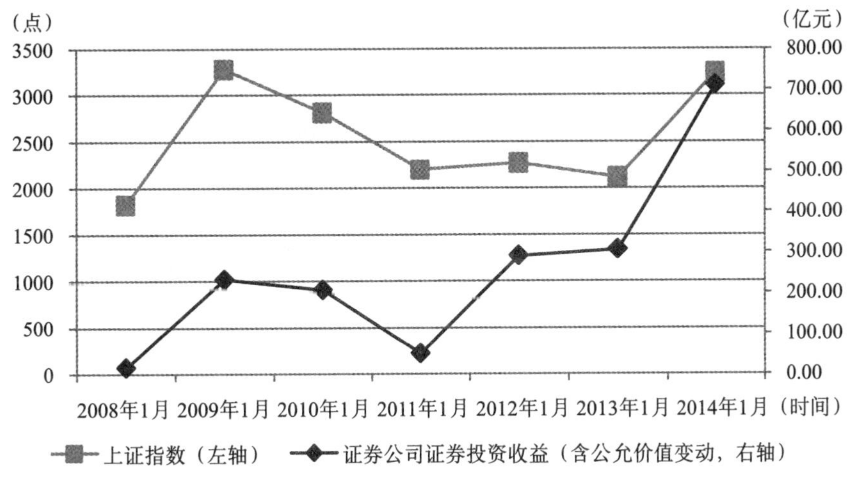

图 1－1　证券公司投资收益与上证指数走势

资料来源：中国证券业协会统计数据，Wind 资讯。

（二）证券公司传统投资与创新投资融合度提升

2014 年以来，证券公司传统投资对风险对冲工具的运用常态化。除股指期货套期保值之外，一些大中型证券公司的权益投资部门开展了无风险套利策略，如期现套利与 ETF 套利策略，证券公司传统投资与创新投资融合度提升。

（三）证券公司传统投资迈向国际化

2014 年以来，证券公司传统投资迈向国际化的步伐继续加快。证券公司自营可通过基金或证券公司资管的 QDII 专户通道进行跨境投资，也可通过香港地区的子公司进行跨境投资。过去几年，大中型证券公司的跨境投资业务取得了良好的业绩。2014 年，随着“沪港通”业务正式推出，证券公司投资业务国际化的通道进一步拓宽。

（四）证券公司传统投资与多层次资本市场建设相结合

从境外市场经验来看，做市类投资业务是证券公司核心的盈利来源之一。2014 年，全国中小企业股份转让系统（简称“新三板”）正式扩容至全国，在企业数量、市场规模、融资能力、交易活跃度等方面均有了长足发展。主要体现在挂牌企业数量大幅增加；定向增发次数及规模大幅提升，新三板融资功能进一步显现；交易量大幅提升，做市制度盘活交易。

多层次资本市场的发展，政策向中小企业倾斜，让新三板市场成为中小企业发展的跳板。大中型证券公司的权益投资部门纷纷在新三板做市制度中充当做市商的角色，并持有优秀新三板公司的大量库存股，与多层次资本市场建设紧密结合。

第二节 2014 年中国证券公司直接投资业务发展情况

一、2014 年中国证券公司直投业务发展环境转好

2014 年国内私募股权市场受到政策利好促进，募资环境大幅向好，根据清科研究中心统计，完成募集的基金数和募资总金额均创历史新高。募资市场的蓬勃发展一方面受益于新"国九条"明确构建多层次资本市场中鼓励大力发展私募行业，引导了大量政府、国资背景的产业资本涌入私募股权投资行业；另一方面，自 2014 年正式确立的开放宽松的行政监管格局，极大地刺激了以境内外上市公司为主的资本的涌入（见图 1－2）。

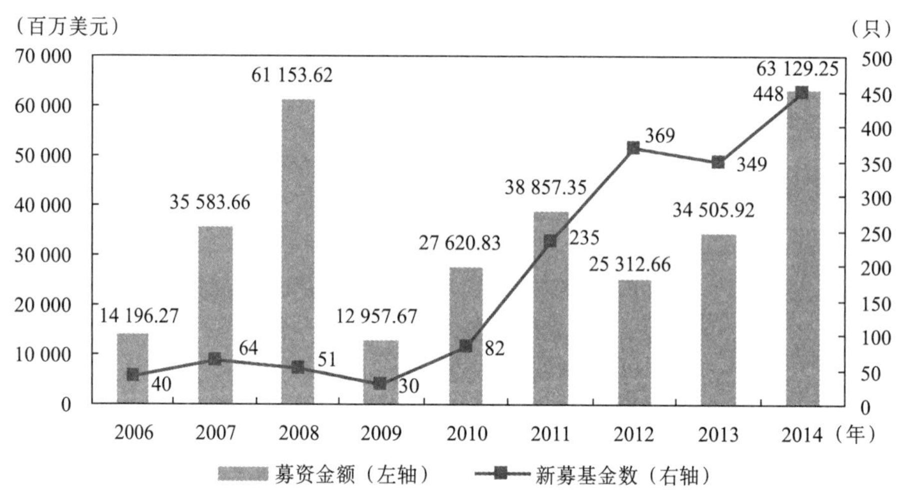

图 1－2 私募股权投资基金历年募资总量比较（2006—2014 年）

资料来源：清科研究中心。

由于境内 IPO 开闸，退出活跃度大幅反弹，IPO 退出重新成为退出的主要方式。根据清科研究中心统计，2014 年全年，退出市场共计实现 386 笔退出，其中 IPO 作为平均回报水平最高的退出渠道，共有 165 笔实现退出，占比 42.7%。退出环境的好转，又进一步促进了募资和投资市场的热情。

二、2014 年中国证券公司直投业务增长迅速

根据中国证券投资基金业协会统计，截至 2014 年 12 月底，共 60 家证券公司设立直投子公司，注册资本合计 422.6 亿元。总资产合计 577.4 亿元，净资产合计 502.5 亿元。实现净利润共计 27.1 亿元，较 2013 年增加 9.7 亿元；对外投资项目共计 167 个，对外投资总额 72.15 亿元；共有 55 笔投资项目实现退出，退出方式以股权相关的债权为主，退出项目平均收益率为 19.88%。

有 33 家证券公司的直投子公司发起设立 90 只直投基金，存续 89 只。其中，股权投资基金 41 只、夹层基金 14 只、创业投资基金 15 只、并购基金 11 只、债权投资基金 4 只、其他 5 只。存续期内直投基金计划募集金额 892.76 亿元，已募集金额 640.53 亿元，完成募集金额的 71.75%，平均单只直投基金已募集金额为 7.12 亿元，平均存续期为 5.07 年。2014 年，共发起设立 46 只直投基金，较 2013 年增加 88%。2014 年，直投基金投资项目共 159 个，投资总额达 138.5 亿元，仅有 6 个项目实现退出，且以股权相关的债权方式退出为主。

第三节　2014 年中国证券公司创新投资业务发展情况

一、国内外另类投资业务发展现状

另类投资（Alternative Investment）并无严格的定义，是一种有别于传统投资的投资方式。

广义上的另类投资指在股票、债券及期货等公开交易产品之外的投资方式，包括对冲基金（Hedge Fund）、私募股权（Private Equity）、风险投资（Venture Capital）、房地产信托（REITS）、组合基金（Fund of Funds）等诸多品种。

狭义上的另类投资具体指利用市场的非有效性，运用套利、市场中性、股票多空、全球宏观等对冲基金交易策略获取超额收益的投资方式，具有绝对收益、风险敞口低、与市场相关性低的特点。与单向做多股票、债券等传统投资相比，另类投资能减小市场周期性波动带来的风险，获得较为稳定的投资收益。

（一）境外另类投资业务的现状

国内监管机构、媒体对对冲基金行业普遍存在不正确认识，人们更多关注于负面消息，而忽视了其作为一个资产类别的价值。从风险角度看，其波动率远远低于股票，风险调整后收益高于股票及债券，是非常具有竞争力的资产。这也是境外主权基金、养老基金及保险基

金都积极配置对冲基金的原因，从而促进了近10年整个行业的迅速发展。在国内，包括中投、国家外汇管理局等单位都有一定比例的资产投资于对冲基金。

过去十几年境外对冲基金发展迅速，管理资产规模从2000年不到5 000亿美元，到2007年的1.8万亿美元，2008年受金融危机影响一度下降到不足1.5万亿美元，到2014年规模已接近3万亿美元。

国外对冲基金的客户主要是成熟的长期机构投资者，包括养老基金、捐赠基金、保险公司、组合基金以及高净值个人，此外，对冲基金管理人及员工也占资产规模的较大比重。2007—2011年，也就是金融危机之后，机构投资者大幅增加对冲基金投资额度。2014年底，全球高净值客户持有对冲基金的比例达到10%。捐赠基金平均持有对冲基金的比例达到11%，耶鲁、普林斯顿、斯坦福等捐赠基金持有对冲基金的比例均超过20%。

（二）境内另类投资业务的现状

2014年是中国对冲基金大发展的一年，随着私募基金获得明确的法律地位，2014年2月7日起，《私募投资基金管理人登记和基金备案办法（试行）》开始施行。私募基金管理人备案的实施，使得行业再度迎来爆发式发展，无论是在产品发行数量，还是私募基金的业绩回报上，都有非常出色的表现。

从数量上看，据私募排排网数据中心统计，我国私募基金公司有4 153家，发行阳光私募产品的私募基金有1 492家。历史上一共有15 133只产品成立，目前正在运行的对冲基金产品有9 170只，其中，股票策略、相对价值策略、管理期货、事件驱动策略、债券策略、组合基金、宏观策略、复合策略和其他策略分别有6 383、393、264、206、416、128、27、60和1 293只。

从总规模上看，据私募排排网数据中心不完全统计，我国对冲基金公司的管理规模估算已经高达6 570亿元，2014年规模出现了爆发式的增长，同比大增105.31%。2014年随着A股市场指数上升，大量资金涌入市场，全年共成立5 300只产品，增量资金大幅上涨，其中，股票策略、相对价值策略、管理期货和债券策略基金是贡献规模的主要力量，而股票策略无疑是最大的贡献者。此外，A股市场指数上升，也带来了对冲基金业绩大幅飙升，规模内生性增长，而业绩的上涨也带来了老产品的持续认购，总规模出现了爆发式增长。

从投资策略角度，随着各种衍生工具的推出，股票多空、市场中性、宏观对冲、CTA等策略百花齐放，股票多空策略的基金数量占比为21%，成为多头股票之外的最大投资策略。

从投资者角度，机构投资者尚未进入该领域，主要以零售客户和高净值投资者为主，少量的基金的基金（FoF）、多管理人基金（MoM）等参与。随着高净值客户由2008年的9万亿元增长至2013年的27万亿元，投资需求增长很快，分散投资、追求稳健收益成为共识。

第二章
2014 年中国证券公司投资业务发展面临的问题及前景展望

第一节 传统投资业务发展面临的问题和 2015 年前景展望

一、中国证券公司传统投资业务发展面临的问题

（一）证券公司传统投资对风险对冲工具的运用仍存在制约

证券公司权益类投资与创新业务的结合仍显不足，因此受股指波动的影响仍较大。股指期货推出后，除进行套期保值外，证券公司传统投资业务尚未大规模开展市场中性等多策略。融资融券推出后受到信用账户开立、融券制度等限制，证券公司传统自营投资也没有开展股票多空等策略。股票多空/市场中性策略是历史最悠久的对冲基金策略，也是目前世界上占据对冲基金份额最大的投资策略，目前的制度限制对证券公司权益类投资的发展存在一定的制约。

（二）传统权益类投资业绩评价的标准难以形成

证券公司传统投资业务经历了综合治理发展阶段之后，目前已经实现了规范经营和适度发展。由于传统投资资金的性质与其他资产管理资金性质不同等因素，在过去的发展过程中，很难形成自营业绩评价的行业标准。

投资业务的业绩评价决定了投资经理的绩效，由于行业评价标准缺失，传统权益类投资中往往会出现风险收益划分模糊的情况，甚至出现风控过度或风控不足的现象，不利于传统权益类投资的健康快速发展。

（三）基本面投研对创新投资的驱动不足

传统投资业务人员的经验主要集中于选股和选时方面，缺乏将创新工具运用于风险收益

管理的实践。一方面，国内证券公司传统的条块结构划分，使得传统投资人员在大类资产配置上的经验不足；另一方面，传统权益类投资与创新投资的人员存在割裂的倾向，基本面投研对创新投资的驱动不足，尚未实现传统投资业务的创新发展。

二、中国证券公司传统投资业务发展前景展望

（一）资产配置更趋合理

中国证券公司经历了综合治理的大发展，目前正处于行业发展的重要历史时机。监管大环境的开放，人民币国际化进程的加速，多层次资本市场的建立，证券创新产品的不断丰富，为证券公司的传统投资业务转型和二次腾飞提供了机遇和挑战。我国的证券公司传统投资业务正在着力提高战略性资产配置能力，使公司资金优势得以充分发挥，回归证券公司管理风险的本源。

（二）投资渠道多元化

随着监管部门在围绕提高资产运用和财务杠杆方面诸多政策的推出，我国证券公司传统投资业务的投资渠道更加多元化。根据 2012 年修订的《关于证券公司证券自营业务投资范围及有关事项的规定》的附件《证券公司证券自营投资品种清单》，扩大了证券自营品种范围，如境内银行间市场交易的全部证券、银行理财计划、集合资金信托计划，以及金融衍生产品等。在符合监管要求的前提下，证券公司通过基金专户进行跨市场、多品种的投资也成为新的渠道。

（三）投资策略多样化

权益投资方面，随着股指期货、融资融券、期权的推出和常规化，以及转融通业务发展、融券标的进一步放开，股指期货对冲和股票多空等策略将成为传统业务的有力补充，使传统业务的风险得到有效降低。传统投资将逐步迈向跨市场、多品种、基本面投研驱动的多策略立体投资体系。

（四）销售驱动型自营业务面临机遇

随着我国证券公司传统投资业务的发展和投资渠道放宽，销售驱动型的自营业务也面临着发展机遇。如提供大宗交易的对手盘或者中介，提供配股的打包产品等，为市场提供流动性。ETF 做市、三板市场做市、期权做市等业务也是销售驱动型自营业务的发展方向之一。

第二节　直接投资业务发展面临的问题和 2015 年前景展望

一、中国证券公司直接投资业务发展面临的问题

证券公司直投机构和市场化 PE 机构相比，在信息披露、募资对象、投资范围、激励机制等方面，仍然存在诸多制约。

纵览中国股权投资市场，市场化 PE 机构是在监管相对空白的环境下生长的，其资金募集方式、投资者利益的保护、投资信息的合理披露、过往业绩的整合研究等都缺乏透明度，但这也给了市场化 PE 机构充分的业务创新和自由发展的空间。而证券公司直投机构在监管机构的审慎、严格监管框架下进行运作的，其募资对象、业务范围、投资方式、信息披露、风险控制等各方面的管理均有序运行。因此，证券公司直投风险控制体系更完善，信息披露机制更健全，对投资人利益的保障性最高，这是证券公司直投机构吸引广大投资人的关键因素，但这同时也给证券公司直投业务的快速发展带来诸多制约。

募资对象方面，修订后的《证券公司直接投资业务规范》（以下简称《业务规范》）已将具有较高风险识别与承受能力且投资额不低于 1 000 万元人民币的个人投资者纳入合格投资者范围，扩大了证券公司直投基金的合格投资者范围。但这要求仍然远远超出了新《基金法》等相关法律规章的要求，市场化 PE 机构可以将投资额不低于 100 万元人民币的个人投资者纳入合格投资者范围。

业务范围方面，修订后的《业务规范》在“股权投资或与股权相关的债权投资，或投资于与股权投资相关的其他投资基金”基础上，增加了债权投资以及与股权投资、债权投资有关的财务顾问服务等内容，但该范围在很大程度上小于新《基金法》等相关法律规章所规定的范围。信息披露和风险控制等日常监管方面，证券公司直投机构需要向中国证券投资基金业协会备案。此外，部分证券公司直投机构所属的证券公司是上市公司，其信息披露和风险控制等要按照上市公司子公司的标准受到更加严格的监管。

除监管环境以外，证券公司直投和市场化 PE 机构的差异还体现在团队激励约束机制上。

国内 PE 机构已经形成相对成熟的团队激励约束机制，包括管理费和业绩奖励机制、基金收益分配方式、关键人条款、团队跟投体制以及基金整体核算机制等。各证券公司直投公司属于机构所有性质，与市场化 PE 机构通行的合伙人团队所有性质有很大相同，因而上述各主要的团队激励约束机制尚不完备，这一差异将在一定程度上影响证券公司直投机构的投资策略和投资业绩。证券公司直投机构的团队相对缺乏长期投资业绩激励，而作为证券公司的子公司，需要背负来自母公司的当期利润压力。因此，证券公司直投机构不仅在投资时表现得偏好短平快的 Pre－IPO 项目，而且在退出时机的选择上，常常面临为了当期业绩而不

得不牺牲长期利润的困境。

二、我国证券公司直接投资业务发展前景展望

面对市场活跃带来的发展机遇和激烈的竞争格局，证券公司直投子公司将在实现自有资金投资以及第三方资产管理业务并重的基础上，顺应经济环境变革和经济结构深度调整，进一步探索多元化投资策略和创新投资方向，打造全方位、多层次的股权投资，提高资产管理能力，做大资产管理规模。

2014 年证券公司直投子公司管理的直投基金的数量、投资规模、类型相比 2013 年有进一步飞跃。根据中国证券投资基金业协会统计，2014 年内新发起设立的直投基金 46 只，相比 2013 年新发起设立 25 只增加了 84%；2014 年直投基金投资总额 138.5 亿元，相比 2014 年直投子公司投资总额 72.15 亿元高 92.0%，相比 2013 年直投基金投资总额 109.3 亿元增长 26.7%。证券公司直投行业管理的直投基金类型也在进一步丰富，在 2013 年实现了从单一的股权投资基金到股权投资基金、夹层基金、创业投资基金及并购基金的多元化发展基础上，2014 年新设直投基金中并购基金等多元化基金的占比大幅提升，同时出现了母基金等新型基金产品。

未来，证券公司直投子公司将有望进一步探索多元化基金管理，单个直投子公司旗下将设立多种不同特色、不同策略的基金：以创业投资基金、新三板基金、成长型基金，来满足实体产业不同阶段的多元化融资需求；以“走出去”的海外投资基金，探索开展跨境投资业务，将欧美企业的先进技术和研发能力引入国内，加速产业升级；以细分行业的行业并购基金，促进产业链整合和优化，发挥证券公司直投的专业优势，提高实体经济的资源配置效率。证券公司直投子公司中将逐渐出现类似高盛直投一样，拥有数十只不同类型的直投基金，以伞形基金架构模式发展的专业化基金管理平台。

分报告之六：
2014 年中国证券公司国际化业务发展回顾与展望

第一章
2014 年中国证券公司国际化业务发展状况

第一节 2014 年中国证券公司国际化业务发展特点

2014 年，国际资本市场环境总体向好，为我国证券公司开展国际化业务提供了有利的外部条件。美国标普、道琼斯、纳斯达克受益于美国经济在 2014 年的强劲增长势头，指数显著上行。日经 225 受益于日本版的“量化宽松”政策，全年持续增长。欧元区经济受债务危机的后续影响，富时 100 指数、法国 CAC40 指数和德国 DAX 指数总体波动向上。我国香港恒生指数也表现为波动中上升。

我国整体金融市场国际化进程取得巨大进展，为证券公司推进国际化业务提供了良好的外部环境。2014 年 10 月，中国与俄罗斯中央银行签署 1 500 亿元人民币互换协议。截至目前，中国已与包括英国、欧元区在内的 28 个国家和地区签订了互换协议，人民币国际化的推进为国内证券公司的国际业务提供了有利条件。2014 年 11 月 17 日，“沪港通”正式开闸，宣告我国资本市场首次迎来外资直投渠道，对我国资本市场引入外资有着积极的推动作用。2014 年 12 月 28 日，全国人大批准新增设立天津、广东、福建三个自贸区，金融市场开放进一步加速。

我国香港市场作为我国证券公司发展国际业务的重要支撑地，作用更为凸显。“沪港通”的开闸使得中国香港顺理成章地成为中资证券公司“走出去”的第一站。2014 年中国香港各类证券承销总量排名前十位的机构中有三家来自中国内地，市场占比合计约 36.4%。中信证券、海通证券在保持现有优势的情况下，在中国香港的业务取得快速发展；招商证券、广发证券加大对香港地区的子公司的担保，华泰证券增加香港地区的子公司的资本；西南证券、国金证券分别收购中国香港的敦沛金融、粤海证券。

回顾 2014 年，整个中国证券业国际化业务发展呈现出以下特点。

一、结合国家“引进来”和“走出去”的战略，国内证券公司积极开拓国际业务市场

“沪港通”的开启预示着中国香港市场和中国内地市场的融合，两市市值叠加所形成的统一市场将催生全球第二大资本市场。在此背景下，2014 年国内证券公司开始加速布局境外市场，行业国际化程度趋于提高。2014 年 6 月，西南证券旗下子公司西证国际获得中国香港敦沛金融公司 51% 的股权，意在立足中国香港，面向世界，全面提升公司素质。国金证券以 1.9 亿元港币收购香港地区老牌证券公司粤海证券，迅速展开境外业务。此外，在中国香港市场发行 H 股已经成为中资证券公司打开香港地区市场的新手段。除去已在香港地区市场上市的国泰君安、海通国际、申银万国等国内大型证券公司，广发证券和华泰证券也于 2014 年下半年发布公告，准备登陆香港地区市场发行 H 股。随着中国资本市场国际化的不断提升，国内证券公司“出海”可能掀起一股全行业浪潮。

伴随着人民币国际化和国家“一带一路”战略，国内证券公司积极开拓国际市场。中航证券于 12 月 24 日与宁夏回族自治区财政厅正式签署协议。经宁夏回族自治区人民政府授权，宁夏财政厅聘请中航证券为其发行不超过 15 亿美元的国内首单苏库克债券（Sukuk，阿拉伯美元债券），并由中航证券担任独家全球协调人和财务顾问。此次债券发行，将有助于进一步加强中阿金融合作，为国内基础设施建设引入低成本石油美元资金打开通路，并在构建开放型经济新体制和推动“一带一路”与“互联互通”建设中具有重要意义。2014 年 12 月，国泰君安证券获批开展境外结售汇业务，成为我国首家涉足此业务的非银行金融机构。该业务将显著拓展国内证券公司的业务模式和客户资源，也将强化人民币国际化的大战略。国泰君安证券取得外汇业务资格可能仅仅是一个开始，未来更多的国际化业务将向国内证券公司开放牌照。

二、国内证券公司的国际化合作力度加强

2014 年，中国证券业的国际化合作力度趋于加强。结合“投资中国”、“中国投资”两

大趋势，国内证券公司的海外布局前景将更加广阔。“投资中国”是境内企业寻求境外上市融资的相关机会，比如中信证券收购里昂证券即看中后者在境外的机构客户资源。“中国投资”是国内高净值客户寻求投资海外资产进行保值增值的相关机会。

在跨境业务合作的过程中，国内证券公司的优势在于拥有大量国内企业资源和高净值客户。一方面，国内企业资源在境外上市过程中，国内证券公司积极寻找海外研究、销售能力较强的机构进行合作，协助公司投行项目的境外销售；另一方面，国内高净值客户在寻找投资海外机会的过程中，国内证券公司可以与拥有较强境外投资产品线的机构进行合作。

国内大型证券公司倾向于将中国香港作为国际化经营网络拓展的起点，已基本完成了对中国香港地区市场平台的搭建，正在通过并购、新设分支等方式向美国、新加坡、加拿大、日本等市场扩展，如中信并购里昂、海通并购日本投行、广发证券设立加拿大公司等。中信证券自收购法国里昂证券后，国际业务能力进一步提升，逐渐朝着国际知名证券公司发展。海通证券也在 2014 年积极寻求海外并购，12 月，海通证券发布公告，拟收购葡萄牙老牌投行圣灵银行旗下投行业务，逐步实施全球化战略布局。而国内中小型证券公司则开始积极走进中国香港市场，如西南证券拟收购中国香港敦沛金融公司、国金证券收购粤海证券等。相较而言，中小型证券公司虽落后于大型证券公司，但也已积极开展国际化合作。

三、业务结构转型进程加速

随着国内企业海外业务的拓展，存在较为显著的跨境或境外投资银行、财务顾问、资产管理、投融资和各类风险对冲的需求，进而驱动国内证券公司在境外的业务转型进程加速。一方面，积极丰富业务结构。例如，海通国际以参与所有主要交易为目标，涉及企业融资、资产管理、固定收益、货币和商品、结构性融资和股票衍生品等多类业务，相应的，企业融资、衍生工具以及融资融券业务占比趋于提升。另一方面，对已有的业务类型进行改造。以广发香港为例，经纪业务方面正逐步由业务导向朝客户需求导向转型，为客户量身打造财富管理产品。通过丰富业务类型和对已有业务进行改造，国内证券公司正在加速国际业务转型，不断增强在国际业务中的竞争力。

四、本土精品投行在中国企业赴海外上市中表现突出

国内精品投行以长期客户关系和深度客户服务为基础，结合行业专注的特点，在 2014 年发力，在中国企业赴海外上市中表现突出。以华兴资本为例，华兴资本在投资领域一直专注互联网、消费、医疗健康等新型产业，是 2014 年上市的聚美优品、途牛、乐居、神州租车、陌陌的联席主承销商。截至 2014 年末，华兴资本在海外市场已完成 7 个 IPO 及 2 个可转债项目，交易金额超过 65 亿美元。本土精品投行在中国企业赴海外上市的杰出表现，对国内证券公司的国际化业务拓展起到了良好的推动作用。

第二节　2014年证券公司国际化业务的具体情况

一、投资银行业务

2014年从全球股票承销市场来看，前50名中共有6家中国企业，合计市场占有率为2.3%，其中国内证券公司（共5家，分别是中信证券、招商证券、中金公司、广发证券、国泰君安证券）合计市场份额为1.7%（见表1-1）。而国际债券市场方面，前50名中有中国银行入围，市场份额为0.2%。这说明，在国际承销市场上，国内证券公司未来上升潜力巨大。

表1-1　　2014年全球股票发行市场前50名排名（截至2015年1月）

承销商	排名	市场份额（%）	金额（百万美元）	发行数（家）
高盛公司	1	9.2	59 708.74	317
摩根士丹利	2	8.7	56 552.00	361
花旗集团	3	8.1	52 288.92	324
美国银行美林	4	7.7	50 231.23	352
摩根大通	5	7.6	49 518.74	362
德意志银行	6	6.9	44 509.96	272
瑞士信贷集团	7	5.8	37 378.89	306
瑞士银行	8	5.7	37 058.82	269
巴克莱	9	4.4	28 596.81	251
加拿大皇家银行资本市场	10	2.0	13 263.00	175
富国银行	11	1.7	11 088.67	159
野村控股	12	1.6	10 617.21	94
英国汇丰银行有限公司	13	1.6	10 548.17	42
杰富瑞集团	14	1.1	7 138.57	131
麦格理集团有限公司	15	1.0	6 715.28	59
满地可银行资本市场	16	0.9	6 099.73	84
三井住友金融集团	17	0.8	5 285.08	50
加拿大丰业银行	18	0.8	5 093.29	29
多伦多道明证券	19	0.6	3 705.70	31
加拿大帝国商业银行	20	0.6	3 681.94	34
大和证券	21	0.6	3 657.11	58
中信证券	22	0.6	3 593.26	32

续表

承销商	排名	市场份额（%）	金额（百万美元）	发行数（家）
加通贝祥投资集团	23	0.6	3 574.72	102
瑞穗金融集团	24	0.5	3 145.35	38
海湾国际银行	25	0.5	3 010.78	2
法国兴业银行	26	0.5	2 987.14	24
意大利中期银行	27	0.5	2 973.98	11
招商证券	28	0.5	2 973.74	27
法国巴黎银行	29	0.4	2 804.61	23
中国银行	30	0.4	2 762.30	20
斯迪富融资公司	31	0.4	2 723.16	67
中国国际金融有限公司	32	0.4	2 657.27	23
广发证券	33	0.4	2 558.43	24
星展集团	34	0.4	2 524.75	29
雷蒙詹姆士联合会	35	0.4	2 510.02	69
森科斯证券	36	0.4	2 416.09	5
巴西伊塔乌投资银行	37	0.3	2 151.38	14
联昌国际银行	38	0.3	2 127.26	35
桑坦德	39	0.3	2 076.73	14
北欧联合银行	40	0.3	2 012.58	12
GMP 证券	41	0.3	1 979.94	35
利凌斯有限公司	42	0.3	1 673.67	35
卡内基基金会	43	0.3	1 659.02	29
科文公司	44	0.3	1 647.13	49
德国贝伦贝格银行	45	0.2	1 601.57	18
国泰君安证券股份有限公司	46	0.2	1 510.23	24
马来亚银行	47	0.2	1 495.05	24
建设银行	48	0.2	1 490.59	26
韩国 NH 投资证券有限公司	49	0.2	1 474.24	15
西班牙对外银行	50	0.2	1 450.76	7

资料来源：BLOOMBERG。

（一）IPO 业务

2014 年中国香港承销市场前 10 名中有 3 家来自中国内地，分别是中国银行、建设银行和交通银行。其中，中国银行以总承销金额 6.5 亿元港币，市场份额 33.6% 排在第 2 名。而具体到港交所 IPO 市场上，前 50 名中有 6 家为国内证券公司，总市场份额占比为 11.7%，较 2013 年上升 1.8%。中资企业中，位次最高的中国银行排名第 5 位，市场占有率为

4.7%，同比下跌2%，业务承销共计17单，总承销金额为2.4亿美元，同比增长41%（见表1-2）。

表1-2　2014年中国香港市场IPO前50名排名（截至2015年1月）

承销商	排名	市场份额（%）	金额（百万美元）	发行数（家）
摩根士丹利	1	18.6	9 601.88	35
高盛公司	2	9.1	4 678.06	21
美国银行美林	3	7.0	3 623.15	15
瑞士银行	4	6.3	3 224.87	29
英国汇丰银行有限公司	5	5.0	2 587.22	10
中国银行	6	4.7	2 405.13	17
中国国际金融有限公司	7	4.4	2 258.16	20
中信证券	8	3.9	2 030.23	17
招商证券	9	3.3	1 725.96	15
德意志银行	10	3.2	1 674.66	14
建设银行	11	2.9	1 490.59	26
瑞士信贷集团	12	2.8	1 435.24	12
花旗集团	13	2.2	1 146.34	14
海通证券	14	2.1	1 058.25	19
工商银行	15	2.0	1 007.83	12
国泰君安证券股份有限公司	16	1.8	914.51	19
摩根大通	17	1.7	877.3	10
星展集团	18	1.5	796.01	12
金利丰证券	19	1.3	688.77	51
农业银行	20	1.3	651.06	7
法国巴黎银行	21	1.1	584.12	7
交通银行	22	1.1	542.93	11
巴克莱	23	0.9	470.35	6
麦格理集团有限公司	24	0.9	461.54	6
野村控股	25	0.9	446.33	4
渣打银行	26	0.6	333.58	6
联昌国际银行	27	0.6	326.81	6
前富投资有限公司	28	0.6	300.47	1
大华继显	28	0.6	300.47	1
东英亚洲证券有限公司	30	0.5	265.43	8
中国信达	31	0.5	237.48	3
杰富瑞集团	32	0.4	217.07	5
广发证券	33	0.4	192.61	10
联合博彩咨询有限公司	34	0.3	150.26	1
安信证券股份有限公司	35	0.3	141.98	4
华兴资本	36	0.3	134.42	1

续表

承销商	排名	市场份额（%）	金额（百万美元）	发行数（家）
招商银行	37	0.3	133.38	4
汇金资本	38	0.2	128.51	1
中国平安	39	0.2	123.52	5
天达证券投资顾问股份有限公司	40	0.2	116.82	3
东方证券股份有限公司	41	0.2	110.53	10
大和证券	42	0.2	107.8	1
博大证券	43	0.2	107.22	2
马来西亚兴业银行	44	0.2	103.06	10
长江证券	45	0.2	99.41	5
第一上海证券有限公司	46	0.2	97.2	7
新鸿基国际有限公司	47	0.2	95.64	1
中信建投	48	0.2	90.24	2
香港汇富集团	49	0.2	84.09	6
英皇证券（香港）有限公司	50	0.1	73.78	10

资料来源：BLOOMBERG。

（二）债券业务

2014 年中国香港市场发行的各类国债、金融债、企业债、可转债等总量共计 1 602.5 亿元人民币，较 2013 年同比增长 88.51%，主要是因为国内 IPO 市场重启、融资需求复苏等。其中，港元债券市场总额约 1 447.07 亿港元，总发行数目 425 单，其中，中资企业市场份额约为 9.6%。中国银行在所有承销商中排名第三，市场份额为 7.1%，总计发行 7 单。国内证券公司的债券承销中，有国泰君安证券 1 家入围，市场份额 0.5%。综合来看，入围的中资企业中共有 4 家银行和海通证券 1 家证券公司（见表 1－3）。

表 1－3　　中国香港港元债券市场承销商前 40 名排名（截至 2015 年 1 月）

承销商	排名	市场份额（%）	金额（百万港元）	发行数（家）
英国汇丰银行有限公司	1	34.2	49 492.00	156
渣打银行	2	10.6	15 309.50	52
中国银行	3	7.1	10 275.00	7
巴克莱	4	5.6	8 152.00	25
法国巴黎银行	5	4.5	6 552.00	15
澳大利亚国民银行有限公司	6	4.3	6 212.00	13
澳新银行	7	3.7	5 284.00	19
法国兴业银行	8	3.2	4 594.00	11
华侨银行有限公司	9	2.7	3 960.00	7
东方汇理	10	2.2	3 175.00	8

续表

承销商	排名	市场份额（%）	金额（百万港元）	发行数（家）
野村控股	11	2.2	3 150.00	2
花旗集团	12	1.9	2 726.00	12
苏格兰皇家银行	13	1.8	2 656.50	8
加拿大丰业银行	14	1.8	2 593.00	14
星展集团	15	1.7	2 482.00	10
法国外贸银行	16	1.4	2 052.00	2
德意志银行	17	1.4	2 000.00	1
交通银行	18	1.2	1 735.00	6
加拿大皇家银行资本市场	19	1.1	1 557.50	9
德国商业银行	20	0.9	1 275.00	2
三菱日联金融集团	21	0.7	1 008.00	1
摩根大通	22	0.7	950	2
联昌国际银行	23	0.5	790	3
国泰君安证券股份有限公司	24	0.5	662.5	2
澳大利亚联邦银行	25	0.4	650	5
摩根士丹利	26	0.4	609	2
建设银行	27	0.4	569	2
瑞穗金融集团	28	0.4	568	2
瑞士银行	29	0.4	551	3
英高集团	30	0.4	520	14
瑞士信贷集团	31	0.3	450	2
工商银行	32	0.3	412.5	1
英皇证券（香港）有限公司	32	0.3	412.5	1
永丰银行	32	0.3	412.5	1
德国中央合作银行	35	0.2	300	1
海通证券	36	0.1	200	1
高盛公司	37	0.1	185	1
美国银行美林	38	0.1	174.75	1
第一田纳西银行	39	0	50	1

资料来源：BLOOMBERG。

2014年离岸人民币债券市场总额约为4 240.9亿元人民币，总发行数目为1 387单。前50名承销商中，中资企业占据11席，总市场份额为15.1%，其中，内地证券公司有中信证券、海通证券2家，总承销数为23单，承销金额达6.2亿元人民币，总计市场份额为1.4%（见表1－4）。

表 1-4　　2014 年中国香港离岸人民币债券前 50 名排名（截至 2015 年 1 月）

承销商	排名	市场份额（%）	金额（百万元）	发行数（家）
英国汇丰银行有限公司	1	19.7	83 396.80	275
渣打银行	2	12.4	52 547.35	180
东方汇理	3	6.8	28 768.10	81
星展集团	4	6.1	25 737.25	77
法国巴黎银行	5	5.6	23 815.60	87
中国银行	6	5.4	22 838.05	54
苏格兰皇家银行	7	4.2	17 856.22	73
工商银行	8	3.6	15 108.25	43
德意志银行	9	3.1	13 046.44	30
巴克莱	10	3.1	12 954.79	35
瑞士银行	11	2.7	11 328.84	39
农业银行	12	2.6	10 904.37	27
澳新银行	13	1.9	8 234.70	27
摩根士丹利	14	1.7	7 157.14	18
交通银行	15	1.7	7 056.06	39
建设银行	16	1.6	6 837.54	23
美国银行美林	17	1.4	6 064.29	10
花旗集团	18	1.3	5 497.62	18
高盛公司	19	1.2	5 250.00	4
摩根大通	20	1.0	4 170.64	12
中信金	21	0.9	3 666.67	8
中信证券	22	0.8	3 501.39	12
海通证券	23	0.6	2 703.60	11
招商银行	24	0.6	2 576.82	9
德国商业银行	25	0.6	2 420.20	10
加拿大丰业银行	26	0.6	2 361.00	10
瑞士信贷集团	27	0.5	2 222.44	28
华侨银行有限公司	28	0.5	2 202.50	8
荷兰国际集团	29	0.5	2 130.56	6
富邦金融控股股份有限公司	30	0.5	2 000.00	3
中国国际金融有限公司	31	0.4	1 834.52	6
野村控股	32	0.4	1 816.67	4
国泰君安证券股份有限公司	33	0.4	1 814.68	10
多伦多道明证券	34	0.4	1 750.00	4
加拿大皇家银行资本市场	35	0.4	1 574.50	7

续表

承销商	排名	市场份额（%）	金额（百万元）	发行数（家）
澳大利亚国民银行有限公司	36	0.3	1 447.22	6
三菱日联金融集团	37	0.3	1 395.24	6
法国兴业银行	38	0.3	1 319.17	6
凯基证券	39	0.3	1 266.67	5
兆丰金融控股股份有限公司	40	0.2	1 000.00	2
澳大利亚联邦银行	41	0.2	966.67	4
浦发银行	42	0.2	960.39	4
新加坡大华银行	43	0.2	884	3
中信银行	44	0.2	735	2
群益证券	46	0.2	666.67	4
元大证券	46	0.2	666.67	4
元富证券	45	0.2	666.67	3
瑞穗金融集团	48	0.1	586	4
斐商标准银行	49	0.1	571.43	3

资料来源：BLOOMBERG。

（三）并购业务

2014 年，中国香港并购业务前 50 名中有 6 家中资证券公司入围，分别是广发证券、中金公司、长江证券、中信证券、招商证券、申银万国证券合计市场份额为 7.5%，平均数目在 1.2 家。在并购业务方面，国内证券公司仍有广阔发展空间（见表 1 -5）。

表 1 -5　　2014 年中国香港市场并购业务前 50 名排名（截至 2015 年 1 月）

顾问	排行	市场份额（%）	交易数目（单）
高盛公司	1	40.3385	4
新百利有限公司	2	36.7836	8
摩根大通	3	35.3427	2
毕马威	4	28.9457	2
野村证券	5	28.2448	1
美国银行美林	5	28.2448	1
花旗银行	5	28.2448	2
法国巴黎银行	8	8.7097	5
瑞士信贷	9	8.1275	2
嘉林资本	10	7.9289	3
摩根士丹利	11	7.6452	2
瑞银集团	12	7.098	1
国泰君安证券股份有限公司	13	4.7508	1

续表

顾问	排行	市场份额（%）	交易数目（单）
瑞东金融市场有限公司	14	4.6544	2
渣打银行	15	2.8944	1
帕雷托证券	15	2.8944	1
八方金融有限公司	17	2.1945	3
罗斯柴尔德家族	18	1.7572	2
招商银行	19	1.4989	1
香港百德能证券	19	1.4989	1
凯基证券有限公司	21	1.4508	2
汇丰银行	22	1.2459	2
广发证券	23	1.2035	1
创越融资有限公司	24	1.1533	5
达夫菲尔普斯公司	25	1.0878	1
中投证券有限责任公司	26	0.9798	1
普顿资本有限公司	27	0.763	1
加拿大皇家银行资本市场	28	0.7009	1
卓亚（企业融资）有限公司	29	0.6878	1
胜捷企业有限公司	30	0.6708	2
香港高诚证券	31	0.5851	2
中金公司	32	0.554	1
金丰利证券	33	0.5263	6
智略资本	34	0.503	3
长江证券	35	0.4288	2
中信证券	36	0.3668	3
星展银行集团	37	0.3266	1
结好控股有限公司	38	0.316	2
招商证券	39	0.3111	1
普华永道	40	0.2747	1
铠盛资本有限公司	41	0.2565	2
申银万国证券	42	0.212	1
中国建设银行	43	0.1855	1
英皇融资有限公司	44	0.1417	2
大有融资有限公司	45	0.1325	2
丰盛融资有限公司	46	0.1257	1
宝桥融资有限公司	46	0.1257	2
富域资本	46	0.1257	1
华本克兄弟证券（香港）有限公司	49	0.0528	2
元大证券有限责任公司	50	0.0483	1

资料来源：BLOOMBERG。

二、资产管理业务

（一）QDII 业务

2014 年，共计 15 家国内证券公司获得 QDII 业务资格，较 2013 年增加 1 家。总计 QDII 业务额度达 76 亿美元，同比增长 24.6%（见表 1－6）。

表 1－6　　证券公司获批 QDII 业务额度（截至 2015 年 1 月）

国内证券公司名称	批准时间	额度（亿美元）
中国国际金融有限公司	2007 年 11 月 16 日	12.00
招商证券股份有限公司	2014 年 11 月 27 日	4.00
华泰证券股份有限公司	2010 年 4 月 14 日	1.00
上海国泰君安证券资产管理有限公司	2010 年 11 月 26 日	5.00
上海光大证券资产管理有限公司	2010 年 7 月 28 日	1.00
上海东方证券资产管理有限公司	2010 年 11 月 26 日	1.00
国信证券股份有限公司	2011 年 5 月 5 日	15.00
广发证券股份有限公司	2012 年 4 月 10 日	7.00
中信证券股份有限公司	2012 年 7 月 17 日	8.00
安信证券股份有限公司	2012 年 8 月 16 日	5.00
申银万国证券股份有限公司	2012 年 9 月 19 日	1.00
中银国际证券有限责任公司	2012 年 9 月 19 日	5.00
中国银河证券股份有限公司	2013 年 1 月 24 日	4.00
上海海通证券资产管理有限公司	2013 年 5 月 31 日	5.00
太平洋证券股份有限公司	2014 年 4 月 30 日	2.00
总计		76.00

资料来源：国家外汇管理局。

（二）QDII 定向资管业务

证券公司境外证券投资定向资产管理业务，是指证券公司接受单一客户委托，与客户签订定向资产管理合同，进行境外证券投资管理的活动。境外证券投资定向资产管理业务是证券公司 QDII 业务的一个组成部分。作为定向资产管理业务，它为客户提供一对一、量身定制的理财服务。证券公司发展 QDII 定向资产管理业务有助于发挥自身优势开展跨境业务，更好地满足客户投资需求，也有利于证券公司积累跨境业务经验，拓展盈利渠道。

（三）RQFII 业务

我国通过开展人民币合格境外机构投资者（RQFII）试点，配合 QFII，进一步推进我国资本市场国际化，同时为人民币国际化铺路，在引进外资方面起到了积极的作用。

国家外汇管理局数据显示，截至 2014 年 11 月 28 日，RQFII 投资总额度已达 2 984 亿元人民币，同比增长 89%，较刚推出时的额度增长近 27 倍，显示出外资对进入 A 股市场的持续热情。其中，国内证券公司 RQFII 总额度为 548.5 亿元人民币，同比增长 86.2%，占 RQFII 总额度的 18.4%（见表 1－7）。

表 1－7　　证券公司 RQFII 额度一览（截至 2015 年 1 月）

机构名称	获批日期	累计批准额度（亿元人民币）
申银万国（香港）有限公司	2014 年 4 月 30 日	39
安信国际金融控股有限公司	2014 年 7 月 30 日	24
中国国际金融（香港）有限公司	2013 年 6 月 24 日	17
国信证券（香港）金融控股有限公司	2013 年 6 月 24 日	17
光大证券金融控股有限公司	2014 年 5 月 30 日	35
华泰金融控股（香港）有限公司	2014 年 3 月 28 日	29.5
国泰君安金融控股有限公司	2014 年 5 月 30 日	69
海通国际控股有限公司	2014 年 8 月 26 日	107
广发控股（香港）有限公司	2014 年 4 月 30 日	27
招商证券国际有限公司	2014 年 3 月 28 日	27
中信证券国际有限公司	2014 年 6 月 30 日	14
国元证券（香港）有限公司	2014 年 8 月 26 日	73
中投证券（香港）金融控股有限公司	2014 年 5 月 30 日	11
长江证券控股（香港）有限公司	2013 年 11 月 27 日	2
兴证（香港）金融控股有限公司	2014 年 4 月 30 日	13
中信建投（国际）金融控股有限公司	2014 年 6 月 30 日	20
中国银河国际金融控股有限公司	2014 年 9 月 22 日	11
齐鲁国际控股有限公司	2014 年 8 月 26 日	8
东方金融控股（香港）有限公司	2013 年 10 月 30 日	5
总计		548.5

资料来源：国家外汇管理局。

（四）QFII 投资顾问业务

随着我国资本市场开放程度的提高，QFII 额度不断增加，证券公司多年深耕国内资本市场的研究能力得以发挥重要作用。境外投资者由于缺乏对本土市场的理解，需要借助内地证券公司的投资策略和建议。QFII 投资顾问业务有低成本、高收益的特点。相较其他海外业务的高门槛限制，QFII 投资顾问业务的开展更加适合国内证券公司现状。未来，随着 QFII 的持续扩容，相关的投资顾问业务也将得到普及。

（五）QFII 业务

为使市场国际化稳步推进，QFII 制度成为我国资本市场引入外资的一项特殊安排。自开放以来，QFII 额度持续上升，投资机构数量也大幅增加。证券公司申请 QFII 业务牌照趋于加速。截至 2014 年 12 月，共计 8 家证券公司获得 QFII 业务资格，较 2013 年同期增加 1 家。证券公司获得 QFII 业务牌照后，业务额度明显增加。2014 年，QFII 累计额度为 657.48 亿美元，同比增长 32%。其中，证券公司 QFII 业务累计额度总计 19 亿美元，同比增长 2.8 倍（见表 1－8）。

表 1－8　　中资证券公司 QFII 投资额度（截至 2015 年 1 月）

机构名称	批准时间	累计额度（亿美元）
海通资产管理（香港）有限公司	2014 年 11 月 27 日	3.00
中信证券国际投资管理（香港）有限公司	2014 年 4 月 30 日	3.00
招商证券资产管理（香港）有限公司	2013 年 3 月 28 日	1.00
国泰君安资产管理（亚洲）有限公司	2014 年 8 月 26 日	2.00
中国光大资产管理有限公司	2014 年 11 月 27 日	4.00
中国国际金融香港资产管理有限公司	2014 年 10 月 30 日	3.00
广发国际资产管理有限公司	2014 年 8 月 26 日	1.00
国信证券（香港）资产管理有限公司	2014 年 9 月 22 日	2.00
总　计		19.00

资料来源：国家外汇管理局。

三、经纪业务

目前，我国内地证券公司的国际业务主要仍集中在中国香港市场。2014 年中国香港市场在震荡中略微下跌 1.7%，最大振幅为 15.48%。由于 2014 年 11 月“沪港通”成功开启，中国香港证券公司佣金收入得到一定程度的刺激。截至 2014 年 12 月 12 日，“沪港通”开通后 20 个交易日中，沪股通平均日成交 58.4 亿元人民币，平均额度用量为 32.9 亿元人民币，占每日额度的 25.3%。随着沪港两市融合程度的提升，投资者对于两地投资规则的了解，双向交易额度有望继续上升。

香港联交所将市场参与者按照 A、B、C 三类进行区分。其中，A 类参与者为市场占有率前 14 名，B 类为 15—65 名，C 类为 65 名以后。截至 2014 年 10 月，A 类参与者的个体市场占有率为 2.08%—7.45%，总占有率高达 53.46%；B 类个体市场占有率为 0.25%—1.99%，总占有率为 35.26%；C 类个体市场占有率为 0.24% 以下，总占有率为 11.28%。这一市场结构总体与 2013 年相差不大。在内地证券公司中，中银国际位列 A 类证券公司，其余属 B 类中型证券公司。随着中国市场国际化程度不断提高，内地证券公司在中国香港的投入可能持续增加，以扩大市场份额。

四、国内证券公司国际业务网络持续扩张

2014 年 11 月，“沪港通”正式开闸，对我国资本市场国际化有着深远的意义。目前，内地证券公司的境外业务仍然集中在中国香港市场。而随着香港市场和内地市场逐步走向统一，也将加速国内证券公司整体布局中国香港市场。作为中国长年的离岸金融中心，中国香港资本市场饱受国际环境熏陶，是内地证券公司进军海外的最好出发点。内地证券公司发展境外业务主要有两种模式：一是以中信、海通为首的涉及境外业务较早的国内大型证券公司，得益于多年的积累，已经形成了较为稳定的境外营业模式和盈利途径；二是以国金、西南证券为代表的国内中小型证券公司，通过资本手段并购香港地区成熟本土证券公司，达到迅速布局的效果。2014 年，个别内地证券公司已经开始拓展境外业务市场，不满足于仅仅在香港地区市场开采。以海通证券为例，公司制定了明确而清晰的国际化战略：先中国香港，后亚洲，再欧美。随着中国市场国际化程度的提升，境外投资者对于中国市场的认知程度也将提高。届时，国内证券公司走出国门的方法将更加多样（见表 1-9）。

表 1-9　　2014 年国内证券公司境外业务重要事项整理

国内证券公司	事件	描　述
中信证券	研究业务国际化取得实质进展	与里昂证券联合举办新加坡医疗保健论坛，并在里昂中国论坛期间推出《中国梦　　改革路上的挑战》联合报告
	加强对境外业务资金投入	截至 2014 年上半年，公司累计使用募集资金折合人民币 110.52 亿元，其中 71.66 亿元用于收购海外平台，23 亿元用于境外固定收益产品投资，15.81 亿元用于发展跨境业务，367.69 万元用于支付相关境外业务费用
	拟增发 H 股	2014 年 12 月 28 日，中信证券公告称，拟新增发行不超过 15 亿股（含 15 亿股）H 股，发行价格拟不低于定价日前 5 个交易日 H 股在香港联交所收市价平均值的 80%

续表

国内证券公司	事件	描 述
海通证券	拟收购日本投资	2014 年 11 月 26 日，海通国际公告宣布，通过全资子公司与日本投资就收购事项达成了协议。日本投资是一家在东京证券交易所创业板上市的证券公司，其主要业务是向全球的机构投资者提供亚洲市场的股票研究、分析及销售建议，其股票销售团队还在伦敦、纽约、旧金山、东京及中国香港等地研究产品并开展经纪业务
	收购葡萄牙圣灵银行	收购金额约 3.79 亿欧元，有助公司拓展国际业务客户群，提高国际客户忠诚度，围绕人民币业务打造一个金融综合平台。海通证券是继中信证券后第二家布局全球市场的中资证券公司
	已获批在上海自贸区设立公司	核准在中国（上海）自由贸易试验区内设立 1 家公司，业务范围为：证券经纪；证券投资咨询；证券投资基金代销；为期货公司提供中间介绍业务；融资融券；代销金融产品；与证券交易、证券投资活动有关的财务顾问；证券承销与保荐（仅限项目承揽、项目信息传递与推荐、客户关系维护等辅助工作）
	收购香港恒信金融	2014 年 1 月 15 日，公司旗下子公司海通国际正式收购香港恒信金融集团有限公司 100% 股权，进一步扩大业务规模，推动产品创新
	拟增发 H 股	2014 年 12 月 21 日，海通证券公告称，拟新增发行 H 股 1.92 亿股，认购价为每股新 H 股 15.62 港元，预计将募集款项 299.43 亿港元
	扩大外汇业务经营范围	公司原有外汇业务包括：外币有价证券经纪业务，现变更为外币有价证券经纪业务；外币有价证券承销业务。这将帮助公司进一步发展外汇业务
招商证券	其国际子公司追加担保	招商证券国际有限公司向子公司与交易对手签署国际衍生品框架协议（ISDA 协议）、信用支持附件（CSA 协议）和主清算协议（Master Clearing Agreement）涉及的交易提供的担保等
华泰证券	拟发行 H 股	2014 年 11 月 17 日，华泰证券公告称，拟发行境外上市外资股并申请在香港联合交易所有限公司主板挂牌上市，上市外资股均为普通股，每股面值为 1 元人民币。此次拟发行 H 股股数不超过发行后公司总股本的 20%，并授予簿记管理人不超过上述发行 H 股股数 15% 的超额配售权
	增资华泰金融控股（香港）有限公司	公司决定对全资子公司华泰金融控股（香港）有限公司增资 10 亿港元，并分阶段实施。近期，公司出资 3 亿港元将其注册资本由 7 亿港元增至 10 亿港元

续表

国内证券公司	事件	描　　述
广发证券	在中国香港市场增设基金	广发控股香港经下设子公司广发资产管理（香港）有限公司开展资产管理业务并共设立 5 只基金，包括广发投资基金—广发中国人民币固定收益基金，广发中国成长基金以及另外 3 只私募基金
	境外投资标的上市	2014 年上半年，广发控股香港公司通过基金所投资的达内科技有限公司实现在美国纳斯达克上市，预计将为公司带来较好的投资收益
	拟发行 H 股	2014 年 12 月，公司已通过在中国香港面向境外投资者和合格境内投资者发行 H 股募集资金并在香港联交所主板挂牌上市的决议，以人民币标明面值，外币认购，面值为 1 元人民币，发行规模不超过总股本的 20%（超额配售执行前），并授予簿记管理人不超过发行 H 股规模的 15% 的超额配售权
中原证券	港交所挂牌上市	2014 年 6 月 25 日，中原证券在港交所进行 IPO，面向全球共发行 5.981 亿股 H 股，融资 15.01 亿港元。其中，面向中国香港散户投资者的公开发售部分获得 70% 的认购率，面向机构投资者的国际配售部分获 1.3 倍超额认购
西南证券	收购敦沛金融	2014 年 6 月 13 日，西南证券公告称，西证国际拟通过认购敦沛金融定向增发股份的方式，以 0.28 港元/股的价格认购不少于 12.40 亿股并持有敦沛金融不少于 51% 的股份，由此触发并实施对敦沛金融的全面要约收购
光大证券	境外业务发展迅速	旗下子公司光大金控上半年经纪业务零售客户资产总值较年初增长 17%；成功保荐美捷汇控股创业板上市，保荐且主承销的中国飞机租赁已于 2014 年 7 月 11 日挂牌；属中国香港首家推出微信平台的证券公司；套利交易系统（DTS）进入实盘测试阶段及二期开发阶段
东吴证券	拟设立新加坡子公司	东吴证券 2014 年 7 月 12 日公告称，公司与中新苏州工业园区开发集团股份有限公司共同出资在新加坡设立子公司，从事资产管理业务及监管部门核准的其他证券业务，其中，东吴证券出资金额不超过 750 万新加坡元，股权占比为 75%
国泰君安证券	获结售汇业务资格	成为国内首家获国家外汇管理局批复、取得结售汇业务经营资格的证券公司，获准经营的结售汇的业务包括即期结售汇业务、人民币与外汇衍生产品业务。该业务与国际证券公司主流业务 FICC 重叠，是国内证券公司涉猎国际业务的重要进步表现，也是人民币国际化的有力支持
	母子公司达成配售及认购协议	国泰君安证券（香港）有限公司获得款项净额 6.872 亿港元作为运营增资
太平洋证券	获准设立老挝代表处	2014 年 11 月 10 日，太平洋证券公告称，中国证监会对公司设立老挝代表处无异议。继 2013 年参股与老挝相关方设立的老—中证券公司后，为进一步对东南亚业务布局进行研究和规划，公司将在老挝设立代表处
中航证券	首发苏库克债券	2014 年 12 月 24 日，中航证券与宁夏政府签订协议，为其发行总额不超过 15 亿美元的内地首单苏库克债券
国金证券	拟收购粤海证券、粤海融资	2014 年 12 月 22 日，国金证券公告称，拟分别以 1.796 亿港元和 1 040 万港元向百通管理有限公司收购其控股的粤海证券和粤海融资

资料来源：各证券公司公告、Wind 资讯。

第二章
2014 年中国证券公司国际化业务面临的问题及 2015 年前景展望

第一节　2014 年中国证券公司国际化业务面临的问题

一、缺乏海外经验，境外声誉积累不足

缺乏海外业务经验是国内证券公司最大的软肋，只有通过不断积累海外经验，才能缩小与国际大行的差距。即将开闸的国际板业务，也令国内证券公司更清醒地认识到海外经验不足问题的严重性。随着中国企业“走出去”战略的实施和海外企业“走进来”，国内证券公司在一线业务中感到越来越大的竞争压力。海外投资人注重的是过往业绩，而在国际舞台上知名度不高又成为国内证券公司开展海外业务处处受限的一个短板。高盛摩根在海外深厚的历史和经验使得其在国际市场上更容易获得投资者的青睐和信任，这种良好的国际投资者关系正是国内证券公司需要积累的。基于此，国内证券公司努力构建海外业务平台成为重中之重，通过新设或择机收购，建立海外研究、销售及交易网络，包括组建国际研究团队和国际销售网络，努力发展海外跨境业务。

二、国际化业务结构单一，难以满足客户综合需求

国际业务往往更加强调国内证券公司的亮点和相对竞争优势，而内地证券公司在业务结构上呈现高度的同质化和单一化，难以满足客户的综合需求。目前，内地证券公司国际业务收入来源依旧高度依赖经纪业务，其收入占比高，缺乏实质性的附加值服务产品，仍然没有摆脱对经纪型业务的依赖，这在国际市场上更加显得缺乏亮点。以中国香港市场的 IPO 业务为例，前 10 名份额公司中只有 3 名来自中国内地。相反，中国香港市场 80%—90% 的 IPO 项目却来自内地，可见，内地证券公司的本土优势并没有得到境外投资者的认可。如何尽快完善业务结构，是内地证券公司国际业务急需解决的问题。

反观国外证券公司，传统大型投行如高盛摩根等，其重点强调机构业务收入和资产管理业务的高收益性和高质量性。美国市场自 1975 年实行佣金自由化以来，美国投资者结构出现巨大变动，机构投资者逐渐超过自然人投资者，形成了以机构投资者为主的市场风格。在此基础上，美国投行纷纷调整重心，开展针对机构投资者的业务模式，设立 FICC 部门，涉及固定收益商品和货币产品的交易。国内证券公司要想在国际业务中获得成功，必须努力适应国际业务环境，改善业务单一的局面，提供更加立体的有针对性的高附加值服务。

三、国际化业务人才仍然匮乏

虽然近年来我国资本市场大力创新业务产品模式，但始终缺乏核心的创新人才，证券公司依然依托现有的经营模式打造人才，缺乏国际业务人才储备。这主要是两个方面原因造成的：一是目前国内证券公司国际化仍处于初级阶段，国际业务贡献十分有限，难以引起公司的重视和投入；二是受困于国内政策环境，难以有效引入国际业务人才。我国的国际业务目前仍然处于学习发展的初级阶段，缺乏稳定的市场环境，所以也相对难以吸引国际业务人才；而缺乏国际业务人才反过来无法有效改进当前国际业务形势，形成恶性循环。同时，国内外不同文化的冲击和差异也为融合境外资源增加不少难题。

第二节　2015 年中国证券公司国际化业务前景展望

一、“沪港通”助力中国证券公司国际化业务

“沪港通”作为首次直连境内外市场的桥梁，标志着我国证券市场的国际化迈入全新的领域。随着中国国际地位的提升，境外资金投资境内市场的意愿越发强烈。“沪港通”的开启将为境内外资金的互联互通提供更加便利的桥梁，是我国资本市场成熟完善的重要象征。“沪港通”对于中国资本市场的重要意义是深远的，为中国资本市场引入外资提供了方便舒适的直通车。

“沪港通”的开启将中国香港市场摆在了重要的战略位置上，成为内地证券公司发展境外业务的支撑点。大型内地证券公司中信证券、海通证券在丰富的境外业务经验之上，也不断进行跨国资本运作，以中国香港为中心，开始向更广阔的国际市场进军。中信证券在完成对法国里昂证券的全资控股后，成为首家进军全球市场的中资证券公司。海通证券在收购大福证券后进一步收购香港恒信金融，成为首家控股融资租赁的中资证券公司。作为中小内地证券公司，西南证券和国金证券分别通过对香港敦沛金融和香港粤海证券进行参股或并购，达成迅速布局中国香港市场的目的，显示出内地中小型证券公司对于“沪港通”后中国香

港市场的重视。

目前，内地证券公司在中国香港的整体发展仍处于成长阶段，中信证券、海通证券这样的大型机构已经建立了成熟的经营体系，但总体而言中资证券公司仍有巨大的发展潜力。目前，内地证券公司的境外业务收入占母公司收入的平均比例仍不到10%。随着“沪港通”的开启，内地证券公司以中国香港为基础的国际化业务将迎来一个全新的开始。

二、中国企业赴海外上市活跃，为中国证券公司提供更多国际化业务机会

随着全球经济复苏和金融市场的改善，中国企业在美国、中国香港的资本市场表现十分突出，2015 年中国企业海外上市会更加活跃，这为中国证券公司提供了更多业务机会。内地证券公司的优势在于，拥有大量国内企业资源，内地企业资源在境外上市过程中，内地证券公司可以积极寻找海外研究、销售能力较强的机构进行合作，协助投行项目的境外销售。

2015 年世界经济不确定因素较 2014 年略有减少，美国经济出现好转，加之美国资本市场环境的不断改善，投资者信心大振，纳斯达克指数短期调整后继续上扬，中概股赴美上市迎来新一轮机遇。随着中国日益融入全球贸易和经济体系，其他市场也正成为中国企业走出去的融资目的地，韩国、加拿大、澳大利亚和新加坡等地交易所将靠自身独特优势成为中国企业海外融资地的新兴选择。

行业方面，医药、科技和金融行业继续火热，其他行业也有表现，IPO 趋于理性和健康。中国海外上市企业的行业分布更加多元化，不仅互联网、电子商务、传媒、新能源等新兴行业表现活跃，消费服务、医疗卫生、金融等行业也表现良好。中国企业赴海外上市的活跃，为国内证券公司的国际化业务发展提供了重要机遇。

三、中国证券公司本土研究能力助推国际影响力

随着中国资本市场国际化的不断推进，越来越多的外资开始关注中国资本市场。然而，外国投资者对于直接投资中国资本市场的经验仍然十分欠缺，需要借助国内证券公司扎根本土的研究能力。以中信证券为例，2014 年上半年中信证券与里昂证券在新加坡联合举办医疗保健论坛，并在论坛期间推出联合报告。同时，中信证券还为国际投资者提供各类增值研究服务，如组织大型策略会，安排分析师全球路演或拜访政府部门和上市公司，进一步扩张其研究能力的国际影响力。2014 年，中信里昂被国际权威杂志《机构投资者》评为亚洲领先股票研究机构之一。国内证券公司通过展现自己的研究能力，不断吸引国际投资者，从而增强国际影响力。

四、国际化业务扩张进入快速发展期

2014 年下半年，尤其是“沪港通”开通后，A 股成交量大幅提振。在此背景下，国内

证券公司纷纷寻求扩充资本金，以扩大各类业务经营规模，丰富产品种类，提升竞争实力，同时也造就了国内证券公司加速开拓海外业务的最佳时点。

以海通证券为例，2014 年，海通证券继 2013 年收购恒信金融后，又与葡萄牙最大投行圣灵银行达成收购协议，成为继中信证券后第二家布局欧洲市场的大型国内证券公司。中资证券公司的强大资本实力和外资金融企业多年的境外业务经验得以通过资本并购手段结合，使缺乏海外经验的国内证券公司能够迅速提升海外业务能力，通过有效融合圣灵投行多年的海外业务资源和海通本身强大的资本力量，实现优势互补，稳步在先中国香港、亚洲，后欧洲、美洲乃至全球的国际化道路上前进。

2014 年，“一路一带”战略和自贸区政策正加速我国市场经济的国际化进程。以“一路一带”政策为主轴，深化中国自贸区改革，是我国未来市场经济和金融市场国际化发展的重要方向。与金融市场的国际化发展相适应，2014 年，多家国内证券公司传出申请外汇经纪和外汇自营业务牌照的消息。目前，国泰君安证券已经率先获国家外汇管理局批准，取得结售外汇业务经营资格，成为国内首家获此资格的证券公司。未来，随着国内证券公司政策层面的放开和国际化战略的深入，国内证券公司的国际业务扩展有望迎来一个快速发展时期。

分报告之七：
2014 年证券经营机构投资咨询业务及证券资信评级业务发展回顾与展望

第一章
2014 年证券公司投资咨询业务发展回顾与展望

第一节　中国证券投资咨询业务及财富管理业务的发展情况

投资咨询业务根据服务对象和服务方式的不同包括发布证券研究报告业务和投资顾问业务两大业务，发布证券研究报告业务是证券分析师通过为机构客户提供专业研究获得分仓收入和研究收入的一种业务模式；投资顾问业务则更多是为中小投资者提供专业投资建议帮助客户实现资产保值增值从而获得增值业务收入的形式；财富管理业务则通过为高净值客户提供综合金融服务实现客户财富增长的一种业务模式。

这三者之间存在着天然的联系，研究报告业务是投资顾问业务和财富管理业务的基础，其为投资顾问业务和财富管理业务提供了从宏观、策略、行业到具体投资标的的分析和建议，是投资顾问业务和财富管理业务的基石。

投资顾问业务和财富管理业务两者相互融合发展，探索前行，表现为投资顾问业务和财富管理业务在客户上存在融合，没有明确的客户边界；在服务人员上也存在着融合，都是以投资顾问为基础；在服务方式上同样存在着交叉，投资顾问业务和财富管理业务没有天然的分割，两者相互融合发展，共同探索中国财富管理的发展道路。

一、发布证券研究报告业务的总体发展情况

（一）发布证券研究报告业务的基本现状

发布证券研究报告业务源自投资咨询服务。一般投资者可能受时间、精力、知识和能力的限制，无法及时和全面地了解与证券投资有关的信息并做出有效的分析，因而需要有人就此提供专业的投资咨询服务。为满足该项业务需求，证券公司及相关的证券金融机构便组织市场研究团队，通过对证券市场和上市公司有关信息的处理和分析，形成投资建议供投资者进行投资参考和使用，这构成了证券投资咨询服务的主要内容。随着投资咨询业务的发展和专业分工，证券分析师的研究报告也就自然构成了发布证券研究报告业务的核心内容。根据中国证券业协会的调研数据，截至 2014 年底，中国从事发布证券研究报告业务的机构为 85 家，从业人数为 3 332 人，其中，具有 5 年以上工作经验的人数为 1 193 人，约占 35.80%，具有博士及其以上学历的人数为 309 人，同比减少 91 人。

（二）“沪港通”对发布证券研究报告业务的影响

2014 年随着“沪港通”等业务的开展，内地证券公司向中国香港客户提供研究服务时可分为两种情形：第一种是在内地向中国香港客户提供研究服务；第二种是在香港地区向香港地区客户提供研究服务。对于第一种情况，内地证券公司在内地向中国香港客户提供研究服务的，应当取得证券投资咨询业务资格，提供研究服务的从业人员应具有证券投资咨询执业资格。如不涉及在中国香港市场经营相关业务，例如不在中国香港市场提供收费研究服务、研究报告不以中国香港市场投资者为特定发放对象，原则上内地证券公司无须再另行申请牌照。对于第二种情况，内地证券公司在中国香港向中国香港客户提供研究服务不属于中国证监会管辖范围，应遵循中国香港监管机构关于牌照管理、信息披露等方面的有关要求，向中国香港监管机构申领有关牌照，合法合规经营。

（三）发布深度研究报告的数量保持增长趋势，研究产品体系及服务项目继续丰富和完善

2014 年较为景气的证券市场形势和加剧的市场竞争环境，促使中国发布证券研究报告行业在研究产品体系及服务项目方面进行拓展和提升。根据中国证券业协会的调研数据，2014 年，设有研究部（所）的 85 家证券公司（调研样本总量为 90 家证券公司），总共发布研究报告数量为 130 995 篇，环比 2013 年下降 19.25%。在这些报告中，2014 年深度报告为

14 276 篇，约占研究报告总数的 10.89%。虽然总体发布的研究报告数量有所下降，但是深度报告的数量较 2013 年提升约 2 个百分点，这意味着证券公司越来越重视产品报告这项服务（见表 1－1）。

表 1－1 证券研究报告的发布情况

研究所（部）的产品总数量			
年度	2013 年	2014 年	增长率（%）
总量（篇）	133 442	130 995	－1.83
其中：深度报告（篇）	12 506	14 276	14.15
其他报告（篇）	120 936	116 544	－3.63

资料来源：中国证券业协会调研数据。

根据调研数据，对于证券公司发布研究报告行业，其研究产品体系及服务项目更加丰富和完善。从产品体系的拓展和完善上来讲，当前的研究内容和产品体系除了传统的宏观研究、策略研究、行业与公司研究、金融工程研究、综合研究、基金研究、债券固定收益研究外，关于衍生品研究、特别覆盖研究、理财产品研究、大宗商品研究、汇率研究、数量与指数研究、财富研究、中小市值研究、主题研究、（金融）创新研究等日渐增多；从产品及服务的推广形式上来讲，主要包括宏观及策略会、专题会、路演推介、与外部合办报告会、视频讲座、联合调研、大型活动、高端论坛、电话会议、纸质印刷品、多媒体推广、新媒体互动、视频晨会、手机短信服务、一对一会议、专题培训、电话沟通、公司拜访、一对一调研、电子版邮件、书面印刷报告、专题研讨会、发送研究报告、上门一对一服务、安排政府部门拜访、分析师互动、销售经理交流、委托定制等。

（四）整个证券公司研究行业对研究品牌、服务机构客户及支持分支机构这些业务持续给予支持

根据中国证券业协会的调研数据，2014 年，设有研究部（所）的 85 家证券公司（调研样本总量为 90 家证券公司），有 62 家进行了品牌推广，有 56 家加强了对机构客户的研究推广和服务，有 73 家加强了对分支机构支持。上述数字基本与 2012 年持平，可见，整个证券公司发布研究报告行业继续给予研究品牌、服务机构客户及支持分支机构这些业务足够的重视。

（五）证券公司发布研究报告业务呈深度化发展

部分证券公司显著加大对发布证券研究报告业务的收入，而另一部分证券公司对此项业务投入有所减少。从统计数据可以看出，部分证券公司继续做大做强，研究投入资金增幅很大。而另一部分证券公司的研究投入有缩减的趋势，两极分化初露端倪。根据中国证券业协会对 90 家证券公司的调研数据，79 家证券公司研究所（部）均被设定为一级部门，5 家目

前未设立研究所（部）的证券公司表示没有设立研究所的计划，证券公司研究所（部）被设定为二级部门的有6家。从经费投入上看，2014年，证券公司研究所（部）的研究经费有30家增长，增幅平均值为69.8%，29家证券公司的研究所（部）表示其年度研究经费增幅出现下降，降幅平均值为31%。

二、证券投资顾问业务发展的总体情况

2014年投资顾问业务依然是在探索中前行，在发展中规范。整体来说，2014年的投资顾问业务依然还没能摆脱服务经纪业务的从属地位，投资顾问业务整体定位依然是增强客户黏性，提升客户满意度；从业务形势来看，获取差别佣金和投资顾问管理费是投资顾问业务的主要盈利模式。回顾2014年，证券公司投资顾问业务从组织形式、业务变迁、人员分布等方面出现了可喜的变化。

（一）证券公司的投资顾问业务情况

2014年，证券公司普遍增加了对投资顾问业务的重视程度，开设投资顾问业务的证券公司数量稳步增加，团队规模持续扩大，同时多数投资顾问部门进行了结构性调整，部门职能界定进一步明晰，组织形式趋向于以总部和分支机构二者合作为主，分工更加明确，整个行业从业人员的薪酬整体呈相对增长态势。

从2014年中国证券业协会专项调研数据来看，在全部参与调查的92家机构中，普遍设立了从事投资顾问业务的相应职级的部门。从组织设立情况来看，投资顾问业务得到证券公司的普遍重视，在总部层面设立了从事投资顾问业务一、二级部门的证券公司达到了88.04%，即使没有在总部层面设立相应部门的机构，其分支机构也在开展相应的投资顾问业务（见表1-2）。

表1-2　投资顾问部门设立情况表

总样本	设立投资顾问一级部门	设立投资顾问二级部门	没有设立投资顾问部门
92（家）	19	62	11
占比（%）	20.65	67.39	11.96

资料来源：中国证券业协会调研数据。

从部门业务归属来看，绝大多数证券公司将投资顾问业务的组织、运行和管理的职能归属在经纪业务线。从在总部层面设立了投资顾问相关业务部门的证券公司来看，92.59%的证券公司将投资顾问或投资咨询业务归属于经纪业务线，只有7.41%的证券公司将该项业务归属在研究所、网络金融或独立的财富中心下。从中也可以看出，投资顾问业务成为一个独立的业务单元还为时尚早，更多的还是居于业务支持和服务部门（见表1-3）。

表 1－3　投资顾问部门业务归口情况表

总样本	归属经纪业务	归属其他业务部门
81（家）	75	6
占比（%）	92.59	7.41

资料来源：中国证券业协会调研数据。

（二）证券投资顾问业务模式定位逐渐发生变化

投资顾问业务经过多年的发展和探索，市场普遍认识到从免费咨询向投资顾问业务收费的过渡是投资顾问业务的必然路径。从业务形势来看，目前的主要业务模式包括差别佣金和投资顾问费的收取，而投资顾问费的收取形式又包括投资顾问签约收费服务、模拟组合收费、有偿资讯收费等形式。

当前，投资顾问业务在证券公司的业务中还属服务和支持部门，在全部参与调查的证券公司中，绝大多数的证券公司还是将投资顾问业务定位在成本中心，而只有7.41%的机构将投资顾问业务定位在利润中心，即使将投资顾问业务定位在收入中心，它也还是和经纪业务部或财富管理部共同组成利润收入部门，而很难成为独立的业务中心。究其原因来看，在第三方存管模式和现行的法律框架下，投资顾问还难以从投资建议直接转化为账户管理，从而实现从投资顾问向财富管理的过渡。可喜的是，不少证券机构正在积极尝试在现有的法律框架下如何提升投资顾问的价值，比如通过配置一些固定收益类的产品，引导投资顾问部向资产管理过渡等（见表1－4）。

表 1－4　投资顾问业务形式及定位

总样本	成本中心	收入中心
81（家）	75	6
占比（%）	92.59	7.41

资料来源：中国证券业协会调研数据。

从职能上来看，现阶段证券公司总部投资顾问部的职能主要包括管理职能，比如制度制定和业务督导、人员组织和业务管理等；产品设计包括资讯信息、组合设计、主题分析等；投资者教育和客户分类管理等。

从证券公司的服务形式来看，一般是通过投资咨询产品、模拟投资组合、投资顾问一对一服务等形式来提升佣金或签约投资顾问服务的。但是，随着金融产品代销业务的崛起，金融产品的销售和配置的收入在证券公司投资顾问业务中有日益发展壮大的趋势，这也反映了投资顾问收费在中国是艰难的，客户还不愿意通过按账户资产支付投资顾问费，而愿意以金融产品销售的后端尾随佣金的形式支付投资顾问费，这本质还是一种销售返点的形式，而不是真正让客户通过其资产的保值增值来支付投资顾问费。

目前，通过模拟账户的交易，带动客户跟随交易成为投资咨询从免费向收费的一种有益的尝试。从调查数据来看，不少证券公司在这方面做了积极的尝试，这一方面锻炼了投资顾问队伍，另一方面也培育了客户，让客户真正体会到了服务的价值。

（三）证券公司普遍提高对投资顾问业务的重视度，投资顾问团队规模在2014 年继续实现了较大的扩张

从中国证券业协会统计数据来看，证券公司为中高端客户普遍提供了各种形式的投资咨询服务产品和服务，从提供的产品和服务的形式来看主要有软件及终端服务、咨询服务、模拟组合服务、推荐股票服务、投研服务、策略服务、一对一投资顾问指导等服务形式（见表 1 -5）。

表 1 -5　　投资顾问产品类别及比重

投资顾问产品类别	资讯服务	模拟组合服务	策略服务	荐股服务	投研服务	终端服务
数量（家）	117	84	78	29	28	11
占比（%）	33.72	24.21	22.48	8.36	8.07	3.17

资料来源：中国证券业协会调研数据。

在全部调查的 92 家证券公司中，共提供了 347 款各类投资顾问产品，平均每家机构为客户提供了近 4 款的投资顾问类产品，而从投资咨询产品的形式来看，资讯信息服务、模拟组合服务、投资策略服务是投资顾问产品的主要表现形式，分别达到 33.72%、24.21% 和 22.48%，而荐股类软件在全部的 92 家机构中只有 11 款类似的产品和服务，仅占全部投资顾问产品和服务的 3.17%。综合来看，现阶段证券公司为客户提供的投资顾问产品和服务主要以资讯服务、模拟组合服务和投资策略服务为主，这也充分说明了客户目前的配置主体还是在二级市场，理财建议和理财配置类服务还没有成为投资顾问的主流服务形式。

三、证券公司财富管理业务发展的总体情况

（一）证券公司财富管理业务尚处于起步阶段

2014 年，投资顾问业务发展最重要的变革是向财富管理业务的转型升级。根据 2014 年中国证券业协会专项调查统计，在已经开展投资顾问业务的 84 家证券公司中，有 44 家已将投资顾问业务向财富管理业务转型，40 家证券公司设立了专门从事及管理财富管理业务的独立部门。调查统计显示，财富管理业务的产品类型包括公司内部开发的资产管理计划、柜台市场产品及代销的公募基金和私募基金产品、固定收益产品、另类投资产品等。证券公司财富管理业务的组织形式也基本以总部和分支机构分工协作为主。

高端财富管理需要具备产品和客户两大要素，丰富的金融产品线是财富管理的前提，而掌握客户资源是财富管理核心竞争力的体现。一个成熟的财富管理业务是以客户为中心，根据客户不同人生阶段的理财需求，假以专业化的资产配置，为客户带来稳定高效的投资收

益，财富顾问师是客户得以信赖和依靠的长期财富管家。

目前，在中国参与高端财富管理的金融机构主要包括商业银行的私人银行、信托公司、第三方理财机构、保险公司和证券公司的财富管理部门。从参与财富管理的各方来看，大部分的机构还起步于产品推销阶段，很难为客户提供丰富的产品选择和专业的财务建议。考虑到证券行业的服务导向，我们在本专题中对于银行、信托、保险、第三方理财机构不做分析，而将重点放在证券公司财富管理上。

中国资本市场从无到有，从小到大，客户资产也日益增大，而证券资产作为一个高风险的资产还难以满足客户资产保值增值、综合资产配置的需要，应该说，证券公司财富管理才刚刚兴起。证券公司财富管理兴起于2012年，发展在2013年。2012年，由于信托公司的异军突起，给证券公司带来了无限的遐想，也倒逼证券公司从单纯的经纪业务转向产品销售，这是证券公司财富管理的发端和启蒙。截至2014年6月，中国高净值人群（可投资产超过1 000万元的个人）超过84万人，可投资产达到30万亿元，人均可投资产超过3 000万亿元人民币，这是中国财富管理行业不绝的源泉。

（二）证券公司普遍加大对财富管理业务的投入，财富管理业务快速成长

证券公司财富管理部门作为一个新兴业务也是在不断摸索中发展的，由于国内现行法律制度的束缚，投资文化和投资者行为的制约，植根于欧美的财富管理在中国内地明显水土不服，国内最早建立财富管理部门的证券公司纷纷转型，一部分转型为资产管理业务，成为事实上的资产管理二部，一部分借助近两年固定收益类产品的兴起，转型为理财产品的开发和销售，还有一部分和原有的投资顾问业务融合转型为客户服务。

从国内证券公司在财富管理部的设置来看，在调查的92家证券公司中有一半的证券公司设立了财富管理部（见表1－6），而其中有25%的证券公司设立了一级部门，专门从事财富管理的职能，这也充分显示了证券公司对财富管理业务的重视和关注，而在调查证券公司中设立投资顾问部一级部门的仅为20.65%，这显示财富管理业务由于拥有更清晰的业务模式日益为证券公司所青睐。

表1－6　财富管理部门的设立情况

总样本	设立财富管理一级部门	设立财富管理二级部门	没有设立财富管理部门
数量（家）	23	23	46
占比（%）	25	25	50

资料来源：中国证券业协会调研数据。

从参与财富管理业务的人员来看，在证券公司总部层面参与财富管理业务的人员达到了889人，与证券公司总部从事投资顾问业务的1 424人相比，达到了从事投资顾问业务人员的60%。在可以预测的将来，从事财富管理业务的人员将会继续增长。

（三）证券财富管理业务的开展形式逐渐多元化

现阶段证券公司财富管理业务的形式主要是产品销售收入、投资顾问费收入以及传统佣金增值收入，即差别佣金收入。从证券公司财富管理收入的构成情况来看，传统的投资顾问费和差别佣金依然是证券公司财富管理部门的重要收入来源，但是，产品销售收入日益成为财富管理业务的主要收入来源和业务开展方向。

财富管理业务刚刚兴起，其收入来源却是多元化的，尤其是财富管理业务和原有的投资顾问业务存在着天然的联系。很多证券公司甚至就将投资顾问业务和财富管理业务放在一起，从部门设置来看，将财富管理部门设置为二级业务部门的证券公司无一不是将该部门放在经纪业务部门之下，这也表明了财富管理部对证券公司分支机构的高度依赖。

从产品销售来源来看，公募基金、资管产品是绝大部分证券公司的主要来源。为了进一步满足客户需求，越来越多的证券公司在不断拓展产品来源，包括固定收益类中银行理财产品、信托理财产品，以及私募基金产品。这也是近年市场持续低迷、通货膨胀高企后，高净值人群为资产保值增值的一个重要选择，证券公司财富管理业务的发展正好满足了这类客户的需要（见表1－7）。

表1－7　　财富管理业务类型

业务类型	投资顾问费	差别佣金	产品销售收入
数量（家）	28	23	25
占比（%）	37	30	33

资料来源：中国证券业协会调研数据。

第二节　中国证券投资顾问业务及财富管理业务面临的挑战和机遇

一、证券投资顾问业务及财富管理业务发展面临的挑战

（一）证券投资顾问业务及财富管理业务面临的金融环境变化

1. 投资顾问业务及财富管理业务发展的监管环境变化

2014年，中国证券业的监管环境呈现的最大特征就是创新。2014年5月召开的证券行业创新发展研讨会，为行业未来的发展奠定了基调，证券公司五大业务转型方向也更为明确。投资咨询业务在整个中国证券业深入开展创新的大环境中，本身也处于变革和调整的阶段。在创新环境下，投资咨询业务的可操作空间将不断加大，产品及服务的内容将不断丰富

和完善，但如何使合适的产品及服务，通过合适的渠道，在合适的时间，以合适的价格，提供给合适的销售对象，依然是投资咨询业务在不断探索的当前阶段面临的重大挑战。

2. 投资顾问业务及财富管理业务发展的市场环境变化

开展投资咨询业务，需要一定的市场条件，比如客户成熟度的提升、金融市场的纵深发展和日益成熟、国民财富的水平达到必要的阶段等。受中国经济持续高速增长、国民收入水平不断提升和中国证券市场不断走向成熟的大环境的带动，中国市场开展投资咨询业务的主要条件已经基本具备，但从市场竞争格局的角度看，目前国内众多的投资咨询机构正处于白热化的竞争环境。

（二）证券公司投资顾问业务面临的挑战

1. 附属证券公司的证券投资顾问业务的盈利模式难以形成

自 2010 年 10 月 12 日中国证监会发布了《证券投资顾问暂行规定》以来，经过 4 年多时间的探索和发展，各大证券公司根据自身的客户资源、考量其投研实力和公司资源在大力探索适合自身的业务模式和业务结构，但从实际运行情况来看，投资顾问业务目前还主要体现在差异佣金、投资顾问费和产品销售收入上，还没有转型到依赖客户资产收费，尤其是没有形成与客户管理资产收益挂钩的体系。目前，证券公司投资顾问业务更多的还是成本中心，还难以成为独立的收入利润中心，构建业务清晰的盈利模式是投资顾问业务发展壮大的重要挑战。

2. 投资文化不够成熟，过分追求短期收益

目前，我国资本市场上上市公司重融资，轻回报，导致上市公司对市场回报不高，在客观上刺激了投资者以二级市场炒作为主，而长期投资者偏少的现状。另外，从投资者结构来看，我国股票市场投资者队伍中以中小散户为主体，证券投资基金、养老金、保险金、企业年金、职业年金等机构投资者数量偏少，投资占比偏低。

我国机构投资者占比少，一是因为资本市场发展时间短，还没有培育出足够多的投资机构；二是因为我国金融发展政策制约了资本市场的长足发展。我国过去实行的是严格的分业经营、分业管理发展模式，银行资本金、信托资金、保险资金甚至养老金、社保基金进入股市都有严格限制。截至 2014 年 2 月底，我国保险资金资产达 85 万亿元，社保基金达 3 万多亿元，商业银行资本金约有 10 万多亿元，放宽保险资金和社保基金入市限制，吸引保险资金、社保基金以及商业银行资本金投资股权，将为市场供给巨量机构投资资金，有效缓解我国股市融资量不足的现状，同时利于长期投资文化的营造。

3. 证券投资顾问业务面临人才瓶颈

目前，证券公司注册从业人数达 238 212 人，而全部证券公司机构的投资顾问有 28 473 人，仅占全部从业人员的 11.95%；从调查数据来看，作为公司总部部门的投资顾问人员仅有1 029人，仅占全部投资顾问的 3.6%，总部投资顾问是投资顾问业务的核心，承担着投资顾问产品的设计和管理工作。从上述数据来看，优秀的投资顾问的数量偏少，这也是市场发

展壮大的一个主要瓶颈。

2014年投资顾问队伍整体表现稳定，从参与调查的92家机构来看，其在总部从事投资顾问业务的每家公司平均投资顾问人数仅为11.18人，在全部注册的117家证券公司中，投资顾问仅占总从业人数的11.95%。从投资顾问在从业人员的占比以及总部投资顾问在全体投资顾问的占比来看，这两个指标都表现偏低，这也侧面佐证了投资顾问业务在现阶段还没有成为证券公司的主流业务，而只是为经纪业务服务的业务。证券公司投资顾问的盈利模式还是销售交易型，不是服务增值型。从投资顾问人员进出情况来看，2014年投资顾问的进出情况整体持平，新进的投资顾问略多于离职的投资顾问，行业投资顾问人员呈净流入态势（见表1-8、表1-9）。

表1-8　证券公司投资顾问人员入职、离职统计情况

总样本	总部投资顾问	分支机构投资顾问	新近投资顾问	离职投资顾问
数量（人）	1 029	17 496	3 924	3 764
占比（%）	3.6	94.45	21.18	20.32

资料来源：中国证券业协会调研数据。

表1-9　证券公司中注册投资顾问统计

机构	家数（家）	注册投资顾问（人）	总从业人数（人）	投资顾问占比（%）
证券公司	117	28 473	238 212	11.95

资料来源：中国证券业协会调研数据。

（三）证券公司财富管理业务面临的挑战

1. 证券公司财富管理业务产品线不够丰富，业务模式较为单一

目前，大部分金融机构的财富管理业务还谈不上真正的财富管理，只是停留在理财的初级阶段，即由项目做成金融产品，再去找资金完成销售，在现阶段的运行模式是以产定销，以产品为中心，财富管理的任务主要是销售更多自己的产品，而不是以客户为中心，根据客户需求为客户配置金融产品，满足客户全生命周期的需要。尤其在现有的金融产品中，财富管理产品形式还过于单一。

财富管理业务在国际上经过多年的发展日臻成熟，但在中国还属于新兴事物。现阶段，国内财富管理还更多局限在金融产品代销业务上，从参与投资顾问业务主体来看，目前参与高端财富管理的金融机构主要包括信托、商业银行的私人银行、第三方理财、保险公司等。其中，大部分机构仍处于简单的产品推销阶段，很难为客户提供更加丰富的产品选择和专业的财务建议。第一，信托公司开展财富管理业务有明显的制度优势和产品优势。信托公司是境内唯一可以跨货币、资本和实业三大领域的金融机构；信托公司产品设计能力突出，投资方式灵活多样。第二，商业银行发展私人银行业务最大的难点在于如何在机制上确保跨部门合作的顺畅，整合全行资源，服务高净值客户。第三，第三方理财机构仍处于初期发展阶

段，服务模式简单，客户资源存在弱势；上游机构业务线自建渠道，挤压第三方代销空间。

2. 证券财富管理业务团队作战能力有待提高，面临人才瓶颈

高净值人士选择财富管理机构的原因主要是基于对客户经理长期的信任和良好的个人关系，以及对财富管理机构综合投资理财服务能力的认可。投资者希望通过财富管理机构便捷的交易和服务，节省理财时间和精力。这使得理财师、客户经理的作用至关重要。此外，财富管理机构在产品筛选和产品设计方面的能力也非常重要，好的产品设计团队能为客户提供最为全面的金融产品。目前，国内缺乏优秀的财富管理规划师。

3. 同业竞争和行业竞争日趋激烈

中国财富管理市场的竞争才刚刚开始，信托公司和私人银行占据主流，未来财富管理市场群雄争霸。有调查显示，67.6%的信托产品投资者同时是私人银行的客户；中国高端财富管理市场“产品驱动”特征明显，在评述私人银行和信托公司的关系时，55.1%的投资者认同“谁能提供好产品，我就选谁”。因此，在未来财富管理市场中，信托公司与私人银行的竞争注定不可避免，第三方理财、证券公司资产管理、保险公司等不断加入，高净值客户的争夺将日趋激烈。

二、证券投资咨询业务及财富管理业务发展面临的机遇

（一）证券投资咨询业务及财富管理业务发展面临的政策及市场机遇

在创新环境下，2014年，创新政策促使证券公司的资产管理业务快速发展，不断推动证券公司融资融券业务，鼓励证券公司开展柜台交易，并积极推动扩大证券公司代销金融产品的政策。这些有力的政策环境促使证券投资咨询业务的可操作空间不断加大、产品及服务的内容不断丰富和完善，证券投资咨询业务在监管层面得到了进一步的规范和政策放松。2015年，随着账户管理的试行，中国财富管理市场将快速发展，投资顾问业务转型发展也会迎来历史性的发展机遇期。

经过全球金融危机，中国资本市场日渐成熟，投资者对证券投资的认识趋于理性，开始认识到专业投资机构及研究机构的价值和优势所在，打理财富这一业务的市场基础开始得到进一步夯实，投资咨询业务的收费基础开始奠定。

（二）证券投资咨询业务发展面临的机遇

1. 证券公司投资咨询业务收费模式得到客户认可，成为证券公司收入来源之一

部分证券公司依据暂行规定试水投资咨询业务独立收费模式。证券公司实践结果表明，不少投资者愿意为专业的服务支付额外的费用。部分证券公司试行投资顾问服务收费模式得到客户认同，这意味着，证券公司欲摆脱投资咨询业务服务捆绑佣金收费的转型之路再次开启。

2. 证券公司投资顾问业务随着金融创新的发展具有巨大的发展潜力

与我国金融服务业庞大的市场规模相比，证券投资顾问业务的市场规模明显偏小。北美成熟市场的经纪业务经历了由折扣证券公司、通道型证券公司向收费型证券公司、全面服务证券公司转型之路发展。我国证券投资顾问业务潜在市场容量足以让创新者游刃有余。近年来，我国资本市场改革创新取得了积极成果。监管部门推出了融资融券、债券质押式报价回购、约定购回式证券交易、期权交易、新三板做市交易等多项新产品和新业务。这些创新不仅丰富了资本市场的产品类别，为服务实体经济做出了贡献，而且给证券公司带来了诸多发展机遇。

3. 证券公司的投资咨询业务发展体系逐步走向多元化

综合能力较强且具备一定产品研发和研究实力的金融机构，正尝试将投资顾问业务与资产管理业务结合起来发展，建立多元化产品体系，为投资顾问业务的发展提供充足的产品资源。纵观美林、高盛等综合型国际大投行，其投资顾问业务的开展都与公司资产管理业务紧密结合在一起，当客户选择一个机构的投资顾问，实际上也是选择了该机构的资产管理服务。但在与资产管理业务的关系上，我国境内的投资顾问业务与境外不同。目前，在我国证券投资顾问人员进行类资产管理业务还存在实质法律障碍。随着账户管理业务的试行，将为投资顾问业务的发展开辟一片更广阔的天地。

4. 私募市场的快速发展成为证券咨询业务发展的助推器

2014 年资本市场的改革主要是围绕着健全多层次资本市场体系来展开的，其中一个重要方面是大力发展私募市场。私募业务作为一个刚起步的领域，是当前我国资本市场落实十八届三中全会精神、提升“市场决定性作用”的重要抓手和关键突破口。参与主体不仅包括人们熟知的私募股权、创投、私募证券，还包括很多具有金融牌照的资产管理机构。监管层及各市场参与主体应各尽其责，各归其位，大力推动私募业务发展。对于监管部门来说，应大力推动监管转型，营造宽松监管环境；对于自律组织来说，应完善各项基础配套，提供良好发展条件；对于证券公司来说，应充分发挥资本中介功能，增强产品创新能力和整体竞争力。新规则允许证券公司自身办理登记结算业务，允许经监管部门认可的证券公司为资产管理提供资产托管服务，这使得证券公司开展针对私募基金的 PB 业务具备了条件。从海外市场的经验看，这块业务将可能成为未来证券公司的一项核心业务。

（三）证券财富管理业务发展面临的机遇

1. 更加丰富的产品线能拓展财富管理行业创新发展空间

规模丰富的产品线是财富管理的核心竞争力。理财业务的成熟阶段，应是以客户为中心，具有较高的产品选择能力，根据不同客户的不同人生阶段的理财需求，通过科学和专业化的资产配置，实现较为稳定且较高的投资收益，成为客户长期、高级个性化理财顾问。国外独立的财富管理公司提供的服务包括资产管理、配置、风险管理、税收和遗产规划、信托服务、离岸金融、研究分析等。从国内来看：第一，政府“盘活存量”的总体战略带来了投资机会，资产证券化 ABS 业务为广大高净值客户提供了全新的投资选项。在美国市场，ABS 产品的存量市场在数万亿美元，而该产品在中国才刚开始出现。第二，中国私募股权基金行业在相关政策的开放下新“黄金十年”正在来临，私募股权基金 PE 业务将成为高净值客户重要的资产配置选择。第三，中国高净值客户出现全球化资产配置的潮流，美元资产产品在国内非常稀缺，如美元对冲基金产品，美元类固定收益产品，美元的私募股权、风险投资及其他创新产品，美元房地产基金，以及投资移民等服务。

2. 中国宏观经济、资本市场以及高净值人群的扩大为投资顾问业务提供了潜在市场

中国财富市场将继续保持稳健发展势头。其一，随着 IPO 重启和全国中小企业股份转让系统交易市场的启动，市场规模有望持续增长。其二，预计银行理财产品和其他境内投资将保持稳健的增长态势。其三，针对投资移民、子女留学以及全球范围内多元化资产配置的需要，个人投资者将继续增加境外投资。有关数据预测显示，2012—2015 年高净值人群持有的可投资资产以年均复合增长率 18% 增长至 36 万亿元，2015—2020 年复合增长率降至 15%，2020 年末可投资资产将达 73 万亿元。

离岸财富预计将以 6.8% 的年均复合增长率稳健增长，到 2018 年底预计达到 12.4 万亿美元。这主要是由于发展中经济体的投资者趋向于寻求更高的政治和金融稳定性、更具深度的财富管理产品和专业知识以及地域上的多样性。瑞士仍然是全球领先的离岸财富中心，资产总额达到 2.3 万亿美元，占全球离岸资产总值的 26%。出于追求高收益资产、分散风险、移民等多方面因素考虑，越来越多的中国人也倾向于更多的配置境外资产。有分析指出，在境外投资中，固定收益类产品、房地产和股票是现阶段中国高净值人群的主流投资类别。这类产品风险较低，收益稳定，符合高净值人士资产保值增值方面的需求。中国的各类财富管理机构也可以开发相关类型的金融产品，如境外固定收益类产品和境外房地产基金等。

日益发展的中国经济以及不断壮大的高净值人群为中国财富管理市场提供了丰富的客户群体，也将推动中国财富管理市场的蓬勃发展。

第二章
2014年证券市场资信评级业务回顾与展望

第一节　2014年证券资信评级行业发展环境

一、证券资信评级行业所处的交易所债券市场环境

2014年，我国经济基本面继续承受诸多下行压力，在外需疲软、内需持续回落、制造业不景气、房地产拉动经济增长作用减弱等不利因素影响下，经济增速继续放缓。面对复杂的国内外经济环境，我国政府通过定向降准、货币政策工具（MLF、SLO、PSL[①]等）、降息等方式向市场释放流动性，降低实体经济融资成本。在上述政策推动下，2014年我国全年实现国内生产总值（GDP）63.65万亿元，同比增长7.4%，居民消费价格（CPI）同比上涨2.0%，经济增长保持在合理区间，物价涨幅稳步回落。

在流动性总量适度充裕、资金面整体稳中趋松的大背景下，我国交易所债券市场继续保持良好发展态势。截至2014年末，交易所债券市场托管余额[②]为13 500.74亿元，同比增长52.79%，市场规模呈现较大幅度增长。同时，交易所债券市场的债券品种不断丰富，投资者结构更趋合理，充分发挥了交易所市场在我国金融资源配置中的作用，对经济发展的支持力度日益明显。

（一）我国交易所债券市场的整体概况

1. 发行量进一步扩大，信用类债券增幅较快

2014年，我国债券市场共发行各类债券[③]12.15万亿元，同比大幅增加34.33%，主要来自企业信用债券产品规模的增加。其中，交易所债券市场发行债券3.05万亿元，同比增加20.31%，占总发行量的25.10%。从细分产品看，2014年交易所债券市场发行国债1.44

① MLF：中期借贷便利；SLO：短期流动性操作；PSL：抵押补充贷款。

② 资料来源：中国证券登记结算有限责任公司网站。

③ 资料来源：Wind资讯。

万亿元，同比增加 7.39%；发行地方政府债 0.40 万亿元，同比增加 14.29%；发行信用债①1.21 万亿元，同比增加 42.79%（见表 2－1）。

表 2－1　2014 年交易所债券市场债券发行一览表

项目		2014年				2013年		同比变化情况	
		发行期数（期）	期数比重（%）	发行总额（亿元）	总额比重（%）	发行期数（期）	发行总额（亿元）	期数（%）	额度（%）
1	国债	59	4.14	14 363.30	47.08	52	13 374.40	13.46	7.39
2	地方政府债	43	3.02	4 000.00	13.11	24	3 500.00	79.17	14.29
3	金融债	152	10.66	3 259.83	10.69	94	1 897.73	61.70	71.78
4	企业债	568	39.83	6 697.98	21.95	329	4 262.30	72.64	57.14
5	公司债	452	31.70	1 379.13	4.52	366	1 702.04	23.50	－18.97
6	可转债	13	0.91	320.99	1.05	8	544.81	62.50	－41.08
7	可交换债	5	0.35	59.76	0.20	1	2.57	400.00	2 225.29
8	资产支持证券	134	9.39	427.14	1.40	29	73.98	362.07	477.37
合计		1 426	100	30 508.12	100	903	25 357.82	57.92	20.31

注：证券公司债产品包括在金融债中；公司债包括一般公司债及私募债。

资料来源：中国债券信息网、巨潮资讯、Wind 资讯。

2. 受信用风险事件增加、流动性放松及利息调整影响，发行成本波动下降

2014 年以来，交易所债券市场陆续爆发多起信用风险事件，尤其是首单违约的 11 超日债更是加大了投资者对公司债产品的避险心理②。在上述背景下，2014 年上半年信用债的发行成本有所提升。2014 年 9 月以来，随着国内投资者信心的恢复，加之中国人民银行定向降准释放流动性、降息等货币政策的推出，信用债券的发行成本有所下降。以主体评级为 AA 级的 5 年期公司债券发行利率为例，前三季度发行利率普遍处于较高水平，基本保持在 6.5%—8% 的区间范围内，但 9 月之后发行利率逐步下降，多数维持在 6%—7% 的区间内，平均利率水平相差约 94 个 BP（见图 2－1）。

① 包含金融债（政策银行债、保险公司债、证券公司债和其他金融机构债）、企业债、公司债、可转债、可交换债、资产支持证券。

② *ST 超日 2014 年 3 月 4 日晚间公告称，11 超日债本期利息将无法于原定付息日 2014 年 3 月 7 日按期全额支付，仅能够按期支付共计人民币 400 万元。至此，11 超日债正式宣告违约，成为国内首例违约债券。2014 年 12 月 18 日，*ST超日发布 2011 年公司债券兑付公告，公司将委托中国结算深圳分公司还本付息，在 12 月 18 日 16 时前划拨款项，发行规模为 10 亿元的债券，兑付本息等含税共计 11.164 亿元，11 超日债最终全额兑付。

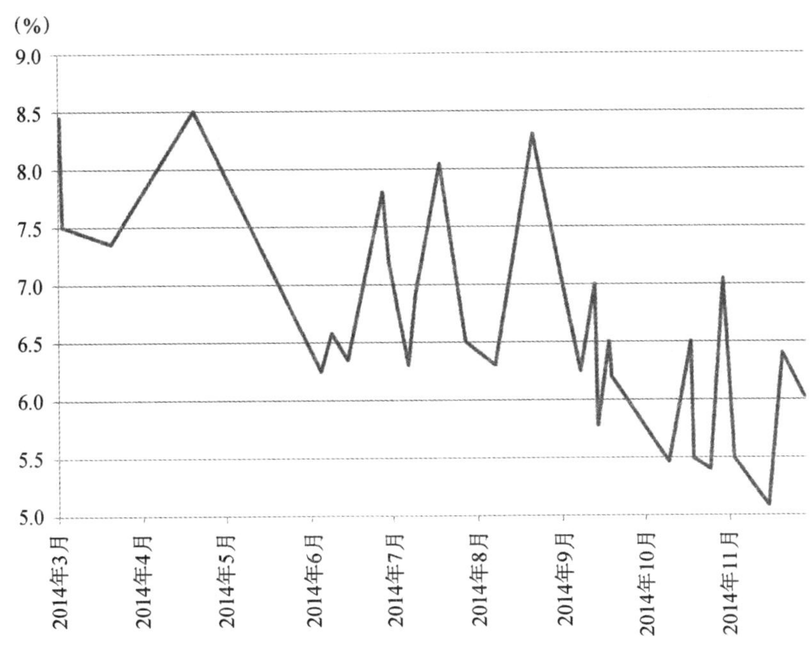

图2-1　2014年5年期公司债（主体AA级）发行利率变化趋势

注：此处期限未考虑选择权。

资料来源：巨潮资讯、Wind资讯。

3. 交易所债券市场价格小幅上涨，收益率波动下行

受货币市场利率变化及资金流入股市等多重因素影响，交易所债券市场价格呈现波动小幅上行态势。2014年中证公司债指数由年初的145.59点增长至年末的157.01点，小幅增长11.42点。从债券市场收益率看，由于资金面下半年稳中趋松，市场利率下行，债券市场收益率整体呈现震荡下行态势，收益区间变化较大。尤其是6月以后债券市场短期品种到期收益率上行趋势明显；随着9月央行不断向市场注入流动性，长短期债券收益率逐步下行且债券利差有所收窄，11—12月长短期债券收益率在逐步上行之后持续盘整（见图2-2）。

4. 托管规模继续扩大，交易量持续增加，市场流动性有所提升

2014年，交易所债券市场债券成交量继续上升。其中，现券总成交量为14 135.36亿元，同比大幅增长40.07%；回购交易成交量为878 705.46亿元，较2013年大幅增长39.32%。但相较于银行间债券市场约300万亿元规模的成交额（含现券、回购及银行间同业拆借），交易所债券市场规模仍有待继续提升。从托管量看，2014年交易所债券市场债券托管量呈现逐月增长态势，托管量较2013年显著增加（见图2-3）。

5. 债券产品进一步丰富

在鼓励创新的大背景下，2014年交易所债券产品种类进一步丰富。2014年10月，中外名人（股票代码830798）在全国中小企业股份转让系统公告发行不超过1.2亿元的中小企业私募债券，这是首单在新三板发行的私募债券，标志着私募债发行交易场所范围的进一步扩大。2014年11月，国泰君安证券股份有限公司在上海证券交易所备案发行不超过130亿

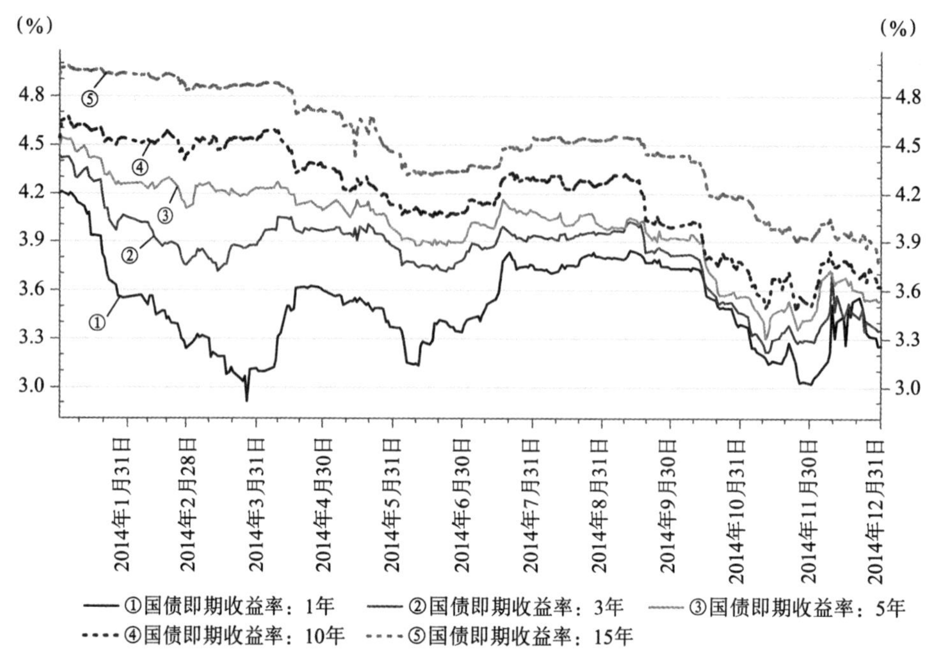

图 2-2　2014 年交易所固定利率国债即期收益率走势

资料来源：Wind 资讯。

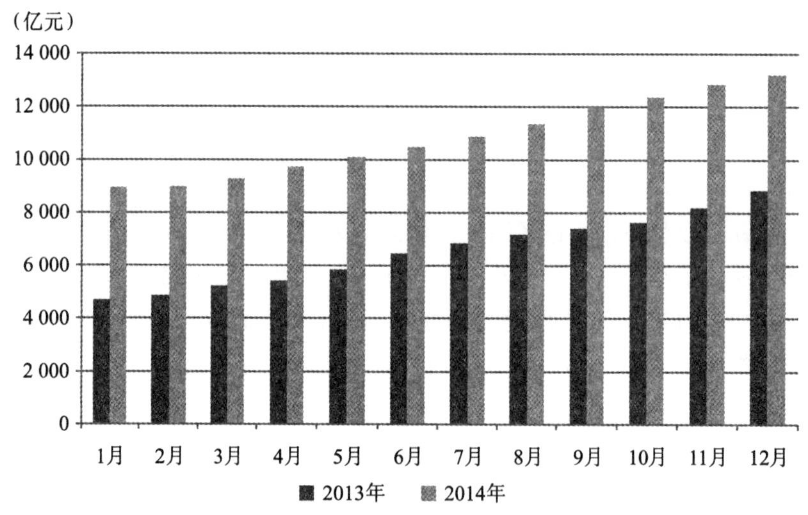

图 2-3　2014 年交易所债券市场月托管规模走势

资料来源：Wind 资讯。

元证券公司短期公司债，其中第一期 10 亿元和第二期 50 亿元均已完成募集（债券期限均为 6 个月，首期票面利率 4.4%，第二期票面利率为 5.9%）。证券公司短期公司债具有期限短、发行时效性强的特点，是证券公司流动性管理中不可或缺的融资工具。2014 年 12 月，宝钢集团正式公开发行 40 亿元可交换债，期限为 3 年，其持有的 1.65 亿股新华保险股票预备用于交换标的并作为本期可交换债的担保及信托财产，成为证券市场首单公开发行的可交换债。可交换债具有债券和期权的综合特征，票面利率一般低于同评级、同期限的公司债，该产品有利于丰富我国债券市场产品序列，并为上市公司股东增加了温和减持手段，避免减持对股市的扰动。

6. 信用风险事件频发，债券评级调整增多

受债券发行、抵质押、回购等政策收紧以及经济增速放缓、外需疲弱等内外因素影响，我国债券市场信用主体风险分化加剧，债券主体和债项级别调整情况增多。2014 年 3 月初，超日太阳宣布 11 超日债当期利息将无法于原定付息日按期全额支付，成为国内首例债券违约事件。随后，12 华特斯、13 中森债、12 金泰债、12 津联债、13 华珠债等陆续出现兑付危机。其中，12 华特斯、13 中森债由担保方履行代偿责任，12 金泰债和 12 津联债则因担保方未能履约而发生实质违约，13 华珠债一直未公开披露处理结果。

根据 Wind 资讯统计，截至 2014 年末，已有包括 12 中富 01、11 华锐 01、11 华锐 02、11 天威债、09 永煤债等 14 单债券被暂停上市，另有 08 奈伦债、12 湘鄂债、12 华锦债等 10 单债券被风险警示（ST 处理）（见表 2 - 2）。

表 2 - 2　　截至 2014 年末被风险警示或暂停上市的公司债券一览

序号	名称	目前状态	截至 2014 年末最新评级
1	12 湘鄂债	ST 处理	主体及债项级别为 BB，评级展望负面
2	12 正邦债	ST 处理	主体及债项级别为 AA -，评级展望负面
3	10 银鸽债	ST 处理	主体及债项级别为 A，评级展望负面
4	12 露笑债	ST 处理	主体 AA -，债项 AA +，评级展望为稳定
5	12 华锦债	ST 处理	主体及债项级别为 AA，评级展望负面
6	12 毅昌 01	ST 处理	主体及债项级别为 AA -，评级展望负面
7	12 三维债	ST 处理	主体及债项级别为 AA -，评级展望稳定
8	12 东锆债	ST 处理	主体及债项级别为 AA -，评级展望稳定
9	11 超日债	暂停上市	主体及债项为 C，评级展望为稳定
10	11 华锐 01	暂停上市	主体及债项为 BBB，评级展望为负面
11	11 华锐 02	暂停上市	主体及债项为 BBB，评级展望为负面
12	11 南钢债	暂停上市	主体 AA，债项 AA +，评级展望为负面
13	11 天威债	暂停上市	主体及债项为 A +，评级展望为稳定
14	12 中富 01	暂停上市	主体及债项为 A +，评级展望为稳定

注：此表统计口径为中国证监会核准的公司债，未包括企业债。

资料来源：Wind 资讯。

2014 年 12 月末，备受市场关注的 11 超日债以全额兑付收尾，11 华锐 01 债则以面值回售。虽然上述两单公司债未能打破刚性兑付的局面，但一系列信用风险事件的发生已经使得投资者开始以更理性的视角来看待信用风险，未来信用违约和风险暴露是债券市场成熟的必经之路。

（二）交易所信用类债券发行情况及特点分析

1. 债券品种略有增加，债券发行规模大幅增长

2014 年，交易所债券市场信用类债券①共发行 646 期，较 2013 年增长 46.15%；总发行规模达到 4 575.63 亿元，较 2013 年增长 30.62%。从发行期数来看，除普通公司债下降较快外，其余的证券公司债、可转债、中小企业私募债、资产支持证券、可交换债等产品均呈现较快增长。从发行规模看，除公司债、可转债有所下降外，其余券种的发行规模均呈现不同程度的增长，尤其以证券公司债的规模增长最大，也成为交易所债券市场债券规模增长的主导力量。从产品品种来看，2014 年交易所债券品种较 2013 年略有增加，仅增加了证券公司短期公司债品种（见表 2-3）。

表 2-3　　2014 年交易所债券产品发行情况统计

种类	汇总数据	2013 年	2014 年	同比变化（%）
汇总	规模（亿元）	3 503.00	4 575.63	30.62
	总期数（期）	442	646	46.15
普通公司债	规模（亿元）	1 370.05	770	-43.80
	总期数（期）	99	80	-19.19
	主体家数（家）	87	76	-12.64
	平均单笔发行规模（亿元）	13.84	9.63	-30.45
证券公司债	规模（亿元）	1 179.60	2 497.05	111.69
	总期数（期）	38	106	178.95
	主体家数（家）	21	44	109.52
	平均单笔发行规模（亿元）	31.04	23.56	-24.10
可转债	规模（亿元）	544.81	320.99	-41.08
	总期数（期）	8	13	62.50
	主体家数（家）	8	13	62.50
	平均单笔发行规模（亿元）	68.10	24.69	-63.74
中小企业私募债	规模（亿元）	331.99	532.00	60.25
	总期数（期）	267	313	17.23
可交换债	规模（亿元）	2.57	59.76	2 225.29
	总期数（期）	1	5	400.00
	主体家数（家）	1	5	400.00
	平均单笔发行规模（亿元）	2.57	11.95	364.98

① 信用类债券包括普通公司债、中小企业私募债、证券公司债、可转债、可交换债和资产支持证券，不包括企业债、政策性银行债、保险公司债和其他金融机构债。

续表

种类	汇总数据	2013年	2014年	同比变化（%）
资产支持证券	规模（亿元）	73.98	395.83	435.05
	总期数（期）	29	129	344.83
	原始权益人家数（家）	4	22	450.00
	平均单笔发行规模（亿元）	2.55	3.07	20.39

注：①由于私募债统计口径差异，本表2013年数据较2012年报告进行了追溯调整。②创业板公司债为私募发行，因为主体分类的特点包括在普通公司债产品统计口径中。③本表统计口径为中国证监会核准的债券产品，未包含跨市场发行的债券产品。

资料来源：巨潮资讯、Wind资讯。

2. 普通公司债发行期数和额度出现下滑

受公司债信用风险事件的影响，投资者避险心理增强，加之其他融资渠道的分散效应，2014年公司债发行整体呈现下降趋势。2014年，交易所债券市场共有76家企业发行普通公司债券80期，发行规模达770亿元，发行期数和金额分别较2013年下降了19.19%和43.80%，下滑速度明显（见表2－4）。

表2－4　2014年普通公司债券期限结构

期限结构（年）	数量（期）	规模（亿元）	数量占比（%）	规模占比（%）
1.5	1	15.00	1.25	1.95
2	3	52.50	3.75	6.82
3	10	76.40	12.50	9.92
5	56	476.60	70.00	61.90
6	1	15.00	1.25	1.95
7	5	39.00	6.25	5.06
8	1	12.00	1.25	1.56
10	3	83.50	3.75	10.84
合计	80	770.00	100.00	100.00

资料来源：Wind资讯。

2014年，发行的普通公司债券有34期采取了信用增进措施，全部采用第三方担保的方式；发行期限以5年期为主，5年期发行期数和规模占比分别达到了70%和61.90%；2014年，有60期普通公司债券采取含权设计，占总发行期数的75%，其中以“3＋2”最多，合计有47期，占含权总期数的78.33%。

3. 中小企业私募债发行规模继续保持大幅增长

虽然2014年发生了部分中小企业私募债违约事件，但在中小企业融资需求强劲的大背景下，中小企业私募债发行量仍实现快速增长。全年交易所债券市场共发行中小企业私募债券313期（不含创业板公司非公开发行公司债券，以下同），发行规模达532亿元，分别较

2013 年增长了 17.23% 和 60.25% 。中小企业私募债发行期限以 3 年期为主，3 年期发行期数和规模合计占比均超过 75% 。

由于发行主体多为中小企业，主体级别较低，大多数的中小企业私募债均采取了增信措施，增信措施包括第三方担保、房地产抵押、股权质押等，其中，第三方担保占主要比例。2014 年，采取含权设计的中小企业私募债占总发行期数的 60% 以上。

4. 证券公司债发行放量增长

在逐步放宽证券公司融资渠道的大背景下，由于融资需求强劲，2014 年证券公司融资规模大幅扩张。2014 年，交易所债券市场共发行证券公司债券（含次级债）106 期，发行规模达 2 497.05 亿元，分别较 2013 年大幅增长 178.59% 和 111.69% 。证券公司债券发行期限以 3 年期为最多，3 年期发行期数和规模占比分别达到了 26.42% 和 18.42% 。值得注意的是，自推出短期公司债产品以来，目前已经有 10 家证券公司发行了 16 期该类产品，规模达到 616.30 亿元。如表 2－5 所示，1 年期及以内的债券发行量（含次级债）较 2013 年大幅增加，数量达到 27 期，规模达到了 780.65 亿元，证券公司债券产品期限分布更加分散。

表 2－5　　2014 年证券公司债券期限结构

期限结构（年）	数量（期）	规模（亿元）	数量占比（%）	规模占比（%）
<1	17	504.40	16.04	20.20
1	10	276.25	9.43	11.06
1.5	1	30.00	0.94	1.20
2	11	281.20	10.38	11.26
3	28	459.90	26.42	18.42
4	17	478.80	16.04	19.17
5	20	448.50	18.87	17.96
7	1	10.00	0.94	0.40
10	1	8.00	0.94	0.33
合计	106	2 497.05	100.00	100.00

资料来源：Wind 资讯。

5. 资产支持证券产品继续大幅扩张

受政策的推动，2013 年资产证券化业务大幅扩张，前期审批的项目在 2014 年逐步发行，使得全年资产支持证券产品呈现井喷式增长。2014 年，交易所债券市场共发行资产支持证券 129 期，发行规模达 395.83 亿元，发行金额较 2013 年大幅增长 435.05% 。

除发行规模的大幅增长外，基础资产的多样性更加明显，除去传统的 BT 回购款、融资租赁租金请求权、高速公路及污水处理权、门票收益权等基础资产外，2014 年首单商业物业经营收益权（海印股份信托受益权专项资产管理计划）、贸易应收账款债权（五矿发展应收账款资产支持专项计划）、信贷资产证券化（平安银行 1 号小额消费贷款资产支持证券）的出现，使得资产证券化产品的创新意义更加凸显。2014 年发行的产品中，共有 22 家原始权益人发起设立各类基础资产，较2013年的4家呈现大幅增长。

6. 可转换公司债发行量继续扩大

伴随着2014年股市行情的上涨，可转债产品在经历多年的低迷后，发行期数呈现大幅增加。2014年，交易所债券市场共发行可转换公司债券13期，较2013年大幅增长62.50%；由于发行企业规模较小，整体发行规模仅为320.99亿元，较2013年下降了41.08%。

7. 可交换债发行规模增加

虽然可交换债产品早在2008年已经推出，但受市场接受度的影响，首单产品福星晓程交换债在2013年才出现。2014年，交易所债券市场共发行了5期可交换债产品，发行规模达到59.76亿元，均较2013年呈现大幅增长，但总量仍偏小。其中，A股市场首期公募型可交换公司债14宝钢EB于2014年12月成功发行。

二、交易所债券市场政策法规及监管环境

（一）发行监管政策频出，鼓励产品创新、释放市场活力

1. 资产证券化备案新规出台，全面规范中介尽职调查和信息披露

2014年11月，中国证监会下发正式的《证券公司及基金管理公司子公司资产证券化业务管理规定》，同时配套出台《业务尽职调查工作指引》，标志我国企业资产证券化业务进入新的发展阶段。2014年12月底，中国证券投资基金业协会发布《资产支持专项计划备案管理办法》及《资产证券化业务基础资产负面清单指引》、《资产证券化业务风险控制指引》等配套规则。

上述文件明确将资产证券化业务开展主体范围由证券公司扩展至基金管理公司子公司，统一以资产支持专项计划作为特殊目的载体开展资产证券化业务；取消行政审批，实行市场化的证券自律组织事后备案和基础资产负面清单管理制度；政策强化重点环节监管，制定信息披露、尽职调查的配套规则，强化基础资产的真实性要求，加强投资者保护。

2. 中国证监会公布公司债新规，交易所债券市场管制放松

2015年1月中旬，中国证监会发布《公司债券发行与交易管理办法》，从发行主体、发行方式、债券品种，到买方资金、交易方式，交易所债券市场都将迎来大范围管制放松。

从卖方角度看，将扩大公司债券发行主体范围，丰富债券发行方式。交易所公司债券发行主体将扩展至所有公司制法人，并将全面建立健全债券私募发行的相关制度；中国证监会允许全国中小企业股份转让系统挂牌公司发行中小企业私募债；推出并购重组债券、市政公司债券、可交换债券等创新品种。

从买方角度看，要积极培育交易所债券市场机构投资者，增强交易所债券市场的融资能力。比如，支持更多的机构投资者在交易所市场开展债券现券与回购交易；引导住房公积金、地方养老保障基金投资交易所债券市场，以及引导合格境外机构投资者（QFII）、人民币合格境外机构投资者（RQFII）和私募基金投资交易所债券市场。

3. 取消证券公司借入次级债的行政审批

2014 年 2 月，中国证监会公告取消证券公司借入次级债的行政审批，证券公司借入次级债将更为灵活、便捷。取消行政审批后，证券公司次级债发行人可视市场情况启动发行，无须预先取得中国证监会核准批文，发行完成后向所属辖区证监局事后备案，在登记结算公司办理登记手续后，可向交易所提交相关文件申请挂牌上市。行政审批的取消，使得发行人可择机选择债券最佳发行时点，增加了利率询价的灵活性，提高了市场运行效率。

（二）严防债市系统性风险，市场交易监管政策趋严

1. 债券市场风险规避倾向明显，交易流动性标准趋向严格

2014 年 6 月末，中国证券登记结算有限责任公司（以下简称“中证登”）发布了关于修订《质押式回购资格准入标准及标准券折扣系数取值指引》，逐步对部分存在潜在高风险的回购质押券采取下调折扣系数取值的风险防控措施，分四批调低了评级在 AA 以下但提供资产抵押担保的信用债质押折扣系数。2014 年 12 月，中证登继续发布通知对企业债回购进行调整，不再受理新增企业债券回购资格申请，对于已取得回购资格的企业债券暂不得新增入库，只有债项评级为 AAA 级、主体评级为 AA 级（按主体评级孰低原则认定）及以上（主体评级为 AA 级的，其评级展望应为正面或稳定）的企业债券除外。

中证登多次调整信用债质押折扣系数，主要针对目前市场上信用评级较低而票息较高的城投债，在债券市场信用风险事件频发、政府加大清理城投债的大背景下，中证登意在提前做好债券风险防范，避免回购质押库出现系统性风险。

2. 公司债 ST 新规实施，个人投资者实行买入交易权限管理

2014 年 6 月，上海证券交易所和深圳证券交易所分别发布了《关于对公司债券交易实行风险警示等相关事项的通知》，将实施风险警示的公司债简称前冠以“ST”字样，以区别于其他债券。其中，上海证券交易所对评级在 AA - 及以下的债券，或前一年亏损且最近一年预告亏损的债券将实施风险警示，而深圳证券交易所则规定债券发行主体亏损一年即被实施风险警示。上述 ST 债市新政自 2014 年 9 月 1 日起正式施行。对被实施风险警示的公司债券，只要是个人投资者，除非满足特定条件，否则不得买入风险警示债券。

风险警示规则适用于通过交易所集中竞价交易系统上市交易的公司债券，不适用于仅通过综合协议交易平台挂牌交易的公司债券。交易所债市实施 ST 新规的目的，主要是为了防范相关风险向承受能力较弱的中小投资者扩散，同时也是从制度上为打破刚性兑付做出铺垫。

3. 交易所对资产证券化交易进行规范，产品流动性进一步增加

2014 年以来，我国资产证券化业务发展步伐不断加速，继中国证监会发布资产证券化业务管理规定及配套规则后，上海证券交易所和深圳证券交易所在 2014 年 11 月分别发布了《上海证券交易所资产证券化业务指引》和修订后的《深圳证券交易所资产证券化业务指引》。这两份政策文件对资产支持证券的挂牌转让、投资者适当性、信息披露等环节的具体

要求进行了明确。

（三）债市互联互通进一步深化

1. 信贷资产证券化实现跨市场发行，两大市场互联互通进一步深化

根据金融监管协调部际联席第四次会议决定，信贷资产证券化业务由审批制改为业务备案制。2014 年 11 月，中国证监会、中国银监会陆续发布通知确认备案制政策的出台。早在 2014 年 6 月，26 亿元平安银行 1 号小额消费贷款资产支持证券在上海证券交易所上市，成为首例跨银行间和交易所债市的信贷资产证券化产品。7 月，央行已经批复交通银行和中信银行分别约 50 亿元和 61.9 亿元额度的信贷资产证券化项目跨市场发行，即按以往国债和企业债跨市场托管和发行模式，通过中央国债登记公司（以下简称“中债登”）转托管。目前，央行公开表示支持各类债券产品、信贷资产证券化产品以及其他各种适宜跨市场发行、交易的金融产品在银行间和交易所跨市场发行并交易，已形成相应托管与转托管制度。

2. 监管部门联合发布《债券统计制度》，债市互联加速

2014 年 11 月初，中国人民银行和中国证监会两部门联合发布《债券统计制度》。《债券统计制度》的统计对象为我国银行间市场、交易所市场、商业银行柜台及其他场所发行以及境内机构在境外发行的债务证券，包括债券、票据、存托凭证等债务性金融工具。具体操作来看，央行将负责统一采集编制债券统计数据、报表，并按照国家有关规定予以公布；中国证监会负责交易所债券市场统计工作管理与数据的收集、整理与汇总，并以信息共享的方式按制度要求提供给央行，同时，两监管部门会加强债券统计数据的共享。此次债券统计制度的发布，是债券市场监管合作的重要一步。

（四）加大评级监管，强化评级机构责任

2015 年 1 月 6 日，中国证券业协会正式发布了《证券市场资信评级机构评级业务实施细则（试行）》（以下简称《细则》），对评级机构、评级对象、评级业务规范和评级业务监管等相关事项做出了规定。其中，《细则》参照银行间债券市场的规定对评级机构的作业时间进行了明确规定，并对不定期跟踪的触发事项进行了列示。中国证券业协会可以采取现场检查、非现场检查等方式对证券资信评级机构进行定期或不定期检查。

继前述政策之后，中国证券业协会、上海证券交易所和深圳证券交易所联合于 2015 年 1 月中旬就交易所上市交易及转让的债券、资产支持证券以及其他固定收益或者债务型结构性融资证券的资信评级业务信息披露有关问题发布通知。通知要求评级机构应做好评级对象的首次评级和持续跟踪工作，及时出具定期及不定期跟踪评级报告，并督促发行人及时披露。

上述政策的出台，一方面规范了证券资信评级行业秩序，强化了评级机构责任，加大了评级监管；另一方面，尽职调查监管要求在一定程度上也保护了评级机构，强化了发行人的

配合责任，有利于评级行业的规范发展。

2014年是交易所债券市场在规范发展道路上步伐明显加快的一年，市场规模进一步扩大，服务实体经济的能力进一步增强。虽然受宏观经济增速放缓的影响，信用违约事件时有发生，但监管层通过高风险信用债披露预警、提高信用债质押资格等手段促进信用债风险的逐渐暴露，信用评级价值在一定程度上也得以提升。未来，随着2014年交易所债券市场新政策的陆续实施，证券资信评级行业面临的外部环境将进一步规范和完善。

第二节 2014年证券资信评级业务发展状况

一、基础设施建设

2014年，我国证券资信评级机构通过不断完善自身基础设施建设，使得各机构在完善内部控制、加强研究工作、增加人才储备和评级行业形象提升等各方面取得了一定进步。

（一）完善内部控制

内部控制方面，各家评级机构继续致力于完善信息系统，对行政办公管理、评级信息系统、投资者服务、信息数据库等不同方面的信息系统进行了升级。各机构在现有的合规管理制度基础上，进一步修订了各自的评级业务制度，如部分机构新制定了《信用评级新业务评估制度》、《信用评级报备管理制度》、《评级项目组组建规范》等，很多细化制度的出台为评级机构提升作业质量奠定了良好基础。针对2014年监管检查暴露出来的部分机构评级检验及披露的缺失问题，各家评级机构均进行了详细自查，及时在中国证券业协会和各公司网站上进行了信息披露及业务公示。

（二）加强研究工作

随着证券评级机构在评级业务领域的经验积累，加之交易所债券市场金融创新产品的不断涌现，近年来各家评级机构纷纷加大了研发投入，不断充实自身的评级技术储备。2014年，各家评级机构加大了对新产品评级方法和行业研究力度，共完成各类研究课题100余项，公开发表各类研究报告41篇。目前，各家评级机构均拥有各自的内部研究出版物，部分信用评级机构在资产证券化业务风险防控、地方政府债务风险研究等领域取得了一定成果，扩大了评级行业的影响力。为加强对资本市场信用风险管理中重大课题的研究，2014年末已有3家评级机构建立了博士后工作站，并与国内部分重点高校、科研院所展开了合作研究。

（三）增加人才储备

人才培养方面，2014 年各家评级机构更加注重评级人才培养，不断增加内部培训力度，评级人员整体素质进一步提高。截至 2014 年底，各家机构合计拥有证券从业资格的评级人员总数达 448 人，人数较 2013 年增长 8%。其中，具有 3 年以上评级从业经验的人员数量为 234 人，占比由 2013 年的 46% 上升至 52%；拥有注册会计师、律师等专业执业资格人员的人数为 38 人，占比由 2013 年的 7% 提升至 8%。在评级机构所有员工学历构成中，具有硕士以上学历的人员占比为 62%，占比较 2013 年提升了 8 个百分点；本科及以下员工的占比呈现大幅下降态势。值得注意的是，随着各家评级机构愈加注重研发人员的储备，2014 年拥有博士学历的人员占比由 2013 年的 4% 上升至 6%，表明评级机构高层次人员的占比进一步提升（见图 2-4）。

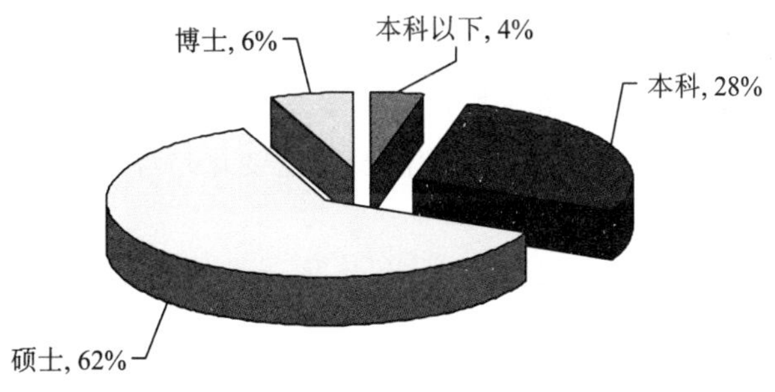

图 2-4　2014 年末 7 家证券资信评级机构人员学历结构

注：7 家证券资信评级机构包括（排名不分先后）：大公国际资信评估有限公司、东方金诚国际信用评估有限公司、联合信用评级有限公司、鹏元资信评估有限公司、上海新世纪资信评估投资服务有限公司、上海远东资信评估有限公司和中诚信证券评估有限公司；不包括未从事证券市场评级业务的资信评级机构。

资料来源：2014 年中国证券业协会专项调查统计数据。

（四）提升评级行业形象和地位

伴随着债券市场的发展，评级行业的重要性愈加为投资者所认识，近年来各家评级机构也逐步加强了评级行业宣传。2014 年，很多评级机构通过主办或承办会议、参加论坛及会议演讲、接受媒体采访或召开新闻发布会的形式进行多种形式的行业宣传，促进了各界对评级行业的了解，提升了评级行业在新型城镇化、资产证券化、地方债风险防控等热门课题领域的影响力。此外，多家信用评级机构对世界主要国家进行了主权信用评级，并不断加强与世界知名评级机构的交流考察和战略合作，部分信用评级机构已着手开拓我国香港地区、新加坡等海外市场的评级业务。整体看，2014 年我国证券资信评级机构的业务拓展进一步深化，评级行业地位进一步提升。

二、评级业务发展概况

（一）评级业务持续发展，但传统产品规模下降

2014 年，我国证券评级机构的评级业务持续稳健发展，全年共承担首次评级项目 4 917 单①，较 2013 年呈现大幅增长；承担跟踪评级项目 1 353 单，较 2013 年小幅下降。但从首次受评项目的情况看，受 2014 年债券市场信用风险事件的影响，传统的公司债（含证券公司债及次级债产品）产品数量下降较大。其中，公司债项目为 162 单，较 2013 年下降了 20.20%；中小企业私募债产品因发行主体信用风险大，各家评级机构承接谨慎，2014 年承做项目仅为 100 单，较 2013 年大幅下降了 42.53%。由于 2013 年资产证券化业务承揽量剧增，比较基数过大，2014 年该业务呈现下降态势。全年各机构合计承接资产证券化项目 81 单，较 2013 年下降近 20%。与上述传统产品业务量下降的情况相反，2014 年各家评级机构对信托、资产管理等非标产品的业务承揽量呈现爆发式增长，全年合计承接项目 298 单，较 2013 年增长约 2 倍，上述情况也与现有企业融资渠道变化趋势有关（见图 2－5）。

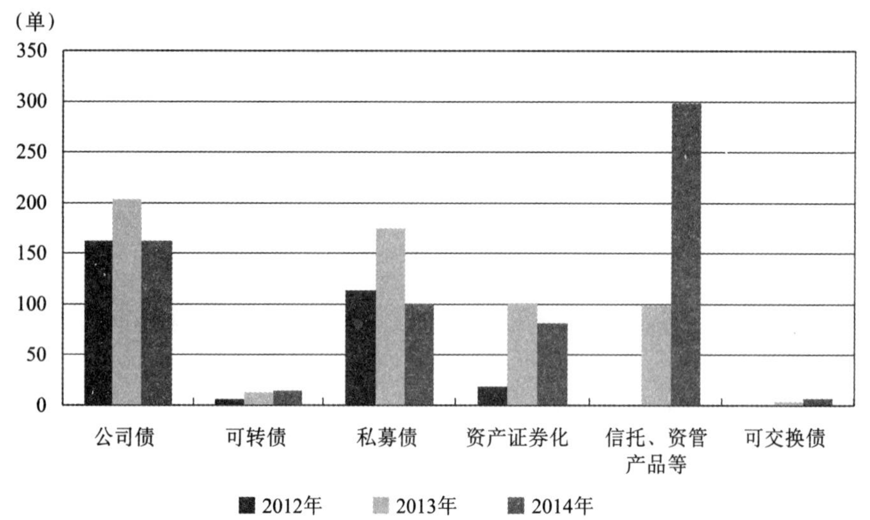

图 2－5　2014 年 7 家证券资信评级机构首次承做的评级项目情况

资料来源：2014 年中国证券业协会专项调查统计数据，相关数据统计口径以各资信评级机构报告口径为准。

从上述受评产品的份额占比情况看，信托、资产管理取代了公司债成为占比最大的产品，占比达到了 45.02%；公司债产品次之，占比达到了 24.47%；中小企业私募债份额处于第三位，占比达到了 15.11%；可转债、可交换债产品份额占比微小。

① 新世纪、大公同时拥有银行间债券市场评级资质，统计口径中包含上述业务；2014 年 6 月上海远东资信评估有限公司获得证券资信评级业务资质，相应业务纳入合并范围。

（二）整体评级收入稳定增长，但证券资信评级收入有所萎缩

得益于市场规模的不断扩容，2014 年信用评级行业继续保持快速发展态势，各家评级机构的财务状况也不断向好。2014 年 7 家证券资信评级机构的合计资产规模、评级业务收入和利润总额分别达到 154 634. 14 万元、77 779. 40 万元和 29 848. 25 万元，分别较 2013 年增长了 35. 74%、14. 21% 和 126. 96%，评级机构的各项财务指标实现了快速增长，其中利润总额增长幅度远快于收入的增长速度，显示评级机构整体盈利水平的进一步提升。但值得注意的是，2014 年各家机构证券资信评级业务收入规模仅为 24 726. 75 万元，较 2013 年下降了 21. 54%，占 7 家机构整体评级收入的比例仅为 31. 79%，未来证券市场资信评级业务收入规模有待进一步提升（见图 2 －6）。

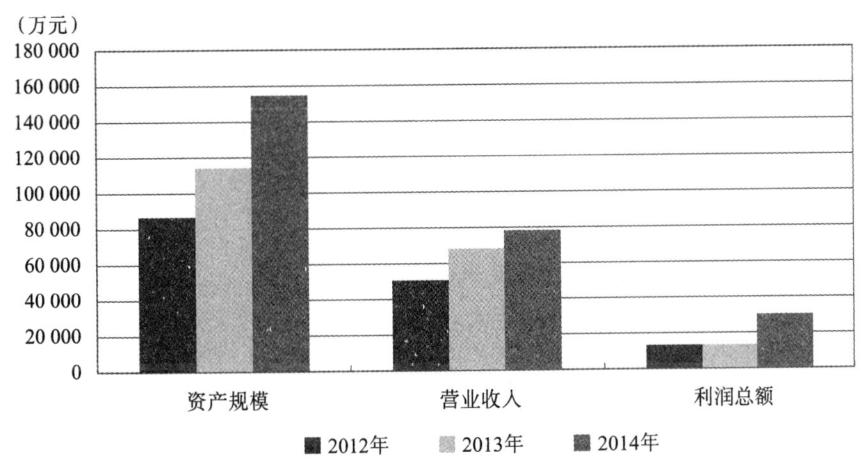

图 2 －6　2014 年 7 家证券资信评级机构财务情况

资料来源：2014 年中国证券业协会专项调查统计数据。

（三）评级业务品种继续增加

2014 年，在传统的公司债业务发展的基础上，在监管层的推动下，证券公司短期公司债、并购重组私募债作为新产品开始出现，尤其是证券公司短期公司债较银行间债券市场的短融产品具有发行审批流程相对简单、期限灵活、信息披露要求较低以及募集资金用途限制少等优势，并在推出之初就得到较快发展，上述新业务品种的不断涌现，带动相关评级业务也不断增加。2015 年 1 月 15 日，中国证监会发布《公司债券发行与交易管理办法》，随着公司债券发行主体、发行方式、债券品种的进一步改革，未来评级机构的评级业务品种将进一步丰富。

三、评级表现分析

（一）公司债

1. AAA 级占比较 2013 年下降最快，主体 AA + 级占比上升最快，债项 AA 级占比上升最快

受 2014 年部分信用风险事件的影响，公司债整体发行规模有所下降。2014 年共有 76 家上市公司发行了公司债，发行家数较 2013 年同比减少了 12.64%。从发行人级别分布情况来看，发行人主体级别分布在 A + 至 AAA 之间，级别跨度分布与 2013 年保持一致。其中，AA 级的企业有 39 家，占比达到了 51.32%，份额占比依旧最大，主要来自于电力、电子、房地产、化工、纺织等行业；AA + 主体级别家数为 15 家，份额占比为 19.74%，是占比第二大的级别，主要分布在基础设施、运输、水务、房地产、煤炭等行业。从级别分布变化情况看，2014 年 AAA 级别的发行人家数较 2013 年下降了 54.55%，占比较 2013 年下降了 12.13 个百分点，是下降最快的级次；而 AA + 级别的发行人数量较 2013 年增长了 36.36%，占比较 2013 年上升了 7.09 个百分点，是上升最快的级次。总体看，2014 年中高级别发行人（AA 及以上）的占比较 2013 年变化不大（见表 2 - 6）。

表 2 - 6　　2014 年公司债主体级别分布及变化情况

级别	2013 年		2014 年		变化	
	主体家数（家）	占比（%）	主体家数（家）	占比（%）	家数变化（%）	占比变化（百分点）
AAA	22	25.29	10	13.16	-54.55	-12.13
AA +	11	12.64	15	19.74	36.36	7.09
AA	42	48.28	39	51.32	-7.14	3.04
AA -	10	11.49	10	13.16	0.00	1.66
A +	2	2.30	2	2.62	0.00	0.33
合计	87	100.00	76	100.00	-12.64	—

注：①14 广晟债发行人广晟有色主体级别为 A +；②14 阳谷债发行人阳谷华泰主体级别为 A +。

资料来源：巨潮资讯、Wind 资讯。

从债项级别分布情况看，主板公开发行的公司债产品中，除 14 雏鹰债债项信用级别为 AA - 外，其他债项信用级别均在 AA 级以上。创业板非公开发行的 4 期公司债产品中，除 14 阳谷债债项为 AA 级外，其余 3 期产品债项级别均为 AA -。2014 年合计发行的 80 期公司债产品中，AA 级的债项级别占比最大（期数占比为 47.50%），AAA 级的债项级别占比次之（期数占比为 25%）；AA + 以上的高信用级别产品占比较 2013 年有所下降，由 2013 年的 57.57% 下降至 47.50%，主要来自于 AAA 级债券发行期数的下降（见表 2 - 7）。

表2－7　　2014年公司债债项级别分布及变化情况

级别	2013年		2014年		变化	
	期数（期）	占比（%）	期数（期）	占比（%）	期数变化（%）	占比变化（%）
AAA	35	35.35	20	25.00	－42.86	－10.35
AA＋	22	22.22	18	22.50	－18.18	0.28
AA	38	38.38	38	47.50	0.00	9.12
AA－	3	3.03	4	5.00	33.33	1.97
A＋	1	1.02	0	0.00	－100.00	－1.01
合计	99	100.00	80	100.00	－19.19	—

资料来源：巨潮资讯、Wind资讯。

2. 公司债担保以第三方信用担保为主，多数担保措施增级效果明显

2014年发行的80期公司债中，有34期提供了担保，占比为42.50%，有增信措施的债券占比较2013年小幅下降3个百分点。与前两年信用担保、抵押、质押等多样化的增信措施相比，2014年公司债的增信措施较为单一，全部来自第三方信用担保，主要由发行人控股股东或实际控制人提供担保。

从担保增级效果上看，在提供担保的34期债券中，实现信用增级的达到20期，占比达一半以上，说明多数发行人增信措施有一定增级效果。其中，主体AA＋级别中实现增级的占比为60%；主体AA级别中实现增级的占比为62%，主体AA－级别中实现增级的占比达到了85%，主体A＋级别的增信全部实现了有效增级。上述统计显示增级效果与主体级别呈现一定反向趋势，这与目前国内公司债市场以AA级为发行交易分水岭的要求有较大关系。

同2013年情况类似，在国有独资及控股企业中，除原主体为AAA级的发行人外，多数的发行人控股股东的担保有一定增级效果，但部分以上市公司作为主要经营体的担保人担保增级效果并不明显。民营企业方面，主体级别为AA级的发行人担保主要来自于实际控制人，由于主业多来自于上市公司，股东担保增级效果有限；而对于主体级别为AA－级的发行人，多数外部增级效果明显，其中的14嘉杰债由第三方担保公司提供担保，信用级别上升至AAA级（见表2－8）。

表2－8　　2014年公司债发行增信情况统计

原主体级别	债项级别（级）	期数（期）	增信方式
AAA	AAA	7	全部由控股股东提供担保，均来自大型国有企业
AA＋	AAA	3	13楚天01、14机电01、13包钢01均由控股股东提供担保，来自国有控股企业
	AA＋	2	13金桥债、14中山债均由国有控股股东提供担保

续表

<table>
<tr><th>原主体级别</th><th>债项级别（级）</th><th>期数（期）</th><th>增信方式</th></tr>
<tr><td rowspan="3">AA</td><td>AAA</td><td>2</td><td>控股股东提供担保，全部来自于国有企业</td></tr>
<tr><td>AA+</td><td>6</td><td>除13尖峰02债由其关联企业天士力控股集团提供担保外，其余均由国有控股股东提供担保</td></tr>
<tr><td>AA</td><td>5</td><td>14嘉宝债由国有控股股东下属企业担保，其余均为民营实际控制人担保</td></tr>
<tr><td rowspan="3">AA-</td><td>AAA</td><td>1</td><td>14嘉杰债由中合中小企业融资担保股份有限公司提供担保</td></tr>
<tr><td>AA</td><td>5</td><td>13香江债、13海岛债由关联企业担保，其余由控股或参股股东担保</td></tr>
<tr><td>AA-</td><td>1</td><td>14三聚债由控股股东担保</td></tr>
<tr><td rowspan="2">A+</td><td>AAA</td><td>1</td><td>14广晟债由控股股东提供担保</td></tr>
<tr><td>AA</td><td>1</td><td>14阳谷债由深圳市中小企业信用融资担保集团有限公司担保</td></tr>
<tr><td colspan="2">期数合计</td><td>34</td><td>—</td></tr>
</table>

资料来源：巨潮资讯网、Wind资讯。

3. 发行利率波动明显，信用等级基本体现了风险区分和排序的功能

2014年发行的公司债产品期限分布较2013年更为分散，但产品仍以3年期、5年期为主。以发行数量最多的49期公开发行的3年期公司债券作为样本，从公司债的发行利率情况来看，公司债产品的发行利率呈现上半年利率高位波动，6—7月后利率出现下调，在10—11月达到低点后又重新上行。值得注意的是，AA债项级别的发行利率在7月、8月显著高于其他级别，其利率走势与其他级别呈现相反状态，显示市场投资者对该期间发行的债券产品风险预期较高。

在公司债利差统计来看，从2014年公开发行的3年公司债券情况看，除AAA级别外，其他级别的利率均值、利差均值均呈现随级别降低而逐步扩大；AAA—AA+的级差呈现负值，表明投资者对AAA债项级别的实际认可度不高；AA+—AA间级差、AA—AA-的级差逐步扩大。从2014年发行的5年公司债券情况看，AAA级利差均值和标准差水平较其他级别最低，利差均值随着级别的降低逐渐扩大。从3年期和5年期的利差对比情况看，3年期的AAA、AA级别利差均值均大于5年期，5年期的级差差异较3年期的相对小。形成上述情况的差异可能有两方面原因：（1）投资者对3年期的AAA、AA级别的认可度不高，尤其是对AAA级别。从样本实际情况看，造成上述AAA利差异动的情况均来自于主体级别较低而担保后增级到AAA的债券（如14嘉杰债、14凤凰债）。（2）发行的时间窗口因素，由于3月份属于全年发行利率较高的时段，众多的3年期AAA产品集中于此段时间发行，相应拉高了利差水平。

为进一步研究信用等级对利差的影响程度，下文通过方差分析和多重比较检验（LSD法），确定信用等级对利差影响的显著性以及各信用等级之间的差异化（见表2-9）。

表2-9　　2014年部分公司债券的发行利率和利差分析统计情况

期限	债项信用等级（级）	样本数（个）	利率（%）		利差（基点）			
			区间	均值	均值	级差	标准差	偏离系数
3年	AAA	7	5.10—7.50	5.95	203.71	N/A	88.17	0.43
	AA+	12	4.70—7.24	5.68	198.67	-5.04	53.86	0.27
	AA	29	5.40—9.20	7.04	328.79	130.12	91.94	0.28
	AA-	1	8.80—8.80	8.80	506.91	178.12	—	—
5年	AAA	6	5.08—6.30	5.80	177.62	N/A	28.80	0.16
	AA+	4	5.00—7.35	6.24	242.71	65.09	81.81	0.34
	AA	4	6.00—8.90	5.99	306.49	63.78	115.67	0.38

注：①利差为债券的发行利率减去当期债券同期限的交易所国债到期收益率。②如果债券存在选择权，期限为选择权之前的期限，例如债券的原始期限设计为“3+2”，则期限为3年。③级差为本信用等级的发行利差均值减去比该信用等级高一个级别的发行利差均值。④NA表示不适用。⑤本表仅列出发行期限为3年、5年的公司债券，其他期限的公司债券由于样本量过小，未列出。

资料来源：巨潮资讯、Wind资讯。

通过对2014年度3年期、5年期不同信用等级公司债的发行利差进行显著性检验（设定显著性水平为5%），3年期的信用等级之间的利差差异通过了显著性检验（$F=12.55>F_{0.05}=Fcrit=2.81$），但AAA和AA+显著性差异较其他级别要小；5年期的信用等级之间的利差差异显著性并不明显，这可能与其样本数较小有关。

（二）证券公司债

2014年，我国交易所债券市场共有44家证券公司发行了106期公司债券，其中，次级债78期（占比73.58%），短期公司债16期（占比15.09%），普通公司债12期（占比11.32%），产品结构中次级债占比较2013年显著提高，同时由于新产品短期公司债数量的增加，普通公司债占比下降较快。上述发行的106期债券产品中，有评级信息的是45期，其中，次级债27期，公司债12期，短期公司债6期，各品种的评级样本数较小。

次级债产品方面，在有评级信息的样本中，债券信用等级较2013年分布更加广泛，开始出现A的信用级别，但仍无AAA级的债券。其中，AA+级别的债券有7期，占比为25.93%；AA级别的债券有15期，占比达到55.56%，是占比最大的区间；AA-级别的债券有3期，A级别的债券有2期，合计占比为18.51%。78期次级债产品中14沪券01的品种一和13新时代债设置了增信条款。

普通公司债产品方面，在有评级信息的样本中，主体级别由2013年的AA至AAA级扩展到AA-至AAA级，除AAA级别占比出现较大下降外，AA-至AA级别占比均比2013年提升较快，说明中小证券公司发行人的增加。债项分布方面，公司债的债项分布仍以AAA及AA+级别为主，上述两档占比合计达到了91.67%。12期有评级信息的公司债产品中，有增信措施的是4期，均为大型国有企业或担保公司进行信用担保。其中2期主体评级为

AA 的债券经担保后债项级别达到了 AAA（13 中原债和 14 东海债），1 期主体评级为 AA－的债券担保后债项级别达到了 AA（14 天风债），1 期主体级别为 AA＋的债券担保后未增级（14 山证 01）。

短期公司债产品方面，目前，监管机构对该类产品无评级要求，发行的 16 期短期公司债产品中有 6 期进行了评级，但各家机构债券评级符号标识不一。其中，14 西部 D1、14 西部 D2、14 中信 D1 山证 1401 债项级别为 A－1，14 海通 D1 债项级别为 AAA 级[①]。

从整体来看，2014 年证券公司发行人主体级别分布更加分散，伴随对证券公司融资渠道的放宽，证券公司发行的产品类型更加多样化，产品信用状况较 2013 年也有所下降（见表 2－10—表 2－12）。

表 2－10　　2014 年证券公司公司债主体级别分布及变化情况

级别（级）	家数（家）	家数同比变化（%）	家数占比（%）	占比同比变化（%）
AAA	7	－65.00	63.64	－19.70
AA＋	1	－50.00	9.09	0.76
AA	2	0.00	18.18	9.85
AA－	1	—	9.09	9.09
合计	11	－54.17	100.00	—

注：①14 东证债仅披露债项级别，未披露主体级别。②14 天风债主体级别为 AA－。

资料来源：巨潮资讯、Wind 资讯。

表 2－11　　2014 年证券公司公司债债项级别分布及变化情况

级别（级）	期数（期）	期数同比变化（%）	期数占比（%）	占比同比变化（%）
AAA	9	－55.00	75.00	－8.33
AA＋	2	0.00	16.67	8.33
AA	1	－50.00	8.33	0.00
合计	12	－50.00	100.00	—

注：14 天风债经湖北中企投资担保有限公司担保后债项级别为 AA。

资料来源：巨潮资讯、Wind 资讯。

表 2－12　　2014 年证券公司次级债债项级别分布及变化情况

级别（级）	期数（期）	期数同比变化（%）	期数占比（%）	占比同比变化（%）
AAA	0	—	0.00	0.00
AA＋	7	600	25.93	0.93
AA	15	650	55.56	5.56
AA－	3	200	11.11	－13.89
A	2	—	7.40	7.41
合计	27	575	100.00	—

注：①14 沪券 01、14 沪券 02 债项级别均为 A。②2013 年次级债无 AA－和 A 级别。

资料来源：巨潮资讯、Wind 资讯。

① 该等短期公司债级别信息以 2015 年 3 月 11 日 Wind 系统数据为准。

（三）中小企业私募债

2014 年，虽然信用风险事件频发，但中小企业私募债发行仍呈方兴未艾态势。全年共发行了 313 期中小企业私募债，发行规模达 532 亿元，发行规模和期数较 2013 年均呈现较快增长。与 2013 年相比，有评级信息的私募债期数占比有所下降。

从有评级信息债券的月度发行利率走势来看，以样本量最多的 2 年期私募债券为例，AA 级发行利率呈现前高后低的特点，但整体利率区间分布在 9%—10%，波动幅度相对较小，利率平均水平较 2013 年变化不大；部分 AA 级与 AA－级债券的利率水平在 8 月出现倒挂的现象，表明投资者对该时间段 AA 级债券评级认可度不高。

由于私募债的发行人主体级别一般较低（多数分布在 BBB＋至 A－），绝大部分私募债产品均采取增信措施进行了信用增级，相应使得债项级别提升至 A＋以上。从债项级别分布情况看，2014 年中小企业私募债级别区间分布较 2013 年有所收窄，不再有 A＋债项的产品发行，同时，中高级别的产品占比较 2013 年进一步提升。

从利率及利差分布情况看，中小企业私募债的发行利率和利差显著高于同级别其他债券的发行利率及利差。但从各级别利差比较看，1 年期的利差随级别下降并未呈现明显增长，主要因为 1 年期评级样本较少。在期限间的利差变化看，对应级别的利差并不完全随期限的延长而呈现增长。上述情况表明，虽然私募债券存在评级信息，但实际操作过程中投资者更注重增信措施，并通过设置回售、赎回和利率选择权等方案的设计来规避风险，利差并不能完全反映评级内涵。

（四）可转换公司债

受股市行情回暖的带动，2014 年可转换公司债券发行期数较 2013 年有所增加，全年共有 13 家企业发行 13 期可转换公司债券。除久立转债等 4 期债券在上半年发行外，其余 9 期均于大盘市场行情较好的 2014 年下半年发行。与 2013 年发行人主要为国有企业不同，2014 年可转债的发行人主要来自于民营企业，民营企业发行人占比达到了近七成。除长青转债、冠城转债两期未披露主体级别外，其他发行人的主体级别均在 AA－以上，但发行人的主体信用较 2013 年有所下降，主要因为中小民营企业发行人增加。发行的 13 期可转债中，除齐翔转债、齐峰转债由第三方提供信用担保外，其余均未有担保措施。

如表 2－13 所示，2014 年发行的可转债信用级别分布较 2013 年有所扩展，出现了 AA－级别的债券。其中，高级别债券（AA＋及以上）的占比由 2013 年的 62.50% 下降至 46.16%，中低级别债券（AA 及以下）占比由 2013 年的 37.50% 上升至 53.84%，说明随着中小企业发行人的增加，可转债债项等级重心有所下移。

（五）资产支持证券

2014 年，在政策的大力推动下，资产证券化业务规模大幅增长，全年共有 16 家证券公

表 2-13　　2013—2014 年可转换公司债券债项信用等级分布

债项级别（级）	2014 年		2013 年	
	发行期数（期）	占比（%）	发行期数（期）	占比（%）
AAA	2	15.39	2	25.00
AA+	4	30.77	3	37.50
AA	6	46.15	3	37.50
AA-	1	7.69	0	0.00
总计	13	100.00	8	100.00

注：通鼎转债信用级别为 AA-。

资料来源：Wind 资讯。

司作为计划管理人推出 22 个资产证券化产品（合计 129 期），原始权益人也由 2013 年 4 家增长至 22 家。基于基础资产的信用状况，上述资产证券化产品普遍通过优先级/次级结构、超额抵押、机构担保、利差账户等增信方式进行信用增级。2014 年，除次级及次优级产品外，上述发行的资产支持证券优先级产品的评级均在 AA 级—AAA 级的区间。

（六）可交换债

2014 年，交易所债券市场共发行了 5 期可交换债产品，除 14 宝钢 EB 为公募发行外，另外 14 歌尔债、14 海宁债、14 卡森 01、14 沪美债均为私募发行。上述可交换债产品均以所持目标上市公司股权作为质押物进行增信，并设置了不同的赎回及回售条款。除 14 歌尔债、14 沪美债未予评级外，14 宝钢 EB 获得了 AAA 级的债项评级，14 海宁债获得了 AA+ 级的债项评级，14 卡森 01 获得了 AA 级的债项评级。

四、信用等级迁移分析

为研究 2014 年信用债发行人的级别调整变化情况，以下以 2014 年初存续的公司债发行人①作为研究主体，统计其 2014 年内信用级别及评级展望变化情况。2014 年初，交易所债券市场存续的公司债发行人共计 380 家，信用级别合计变动 25 次，占发行人总数的 6.58%，调整频率高于 2013 年。其中，信用级别上调 5 次，信用级别下调 20 次，级别下调次数远多于级别上调；评级展望上调次数为 2 次，下调次数为 19 次，展望下调次数远多于上调情况。与 2013 年评级调整多在跟踪评级结果密集发布的 4—6 月进行不同，2014 年评级调整时间更加分散，不定期跟踪次数明显增多，部分企业的评级一年内甚至出现了多次调整。发行人主体信用等级的调整情况反映了 2014 年交易所债券市场发行人的信用状况较前两年发生了明显变化，这与宏观经济和市场实际情况较为一致（见表 2-14）。

① 公司债包括普通公司债、可转债、证券公司债产品，包含创业板非公开发行的公司债产品。

表2-14　　2014年公司债发行人主体评级调整情况

项目	样本数（个）	级别提升（次）	级别调降（次）	展望调升（次）	展望调降（次）
公司债	341	4	20	1	18
可转债	24	0	0	1	1
证券公司债	15	1	0	0	0
合计	380	5	20	2	19

注：为与Cohort法样本研究基础保持一致，本表统计样本均为年初的公司债发行人；级别和展望均发生变化的视为级别调整，不列入展望变化统计。

资料来源：巨潮资讯、Wind资讯。

为反映信用评级机构对发行人的信用等级调整变化，下文采用Cohort法对发行人主体信用等级变化进行分析。在信用等级迁移情况方面，2014年1年期信用等级迁移矩阵显示①，从年初至年末，在样本量较多的AA-级及以上级别中，有8.70%的AA-级发行主体级别迁移至A+级别，迁移率最高；有4.61%的AA级别迁移至AA-级别，迁移率次之。AA+级别和AA级别向上迁移的迁移率相对较小，AA级别和AA-级别的下迁率相对较大，分别有5.75%的AA级别和10.87%的AA-级别下迁至其他各个低级别。从评级稳定性看，AA+级及以上发行人主体信用等级的迁移率较低，稳定性较好，尤其是AAA级的发行人迁移率处于最低水平；AA-级别发行人主体信用等级的迁移率最高，稳定性最差（A+级和CCC级迁移率较高是因样本数量太少造成的）。值得注意的是，很多信用级别的迁移是跨越若干级别的迁移，尤其是以AA-跨多个级别迁移的比率最高，达到了2.17%②。上述情况表明该类发行人主体信用等级调整的连续性不强，级别稳定性较差（见表2-15）。

表2-15　　2014年发行人主体信用等级1年期迁移率　　（单位：%）

年初＼年末	样本（个）	AAA	AA+	AA	AA-	A+	A	BBB	BB	C
AAA	77	98.70	1.30	—	—	—	—	—	—	—
AA+	72	—	97.22	2.78	—	—	—	—	—	—
AA	174	—	1.72	92.53	4.61	0.57	—	0.57	—	—
AA-	46	—	—	4.35	84.78	8.70	—	—	2.17	—
A+	8	—	—	—	—	87.50	12.50	—	—	—
A	2	—	—	—	—	—	100.00	—	—	—
CCC	1	—	—	—	—	—	—	—	—	100

注：①中科云网年内评级发生4次下调，主体级别由年初AA-/负面最终调整为BB/负面（2014年12月29日）。②华锐风电年内评级发生3次下调，主体级别由年初AA/稳定最终调整为BBB/负面（2014年12月21日）。③华锦股份年内评级发生2次下调，主体级别由年初AA+/稳定最终调整为AA/负面（2014年12月11日）。

资料来源：巨潮资讯、Wind资讯。

---

①　1年期发行人主体信用等级迁移矩阵的计算方法采用Cohort法，即期对年初和年末均有效的信用等级从年初到年末的变动情况进行统计，不包括年内新发债券和债券在年内到期的发行主体的级别统计，亦不考虑年内等级多调和等级回调的情况。

②　需要特别指出的是，此处迁移样本较少，该统计结论可能存在一定误差。

从整体来看，与2013年相比，2014年发行人主体信用等级迁移改变了之前级别迁移多以单边上调为主的趋势，2014年的级别迁移方向更加多元化，AA及以下级别的迁移率有所上升，跨级别的调整明显增多。

综合本节所述，在监管层强化监管、交易所债券市场继续扩容的大环境下，国内证券资信评级机构在内部控制、科研开发、人才队伍建设、评级宣传、财务状况等方面均取得了良好的进步，市场影响力稳步提升。2014年在宏观经济增速下行，企业信用风险逐渐暴露的背景下，信用降级调整幅度加大。在2015年宏观经济基本面未发生根本变化的大环境下，未来信用债券级别调整将趋于常态化，上述均对评级机构的执业质量提出了更高要求。

第三节　证券资信评级行业面临的问题及2015年前景展望

一、证券资信评级行业面临的问题

（一）信用风险事件频发，评级结果稳定性有待提升

2014年以来，交易所债券市场发生多次信用风险事件，很多公司债和私募债产品出现兑付危机。虽然最受关注的11超日债和华锐01最终相继完成兑付和回售，债市刚性兑付的现象仍未打破，但由于经济基本面疲软状况在中短期内仍难以实现根本性扭转，未来信用事件爆发的风险仍然很高，评级风险预警的作用仍将备受关注。值得注意的是，目前部分评级机构的评级结果稳定性不高，甚至出现了一年内多次调整评级结果的现象。造成上述情况的原因主要有如下方面：（1）我国评级行业仍处于初级发展阶段，竞争秩序不规范，部分评级机构放松评级标准，推动部分发行人主体级别的动态上调；（2）我国评级检验制度尚不完善，目前主要依靠利差进行评级质量检验，但利差检验因基准利率选取、各机构理念差异等原因存在局限性，使得以违约率统计为原则的市场检验制度未能发挥作用。未来评级机构仍需要加强自律意识，注重从评级一致性、稳定性方面提升评级质量。

（二）创新产品评级业务有待规范

近年来，我国创新债券产品不断推出，在标准证券化产品迅速发展的同时，国内债券市场也出现了非标产品的创新。反映在评级市场方面，创新产品的评级业务发展较快，创新产品的交易结构更为复杂，模式更为多样，其信用风险的揭示更加专业化和复杂化，相应的监管难度在加大。

由于我国债券创新产品处于初期发展阶段，其评级理论和评级方法尚不成熟，目前国内尚未形成公认的、有较大影响力的创新产品评级体系。我国评级市场中部分创新债券评级缺少完备的监督管理措施，资产支持证券评级、信托评级、资产管理和债权投资计划评级等相

关规则还有待完善。另外，创新产品评级业务没有形成统一的市场价格规范和信用级别序列，相应出现了低价竞争和级别竞争的现象，不利于评级行业的有序发展。

（三）债券市场仍存在制约评级行业发展的因素

近年来，我国债券市场尤其是信用类债券市场快速发展，为信用评级提供了大量的市场需求，促进了评级行业的蓬勃发展，但债券市场仍存在着一些制约评级业发展的因素，主要体现在如下方面：（1）我国债券市场仍未形成真正的市场化，刚性兑付现象仍未打破，风险定价体系仍未建立，无论是监管层还是投资者，均呈现明显的风险厌恶倾向，大环境不利于培育成熟的评级机构；（2）目前，监管政策存在很多信用级别方面的发行、投资和交易限制，形成投资者普遍倾向于投资高信用级别债券的局面，不利于高收益债券的发展，从而限制了信用评级的业务发展；（3）与西方市场成熟的投资风险管理体系比较，我国债券市场的风险缓释工具匮乏，针对债券市场有效的风险转换、对冲和补偿的金融产品仍处于空白状态，市场风险无有效释放渠道，间接又促进市场的避险惯性，限制了债券市场的市场化进程。

（四）评级机构基础设施建设仍需加强

基础设施体现在人员、设备、技术储备等方面，但作为金融服务机构，评级机构的基础设施建设仍有待进一步提升。目前，大多数评级机构基础数据库上线时间较短，大数据积累不够充分，数据信息不能有效体现评级风险特征；评级分析软件较为初级，不能适应评级方法的更新和调整；现有行业竞争使得很多评级机构高层管理者更重视市场利益，使得评级技术研究相对落后，尤其是创新产品的系统化研究普遍不足。

二、2015年证券市场资信评级行业前景展望

（一）交易所债券市场继续扩容，评级行业有望迎来新的发展阶段

自2007年9月首单公司债产品发行以来，交易所债券市场规模逐步扩张，但其间也经历了一定波折。与目前银行间债券市场的发行、交易规模相比，交易所债券市场发展仍显滞后，主要有以下原因．（1）发行主体范围相对较窄。公司债的发行主体主要为上市公司，虽然近年来主体范围逐步扩展到证券公司、中小企业等，但是相对于银行间债券市场发行人的多元化，市场容量仍有待扩张。（2）发行与交易方式的局限。交易所债券发行为审核制，相较银行间市场的备案制有更多的审核限制；投资者主要为保险、基金、上市商业银行等机构投资者，资金规模大的商业银行未充分参与；债券的交易流动性因评级结果的不同也有一定限制。随着新颁布的《公司债券发行与交易管理办法》的出台，交易所市场管制出现较大范围放松，公司债产品有望大举扩容，也将使证券资信评级行业发展进入新阶段。

（二）两大债券市场加速统一，评级行业统一监管有望继续推进

2014 年，中国证监会、中国银监会、中国保监会等大力推进资产证券化进程，相应出台了多个配套文件。目前，债券市场监管已经形成部际协调机制，债券统计制度的发布更是债券市场监管合作的重要一步。2014 年 11 月，财政部开始发布中国关键期限国债收益率曲线，这是中国债券市场发展历史上具有里程碑意义的重要举措，为债券市场的统一定价和逐步整合奠定了良好基础。监管统一的加速推进，尤其是统一的市场定价基础的建立，将逐步减少两大债券市场的评级差异，规范信用评级行业秩序。

（三）评级业务操作规范进一步完善，评级作业质量有望提升

长期以来，交易所债券市场由于起步相对较晚，相应的评级监管相对滞后，主要体现在：（1）市场化评价及相应配套制度缺失，使得评级机构因不良竞争承担的成本过低，进而出现短视行为，影响评级行业的规范竞争；（2）评级监管注重强化责任，但是由于评级行业尚处于初级阶段，对行业的保护尚有待加强。从实际情况看，很多企业尤其是大中型企业发行人易对评级机构施加不当影响，恶意压缩作业时间、尽职调查配合不足、随意更换机构等现象屡屡存在，使得评级机构处于相对弱势地位，不利于评级行业发展。2015 年 1 月 6 日中国证券业协会发布的《证券市场资信评级机构评级业务实施细则（试行）》对评级费用收取、评级报告出具时间、跟踪评级信息披露等细节进行了详细规定，使得评级业务操作规范进一步完善，同时也强化了发行人的配合责任，使得评级机构作业质量得以保障，评级质量也有望在原先基础上得到进一步提升。

（四）与相关方互动的加强提升了行业透明度，行业影响力有望增强

虽然市场对信用评级的关注度不断提高，但评级机构对评级方法和管理制度披露得还不够充分，尤其反映在创新产品方面。目前，资产支持证券的信息披露普遍存在透明度不够的问题，资产池信息的不透明使得市场投资者对于池内资产的质量和风险水平不能做出准确判断。

近年来，评级机构逐步认识到信息沟通的重要性，逐步通过投资者见面会、论坛演讲、新闻发布会等渠道加大与投资者、发行人、交易方等相关方的沟通，加大评级行业宣传。通过多样化的行业宣传和交流讨论，促进了各界对评级行业的了解，也有利于评级行业整体技术水平的提升。

综上所述，随着近期公司债发行交易新政策的出台、评级行业执业监管的进一步完善，在交易所债券市场管制逐步放松的大趋势下，评级行业有望在业务规模上得以扩张，评级执业质量也有望进一步提升。

专题报告

专题报告之一：
2014 年场外市场发展综述

第一章
全国中小企业股份转让系统市场综述

全国中小企业股份转让系统（National Equities Exchange and Quotations）是经国务院批准设立的全国性证券交易场所，简称全国股转系统（也称“新三板”）。中小企业股份转让系统在原有主板、中小板、创业板三层资本市场的基础上为解决中小企业股权流动与融资交易提供平台和场所，进一步丰富了我国多层次的资本市场体系。

中小企业股份转让系统从 2006 年开始试点，2012 年在中国证监会的积极支持下快速发展，2014 年中小企业股份转让系统正式进入加速扩容阶段。2013 年 2 月全国中小企业股份转让系统的运营及 2014 年证券公司参与新三板做市商交易细则的落地标志着我国中小企业股份转让系统取得了里程碑式的重大发展。

第一节　全国中小企业股份转让系统概况

一、中小企业股份转让系统成为多层次资本市场的重要力量

2006 年 1 月 16 日，“中关村科技园区非上市股份有限公司进入证券公司代办转让系统

进行股份转让试点”正式推出，规定凡是中关村科技园区的企业都可以在此市场挂牌，这是中小企业股份转让系统的雏形。2009 年 6 月，中国证监会和中国证券业协会对中关村代办试点制度从试行投资者适当性制度、调整公司挂牌条件、完善转让结算制度、提高股份转让效率、完善信息披露制度、提高股份转让效率、改进股份限售安排等方面进行了调整。2012 年 8 月，股转系统试点扩大到北京、上海、天津、武汉四个高科技园区。

2012 年 9 月，在“中关村科技园区非上市股份有限公司股份报价”基础上，“全国中小企业股份转让系统”经国务院批准设立为全国性证券交易场所，全国中小企业股份转让系统有限责任公司为其运营管理机构。2013 年 6 月，国务院决定将全国中小企业股份转让系统试点由四个园区扩大至全国，2013 年 12 月，国务院出台《国务院关于全国中小企业股份转让系统有关问题的决定》（国发［2013］49 号），为建立多层次资本市场，充分发挥全国股份转让系统服务中小微企业以缓解中小微企业融资困难作出了明确界定。鼓励证券公司、保险公司、证券投资基金、私募股权投资基金、风险投资基金、合格境外机构投资者、企业年金等机构投资者参与市场，逐步将全国股份转让系统建成以机构投资者为主体的全国性证券交易场所。至此，中小企业股份转让系统正式成为我国多层次资本市场中重要的组成部分。

二、中小企业股份转让系统在法规制度建设上加快步伐

2013 年 1 月，中国证监会发布《全国中小企业股份转让系统有限责任公司管理暂行办法》，确立了中小企业股份转让系统的职权、组织架构、责任及其监督管理，并明确了在证券公司代办股份转让系统的原 STAQ、NET 系统挂牌公司和退市公司及其股份转让相关活动，由全国股份转让系统公司负责监督管理的规定。随后，中国证监会先后颁布《非上市公众公司监管指引第 1 号——信息披露》、《非上市公众公司监管指引第 2 号——申请文件》、《非上市公众公司监管指引第 3 号——章程必备条款》、《非上市公众公司监管指引第 4 号——股东人数超过 200 人的未上市股份有限公司申请行政许可有关问题的审核指引》以及《非上市公众公司监督管理办法》等有关规范非上市公司申请、信息披露的规章制度，明确定义了什么是“非上市公众公司”，对非上市公众公司的组织架构、股票公开转让的条件、年报披露的条件、信息披露的标准及定向发行都作出较为清晰的制度安排。

2013 年 12 月，国务院发布《关于全国中小企业股份转让系统有关问题的决定》（国发［2013］49 号），为中小企业股份转让系统挂牌公司和市场监管奠定了法规基础，填补了证券法没有直接针对全国股份转让系统和挂牌公司规定的法律空白。

全国中小企业股份转让系统从 2013 年起，相继推出《全国中小企业股份转让系统主办券商管理细则》、《全国中小企业股份转让系统股票转让细则》、《全国中小企业股份转让系统投资者适当性管理细则》、《全国中小企业股份转让系统挂牌公司股票发行细则》、《全国中小企业股份转让系统挂牌公司信息披露细则（试行）》等规章制度，初步建立起涵盖机构参与者、个人投资者、股票交易及挂牌股票发行领域的制度框架。

2014 年，全国中小企业股份转让系统为进一步激发市场活力，于6月5日推出《全国中小企业股份转让系统做市商做市业务管理规定（试行）》。该规定对证券公司做市的业务条件、做市人员资格、做市系统及做市商的责任进行了规定，该项规定的出台进一步激活了在中小企业股份转让系统挂牌的股票交易活跃度，使中小企业股份转让系统交易不再是雾里看花。其后，《全国中小企业股份转让系统非上市公众公司重大资产重组业务指引（试行）》、《全国中小企业股份转让系统股票转让方式确定及变更指引（试行）》等有关深化业务制度的相继出台使得股转系统规章制度日趋完善。

三、中小企业股份转让系统发展现状

截至 2014 年底，中小企业股份转让系统挂牌公司共计 1 572 家，其中 1 216 家为 2014 年新增，挂牌公司总股本 658. 35 亿股，总市值达到 4 591. 42 亿元，平均市盈率为 35. 27 倍；2012—2014 年，中小企业股份转让系统挂牌数量扩充了 7 倍，总市值扩充了 13 倍，融资金额增长了 15 倍。挂牌公司的快速增加以及单笔融资额的不断冲高使得股票交易也变得较之以往更加活跃，交易量迎来了大幅提升，交易活跃度得到激活，一方面表现为机构投资者迅速扩张，由 2012 年的 937 家快速增加至 4 695 家，3 年间扩充了 5 倍；个人投资者由 2012 年的 4 313 人攀升至 43 980 人，3 年间增长 10 倍；股票成交数量则从 3 年前的约 1. 15 亿股放大到 22. 82 亿股，3 年间增长了 19 倍。尤其在 2014 年，中小企业股份转让系统迈向新纪元的元年，不管是挂牌公司数量、股票融资量，还是市场活跃度，均出现了飞跃，这也是中小企业股份转让系统近三年中发展最为急速的一年。

中小企业股份转让系统的低门槛融资以及相对于主板、创业板市场更为灵活的财务制度激发了中小微企业融资的热情。2014 年，1 572 家挂牌企业中从股东人数分布与股本分布情况看，创业初期的中小微企业占多数，这类企业由于处于发展初期，股东人数较少，以 3—50 人的股东占比达到挂牌企业的 80. 47%，表明中小企业股份转让系统已成为初创企业的融资乐土，也为解决长期困扰中小微企业的融资问题开辟了一条通向资本的道路（见表 1 - 1 至表 1 - 3、图 1 - 1）。

表 1 - 1　　中小企业股份转让系统 2012—2014 年市场概况

	2014 年	2013 年	2012 年
挂牌规模			
挂牌公司家数（家）	1 572	356	200
总股本（亿股）	658. 35	97. 17	55. 27
总市值（亿元）	4 591. 42	553. 06	336. 10
股票发行			
发行次数（次）	327	60	24
发行股数（亿股）	26. 43	2. 92	1. 93
融资金额（亿元）	129. 99	10. 02	8. 59

续表

	2014 年	2013 年	2012 年
股票转让			
成交金额（亿元）	130.36	8.14	5.84
成交数量（亿股）	22.82	2.02	1.15
成交笔数（笔）	92 654	989	638
换手率（%）	19.67	4.47	4.47
市盈率（%）	35.27	21.44	20.69
投资者账户数量			
机构投资者（户）	4 695	1 088	937
个人投资者（户）	43 980	7 436	4 313

资料来源：全国中小企业股份转让系统。

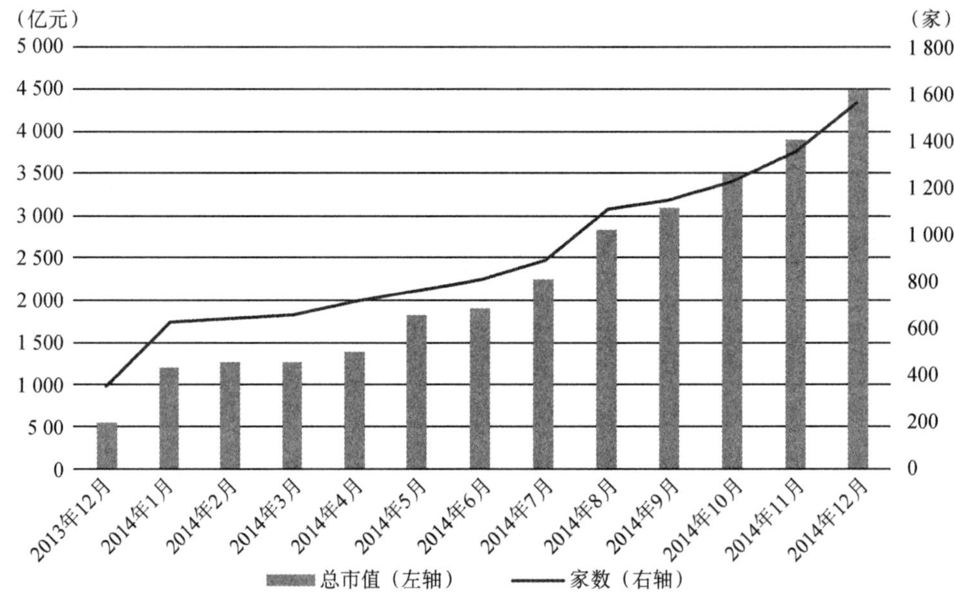

图 1－1　2014 年中小企业股份转让系统挂牌公司数量及总市值趋势

资料来源：全国中小企业股份转让系统。

表 1－2　股东人数分布情况

股东人数（人）	挂牌公司数（家）	占比（%）
2	146	9.29
3—10	669	42.56
11—50	596	37.91
51—100	98	6.23
101—200	51	3.24
200 以上	12	0.76
合计	1 572	100.00

注：因四舍五入，数据加总结果不为 100%。

资料来源：全国中小企业股份转让系统。

表 1－3　　　　股本分布情况

股本（万股）	挂牌公司家数（家）	家数占比（%）
小于 500	1	0. 06
500—1 000	214	13. 61
1 000—5 000	944	60. 05
5 000—10 000	324	20. 61
大于 10 000	89	5. 66
合计	1 572	100. 00

资料来源：全国中小企业股份转让系统。

目前，中小企业股份转让系统 1 572 家挂牌企业中，64. 56% 的企业来自经济发达省份，其中北京市 362 家，江苏省 171 家，上海市 166 家，广东省 149 家，山东省 98 家，浙江省 69 家。从地域分布看，环渤海、长三角、珠三角区域受益于区位经济优势及良好技术要素禀赋环境，其高新技术产业发展较为领先，市场经济成熟度也较之中西部更为成熟（见表 1－4）。

表 1－4　　　　地域分布情况

省份	挂牌公司家数（家）	家数占比（%）
北京	362	23. 03
江苏	171	10. 88
上海	166	10. 56
广东	149	9. 48
山东	98	6. 23
湖北	93	5. 92
浙江	69	4. 39
河南	55	3. 50
安徽	45	2. 86
天津	41	2. 61
辽宁	41	2. 61
福建	41	2. 61
湖南	33	2. 10
四川	31	1. 97
河北	23	1. 46
陕西	22	1. 40
重庆	22	1. 40
新疆	17	1. 08
黑龙江	14	0. 89
宁夏	14	0. 89
贵州	13	0. 83

续表

省份	挂牌公司家数（家）	家数占比（%）
江西	13	0.83
云南	13	0.83
吉林	7	0.45
广西	5	0.32
山西	4	0.25
海南	3	0.19
甘肃	3	0.19
内蒙古	3	0.19
青海	1	0.06
合计	1 572	100.00

资料来源：全国中小企业股份转让系统。

2014 年，中小企业股份转让系统全国扩容后从行业分布来看，中小企业股份转让系统挂牌公司覆盖了 18 个行业。其中，制造业 883 家，约占挂牌公司总数的 56.2%，这些挂牌的制造业公司中不乏涉及新型医药制造、电子信息制造、特种设备制造、工业自动化等新兴成长型领域的企业，同时，也出现了一批面向现代第三产业的挂牌公司，如代表金融行业的湘财证券、代表现代交通运输仓储的海格物流等，这些不同领域的挂牌公司的出现与中小企业股份转让系统服务于创业、创新、成长型企业的目标相吻合（见表 1－5）。

表 1－5　　新三版挂牌公司行业分布

行业名称	挂牌公司家数（家）	家数占比（%）	总股本（亿股）	总股本占比（%）
制造业	883	56.17	339.73	51.60
信息传输、软件和信息技术服务业	360	22.90	84.85	12.89
建筑业	57	3.63	26.85	4.08
科学研究和技术服务业	55	3.50	13.15	2.00
农、林、牧、渔业	38	2.42	23.87	3.62
租赁和商务服务业	30	1.91	11.41	1.73
文化、体育和娱乐业	28	1.78	7.09	1.08
批发和零售业	26	1.65	12.37	1.88
水利、环境和公共设施管理业	24	1.53	9.12	1.39
交通运输、仓储和邮政业	15	0.95	6.55	1.00
采矿业	14	0.89	7.22	1.10
金融业	12	0.76	106.44	16.17
卫生和社会工作	11	0.70	3.21	0.49
居民服务、修理和其他服务业	7	0.45	2.19	0.33

续表

行业名称	挂牌公司家数（家）	家数占比（%）	总股本（亿股）	总股本占比（%）
电力、热力、燃气及水生产和供应业	5	0.32	1.91	0.29
教育	4	0.25	0.91	0.14
综合	2	0.13	1.18	0.18
住宿和餐饮业	1	0.06	0.30	0.05
合计	1 572	100.00	658.35	100.00

注：由于四舍五入，数据加总结果可能不是100%。

资料来源：全国中小企业股份转让系统。

2014年，在中小企业股份转让系统挂牌企业数量与发行股票融资规模迅速扩大的同时，并购数量也实现了迅猛增长，并购重组方面，股转系统实行事后备案和信息披露监管，为挂牌公司创造了宽松环境。2014年，共计8家挂牌公司涉及重大资产重组事项，涉及交易金额合计10.74亿元；8家公司因被上市公司收购终止挂牌，涉及交易金额合计15.01亿元；8家公司被挂牌收购，涉及交易金额合计2.21亿元。

第二节　中小企业股份转让系统市场面临的问题

一、个人投资者的交易门槛过高

目前，中小企业股份转让系统活跃度低的一个重要原因被认为是个人投资者的交易门槛过高。现行标准是个人投资者名下前一交易日日终证券类资产市值500万元以上，2年以上投资经验或具有会计、金融、投资、财经等相关专业背景或培训经历。

监管部门制定500万元的高投资门槛，出发点是考虑投资者的风险承受能力。由于中小企业具有业绩波动大、风险较高的特点，严格规定自然人投资者的准入条件有碍中小企业股份转让系统的活跃度。降低投资门槛，不仅使投资参与者增多，促使市场活跃度增加，而且可以培育合格投资者。合格投资者具有一定的风险识别和风险承担能力，在一个供给充分的市场上，通过投资者的自主决策，可以真正实现资本市场的价值发现和服务功能。

我国资本市场经历了基础发展期，市场各方专业力量不断增强，各类投资者风险意识不断加强，“专业判断、风险自担”的投资文化深入人心，这个时候适度调低投资门槛，在各项法律法规形成的监管体系之下，充分信任市场大多数投资者的风险把控能力、充分信任市场专业中介的综合服务能力，引入资金活水，对中小企业股份转让系统市场来说正当其时。

二、流动性有待进一步提高

中小企业股份转让系统挂牌公司数量逐渐增多，但流动性仍显不足。2014 年中小企业股份转让系统换手率为 19.67，比 2012 年增长 4 倍，较过去虽有较大提升，但比中小板与创业板的换手率差距明显，股票流动性不足。做市转让虽然增加了股票的交易次数，但由于协议转让成交额仍远远大于做市转让，中小企业股份转让系统股票交易并没有完全被激活。

中小企业股份转让系统交投活跃度不够的问题并不能在一朝一夕解决，虽然做市商制度是一个不错的尝试，但要解决流动性的问题，最重要的是为市场参与者树立信心。普通投资者及机构投资者作为融资供给方，受困于现有的挂牌公司信息流量低，信息不对称，积极性低迷，所以融资供求不匹配，这需要中小企业股份转让系统在挂牌公司公开信息披露与处理上进一步完善监督运行机制，建立更加丰富的信息披露制度。

第三节　中小企业股份转让系统市场未来展望

全国中小企业股份转让系统的设立和发展是我国多层次资本市场加快创新发展的实践，它适应了国家发展战略的需要，有着扎实的背景和现实需求：在市场实践层面，交易所市场 20 余年的发展为中小企业股份转让系统的建设提供了充分的经验积累和坚实的实践基础。中小企业股份转让系统具有后发优势，积极拓展了证券市场服务实体经济的覆盖面；在经济发展层面，我国经济转型升级的内在需求、创新驱动战略的实施、多元经济需求的时代主题为全国股转系统提供了前所未有的战略机遇，这一系统有条件在更广阔的范围内对接实体经济；在体制创新层面，十八届三中全会在全面深化改革的框架下提出加快推进多层次资本市场建设，作为我国多层次资本市场的重要组成部分，中小企业股份转让系统不是简单的市场层次新设，它承担着我国证券市场改革先行先试的角色。

从海外市场经验来看，美国纳斯达克市场是最值得学习和借鉴的，在中国所有的市场中，中小企业股份转让系统的定位与纳斯达克最为接近。随着中小企业股份转让系统挂牌企业的快速增加，需要考虑建立与企业和市场风险相匹配的、与美国纳斯达克市场相类似的分层及相关配套制度。在规模较小、企业经营风险较大的创新创业型的挂牌企业板块中，仍然实施严格的、高门槛的合格投资者等制度，而在规模较大、生产经营较为稳定的优质企业板块上，则考虑降低合格投资者门槛和增强流动性。随着挂牌企业数量增多和多层次资本市场格局的建立，再适当借鉴美国纳斯达克市场企业持续上市资格监管及“升板自愿、降板强制”等经验做法，加快探索建立一整套与中国资本市场的市场化改革进程及挂牌企业发展相适应的转板及退出机制。

借着 2014 年加速发展打下的基础，未来中小企业股份转让系统将步入新的发展阶段。资本市场改革具体措施将密集落实，一系列措施将为资本市场注入长久发展动力，同时也会给市场带来新的活力。中小企业股份转让系统将推出竞价交易方式，届时包括协议转让、做市转让在内，三大交易方式将完备；挂牌企业数量规模的迅猛增长将促进中小企业股份转让系统实施分层管理；同时，中小企业股份转让系统还将推出优先股、债券等新品种，丰富市场融资工具，推出新三板指数和做市股票指数等。

第二章

2014 年中国区域性股权市场发展综述

2014 年，以深圳前海为标志的区域性股权市场成为我国多层次资本市场建设中最具活力的一部分，不仅区域股权交易中心及在此挂牌的非上市公司数量大幅增加，在融资产品创新和信息披露制度建设方面同样取得显著进展，区域性股权交易市场今后有望成为多层次资本市场的一个重要支撑点。

第一节　区域性股权市场发展现状

一、区域性股权市场发展的制度背景

国务院 2011 年 11 月、2012 年 7 月相继发布《国务院关于清理整顿各类交易场所切实防范金融风险的决定》（国发［2011］38 号），《国务院办公厅关于清理整顿各类交易场所的实施意见》（国发［2012］37 号，以下简称《实施意见》）对各类“交易场所”进行整顿，提出了清理整顿的工作机制与基本规范，其中，《实施意见》对“交易所”、“权益类交易”、“大宗商品中远期交易”、“标准化合约”、“集中交易方式”、“持续挂牌交易”等概念内涵进行了较为详细的界定。通过清理整顿，天津、重庆、武汉等主要地区的股权交易所得到了进一步发展。2012 年 8 月，中国证监会颁布《关于规范证券公司参与区域性股权交易市场的指导意见（试行）》（证监会公告［2012］20 号，以下简称《指导意见（试行）》），界定区域性股权交易市场是市场所在地省级行政区域内的企业特别是中小微企业提供股权、债券的转让和融资服务的私募市场，明确了区域性股权交易市场是多层次资本市场的重要组成部分，并指出区域性股权交易市场对于促进企业特别是中小微企业股权交易和融资，鼓励科技创新和激活民间资本，加强对实体经济薄弱环节的支持具有不可替代的作用。《指导意见（试行）》的出台对于推动区域性股权交易市场健康发展，引导其规范交易行为，从而更好地为中小微型企业提供股权交易和融资服务等方面发挥重要作用。

二、全国区域股权市场发展现状

截至 2014 年底，根据已公开信息的统计，全国共有 31 家区域股权中心（含筹备中的 1 家区域股权中心），我国 31 个省市中除河南、黑龙江、云南及宁夏四省外，其余各省市陆续形成了规范化的区域性股权交易中心。其中，天津股权交易所及上海股权托管交易中心由国务院批准设立，其他交易中心均由地方政府批准设立。截至 2014 年 12 月 21 日，全国各区域性股权交易中心挂牌企业累计近 25 000 家，其中股权交易板块挂牌企业近 2 400 家。

从区域覆盖来看，天津股权交易所和上海股权托管交易中心分别覆盖了 29 个和 16 个省市；从行业覆盖来看，工业、信息技术、消费、材料和医疗保健是挂牌企业最多的五个行业；从挂牌企业规模来看，多以资产规模 1 000 万元至 1 亿元之间的小微企业为主，其中以下几个具有影响力的主要股权交易中心最具代表性：

（一）浙江股权交易中心

该中心成立于 2012 年 9 月，截至 2014 年底共有挂牌企业 1 591 家，其中成长板挂牌企业 220 家，创新板挂牌企业 1 371 家。2014 年，浙江股权交易中心新增实现融资金额达 74.62 亿元。截至 12 月末，累计实现融资金额达 138.86 亿元。2014 年，浙江股权交易中心成交股数为 3 542.53 万股，成交金额 8 446.33 万元。截至 9 月末，累计成交股数为 6 218.53 万股，成交金额 15 516.33 万元。

（二）齐鲁股权交易中心

该中心成立于 2010 年 12 月，截至 2014 年底共有挂牌企业 412 家，托管企业 534 家，进入综合金融服务平台企业近 5 000 家。2014 年以来，齐鲁股权交易中心创新推出私募股权、中小企业私募债、股权质押、债转股、小贷债、信托产品、集合信贷、收益权凭证等多种融资产品，帮助挂牌托管企业累计实现各类融资 150 亿元，其中直接融资 35 亿元，股权质押合计超过 20 亿元，普惠融资基金带动流动资金贷款可实现 5 亿元左右。

（三）天津股权交易所

该所成立于 2008 年 9 月，截至 2014 年底，累计挂牌企业 494 家，2014 年实现融资总额为 45.47 亿元。截至 2014 年 12 月，累计股权直接融资额为 80.28 亿元，累计股权直接融资次数为 634 次。

（四）上海股权托管交易中心

该中心成立于 2012 年 2 月，截至 2014 年底，挂牌企业总数为 3 105 家，其中于 E 板挂牌企业数为 322 家，Q 板挂牌企业数为 2 783 家，挂牌企业分布于我国 31 个省市。截至

2014 年底，上海股权交易中心累计成交金额为 8.69 亿元，同比增长逾 120%，累计成交股数为 3.15 亿股。截至 2014 年底，累计融资总额为 59.25 亿元，同比增长 157%。其中，累计股权融资额为 43.41 亿元，累计债券融资额为 15.84 亿元。

（五）重庆股份转让中心

该中心成立于 2009 年 7 月，截至 2014 年底累计帮助企业融资突破 300 亿元，培育和扶持了一批极具潜力的民营企业，已有 1 家挂牌企业成功 IPO 上市，10 家挂牌企业进入中小企业股份转让系统挂牌。截至 2014 年底，中心累计挂牌企业 237 家，托管企业 711 家，累计实现交易额 126 亿元；实现股权质押贷款 342 亿元、发行私募债约 8 亿元；中介会员达 430 家，各类投资者 5.8 万余户。

（六）武汉股权托管交易中心

该中心成立于 2011 年 11 月，截至 2014 年底，共托管登记企业 575 家，托管总股本 248.43 亿股，其中 2014 年新增托管登记企业 213 家，新增托管股本 81.46 亿股，增幅分别达到 58.52% 和 48.79%；挂牌企业数量达到 351 家，挂牌总股本 71.71 亿股，总市值 529.78 亿元，其中 2014 年新增挂牌企业 191 家，是 2011 年至 2013 年挂牌企业总数的 1.2 倍；共成交 10.35 亿股，成交总金额 14.95 亿元；累计实现融资 101.79 亿元（含股权直接融资 9.98 亿元，股权质押融资 91.81 亿元），其中，2014 年实现融资 41.60 亿元，较 2013 年末增长 69.11%，股权直接融资 3.68 亿元，股权质押融资 37.92 亿元，增幅分别达到 58.36% 和 70.37%。武汉股权托管交易中心现有会员机构 405 家，仅 2014 年就新增了 152 家，增幅达 37%，有效拓宽了中小企业融资渠道，为服务实体经济发展做出了积极贡献。

（七）深圳前海股权交易中心

该中心成立于 2013 年 5 月，截至 2014 年底，前海中心挂牌企业已达4 300多家，占全国场外资本市场约 1/3 的份额，实现融资约 45 亿元，覆盖企业约 400 家。

（八）北京股权交易中心

该中心成立于 2013 年 12 月，截至 2014 年底，累计为 203 家股份公司和有限公司提供登记托管服务，管理资本总额 254.7 亿元，为 3 600 多户合格投资者和股东提供账户管理服务，极大便利了中小微企业办理股权变更及股权融资；为 318 家企业提供了展示推介服务；通过与工商银行、北京银行等金融机构合作，备案了 10 只中小企业私募债券，备案金额 11.3 亿元，其中已成功发行 6 只，募集金额 5.5 亿元。

（九）广州股权交易中心

该中心成立于 2012 年 8 月，截至 2014 年底，共有挂牌企业 1 075 家，推荐机构会员 67

家，专业服务机构会员 125 家，自营会员（44 家）。截至 2014 年底共实现融资交易总额 32.25 亿元（见表 2－1）。

表 2－1　　　　　　　　　　我国区域性股权市场概览

<table>
<tr><th rowspan="2">所属区域</th><th rowspan="2">所属省份/自治区/直辖市</th><th rowspan="2">名称</th><th rowspan="2">成立时间</th><th colspan="2">挂牌公司数量（家）</th></tr>
<tr><th>股权交易板（只）</th><th>股权展示板（只）</th></tr>
<tr><td rowspan="9">华东地区</td><td>上海市</td><td>上海股权托管交易中心</td><td>2012 年 2 月</td><td colspan="2">3 105</td></tr>
<tr><td>浙江省</td><td>浙江股权交易中心</td><td>2012 年 9 月</td><td colspan="2">1 591</td></tr>
<tr><td rowspan="2">山东省</td><td>青岛蓝海股权交易中心</td><td>2014 年 2 月</td><td>131</td><td>1 255</td></tr>
<tr><td>齐鲁股权托管交易中心</td><td>2010 年 12 月</td><td colspan="2">412</td></tr>
<tr><td>江苏省</td><td>江苏股权交易中心</td><td>2013 年 7 月</td><td colspan="2">105</td></tr>
<tr><td>江西省</td><td>江西股权交易所</td><td>2011 年 6 月
（尚未挂牌）</td><td colspan="2">0</td></tr>
<tr><td>安徽省</td><td>安徽省股权托管交易中心</td><td>2013 年 6 月</td><td colspan="2">244</td></tr>
<tr><td rowspan="2">福建省</td><td>厦门两岸股权交易中心</td><td>2013 年 12 月</td><td colspan="2">940</td></tr>
<tr><td>海峡股权交易中心</td><td>2011 年 11 月</td><td>34</td><td>980</td></tr>
<tr><td rowspan="5">华南地区</td><td rowspan="3">广东省</td><td>广州股权交易中心</td><td>2012 年 8 月</td><td>26</td><td>810</td></tr>
<tr><td>前海股权交易中心</td><td>2013 年 5 月</td><td colspan="2">4 300</td></tr>
<tr><td>广东金融高新区股权交易中心</td><td>2013 年 7 月</td><td>40</td><td>1 104</td></tr>
<tr><td>广西壮族自治区</td><td>广西北部湾股权交易所</td><td>2011 年 4 月</td><td colspan="2">83</td></tr>
<tr><td>海南省</td><td>海南股权交易中心</td><td>2014 年 9 月</td><td colspan="2">49</td></tr>
<tr><td rowspan="3">华中地区</td><td rowspan="2">湖北省</td><td>武汉股权托管交易中心</td><td>2011 年 11 月</td><td>351</td><td>1 835</td></tr>
<tr><td>湖北省股权托管中心</td><td>2003 年 6 月</td><td colspan="2">600</td></tr>
<tr><td>湖南省</td><td>湖南股权交易所</td><td>2010 年 12 月</td><td>38</td><td>147</td></tr>
<tr><td rowspan="5">华北地区</td><td>北京市</td><td>北京股权交易中心</td><td>2013 年 12 月</td><td>102</td><td>338</td></tr>
<tr><td>天津市</td><td>天津股权交易所</td><td>2008 年 9 月</td><td colspan="2">494</td></tr>
<tr><td>河北省</td><td>石家庄股权交易所</td><td>2013 年 1 月</td><td colspan="2">105</td></tr>
<tr><td>山西省</td><td>山西股权交易中心</td><td>2013 年 8 月</td><td>0</td><td>1 213</td></tr>
<tr><td>内蒙古自治区</td><td>内蒙古股权交易中心</td><td>2014 年 1 月</td><td>0</td><td>232</td></tr>
<tr><td rowspan="3">西南地区</td><td>重庆市</td><td>重庆股份转让中心</td><td>2009 年 7 月</td><td colspan="2">237</td></tr>
<tr><td>四川省＋西藏</td><td>成都（川藏）股权交易中心</td><td>2013 年 12 月</td><td colspan="2">192</td></tr>
<tr><td>贵州省</td><td>贵州股权金融资产交易中心</td><td>2010 年 12 月</td><td colspan="2">38</td></tr>
<tr><td rowspan="2">西北地区</td><td>陕西省</td><td>陕西股权交易中心</td><td>2014 年 5 月</td><td colspan="2">320</td></tr>
<tr><td>青海省</td><td>青海股权交易中心</td><td>2013 年 7 月</td><td colspan="2">0</td></tr>
<tr><td rowspan="2">陕西省</td><td>甘肃省</td><td>甘肃股权交易中心</td><td>2013 年 12 月</td><td>0</td><td>1 058</td></tr>
<tr><td>新疆</td><td>新疆股权交易中心</td><td>2013 年 1 月</td><td>24</td><td>477</td></tr>
<tr><td rowspan="2">东北地区</td><td>辽宁省</td><td>辽宁股权交易中心</td><td>2013 年 4 月</td><td>50</td><td>517</td></tr>
<tr><td>吉林省</td><td>吉林股权交易中心</td><td>2011 年 6 月</td><td>7</td><td>0</td></tr>
</table>

第二节　区域性股权市场发展特点

一、灵活和多样化的融资产品创新

几乎所有的区域性股权市场都同时提供股权融资和债券融资。在股权融资方式中，股权质押融资成为除定向增发之外最重要的融资手段。2014 年，浙江股权交易中心和齐鲁股权托管交易中心的股权质押融资额超过 20 亿元。

私募债是区域性股权市场另一类常见的融资方式，不乏各类具有创新意义的私募债产品。浙江股权交易中心是国内首家推出私募债业务的区域市场，截至 2014 年 3 月，在浙江股权交易中心备案发行的企业有 36 家，其中，民生工程类私募债 12 家，小贷公司定向债 4 家，普通私募债 20 家。齐鲁股权托管交易中心则于 2014 年成功发行全国首批国有小贷公司私募债，实现国有小贷与地方股权市场的资本对接。2014 年底，齐鲁股权托管交易中心共推出 23 单中小企业私募债，其中有全国首单挂牌企业集合私募债、可转债、短融债、系列债和山东省首单小贷公司私募债，累计实现融资 11.73 亿元。江苏股权交易中心与江苏交易场所登记结算公司共同出资成立了江苏小微企业融资产品交易中心，并于 2014 年 5 月成功推出“江苏小微企业私募债”，在国内首创“小微企业发行私募债 + 江苏小贷公司担保 + 金创信用再担保股份有限公司提供再担保暨承销”模式。截至 2014 年 12 月 31 日，已经成功备案发行小微债券 13 亿元，惠及省内 500 余家小微企业。齐鲁股权托管交易中心推出“中信银行—尚道投资”的杠杆信用贷产品。该产品具有“小额、面广、多次、无抵押、可复制”的特点，放贷对象主要是科技型、创新型中小微企业。

此外，部分区域性股权市场还在积极探索其他金融产品创新，诸如优先股融资（浙江）、理财和信托产品交易（齐鲁）、私募基金（重庆、上海）、并购重组和衍生品（上海、前海等）。一些区域性股权交易中心还在探索如何通过互联网信息化平台提升企业融资的可能性和便捷性。2014 年 5 月，股权众筹平台“浙里投”上线，企业可以通过该平台对浙江股权交易中心的私募债、股权众筹、固定收益产品等进行投资。

二、融资周期短，融资效率高

现有典型区域股权市场挂牌企业每次融资时间基本在两三个月左右。如天津股权交易所对截至 2014 年 12 月底的 494 家企业挂牌前首次融资用时进行统计，其中 199 家企业首次融资用时一两个月；122 家企业首次融资用时两三个月；25 家企业首次融资用时三四个月；148 家企业首次融资用时 1 个月以下。

相对于场内交易市场，区域股权市场具有简单快捷、成本低、效率高的特点。企业在场内交易所上市一般至少需要一两年时间，上市企业增发和后续融资仍需要经历繁琐的程序和审批，融资历时周期长，不利于企业在短时间内募集发展所需资金。

第三节　区域性股权市场发展过程中存在的主要问题

一、投资者受限，区域性股权市场容量小

根据《非上市公众公司监督管理办法》的规定，股东人数超过 200 人的股份公司将被认定为公众公司，必须经国务院证券监督管理机构或国务院授权的部门核准，因此现有的区域性股权交易市场的挂牌公司受股东总人数 200 人上限的限制，若股东人数逼近了 200 人的上限，挂牌后自然就没有交易量。进一步讲，当股东人数超过 200 人时，企业若不能达到全国中小企业股份转让系统挂牌的要求，也没达到上市条件，就不能在任何市场挂牌，这其实为各交易市场之间转板机制的设计埋下了一道坎。另外，现有交易规则对投资者身份的限制很严，进一步影响了市场的活跃度，使得股权流动性差。投资者受限，市场容量小。

目前，国内区域性股权交易市场交易相对活跃的是上海、齐鲁和天津三家股权交易市场。即便如此，齐鲁股权有过半的企业无交易记录，上海股权只有不到 1/3 的挂牌企业有交易记录。区域性股权交易市场投融资的功能发挥有限，优质企业不会考虑到区域性股权交易市场挂牌交易；投资人在区域性股权交易市场上找不到好的投资机会，则会选择用脚投票；投资人的离去意味着市场上的资金减少，企业获得融资的机会进一步降低，从而加速企业的离场，二者形成恶性循环，造成区域性股权交易市场活跃度下降。

二、区域性股权市场融资能力更有待提升

虽然目前不少股权交易中心尝试多种融资方式，除最主要的股权融资方式外，还包括发行私募债券、向银行获取授信贷款、协助挂牌企业以股权质押方式获得银行贷款，但由于还没有建立良好的私募市场发行制度，区域性股权市场的融资方式与融资仍在探索中。只有在融资方式上不断创新，才能将区域性股权市场打造成真正意义的私募股权、债权融资平台。此外，现有区域性交易所融资功能的定位主要以股权、债券等直接融资方式为主，尚不能发挥间接融资等其他多元化融资渠道的功效。

三、监管缺位，区域性股权市场信息披露不完善

一是监管缺位。没有明确、统一的区域性股权交易市场的监管模式、主体和内容。各管

理部门制定不同的管理规则，容易导致地方主义，产生恶性竞争，全国区域市场缺乏统一协调性，降低了整体市场的运行效率。

二是信息披露内容不完整，形式不规范，披露对象不全面。由于在区域性股权交易市场挂牌的主要是中小微企业，这些企业本身的经营管理并不健全，而要求的信息披露义务相对较低，以至于区域性股权交易市场信息披露欠缺。这主要是因为对违规者惩戒缺乏必要的法律依据，违规成本较低，对于蓄意操纵信息披露的行为，信息公开不及时、存在故意隐瞒和重大遗漏，公开的信息内容缺乏真实性。

此外，信息披露的内容主要是企业的财务状况，而对企业的经营管理、企业的运营状况及重大事项的披露欠缺，信息披露对投资者参考作用不大。

四、区域股权市场管理制度仍存法律空白

无论是现行的《公司法》还是《证券法》，都未对区域性股权交易市场进行明确的规范和界定，如何对其进行监管也没有明确的法律规定。目前关于区域性股权交易市场的法规主要是《国务院关于清理整顿各类交易场所切实防范金融风险的决定》（国发［2011］38 号）以及中国证监会 2012 年下发的第 20 号公告。

现有的区域性股权交易市场大多根据地方政府制定的制度运行，缺乏统一标准，这使得地方股权交易市场的发展面临很大困惑。法律法规的缺失和界定不清已成为制约区域性股权交易市场健康、快速发展的重要因素。

第四节　区域性股权市场展望

区域性股权交易市场是多层次资本市场的组成部分，大力发展区域性股权交易市场对健全我国多层次资本市场体系具有重要意义。区域性股权市场是由地方政府管理的、非公开发行证券的场所，是资本市场服务小微企业的新的组织形式和业态，是多层次资本市场体系的组成部分。其区域性、私募性的定位已形成与资本市场层次功能互补、错位发展格局。区域性股权交易市场的主要功能和作用表现在：一是小微企业培育和规范的园地，二是小微企业的融资中心，三是地方政府扶持小微企业各种政策和资金综合运用的平台，四是资本市场中介服务功能的延伸。区域性股权市场发展的业务范围以属地化为原则，业务和品种以债信融资、并购重组为重点，逐步带动股权融资；运营模式以中介服务为主导，积极发挥投行等中介服务功能，在投融资双方个性化需求匹配中牵线搭桥，设计产品，创新投融资模式。区域性股权市场的发展将避免走过去办交易所的老路，不追求企业挂牌展示的数量和股权交易的活跃程度。要着力增强资本市场中介服务功能，提高竞争力。

第三章
2014 年中国证券公司柜台市场发展综述

柜台市场又称 OTC 市场、场外交易市场，是和交易所市场相对的一个概念。证券公司柜台交易是指证券公司与特定交易对手方在集中交易场所之外进行的交易或为投资者在集中交易场所之外进行交易提供服务的行为。柜台交易业务是在证券公司柜台市场开展的。证券公司柜台交易市场明确定位于私募市场，是证券公司发行、转让、交易的平台。

自 2012 年 12 月 21 日证券公司柜台交易业务试点正式启动以来，截至 2014 年 12 月 31 日，共有 42 家证券公司获准开展柜台市场业务试点。证券公司柜台交易市场对于完善资本市场结构、服务实体经济、满足客户多元化投融资需求以及改善证券公司盈利结构等都有促进作用。与此同时，在证券行业创新发展浪潮下，柜台交易市场的发展为证券公司的转型创造出了更多的业务机会和商业模式，已逐步开辟成为新的业绩增长点。

第一节　发展证券公司柜台市场对于完善多层次资本市场的意义

证券公司柜台市场是我国多层次资本市场的重要组成部分，在国民经济和资本市场中的积极作用体现为以下几方面。

一、发展柜台市场是建设多层次资本市场体系的必然要求

党的十八大报告明确指出，要加快发展多层次资本市场。柜台市场是对交易所市场的有力补充，有利于服务中小微企业，助力解决“两多两难”问题。目前，我国绝大多数企业为非上市非公众公司。长期以来，这些数量巨大的公司一直是资本市场服务的“空白”区域，其私募融资和股权转让需求无法通过资本市场得到有效满足。证券公司柜台市场可为非上市非公众公司提供金融服务，进一步拓展资本市场服务实体经济的范围，对非法金融活动

具有一定的抑制作用，有利于规范金融活动，减少金融风险。

2014 年 8 月 14 日，国务院办公厅发布的《关于多措并举着力缓解企业融资成本高问题的指导意见》指出，要大力发展直接融资，继续扩大中小企业各类非金融企业债务融资工具及集合债、私募债发行规模，而私募债务融资工具、非公众公司股份（股权）、非上市公司股权质押融资、资产支持证券等产品都属于柜台市场产品（业务）范畴，因此证券公司可以通过柜台市场满足中小企业的相应融资需求，促进实体经济发展。

二、发展柜台市场是满足居民个人理财和财富管理的需要

当前我国财富管理市场需求旺盛、供应不足，存在较大缺口，非法理财或集资业务时有发生。证券公司在柜台可以通过风险识别与风险定价能力，将自主设计发行产品、代销产品或者将自主研发与代销产品结合起来的打包产品销售给客户，通过提供更多的非标准化投资工具，丰富投资者的选择，满足投资者个性化的资产配置和综合财富管理需求，为客户提供更专业、更灵活、更贴身的服务。

三、发展柜台市场是丰富金融风险管理工具的需要

从全球经验来看，柜台市场能够提供丰富的风险管理工具，对包括利率、汇率、信用、商品等在内的风险进行管理和对冲。目前，我国企业正处于“走出去”阶段，同时我国金融改革正进入快车道，在利率和汇率市场化的过程中，将有越来越多的企业面临利率、汇率等的波动风险。我国柜台市场的发展则可以给企业提供风险对冲的管理工具。企业在套期保值、锁定风险的基础上，可以更专注于主业，从而推动主业发展。

四、发展柜台市场有助于打造证券公司核心竞争力，提升服务能力

柜台市场的产品很多是非标准化、私募、量身定制产品，天生具备差异化的特点。柜台市场的发展有利于培育证券行业核心竞争力，是建立一流投行的基础条件。证券公司柜台市场是集证券公司交易、托管结算、支付、融资和投资等基础功能为一体的综合平台。证券公司根据客户的需求、资产状况及风险承受能力，在柜台市场向客户销售多样化的产品，并且提供做市服务和转让服务。柜台市场的发展将有助于证券公司基础功能的再造及整合，有效释放证券公司的业务空间，充分发挥证券公司的产品创设、风险管理及定价能力，扩大证券公司的买方、卖方客户资源，丰富其收费模式和服务方式。同时，柜台市场的发展将有效促进基础功能的发挥，提高整个资本市场的效率和专业化程度，提高资本市场服务投资者和实体经济的深度和广度。

第二节　证券公司柜台市场的开展情况

2014 年，我国柜台市场进入发展阶段，试点范围进一步扩大。投资者和柜台产品更加丰富，试点公司制度及系统建设进一步完善。2014 年 5 月 9 日，国务院发布《关于进一步促进资本市场健康发展的若干意见》，特别指出“培育私募市场”；2014 年 5 月 13 日，中国证监会发布《关于进一步推进证券经营机构创新发展的意见》，明确提出“发展柜台业务”。为贯彻落实国务院和中国证监会方针政策，促进证券公司柜台市场更加规范健康发展，中国证券业协会在总结证券公司柜台业务试点经验基础上，经过多次广泛征求意见，反复修改完善，并经中国证监会同意，2014 年 8 月 15 日发布了《证券公司柜台市场管理办法（试行）》。管理办法针对证券公司柜台业务试点过程中发现的问题，明确了证券公司柜台市场的范围和载体，丰富了产品种类和交易方式，提升了证券公司交易、托管结算、支付、融资和投资等基础功能，从而为证券公司柜台市场更好支持实体经济、创新创业和中小微企业发展奠定良好基础。

一、开展柜台市场业务试点证券公司进一步增多

截至 2014 年 12 月 31 日，共有 42 家证券公司获准开展柜台市场业务试点（见表 3 - 1）。

表 3 - 1　　截至 2014 年 12 月 31 日获准开展柜台市场业务试点

批准批次	证券公司名单
第一批	国信证券、国泰君安、海通证券、申银万国、兴业证券、广发证券、中信建投
第二批	中信证券、长江证券、银河证券、中国国际金融、招商证券、齐鲁证券、中银国际、山西证券
第三批	华泰证券、平安证券、浙商证券、安信证券、西南证券、国元证券、中投证券、方正证券、南京证券、东方证券、渤海证券、华创证券、华融证券
第四批	东兴证券、国金证券、华龙证券、江海证券、东北证券、西部证券、恒泰证券、中原证券、华林证券、财通证券、财富证券、东吴证券、长城证券、第一创业等

二、投资者账户和产品情况

投资者账户概况：中国证券业协会的专项调查显示，截至 2014 年底，投资者累计开立 998 497 个柜台产品账户。其中，机构投资者账户 5 736 户，个人投资者账户 992 761 户。2014 年，共计销售各类柜台产品 9 521.21 亿元，较 2013 年的 8 637.58 亿元有大幅增长，增幅达 10.23%。发行各类产品 3 564 只，比 2013 年的 527 只有近 6 倍的增长。产品收益率的

区间幅度较大，最高收益率为20.5%，最低收益率为-10%，平均收益率在4.3%左右。有218 159户参与柜台交易，其中个人212 646户，机构为5 513户。在所销售的各类产品中，现金类产品销售规模最高为6 746.12亿元，其他类衍生产品次之，为1 755.31亿元。另外，融资类、投资类、股权转让类产品的销售规模分别为836.21亿元、183.55亿元、0.01亿元。

三、试点公司制度及系统建设情况

各试点公司均已建立起较为健全的柜台业务规则与制度，柜台市场建设平稳有序推进。随着业务种类和深度的扩展，各公司依据业务需要进一步完善和细化柜台市场建设方案、业务规则和相关流程，投资者适当性管理工作有效开展。柜台交易系统建设基本完成并平稳运行，根据业务需要，相关系统功能也在不断完善。

第三节　证券公司柜台市场业务的主要特点

一、证券公司柜台市场业务与产品仍处于创新发展过程中

证券公司建立柜台市场，探索将理财产品、代销的金融产品及其衍生产品等引入柜台交易，促进了证券公司引导产品创新、投资创新、服务创新，探索新的盈利增长模式，为取得长期健康的发展奠定了基础。2014年，场外衍生品、场外期权、资产证券化等较2013年有了较大发展。2014年，销售规模靠前的是证券公司的现金类产品，销售只数最多的是收益凭证，涉及证券公司面最广、客户数量最多的也是收益凭证。

二、资本中介模式是柜台市场业务的主导模式

从目前已开展柜台业务的证券公司运营轨迹来看，该业务主要可以分为以下几种模式：一是资本中介模式，主要是发行约定收益的资产管理产品，向公司客户募集资金，再投向市场获取资本利差；二是高流动性模式，主要是将已发行的集合理财产品放入柜台中，利用协议转让或者报价交易的方式，为已发行的产品添加流动性，向封闭期内有需求转让的客户提供交易平台；三是权益或衍生品类模式，上柜产品主要为权益类或金融衍生品类证券产品；四是自主登记托管模式，该模式主要是对上柜产品实现自主登记、托管。

三、证券公司柜台市场业务内部管理构架已基本成型

柜台业务得到了证券公司的重视。随着业务的增长，多数证券公司都组建了新的一级部门来统一协调管理此项业务。证券公司在一个部门的市组织协调下，相关业务部门参与组织构架及综合性的业务管理。

业务执行机构体现出创新业务的特征，部门设置多为场外市场部或柜台市场部。一般运营模式是：柜台市场部全面负责柜台市场业务的运营和管理；运营中心、信息技术部、理财服务中心、计划财务部等部门提供业务支持；金融创新部、资产管理总部、固定收益部等部门提供产品支持；经纪业务总部负责投资者的相关工作；合规法律部和风险管理部负责合规风控等工作。另外一种形式是由经纪业务管理总部牵头处理，相关业务部门（法律合规部、风险管理部、固定收益部、销售交易部、资产管理部、信息技术部、计划财务部等）协助参与。

四、证券公司柜台市场产品主要以固定收益类等低风险产品为主

整体看，目前国内柜台市场产品以固定收益类产品为主，大致分为两类：一类是证券公司自有的私募产品，包括私募债券、资管产品等；另一类是公司之外其他金融机构发行的或将要发行的产品，如市场现有的私募产品，再如信托产品、理财产品等。产品参与群体以中小投资者为主。从发达资本市场的情况看，柜台市场的主要参与群体是机构投资者，但针对我国目前证券市场的主要参与群体是中小投资者的现状，我国发展柜台市场初期的产品还是优先以满足中小投资者投资需求为目标。

第四节　证券公司柜台市场面临的主要问题

一、证券公司柜台市场产品类型不够多元化

一是产品设计不足，产品同质化情况较为严重。目前可在证券公司柜台市场发行的产品品种较少，无法满足投资者对于不同风险收益投资品种的需求。从 2014 年上柜的具体品种来看，目前收益凭证较为活跃，是证券公司开展柜台业务最多的品种，占整个发行数量的 42.48%。

二是产品未形成系列，品类不全、时有断档，导致客户易流失或者客户“黏性”较差。

三是资管产品未能借助柜台市场取得实质性发展，私募债、并购债、资产支持证券因严

格的制度管理导致无法短时间内上量上规模，其产品都遇到找项目难，发行更难的双重困境。

四是目前各证券公司主推固定收益类等低风险产品，主要包括收益凭证、场外衍生品等，而若要推广利率、外汇、大宗商品类衍生品，需要拥有对应现货标的的交易资格，从而对所创设的衍生品风险敞口进行对冲管理。但是，由于国内监管法规尚未放开，证券公司仍未持有利率、外汇、大宗商品等现货交易牌照，因而也阻碍了证券公司将场外衍生品标的扩大至股票、指数以外的资产范围。

二、证券公司柜台市场交易机制相对单一

中国证券业协会的专项调查显示，在开办柜台业务的证券公司中，以销售为主的占绝大多数，而以销售为主、转让为辅的仅有6家。目前绝大部分柜台市场交易额为产品发行销售额，转让业务和做市业务尚未正式开展。

在交易模式上，单一的发行销售模式将减少证券公司柜台市场的业务机会，难以实现商业模式的创新。另外，各证券公司柜台市场仍是一个相对封闭的体系，缺乏与中小企业股份转让系统、区域性股权交易市场的互联互通和转板机制。企业在证券公司柜台市场发行私募股权、债权缺乏吸引力，未能发挥柜台市场对中小企业的服务功能，不利于多层次资本市场中各市场之间的差异化发展。另一方面，区域性股权交易市场发行的金融产品是否可由证券公司代销或上柜交易尚不明确，导致证券公司的客户资源未能与新三板、区域性股权交易市场形成有效对接。

同时，柜台业务相对于普通证券业务而言，大部分为非标准化定制需求产品，产品的复杂程度较高，对于产品的风险适配、定价策略、销售对象、交易方式、结算方式等方面没有现成经验可以借鉴，证券公司在实际业务开展过程中仍需要时间来积累经验。

三、证券公司柜台市场参与主体不够丰富

首先，目前柜台业务参与人主要以证券公司及其子公司为主，银行、保险、信托等金融机构参与程度相对较低，不利于柜台业务的做强做大。尽管柜台市场适当性管理办法中是鼓励机构投资者参与的，但是由于各类机构属于不同的监管部门监管，保险、基金、银行、信托等机构投资者并不能投资柜台市场的上柜产品。

其次，投资者对于柜台市场业务了解有限，一定程度上限制了柜台业务的开展。今后随着适当性管理进一步放宽，在严控风险的前提下，可以让更多的投资者能参与进来。

四、证券公司柜台市场支持创新的政策法律体系亟待补充完善

柜台市场业务是一项创新业务，证券市场原有相关法律法规在很多地方可能不一定适合

柜台市场发展需要，支持创新的法律体系亟待补充完善，从而维护相关参与者的利益。一方面是相关柜台业务监管法律法规相对分散，部分法律法规对业务只进行了原则上的指导，在实际业务开展过程中的许多细节问题有待界定。另一方面，很多新的业务依然没有明确的法律法规支持。

五、证券公司柜台市场发展需要人才支持

证券公司发展柜台业务是从简单的通道业务向平台业务的转变，平台的运作需要全方位的人员支撑，包括产品设计、开发、定价等综合的结构化及衍生产品金融专业人才。相对传统的证券行业人才，柜台业务发行的产品多为个性化定制的产品或结构复杂的衍生品，对产品设计及风险对冲提出了较高要求，也对公司在相关方面的专业人才储备提出了较高要求。但是，国内擅长衍生品设计及对冲的专业人才较为匮乏，仍需从国外引进相关人才，而国外人才对于国内资本市场环境不熟悉，造成引进人才“不接地气”。专业人才缺乏大大限制了柜台业务的发展速度。

第四章
2014 年机构间私募产品报价与服务系统发展综述

经过 20 多年的发展，我国资本市场各项改革和基础性建设工作不断推进，多层次资本市场体系初步形成，以交易所为中心的公募市场形成了完备的市场支持体系和监管体系。2012 年以来，证券行业积极呼吁发展私募市场，服务实体经济，并在证券公司柜台市场、区域性股权交易市场等方面进行了有益尝试。但是，与公募市场相比，私募市场作为多层次资本市场的重要组成部分，发展仍然相对滞后，如市场组织不健全，尚未形成完整的市场体系，产品种类单一，财富管理链条不完备，市场参与主体不丰富，专业机构参与不足，市场基础设施薄弱。

为推进多层次资本市场体系建设，2014 年 5 月 9 日，国务院发布《关于进一步促进资本市场发展的若干建议》（以下简称新“国九条”），从顶层设计的高度提出“培育私募市场”、“建立健全私募发行制度”、“发展私募投资基金”等举措。2014 年 5 月 13 日，中国证监会发布《关于进一步推进证券经营机构创新发展的意见》（以下简称“创新十五条”），明确提出“加快建设机构间私募产品报价与服务系统”，“支持业务产品创新”。为落实国务院新“国九条”和中国证监会“创新十五条”，中国证券业协会在中国证监会的统一指导下，加速推进机构间私募产品报价与服务系统（以下简称“报价系统”）建设。2014 年8 月15 日，中国证券业协会发布了《机构间私募产品报价与服务系统管理办法（试行）》，进一步为报价系统的规范发展奠定了基础。随着《证券公司短期公司债券试点办法》、《并购重组私募债券试点办法》等规则的发布，报价系统制度体系逐步建立。

第一节 报价系统建设的意义

新“国九条”指出，“进一步促进资本市场健康发展，健全多层次资本市场体系，对于加快完善现代市场体系、拓宽企业和居民投融资渠道、优化资源配置、促进经济转型升级具有重要意义”。在这样的大背景下，报价系统定位于为证券公司等报价系统参与人提供私募产品报价、发行、转让及相关服务的专业化电子平台，是我国多层次资本市场体系的有机组成部分，是私募市场的一项重要基础设施。加快建设报价系统，主要基于实现以下目标的需要：

一、服务实体经济

服务实体经济是私募市场发展的重要使命。私募市场是直接为小微企业服务的市场，是传统金融工具体系以外的一股新生力量，是服务实体经济的有效金融方式，对于中国经济的发展能够起到非常积极的作用。报价系统以服务私募市场、服务私募产品的报价、发行、转让为己任，有利于丰富企业的融资品种，拓展融资渠道，是把资本市场融入实体经济、促进经济转型的重要途径。

二、支持创新创业企业发展

创新创业企业是国家政策重点扶持的领域之一，对国计民生具有重要而深远的意义。新“国九条”明确提出“完善扶持创业投资发展的政策体系”。目前创投领域存在信息不对称的问题，一方面创投基金苦于寻找不到优质的投资项目，另一方面大量创投企业又面临资金紧张，难以找到投资方的困境。报价系统作为一个私募信息的汇集平台和私募产品的交易平台，拉近了资金需求方和供给方之间的距离，能够让资本与创新创业更便捷地结合，为企业发展、转型提供服务。

三、满足财富管理需求

近年来随着我国经济的快速增长，全社会财富总量也在快速积累，公众的财富管理意识和财富管理需求明显增强。我国大量居民储蓄资金进入银行、信托理财产品领域，但目前我国财富管理市场供需还存在较大缺口，市场发展有待进一步规范。报价系统为参与人自主创设私募产品提供便利，有利于建立更加丰富的金融产品体系，为居民提供更加多样化的财富管理工具。

四、提高证券公司核心竞争力

一直以来，我国证券公司业务同质化严重，服务手段过于单一。报价系统作为个性化、非标准化私募产品发行和交易的服务平台，可以推动证券公司“差异化、专业化、特色化”发展，“提高证券期货服务业竞争力”。包括证券公司在内的各类机构通过该市场可以快速创设私募产品、收集私募产品信息，并找到交易对手方，从而可以推动其开展资本中介业务，拓宽自身融资渠道，丰富风险管理手段。同时，对于未能自建柜台市场的中小证券公司来说，可以直接利用这一平台开展柜台业务，低成本、高效率地起步，并打开业务创新、产品创新的广阔空间。

五、完善多层次资本市场

新“国九条”提出“到2020年，基本形成结构合理、功能完善、规范透明、稳健高效、开放包容的多层次资本市场体系”。私募市场作为多层次资本市场的重要组成部分，目前是发展最欠缺、实践经验最少的部分。报价系统作为私募市场一项重要的基础设施，有助于整合私募市场的各个要素资源，促进形成分层互动的市场体系，推动多层次资本市场体系形成。

第二节　报价系统定位

解放思想、改革创新，坚持市场化和法治化取向，维护公开、公平、公正的市场秩序，激发市场创新活力，更好地发挥市场优化资源配置的作用，是新“国九条”进一步促进资本市场发展的指导思想，也是报价系统基本建设理念的核心。报价系统秉持“多元、开放、竞争、包容”的理念，适应私募市场需要，发展多元的参与人结构、产品体系、发行转让方式和登记结算支付安排；发挥每一个参与人的市场组织能力，向各类市场机构和市场资源充分开放；以竞争促发展，发挥市场在资源配置中的决定性作用；支持创新，加强事中事后管理以防控风险，营造包容、有序的市场环境。

立足我国多层次资本市场发展阶段和需要，报价系统确立了以下基本定位：

（一）定位于私募市场

报价系统服务于私募产品的报价、发行和转让，是私募市场的基础设施。按照严格区分公募和私募的原则，报价系统中产品的发行、转让坚守私募底线，遵循相关法律法规在宣传推介、投资者适当性和持有人数量等方面的规定。

（二）定位于机构间市场

报价系统服务于专业投资机构，参与人的准入遵循开放性原则。符合条件的中国证券业协会、中国期货业协会、中国证券投资基金业协会、中国上市公司协会或中国证券业协会认可的其他自律组织会员均可自愿申请注册成为报价系统参与人。个人合格投资者及非参与机构可以通过参与人间接参与报价系统。金融机构等专业投资者通过报价系统开展机构间的私募产品交易，有利于其产品创新和业务转型。

（三）定位于互联互通市场

报价系统致力于搭建市场中的市场。在自愿基础上，证券公司柜台市场、区域性股权交易市场等私募市场都可以与报价系统建立对接，实现信息和交易的联通。报价系统坚持开放、竞争的理念，不垄断、不取代证券公司单个柜台市场或区域性股权交易市场，而是通过搭建一个安全、高效的信息互联和报价、发行与转让平台，助推柜台市场和区域性股权交易市场等私募市场协同发展。

（四）定位于互联网市场

报价系统以服务参与人、便利参与人为目的，借鉴互联网金融的理念和技术，其服务具有以下特色：一是全网运营。报价系统采用先进的互联网技术，支持网上信息发布、网上发行、网上签约、网上报价转让等。二是自主开放。证券公司柜台市场发行、转让的产品，都可以将报价系统作为支持平台；只要建立开放的信息系统接口，各类私募市场都可以与报价系统联通。三是全时空。报价系统实行每周7天、每天24小时不间断运行，并提供互联网、移动设备等多介质、多途径的参与路径和工具，可实现市场业务活动的移动化、泛在化，摆脱时空限制。

第三节 报价系统运营情况

中国证券业协会于2013年初启动报价系统建设，并于2013年9月9日正式上线。2014年6月，中国证监会批复中证资本市场发展监测中心有限责任公司（以下简称“市场监测中心”）变更经营范围，专门负责建设和管理报价系统，并授权中国证券业协会按照市场化原则管理。截至2014年底，报价系统发行与转让的功能已基本健全，可支持各类私募产品发行与转让，并提供多样化的交易方式。自2014年8月18日首只产品上线以来，截至2014年12月31日，已累计发行产品361只、募集资金185.89亿元。

一、私募产品发行规模快速增长

2014年，报价系统功能不断丰富、完善，已能为资产管理计划、收益凭证、资产支持证券、私募基金等各类私募产品提供发行与转让服务，并支持定价发行及招标、簿记建档、协商成交、点击成交、拍卖竞价、标购竞价、做市等在线发行与转让方式。

（一）整体发行情况

截至2014年12月31日，共60家参与人在报价系统发行361只产品。26家证券公司发行33只资产管理计划产品，募集规模共18.87亿元；50家证券公司发行325只收益凭证，募集规模共145.82亿元；2家参与人发行2只私募基金，募集规模共1.2亿元；中国证券金融公司发行1只次级债券，募集规模共20亿元（见图4－1）。

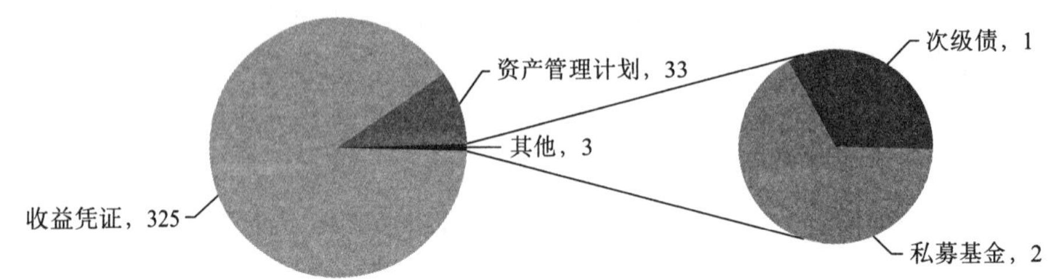

图4－1　报价系统私募产品发行数量

自2014年8月18日第一只产品发行以来，报价系统产品发行量逐月递增，到2014年12月，发行量呈现快速增长的态势，并先后于2014年12月9日起日均交易量突破5亿元，2014年12月10日累计发行量突破100亿元（见图4－2）。

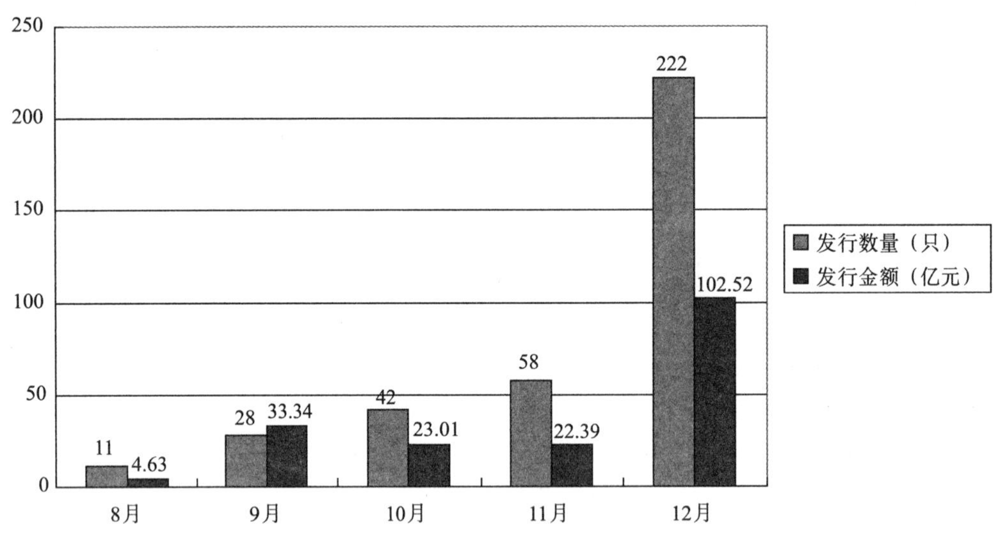

图4－2　2014年报价系统月度发行统计

（二）收益凭证发行情况

从产品类型看，2014年在报价系统发行的产品以证券公司发行的收益凭证为主，收益凭证成为证券公司融资的新路径，同时丰富了投资者选择。

2014年报价系统共发行收益凭证325只，其中317只发行成功，8只发行失败，募集资金145.82亿元，31 172户投资者认购。其中，发行成功的317只收益凭证平均募资规模为

4 605万元，单只最大规模为 18 亿元，最小规模为 25 万元；平均每只产品有 99 户投资者认购，最多有 200 户认购，最少有 1 户认购；平均募集期为 2 天，最长 6 天，最短 1 天；存续期最长 550 天，最短 14 天，其中 90 天的最多，占比为 13%（见图 4－3）。

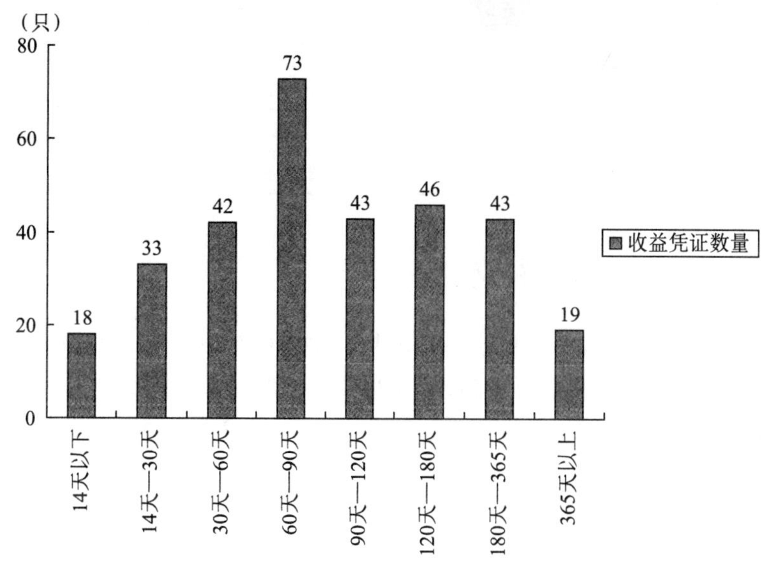

图 4－3　在报价系统发行的收益凭证期限类型

从收益结构看，在 317 只收益凭证中，固定收益型产品共 260 只，占比达 80%，平均收益率为 5.91%，最高为 7.7%，最低为 4.8%。从同期限产品收益率看，与发行时同期市场资金成本正相关。

从发行主体看，共有 50 家证券公司通过报价系统发行收益凭证，其中 15 家发行较多，并形成了序列化产品，如方正证券、东莞证券、招商证券、华龙证券等（见表 4－1）。

表 4－1　报价系统收益凭证系列化产品

证券公司	系列化产品名称	发行数量（只）
方正证券	金添利 e 系列	26
	金添利 C 系列	11
	金添利 F 系列	11
东莞证券	月月鑫系列	29
招商证券	磐石系列	27
华龙证券	金智汇系列	22
江海证券	稳盈系列	14
浙商证券	浙商汇银系列	14
财通证券	财运通系列	13
国盛证券	国盛收益系列	12
华泰证券	聚金系列	8

续表

证券公司	系列化产品名称	发行数量（只）
财富证券	富丰系列	8
华林证券	风信子系列	8
万联证券	鑫联鑫系列	8
安信证券	安益乐享系列	7
日信证券	向日葵系列	5
东兴证券	东兴金鹏系列	5

（三）产品申购、赎回与终止情况

截至2014年12月31日，报价系统共收到申购申请20笔，申购金额共计3 224.50万元；共收到赎回申请43笔，赎回份额共计5 634.77万份，赎回金额合计5 611.44万元。

从产品到期终止的情况来看，截至2014年12月31日，共有43只收益凭证及4只资管产品清盘，报价系统根据清盘方案共生成兑付记录4 629笔，兑付金额共计193 222.79万元。

二、私募产品转让市场平稳起步

为满足私募产品转让需求，提高私募产品流动性，促进私募发行，报价系统积极构建一个基于互联网的开放式、全网运行的报价转让平台，为私募产品提供了协议转让、双边报价、拍卖竞价、标购竞价等交易方式。目前已能支持证券公司资管计划、私募基金、非公开发行公司债券、私募基金项目股权等私募产品转让。

2014年11月12日，报价系统在线转让功能正式上线。截至2014年12月31日，共5只资管计划（其中包括1只分级资管产品）在报价系统挂牌转让，可转让份额17 233.07万份，实际达成3笔交易，交易金额共计310.01万元。

三、股权市场建设有序推进

2014年，市场监测中心积极探索为实体经济和小微企业服务的方式，有序推进建设股权市场。

一是加速与私募基金的对接，建立了私募基金投资项目股权转让平台，为私募基金项目股权转让提供平台支持，拓展私募基金退出渠道，盘活私募基金资产，提高私募基金投资效率，进而推进私募基金与实体经济对接，支持中小微企业股权融资。

二是初步建立了统一的企业和项目信息展示标准，可实现多维检索的企业库、项目库，为股权转让、并购重组等业务活动提供信息支持。截至2014年12月31日，通过报价系统展示的中小微企业融资项目已达到 695 个。

三是通过线下推介、融资座谈等方式，推动专业投资机构特别是私募股权投资机构与中小微企业对接，建立了产融对接机制。2014 年，报价系统累计组织近 100 家投资机构代表与近 600 家中小微企业进行了对接，促成投资合作意向约 30 个项目。

四是与区域性市场、地方产业园区及地方政府开展合作，为其提供服务，提升对中小微企业的服务能力。报价系统通过与区域性市场互联互通、开展业务协作，与地方产业园区和地方政府达成战略合作关系、组织专场推介会，协助地方政府和企业对金融行业的吸引力，促进产融结合。截至 2014 年 12 月 31 日，共 6 家区域市场成为报价系统参与人，分别是辽宁股权交易中心、青海股权交易中心、广东金融高新区股权交易中心、海峡股权交易中心、重庆股份转让中心、甘肃股权交易中心。除了与区域市场进行合作，2014 年，市场监测中心与中国医药城、德州市政府等单位和机构签署《合作备忘录》，建立战略合作伙伴关系，逐步实现了与地方产业园区、地方政府、区域市场的对接，支持地方企业发展。

四、报价系统参与人结构多元化，投资者数量稳步增长

为丰富报价系统参与人的数量与类型，避免报价系统参与人业务同向性，市场监测中心不断加大参与人开发力度，特别是开发银行、保险机构等大型金融机构投资者积极参与报价系统。市场监测中心以四大协会会员的范围为基础，不断提升参与人数量、优化参与人结构，培育多元化的参与人体系。截至 2014 年 12 月 31 日，报价系统共有 229 家参与人，其中，207 家参与人开通了相关业务权限。

从参与人结构来看，2014 年上半年参与人以证券公司为主，经过半年努力，截至 2014 年底，报价系统参与人已经不再局限于证券公司，银行、私募基金、信托公司、期货公司、独立基金销售机构及证券公司直投子公司等其他机构在参与人中的占比不断提升，参与人已扩展至所有从事私募业务的市场参与主体，多元化参与人结构已初步基本形成（见图 4－5）。

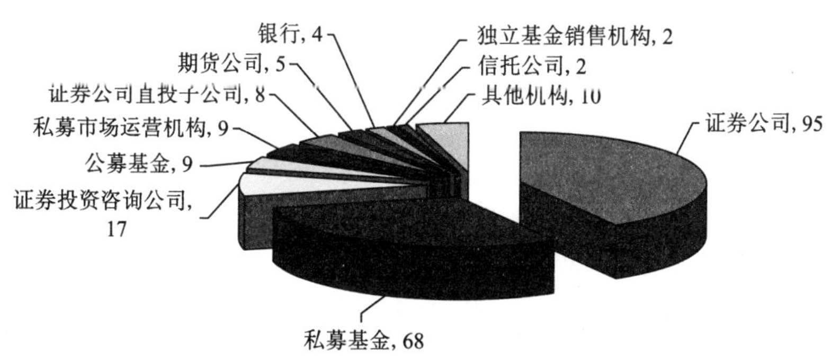

图 4－5　报价系统参与人结构（单位：家）

从参与人代理的投资者来看，参与报价系统私募产品交易的投资者数量稳步增加。截至2014 年 12 月 31 日，参与人在报价系统为投资者开立账户共 151 167 户，其中包括个人开户150 588 户、机构开户 579 户。从投资者结构来看，个人投资者仍占多数（见图4 -6）。

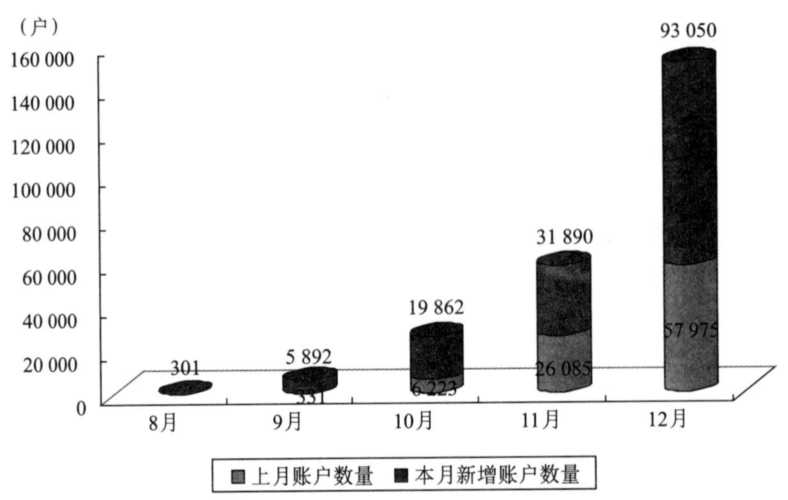

图 4 -6　参与人为合格投资者开立的账户数量统计

五、登记结算功能日趋完善

结合私募产品灵活性、多样性、便捷性等特性，充分借鉴国际市场先进做法，结合我国实际与行业诉求，市场监测中心建立了灵活多元的私募市场登记结算体系。秉承参与人自愿选择、服务主体适度竞争的原则，报价系统支持证券公司等具备条件的参与人自办登记结算，也支持参与人委托中国结算等登记结算服务机构为其提供服务，同时报价系统也自建了登记结算系统为参与人提供登记结算服务。截至 2014 年 12 月 31 日，报价系统共为 351 只产品提供了登记服务，为 351 只产品提供结算服务，交收资金 164. 69 亿元。此外，报价系统与相关登记结算机构共同存储、共享登记结算信息，以提高私募市场的透明度，为私募市场监管提供支持。

此外，市场监测中心在报价系统首创了私募市场名义持有账户体系，促进了资本市场登记托管体系的优化，推动了证券公司做实托管职能，提升了证券公司账户服务能力。同时，结合部分产品不适宜名义持有的特性，报价系统支持形成了名义持有与直接持有并存的混合持有制度，形成了与私募市场相适应的混合持有账户体系。截至 2014 年 12 月 31 日，报价系统共开立产品账户 142 户，其中包括名义持有账户 82 户；开立资金结算账户 246 户；报价系统共导入二级产品账户 151 025 户，其中 38 997 户账户参与了交易，活跃度为 25. 82%（见图 4 -7）。

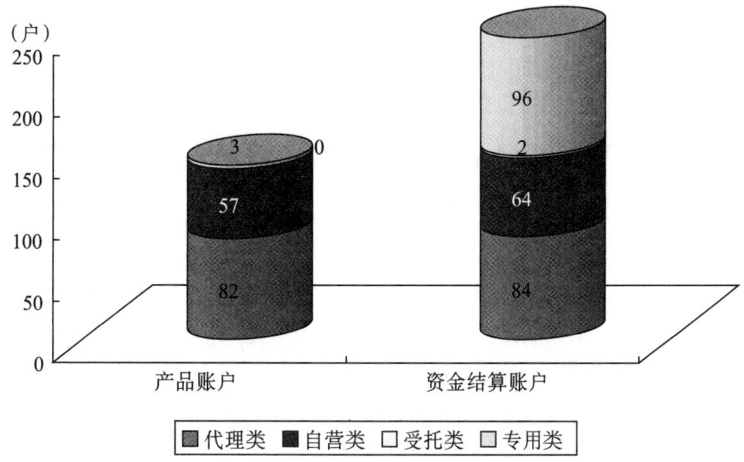

图 4－7　参与人在报价系统开立的账户统计

六、报价系统自律规则体系日益完善

为促进私募市场规范发展，维护市场秩序，保护市场各方合法权益，中国证券业协会与市场监测中心起草并发布了一系列与报价系统建设与运行相关的规则（见表 4－3），以维护报价系统运行秩序、规范各方行为，积极探索与完善与私募市场相适应的自律规则体系。

表 4－3　　已发布的与报价系统相关的自律规则

序号	规则	发布时间	发布机构
1	《机构间私募产品报价与服务系统管理办法（试行）》	2014 年 8 月 15 日	中国证券业协会
2	《证券公司短期公司债券试点办法》	2014 年 10 月 20 日	中国证券业协会
3	《并购重组私募债券试点办法》	2014 年 11 月 5 日	中国证券业协会
4	《机构间私募产品报价与服务系统参与人管理规则（试行）》	2014 年 9 月 10 日	中证资本市场发展监测中心
5	《机构间私募产品报价与服务系统发行与转让规则（试行）》	2014 年 9 月 10 日	中证资本市场发展监测中心
6	《私募投资基金募集与转让业务指引（试行）》	2014 年 10 月 16 日	中证资本市场发展监测中心
7	《私募股权投资基金项目股权转让业务指引（试行）》	2014 年 10 月 16 日	中证资本市场发展监测中心

第四节　报价系统发展展望

从 2014 年报价系统整体运行数情况来看，报价系统作为多层次资本市场的重要组成部分，联通了私募产品发行与转让各环节，为证券行业创新发展奠定了基础，为中小微企业通过私募市场融资进行了有益探索，为私募基金等各类金融机构参与人开拓灵活多元的产品募集、销售与退出路径提供了有力支持。2015 年，报价系统将进一步发挥私募市场基础设施作用，推动证券行业创新发展，助力资本市场“中国梦”。

一、以报价系统为平台拓展中小微企业融资渠道，服务实体经济发展，支持创业与创新

促进“大众创业、万众创新”是资本市场支持实体经济发展，促进“调结构、惠民生”的重要任务。报价系统将以服务小微、“三农”、创新创业和民族地区作为自己的重要使命，协助证券期货经营机构提升对实体经济的服务能力和水平，打通金融资本与产业资金的渠道，促进资金向实体经济回流。一是建设与完善股权众筹公共平台，为众筹融资提供多样化服务，同步开发中证“云柜台”系统及手机等移动终端，节约社会成本；二是推出“最优融资计划”，整合参与人资源，搭建融资方与资金方的高效对接平台，为三农、小微、创新创业及民族区域企业提供快速、高效、安全、小额、低成本的融资服务；三是重点推进与中国证监会政策明确支持发展的民族地区区域市场、地方政府支持力度较大的区域市场进行互联互通，以促进市场资源共享，提高市场效率。

二、依托产品风险分层管理，建设金融产品超市，打造私募市场全行业的互联网金融平台

报价系统旨在搭建一个全面、高效的信息互联和报价、发行、转让平台，并与证券公司柜台市场、区域股权市场等各私募市场互联互通。2015 年，市场监测中心将在产品风险分层管理的基础上，本着“市场无边界、网络无极限”的理念，支持金融产品信息集中展示、分层管理多维检索，构建金融产品超市，打造全行业互联网金融平台，实现投资者获取金融产品信息的零障碍，让天下没有合格投资者找不到的金融产品。同时，市场监测中心将积极探索并实现适合私募产品的多元化发行与转让方式，支持证券期货经营机构通过报价系统积极创设、销售产品，丰富私募产品品种，构建多样化、差异化、系列化的产品体系，满足不同投资者的多样性交易需求。

三、发挥行业基础平台作用，支持证券公司创新发展

报价系统作为证券行业基础平台，是业务创新的“试验田”，承载着支持证券公司创新发展的使命。根据《机构间私募产品报价与服务系统管理办法（试行）》，除金融监管部门规定必须进行事前审批、备案的私募产品外，证券公司在报价系统发行、销售与转让的私募产品直接实行事后备案。2015 年，报价系统将在中国证监会的统一部署下，依托负面清单管理方式，以依法合规、资金投向符合法律法规和国家有关政策规定为基础，支持证券公司

通过报价系统进行产品与业务创新，推动行业创新发展。一是为收益凭证业务试点转常规提供服务，拓展收益凭证业务内涵；二是为非公开发行证券提供发行与转让服务；三是支持证券公司开展场外做市业务试点；四是为证券公司其他创新业务提供平台支持。

四、推动场外衍生品市场电子化、平台化发展

报价系统衍生品交易平台是证券期货行业场外衍生品市场的重要基础设施之一，也是推进证券期货经营机构发展场外衍生品业务的重要平台，其总体目标是实现场外衍生品交易平台化与电子化，交易报告自动化。同时，报价系统还可为衍生品交易提供清算与担保品管理服务。下一步，市场监测中心将充分落实中国证监会有关稳妥开展衍生品业务的政策，一是完善证券公司衍生品交易报告库，为衍生品市场相关主体提供数据支持；二是完善报价系统衍生品交易平台，优化报价系统场外衍生品交易报价功能，引导证券期货经营机构创设场外衍生品定制化合约，提高交易效率，规范市场秩序；三是加快建设清算与担保品管理系统，为交易双方提供第三方支持。

五、加强报价系统私募产品风险监测与管理

建立科学、全面、分层的私募产品风险监测体系是确保报价系统平稳、健康、高效发展的必要条件。自开展业务以来，市场监测中心高度重视报价系统风险管理工作，并将风险管理贯穿在业务开展的各个环节，确保了风险事件零发生率。2015 年，市场监测中心将进一步优化风险管理工作，并继续针对各类型私募产品，建立分产品类型的风险监测指标，通过产品分层风险管理、指标分类监测监控，加强投资者适当性管理，完善私募产品信息披露管理制度，严守私募产品底线，防范私募市场区域性、系统性风险。

专题报告之二：

2014 年互联网证券发展综述

第一章

2014 年互联网证券发展回顾

第一节　互联网金融发展概述

一、互联网与金融竞合发展

2013 年 6 月 13 日，余额宝类存款业务上线，开启了中国互联网金融元年。2014 年，互联网巨头加速向金融领域渗透：O2O 电商、众筹平台发展迅速，微信理财通正式上线，阿里巴巴集团（以下简称“阿里”）成立蚂蚁金服，北京京东世纪贸易有限公司（以下简称“京东”）推进消费者金融战略，腾讯公司（以下简称“腾讯”）获批开业前海微众银行等。互联网为金融业带来了深刻变革和巨大变化，促进传统金融行业转变理念、创新模式、变革服务、拓宽渠道，积极布局发展互联网金融，比如中国银行、交通银行、工商银行、民生银行等银行机构纷纷推出各自银行版的“余额宝”。互联网金融的发展也很快延伸至证券业。2014 年 2 月 20 日，国金证券与腾讯合作，推出“佣金宝”产品，成为互联网证券开启的标志性事件，此后类似合作模式被多家证券公司采用。

二、金融互联网、互联网金融与互联网证券

金融互联网是指金融机构利用互联网这种工具开展金融业务。这种方式很早就出现了。1997 年我国就使用了证券网上交易，网上银行、网上保险也有十几年的历史。

互联网金融则是把互联网技术、思维和精神有机融入金融业务，为资金供需双方提供资金融通服务。目前，大多网上银行、网上保险、网上证券实际上是企业网站概念，不是真正意义的互联网平台概念，因为主办网站的企业也是交易一方，这就很难实现“平等、开放、协作、创新”的互联网精神。目前来看，互联网企业主导的双方融合才是真正意义的互联网金融，由金融机构主导的双方融合主要还是金融互联网。但是，在实际的金融业务中，金融互联网和互联网金融并不是对立割裂的，而是与传统金融机构相互补充、并行不悖、共同发展。因此，互联网证券可以定义为：把互联网技术、思维和精神有机融入证券业务，为投融资双方提供以证券标的为主的金融服务。互联网证券是互联网金融的重要组成部分。

三、互联网给证券业带来深刻变革

互联网对证券业的影响不仅仅是技术手段的应用，更重要的是思维方式转变所带来的模式生态再造与重构。

目前证券公司的互联网模式主要还是技术手段的使用，比如标准化业务的线上迁移、基于大数据的客户分类和服务、线上线下业务模式改造等，总体处在互联网证券的低级阶段，远未形成互联网思维方式和框架。

互联网思维的核心是“消费者主权”，即通俗讲的“用户至上”，其他诸如快速迭代、增值服务、极致体验等，都是实现“消费者主权”的手段。工业化思维时代也提“用户至上”，但在非互联网时代，企业设计、生产、销售无法做到完全按照消费者的意愿去进行。在互联网时代，全球消费者共同参与、分享的开放架构正在形成，消费者既是信息的发布者，也是信息的消费者，可以完全按照自己的意愿即时购买、消费和评价，企业的生产、销售必须充分尊重消费者主权，否则瞬间可能就被淘汰。

因此，互联网证券的重点是基于互联网思维层面的金融生态圈的构建，其特征是客户成为生态圈的核心，所有金融活动都是围绕客户开发、设计和完善的，真正实现“开放、平等”的“用户至上”理念，实现跨时、跨区域、低门槛的普惠金融。金融生态圈首先在证券公司内部构建，打破固有的服务模式和服务关系，实现员工之间、客户之间、员工和客户之间以证券业务为纽带的移动互联，这是金融生态圈的初级阶段；高级阶段是整合互联网生态当中的各类参与者，与合作伙伴、公司员工和客户共建互联网金融生态圈。其核心是平台化和生态化，通过聚拢各种资源，构建一个基于互联网的高效运作、可以自生自长的金融生态圈。证券公司的角色定位将发生深刻转变，成为市场各方参与证券业务生态平台的策划、

组织和实施者。

第二节　互联网证券相关政策措施稳步推进

一、支持开展新型互联网金融业务

2014 年 5 月，中国证监会发布了《关于进一步推进证券经营机构创新发展的意见》，明确支持证券公司积极利用网络信息技术创新产品、业务和交易方式，探索新型互联网金融业务。其中，“放宽行业准入，支持民营资本、专业人员等各类符合条件的市场主体出资设立证券经营机构”的规定，虽然仍不允许互联网企业直接申请开展证券业务，但发起设立或参股控股证券公司已没有障碍。

二、积极推进互联网证券试点

经中国证券业协会专业评价，2014 年总共有 35 家证券公司获得互联网证券业务试点资格，为证券公司发展互联网证券创造了积极的政策环境。试点证券公司将在账户管理、支付试点、私募产品报价、信息系统建设等方面开展创新（见表 1 – 1）。

表 1 – 1　　2014 年互联网证券试点证券公司名单

批准批次	证券公司名单
第一批（6 家）	中信证券、国泰君安证券、长城证券、平安证券、华创证券、银河证券
第二批（8 家）	广发证券、海通证券、申银万国证券、中信建投证券、国信证券、兴业证券、华泰证券、万联证券
第三批（10 家）	财富证券、财通证券、德邦证券、东海证券、方正证券、国金证券、国元证券、长江证券、招商证券、浙商证券
第四批（11 家）	华宝证券、东方证券、南京证券、西南证券、中原证券、齐鲁证券、安信证券、华林证券、东兴证券、第一创业证券、太平洋证券

资料来源：中国证券业协会网站。

试点方案中，重点之一是账户改革与完善。根据客户不同需要分别开设消费类、理财类、交易类账户，实现客户资金与自有资金分开管理，加强内部监控，保证客户资金的集中存放、封闭运作、定向划转和信息安全。其中消费类及理财类账户仅限于为客户提供场外服务时使用。

账户体系改革的目的是寻求两个突破：一是基于互联网与证券公司融合的业务跨界突破；二是基于理财服务网络化的账户管理突破。账户改革最为关键的是恢复客户资金消费支付功能。2012年11月，光大证券向客户推出证券资金消费支付服务，在完善证券账户基础支付服务功能方面取得重大创新突破。此后，东方证券、中信证券、安信证券、华创证券、东海证券、国泰君安、华泰证券等先后成为客户证券资金账户消费支付服务试点。互联网证券试点将进一步推动证券账户变革，恢复证券账户交易、理财、投资、融资、支付等基础功能，提高账户活性和黏性，有利于构建多层级的“一站式”综合理财服务体系，为互联网证券发展提供基础性支持。

三、统一账户平台

2014年10月，中国证券登记结算公司（以下简称“中登公司”）统一证券账户平台（“一码通”）上线，将承接沪深分公司现有的账户业务。“一码通”账户是由中登公司为投资者开立的记载其证券持有及变动情况的证券总账户，先把现有沪深A、B股等证券账户作为子账户处理，再汇总成“一码通”账户。投资者注册开户，仅提供中登公司沪、深证券账户号码即可，所有交易习惯不用改变。

“一码通”账户体系将打通沪深A股、B股、封闭式基金等7个市场，符合市场化改革的方向，是完善和推动中国资本市场进一步健康发展的重要举措，对互联网证券及整个金融体系、金融市场都有巨大的推动作用。

从市场监管层面看，一码通将有效改变目前存在的重复建设、标准不统一、市场效率不高等弊端，提供更加透明和完整的交易信息，为市场监管者提供更为有效的集中数据支持，从而降低监管成本，减少监管盲区，对操纵股价等违法违规行为进行更为方便而有效的监管，有利于促进资本市场更加健康发展。

第三节　互联网证券发展的总体格局

许多证券公司和互联网机构根据自身业务的侧重点不同，进行不同的合作尝试，双方渗透呈现加速之势。其他一些机构也在参与互联网证券。

一、证券公司

证券公司网上交易的时间并不比电子商务晚，虽然这种“触网”并不是真正的互联网概念，却为证券公司打造互联网平台或与互联网企业合作提供了技术、设施、理念等方面的准备。国内证券公司自建平台或与互联网机构合作情况见表1－2。

表 1－2　　国内证券公司自建平台或与互联网机构合作情况

主合作方	合作方式	代表案例
证券公司	自建平台	国泰君安君弘金融商城；华泰证券涨乐网；广发易淘金；海通 e 海通财；华创网上商城；中金金网；长城证券网上商城
	与第三方平台合作	1. 与大型互联网机构合作：方正、长江证券进入天猫商城；齐鲁、长城证券进入淘宝网；长城证券进入拍拍网；华泰与网易合作；国金、中山、华龙、同信、华林、广州证券等与腾讯证券互联网服务平台合作；民族证券入驻腾讯财经推出“金融商城一网通”、海通证券与腾讯自选股合作推出“腾讯·自选股手机移动终端”、中金公司与雪球网合作、百度与中山证券携手推出“百度股票”。 2. 与金融软件和网络服务供应商或财经网站合作：国元证券与万德合作；东吴证券与同花顺合作；中信与金融界及证券之星合作；中山证券与金融界合作；国金证券的佣金宝则与同花顺合作
	投资互联网机构	海通证券投资 P2P 平台 91 金融；广发证券入股 P2P 平台投哪儿网
	开通微信平台	83 家证券公司开通微信公众账号
互联网	与证券公司合作	腾讯 QQ 证券理财服务平台；金融界推出证券交易平台证券通、爱投顾；百度将流量引导至合作方国泰君安进行证券开户
	收购或控股证券公司	东方财富收购宝华世纪证券 100% 股权；大智慧收购湘财证券
	与金融软件和网络服务供应商合作	腾讯与金证股份合作；阿里收购恒生电子

资料来源：根据公司公告统计。

（一）自建平台

1. 综合性平台

规模较大的证券公司具备人才、资本、技术、体系、客户存量等方面的优势，更多倾向于打造自身主导的综合金融服务平台。

国泰君安是业内最早布局互联网金融的机构之一，自主打造了自己的综合金融服务平台——君弘金融商城，并考虑未来云计算、大数据应用等方面的支撑要求，建成了高等数据中心。

华泰证券自建了移动网络金融平台——“涨乐财富通”。该平台整合了华泰证券后台，内含理财服务体系，为客户提供全生命周期和全品种的一站式服务，并可以运用大量的数据分析技术，挖掘投资者的潜在理财需求，实现产品、服务的精准推送，尽显互联网证券特征。

2. 投资顾问平台

中山证券的“互联网财富管理合伙人”，是继“惠率通”、“小融通”之后，突破传统经纪业务、布局互联网金融的又一创新，旨在打造业内领先的投资顾问平台。“合伙人”主要由投资顾问及其团队组成，投资者除了可以在中山证券多个网络平台和合作网站办理开户、融资业务，享受超低佣金，还可以根据自身需求在互联网上接受实时一对一投资咨询服务，以及在平台上直接购买相关服务产品。具备投资顾问资格的“互联网财富管理合伙人”可依托中山证券互联网展业平台，发布投资理念、投资方法、投资建议、组合收益，向客户推送信息，并与潜在客户进行交流。与此同时，中山证券还与多家互联网公司达成协议，令展业平台内容能在多个互联网平台上同步直播互动，实现一键跨平台发布观点或服务计划。

（二）与第三方平台合作

中小规模的证券公司线下客户资源有限，自身打造平台的优势不大，更多通过与综合性、垂直性互联网平台合作，借力平台流量和降佣策略拓展渠道资源，吸引“长尾”客户，并为其提供增值服务。这是中小规模的证券公司突破客户资源短板、实现弯道超车的较好路径选择。

1. 与大型互联网机构合作

国金证券与腾讯合作推出行业首只互联网证券服务产品——佣金宝之后，中山证券、中信证券、海通证券、同信证券、湘财证券和民族证券 6 家证券公司也选择与腾讯合作，通过“腾讯 · 自选股手机移动终端”，投资者在浏览自选股行情和资讯服务的同时，可以通过手机终端联系相应的证券公司办理开户、转户。中山证券还嵌入腾讯移动端后台，中山证券的客户可以直接通过“腾讯 · 自选股手机移动终端”下单。

2. 与金融软件和网络服务供应商或财经网站合作

国元证券与国内领先的金融数据、信息和软件服务企业万得资讯，在互联网金融、大数据应用等领域展开深度合作，将主要集中于大数据在大资管、大经纪、大投研等业务领域的广泛运用，并且联手推广“对冲基金头等舱服务”，为私募对冲基金提供包括数据、研究、杠杆、量化、系统、产品发行等全方位一体化的解决方案。

东吴证券与国内专业的互联网金融数据服务商同花顺，在互联网渠道模块、大数据服务模块和互联网平台信用模板三方面开展全面合作，尤其在互联网平台信用模板领域，已经涉及类 P2P、类众筹等领域的共同探索。

（三）投资互联网机构并开展业务合作

通过投资互联网企业，将其资源优势嫁接到证券公司服务体系。2014 年 7 月，广发证券直投子公司广发信德对深圳 P2P 平台“投哪儿网”实施亿元战略投资，成为单一大股东。同时，广发证券与“投哪儿网”达成战略合作，这是 P2P 与证券公司机构联合展业的新尝试。当月，“91 金融”获得了海通证券直投公司海通开元领投的 B 轮融资。随后，“91 金融”还与海通开元合作推出了理财产品。

二、互联网企业

互联网企业通过以下多种途径开展互联网证券业务：

（一）与证券公司合作

2014 年 6 月，腾讯正式上线企业 QQ 证券理财服务平台，QQ 用户只需添加证券公司的企业 QQ 号，就可享受一站式证券理财服务。中山证券、华龙证券、同信证券、华林证券和广州证券成为首批合作者。

财经垂直网站金融界则是先推出了证券交易平台“证券通”，又在 2014 年底推出了证券服务平台“爱投顾”。“证券通”是移动互联网时代集合证券信息、投资咨询、炒股工具、社交四大功能的一站式证券交易平台，也是金融界沉淀 10 年“互联网 + 金融”行业经验，为投资者提供的全新服务模式。“爱投顾”通过整合专业投资顾问，为普通投资者提供个性化服务（见表 1 – 3）。

表 1 – 3　“爱投顾”服务模式

功能特征	合作机构	投资顾问来源	投资顾问支持	服务内容
借鉴欧美成熟案例，在功能设置和用户体验上，又充分考虑中国投资者的使用习惯、投资诉求，力争为投资者提供优异的证券投资“一站式服务”、流畅的互联网平台体验	中信证券、中山证券、长城证券、恒泰证券、中信证券国际、证星金融	1. 执业投资顾问：通过中国证券业协会审核。 2. “投资达人”：缺乏执业资格，但具备长期股市实战能力、服务经验的实盘高手。平台严格审核后安排入驻	1. 多样化、竞争性的收入机制。 2. 个性化的推广策略，打造明星投资顾问。 3. 完善的培训体系。 4. 强大的数据库、研报库。 5. 专业客服、专属管理	1. 投资策略，热点解读。 2. 在线答疑。 3. 实时解盘。 4. 构建投资组合

资料来源：根据金融界网站统计。

（二）收购或控股证券公司

收购或控股证券公司相当于间接拥有了证券公司牌照，如大智慧收购湘财证券，东方财富收购宝华世纪证券 100% 股权，腾讯产业共赢基金投资入股富途证券等。

大智慧在收购湘财证券后将成为首个拥有证券牌照的互联网金融公司，未来有望发挥资源协同效应，深入挖掘互联网证券领域的潜力。

（三）与金融软件和网络服务供应商合作

互联网时代，数据资源是金融业务竞争的核心所在。目前，互联网企业对证券公司金融数据资源的争夺已经开始。

2014 年 6 月，腾讯与金证股份展开合作，分成模式是双方合作的一大创新。根据合作协议，腾讯把 QQ 底层架构、API、通信协议等对金证开放，金证基于此为各个证券公司开发集证券开户、资讯、交易、营销、客服、理财产品销售、股权质押等多种功能于一体的互联网金融服务平台，由该平台提供更多的增值业务，包括 Q 客服、Q 开户交易、Q 柜台在内的“3Q”功能等。首批有中山证券、华龙证券、西藏同信证券、华林证券、广州证券 5 家证券公司介入平台。

2014 年 9 月，阿里收购恒生电子的方案获商务部审批通过。恒生电子是国内传统金融机构最大的 IT 供应商，在系统建设与维护过程中，会接触到大量核心数据。

当然，由于以上合作模式时间较短，实施情况和后续效应仍有待实践检验，但证券公司与互联网竞合共生的趋势仍将延续。

三、其他机构

标准财富投资管理（上海）有限公司积极切入互联网金融领域，在金融服务业率先推出“财富云”O2O 财富管理服务平台、互联网金融创业服务平台。

该平台突破传统意义的财富管理概念，涉及资产管理、转移、托管、保密、税收优势、遗产安排、婚姻服务、子女理财、破产风险保障等内容，堪称财富的“大管家”。“财富云”通过电子商务网站、微信、APP 和线下理财师团队等多种方式结合，向客户提供权威性的财富管理解决方案，培养客户专业精准的投资理念。仅需指尖触控，便能轻松开设属于自己的金融门店，实现财富梦想。

第四节　证券公司多方位推进互联网证券业务实践

目前主要是互联网技术手段的应用，并呈现移动互联化加快的趋势。

一、打造多层次互联网平台，整合升级线上线下资源

互联网方式可以满足 80% 的中小客户的标准化服务需求，这对证券公司线下服务为主的模式形成很大冲击，目前已有证券公司结合互联网证券实践，对线上线下渠道资源进行梳理，探索模式改造升级。

（一）线上打造网络平台

大部分证券公司都建立了多层次的互联网展业平台，形成 PC、移动、网页、商城、微

博、微信等多渠道协同推动，以及产品、咨询、功能丰富多样的平台格局。

证券公司打造的综合性理财交易终端颇具创新意识，其中，部分证券公司推出的手机证券APP运行流畅、设计清新、数据丰富、功能简约、切换方便，较好地适应了移动互联时代的客户需求，产生了较好的市场影响力。

（二）线下重塑网点架构

线下重塑网点架构主要是对物理营业网点重新梳理、分类、布局和功能定位。

海通证券按照营业部覆盖地域、客户信息和客户需求重新设置营业部的功能，分为旗舰型营业部、普通营业部、轻型营业部等A、B、C三类，未来将与东方网合作打造网络化、小型化、社区化、智能化、标准化的D类新型网点。通过这种整合将标准化业务快速迁移至线上，而由线下网点提供落地服务和支持。

还有证券公司从管理架构体系上重新布局、改造物理网点，构建以分公司为核心的管理体系，将大部分后台运维工作由营业部上移至分公司统一管理，实现IT系统、财务、风险控制、营销策划等营业网点中后台运营向区域总部集中。对物理网点实行集约化管理、轻型化运营，专注于营销服务相关工作，最终定位于互联网服务落地平台、区域资源整合平台、产品整合配置平台和财富管理平台。轻型营业部的新设与管辖权限下放至分公司，由分公司立足于区域最优综合考虑区位及布局。

（三）线上线下资源整合

目前，少数大型证券公司正在探索线上线下双向布局的O2O模式。一方面是线下标准化服务的网络化迁移，包括客户开发、维护、服务、二次业务办理，以及理财产品、咨询类产品、软件工具等产品的销售，把物理网点从繁琐的日常化、程序化、标准化的事务中解脱出来；另一方面是物理网点的功能再定位，只保留个别后台综合支持岗位，其余员工均承担营销和专业服务工作。在区位布局上侧重于对客户群体的区分和选择，集中精力服务于高净值和机构客户群体。

二、业务互联网化和产品创新初见成效

互联网正在成为证券公司展业的主渠道，并为产品创新提供新思维。

（一）互联网证券先发优势明显

互联网的价格手段越早发起，市场效应就越明显，受益就越大。从最早使用价格策略的华泰证券、国金证券和中山证券的市场份额走势看，其市场份额均有不同程度的增长，市场排名也比较稳定（见图1－1）。

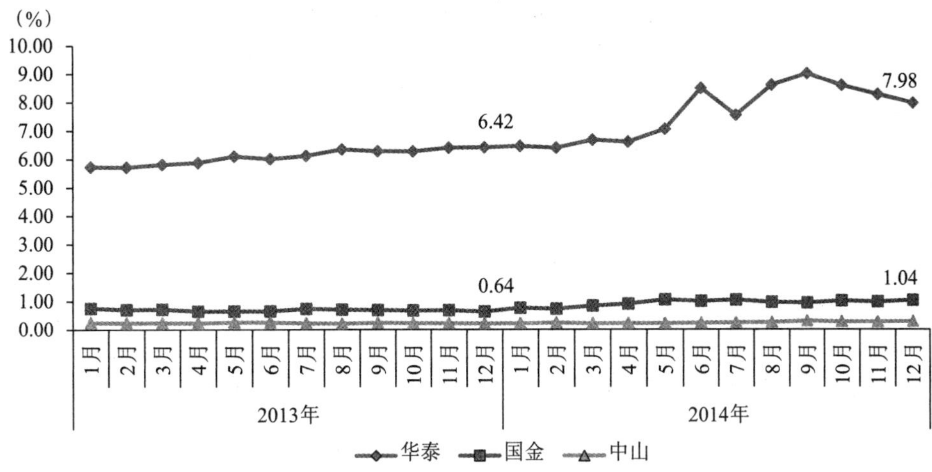

图 1－1　华泰、国金、中山证券 2013—2014 年股基市场份额走势图

资料来源：同花顺 iFinD、华泰证券。

（二）网上开户激增，移动端占主流

2014 年，低佣策略下的网上开户激增，全年网上开户数量占全部开户数量的比例达到 47.83%，比例最高的证券公司已高达 95%，显示了互联网证券的巨大威力。

在网上开户中，移动端开户的比例已超过一半，达到 56.88%，比例最高的证券公司高达 99.51%，几乎成为网上开户的唯一方式，移动证券的趋势非常明显（见表 1－4）。

表 1－4　　2014 年网上开户数据及占比

项目	全体汇总	最大值*
网上开户数（户）	2 991 579	368 000
网上开户数占整体开户比例（%）	47.83	95
PC 端开户数（户）	1 257 103	118 001
PC 端开户占网上开户比例（%）	42.02	100.00
移动端开户数（户）	1 701 470	310 894
移动端开户占网上开户比例（%）	56.88	99.51

注：最大值*是指全部统计样本中该指标的最大值。

资料来源：2014 年中国证券业协会专项调查统计。

（三）网上交易移动化明显

网上交易已实施多年，互联网证券对网上交易使用情况影响不大，2014 年网上交易人数占总交易人数比例比 2013 年略低，维持在 70% 附近的水平。

2014 年移动端交易人数占网上交易人数比例为 25.49%，比 2013 年增长了 4% 以上，这一比例最高的为 92.5%。证券交易也呈现移动化趋势（见表 1－5）。

表 1－5　　2013 年、2014 年网上交易人数占比

项目	年度	全体汇总（%）	最大值*（%）
网上交易人数占总交易人数比例	2013	70.75	97.75
	2014	69.28	97.90
移动端交易人数占网上交易人数比例	2013	21.13	91.60
	2014	25.49	92.50

注：最大值*是指全部统计样本中该指标的最大值。

资料来源：2014 年中国证券业协会专项调查统计。

（四）网上产品销售初具规模

根据 2014 年中国证券业协会专项调查统计，列入统计的 95 家证券公司中，有 16 家证券公司既开展网上金融产品销售，也开展网上资讯服务产品销售，19 家证券公司开展网上金融产品销售，6 家证券公司开展网上咨询服务产品销售。有 37 家证券公司通过自建平台（含官网）销售，有 7 家证券公司既通过自建平台也通过合作平台渠道销售，尚没有证券公司单独通过合作平台渠道销售金融产品或咨询服务产品。

2014 年，证券公司网上金融产品销售达 1 015.48 亿元，网上咨询产品销售额为 0.73 亿元。取得互联网证券试点资格的证券公司，网上产品销售达到 120.35 亿元。

（五）积极开展产品和营销手段创新

许多证券公司突破传统模式，积极打造综合性理财交易终端，通过产品和营销手段创新，丰富产品线和服务内涵，有力促进了互联网证券业务发展（见表 1－6）。

表 1－6　　部分证券公司理财终端、理财产品、融资类产品一览表

证券公司名称	理财终端名称	理财产品	融资类产品
海通证券	e 海通财	月月财、收益宝	快融宝
国泰君安	易阳指	汇通天下	微融资
广发证券	易淘金	e 定发	融易通
华泰证券	涨乐财富通	天天发、OTC 等	融资打新，泰融 e
中山证券	中山证券同花顺版、嗨皮赚	现金通	小融通
中信证券	中信证券高端版	天天理财系列	新易融
银河证券	银河玖乐	银河金山系列	鑫新雨，鑫易雨
国信证券	金太阳	现金增利	申购宝
方正证券	方正全友通	金添利	游戏宝
东吴证券	秀财点金	东吴系列	小贷宝
华创证券	华创证券同花顺	银杏系列	金汇宝
华龙证券	华龙点金	金智汇	金易融
东海证券	龙点金手机证券	东海系列	东海融，新股融
长城证券	互动易	现金汇	融 e 融
同信证券	同信证券掌上如意	如意系列产品	随时贷

资料来源：根据公司公告统计。

1. 理财产品创新

理财产品创新主要是对现有产品进行改造升级，融入互联网品质。比如，广发证券互联网理财产品“e 定发”，就是由“限定性集合资产管理计划”——“广发金管家睿利债券分级 1 号集合资产管理计划”改造升级而成。该产品具有互联网产品特征，仅在手机 APP 上销售，门槛低、期限短、流动性较好，且能取得比同期银行理财略高的固定收益。

OTC 产品是针对零售化、高净值客户开发的非标准化产品，但海通证券将 OTC 产品进行了互联网化改造，在互联网金融平台——招财 Mall 发售，因而具备互联网产品特征。华泰证券则首家推出移动端 OTC 产品——恒益 1 号。证券公司借助互联网可以更好地发挥自身专业优势，实现专业与网络融合的互补共赢。

2. 融资类产品创新

一方面，对现有质押类产品改造升级；另一方面，创新推出非质押类产品。根据中国证券业协会专项调查统计，2014 年，有 5 家证券公司推出了互联网小微贷业务。部分证券公司的融资类产品见表 1 -6。

（1）质押类。面向已开立证券账户的客户，需要证券质押。通过互联网在线申请贷款，一般资金次日即可到账，任意取用不限用途，期限最低支持随贷随还，如中山证券的“小贷通”，国泰君安的“微融资”，华泰证券的“打新神器”和“借钱神器（泰融 e）”等。此类贷款除可用于“打新”、场内交易，还可满足资金周转或个人消费，有效延伸了服务范围。

长城证券则推出了跨界质押业务，其前海分公司与阿里巴巴集团旗下上海招财宝金融服务信息有限公司合作开发的、基于互联网金融的股票质押创新业务已正式上线。该业务有效结合了传统股票质押式回购业务和互联网金融的各自优势，将证券市场融资方与支付宝广大客户之间进行了跨界融合。

（2）非质押类。质押类小贷业务存在质押物价值、是否开户、证券走势判断、质押费等各方面的限制，为此有证券公司与小额贷款公司或 P2P 平台合作，突破了证券公司不能发放信用贷款的限制。如同信证券与 P2P 平台赢众通联合推出“同赢随时贷”，该产品根据个人账户内的资产情况授信，与赢众通、众安保险跨界合作，证券公司负责提供财务顾问服务。

证券公司开始与银行、P2P、小额贷款公司等机构共同参与小微贷市场竞争，并以其门槛和融资成本低、到账快、期限活、操作简单、高效便捷等特点，具备一定的比较优势和后发优势。

3. 营销手段创新

在营销方面，要多渠道挖掘互联网营销功能。

（1）虚拟货币回馈。虚拟货币回馈是回馈客户的一种方式，比如齐鲁证券的易币，客户只要通过其融易网或融易汇成功注册即可成为融易会员。会员可通过介绍他人注册成为融易新会员、证券交易、每日登陆融易网或融易汇等多种方式获取易币，并可以使用账户中的易币兑换齐鲁证券提供的服务和产品。

（2）平台内嵌。比如华西证券的嵌入式模式，诺安基金向其开放基金直销交易平台，华西证券将诺安基金的直销交易平台内嵌至其理财专家APP手机终端。具体流程是，华西证券将开户客户信息回执传给诺安，由诺安完成客户身份的验证、交易账户的开立和支付渠道的确认、基金份额的登记，并为用户提供基金赎回款划拨的服务。

（3）产品互换。华创证券推出了“金汇宝”系列，提供的金融创新是与贵州省酒交所合作的约定式回购，可换成茅台酒，同时限定时点发售。

（4）借力网络宣传资源。利用网络传播速度快、范围广的优势，与互联网企业合作开展营销。比如华泰证券与网易的合作模式。网易利用旗下各业务平台的宣传资源给予华泰证券进行品牌包装、产品推广、业务接入、平台支撑、营销活动等多层面的支持，并在网上开户方面实行排他性的单独合作。

（5）简化开户流程。2014年10月，银河证券网上商城正式上线，其不同之处是同步推出一个独立理财账户。独立理财账户颇具互联网特质：开户简约、功能多样，投资者只要登录银河证券网上商城，通过注册、登记验证信息、加挂银行卡，一两分钟即可完成开户，且注册时不需要身份验证，并实现场外产品交易和生活缴费功能。

三、大数据开始应用于互联网证券业务

大数据是互联网证券的重要技术支撑，是证券公司打造专业化、差异化竞争优势的关键环节。与单向、静态的传统数据分析不同，大数据通过捕捉客户的行为数据实现全程动态并与客户互动的数据分析，是未来证券公司角力互联网证券的重点领域之一。

（一）大数据营销

大数据营销，即通过对来自互联网、交易过程等方面产生的各类信息数据进行分析和挖掘，寻找数据隐藏的相关性，实现对客户的精准分类、营销和服务。某大型证券公司使用大数据方法分析客户的交易行为、心理活动、风险偏好、投资结果等，将客户划分为上千类，实现了客户分类的精准化、精细化，进而针对不同类别客户特征，通过相应的平台和渠道向其展示和推荐相应的产品和服务，也可以为客户量身定做产品和服务。

（二）大数据投资

大数据投资主要是建立投资模型和预测投资情绪。

1. 建立投资模型

国内目前的运作模式是由互联网公司提供海量信息数据，证券公司、基金等金融机构负责搭建专业的数学分析模型。如新浪与南方证券合作的大数据100、大数据300指数，中证指数与腾讯济安金信推出的中证腾安指数，阿里旗下蚂蚁金服推出的淘金100指数，百度联

合广发基金推出的广发百发 100 指数基金等。其做法是通过一套分析技术，利用行情访问热度、股票搜索热度、相关新闻浏览热度、多空分析数据等指标，定期追踪用户关注度最高的 50 只股票，再根据相关模型筛选，结合财务因子和市场驱动因子，最终选出成分股。

2. 预测投资情绪

预测投资情绪，即通过互联网的用户行为、搜索量、市场舆情、宏观基本面预期等方面的数据分析，预测未来股市活跃度及股价走势变化。

2012 年，国泰君安推出“个人投资者投资景气指数”（简称 3I 指数），通过对海量个人投资者样本进行持续性跟踪监测，了解其交易行为的变化、投资信心的状态与发展趋势、对市场的预期以及当前的风险偏好等信息，对账本投资收益率、持仓率、资金流动情况等一系列指标进行统计、加权汇总后得到综合性投资景气指数。

（三）大数据投资顾问

大数据在投资顾问平台方面的应用：一是利用大数据分析投资顾问的投资能力，通过换手率、回撤率、波动率、风险和投资偏好等指标，标识投资顾问特征，进而与相应的服务群体相匹配；二是利用大数据分析判断投资顾问的人气情况，通过投资顾问观点的订阅、转发和评论人数以及评论内容分析，评价、考核和管理投资顾问人员，为提高整体投资顾问水平提供参考；三是利用大数据实时发现用户需求，实时筛选与之匹配的投资顾问提供服务，实现客户服务的动态、即时和精准。

（四）大数据风控

大数据风控，即基于大数据对用户信用风险进行判断，是一个重要方向。

风险控制的核心在于特征数据违约率的分析，所以数据的获取能力显得至关重要。基于互联网的大数据可为互联网金融风险控制提供多维资料来源，如电商类、信用卡类、社交类、小贷类、支付类、生活服务类等方面的数据，通过非线性回归、决策树分析、神经网络建模等方法建立风险控制模型，对这些数据进行分析可以比较准确地反映用户信用状况。

同时，大数据的流式处理能力可以实现对用户的动态评估，即交易风险的判断。例如，当发现同一个账户同时在不同地区进行信用卡交易时，即可判定存在客户信用卡被盗的风险。

第二章
2014 年互联网证券面临的问题

互联网证券正处于商业模式探索和资源整合期，发展路径、业态模式、经营理念等都不是很明确，因而面临的问题较多。

第一节 模式选择的内在利益冲突制约互联网证券步伐

模式路径选择的机会成本高、利益权衡难，造成互联网证券参与方尤其是证券公司的观望心态。根据 2014 年中国证券业协会专项调查统计，35 家取得互联网证券试点资格的证券公司仍有 9 家证券公司并未开展相应业务，列入统计的 95 家证券公司中有 54 家没有开展网上金融产品或资讯服务产品的销售。

一、证券公司自建平台与合作引流各有利弊

证券公司自建平台的核心是能否构建真正意义的互联网平台，与互联网企业合作引流则面临利益分配、资源让渡等方面的问题。

（一）自建平台

证券公司作为传统金融机构，互联网思维不足，而且开放度不够，所以很多证券公司自建的是一个垂直、单边、碎片化门户网站，而不是一个多边互动的开放式互联网平台，在用户体验、黏性、流量和影响力方面与互联网企业相去甚远，对 O2O、B2B、B2C 等各种互联网商业模式也缺乏深入思考和探索。国金证券“佣金宝”的影响力之所以大大超过一些大证券公司的同类产品，关键原因就是依靠了腾讯的巨大平台效应。同时，证券公司自建平台还存在投入大、见效慢、管理制度再构、组织架构调配、互联网人才缺乏、流量不足、风险防控难和技术升级复杂等诸多难题，未来能否抵抗互联网机构的冲击也难以预测，这无疑增

加了证券公司自建平台的阻力。

（二）合作引流

对中小型证券公司而言，他们大多只能选择与互联网企业合作，但要实现互联网用户与证券公司业务诉求的交叉匹配，进而实现客户增值、业务增量并非易事。在国金与腾讯的合作中，网络证券公司、在线理财、线下高端投资活动就很难在腾讯中找到相应的目标客户，因为在腾讯平台贡献收入或留存资金的主要用户为游戏群体，这类客户与理财客户很难存在交集，而其余海量用户既不贡献收入，也无资金往来，能否将其转化为证券公司客户值得商榷。

利用电商平台引流的效果也不明显。曾在天猫平台上开设网店的几家证券公司，其店铺页面基本处于“浏览量低、鲜有互动、反馈评价少、销售产品匮乏”的状态，而有些小证券公司此前上线的店铺页面也出现后续撤销、网上商城停止运营的情况。还有一些尝试网络售卖投资顾问服务产品的网店，也同样出现成交冷清、评价不多的情况。类似这样的案例并不鲜见。

此外，业务资源难以共享、平台利益难以协调，也是合作引流的一大阻碍因素。证券公司与 BAT 等互联网巨头的合作要考虑利益分配、资源掌控、信息安全、合规风控等方面。这就有可能出现投入大量人、财、物，让渡大部分佣金收入，结果却不能真正增加目标客户数量的尴尬局面。

二、互联网企业的平台与专业之惑

是专做平台还是兼顾专业？互联网企业更倾向于专做平台，但国外互联网证券发展实践表明，没有专业支撑的纯粹网络证券公司是很难生存的，所以互联网企业涉足证券业务也必须提供专业服务。对互联网企业而言，要在投行、衍生品、期货、风险控制等高端业务领域形成品牌是很困难的，而没有这些高端业务的支撑，就无法形成综合性的专业优势，从而网上经纪的服务水平也很难提高。

目前，互联网企业主要通过两种途径涉足证券业务：一是收购证券公司直接拥有牌照；二是通过平台去对接各家证券公司的渠道，间接拥有牌照。这两种途径都有很大的局限性：收购证券公司的牌照存在诸多限制，对接证券公司渠道并不能把证券公司客户转为己有，也无法形成自己的专业优势，还有证券公司是否愿意合作的问题。

第二节　佣金中枢持续下滑加大证券公司经营压力

2013 年以来，从华泰证券的“万三开户”到国金证券“佣金宝”，乃至后续被叫停的

“零佣金”，证券业佣金水平打破了一度相对稳定的状态，出现了显著下降。股票基金平均佣金率从2013年的0.079%下降到2014年的0.066%，降幅高达16.5%。佣金在行业营业收入中的比重也从2013年的47.68%降到2014年的39.42%，经纪业务作为传统主营业务的地位已经开始丧失（见图2－1）。

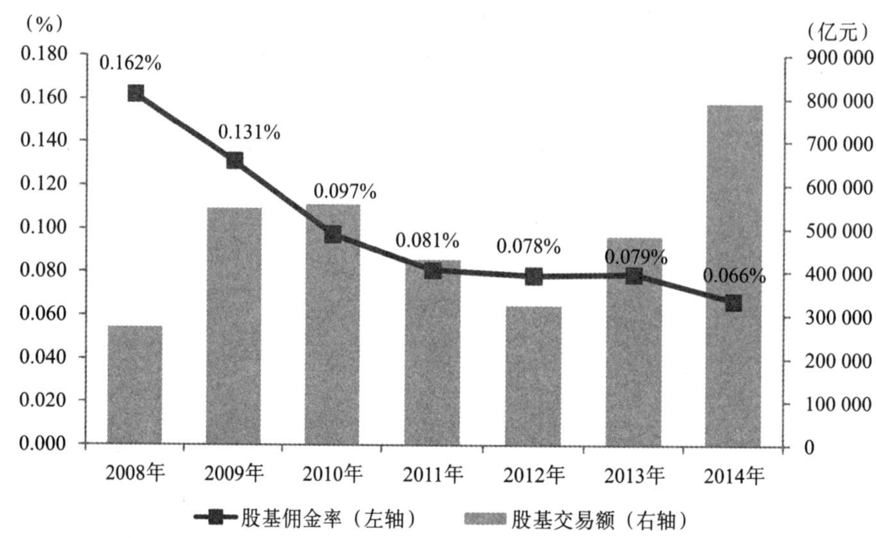

图2－1　2008—2014年全市场股基交易量及股基佣金率情况

资料来源：根据Wind资讯和中国证券业协会数据统计绘制。

在互联网证券背景下，“一码通”的推出将是佣金下滑的另一助推器。“一人一户”限制完全放开后，投资者可以更方便地在不同证券公司之间转户，对佣金水平更加敏感，从而进一步加剧证券公司之间的竞争。“一码通”还减少了相关的开户费用和交易费用，拓宽了佣金下滑空间，加快佣金下滑的速度。

互联网证券机构需要在成本收益、业务规模、创新发展等方面做出综合权衡，积极跟进产品和专业服务，寻求“低成本、高效率、好服务”的最优边际状态，打造新的盈利模式。否则，单一的低佣策略可能会加剧恶性竞争、降低创新能力等，不仅低佣策略获得的规模优势难以保存，甚至将自身带入困境。

比如美国E－Trade是一家发源于互联网而后向证券核心业务渗透的公司。该公司前期通过优秀的网络服务吸引了大批客户，但后期因为金融服务实力不足，坏账率过高。相反，嘉信理财开始利用网络折扣吸引客户，随后紧跟用户需求提高服务质量，结合客户偏好、市场环境、公司战略等方面的考虑，细分客户群体，提供差异化的专业服务，获得了巨大成功，成为目前美国市场上市值最高的零售经纪商。

第三节　现行相关法律法规难以适应互联网证券发展的需要

现行的法律、法规、制度主要是基于传统证券业务制定的，导致互联网证券出现监管盲区。这在一定程度上制约了证券公司互联网证券的发展。

一、现有法规制度具有局限性

互联网证券的跨界经营是普遍现象，而现有证券法规制度是针对分业经营环境制定的，所以在覆盖面、适用性、松紧度和市场化等方面都存在较多局限性，出现监管空白、尺度不一、适用标准不清等诸多问题。比如，互联网证券中的程序问题、过程问题、信用风险、技术风险等几乎没有法律涵盖；对互联网证券的法律主体如何确定，监管主体、监管范畴和监管方式如何界定；如何加强过程监管等。

国外成熟的互联网证券模式，是基于混业经营、全账户功能体系之上的，涉及银行、证券、基金、衍生品、国际市场等各类资产，证券公司也可以发行借记卡、信用卡。在我国现有管理体制下，银行、证券、基金等牌照不能兼有，跨行业、跨机构的账户整合存在制度障碍，这就很难发挥互联网整合金融资源的作用。

二、现有法规制度难以适应互联网证券的风险特征

互联网在带来自由、创新等先进理念的同时，也增加了法律法规方面的风险。与传统金融风险相比，互联网证券风险更加复杂、多变、难以预测，比如：可能存在违反相关法律擅自发行、承销或认购股票；私设交易平台；提供多种方式途径躲避监管；网络证券服务提供者可能违规自行或协助他人公开发行证券、非法吸存集资，或泄露客户隐私及内幕消息；第三方支付带来的结算风险等。

同时，随着金融业市场化、国际化程度的提高和互联网证券的纵深发展，必然会出现大量传统方法无法预测的更多风险。

第三章
2015 年互联网证券未来趋势展望

第一节　证券公司与互联网的深度互通融合

目前，证券公司在运用互联网技术和工具方面已经取得了积极成效，如提高了业务办理效率、强化了客户体验和认同、开拓了全新的销售推广渠道、有效降低展业成本等，但整体上仍属于浅层次的融合，融合功效也远没有发挥出来，未来将在拓宽技术融合广度和深度的基础上，更加注重专业、思维和互联网精神层面的融合。

一、技术融合

大数据、云存储、云计算是未来互联网金融的基础技术，证券公司转型发展也必须充分融入这些技术元素。目前，证券公司主要是直接数据的接入，如交易、销售、账户等数据和经济、行业、公司等数据，但对大数据的存取、挖掘、处理和应用还远远不够，尚未形成用户数据分析的盈利模式。未来将进入非直接数据接入时代，比如用户在更多金融平台上的行为数据，以及对于一些金融现象的情绪变化数据等，从中可分析研究客户的习惯、偏好和行为变化，据此可以提供精准化、个性化的服务，并通过改善客户的投资理念和习惯，提升客户体验，增强平台黏性。

二、专业融合

互联网证券本质上仍然是证券，成功的核心要素仍然是专业、服务、产品和风险控制的驾驭能力，平台则是展示这种能力的渠道。尤其在难以标准化、网络化的专业和产品领域，互联网存在明显短板，如果不融进证券公司的专业和产品，单凭通道业务的盈利模式将难以为继。

此外，证券公司在风险控制、合规方面的制度、流程也是需要互联网企业积极融入和学习的。随着未来互联网证券相关法规制度的逐步完善和执行，风险控制、合规意识不强的互联网证券机构将面临很大风险。

三、思维融合

尽管互联网思维与证券公司传统思维有很大差异，但在服务客户这个终极目标上，二者殊途同归，差别在于互联网更好地诠释和实践了“消费者主权”理念。证券公司必须在经营理念、业务体系、业务流程、组织机制和业务模式上都进行一场植入互联网思维的深刻转型，才能实现向“以客户为中心”的真正转变。

第二节　互联网证券的发展模式和路径呈现多元化、差异化、动态化格局

互联网的自由、创新精神和证券公司的转型升级相结合，必然衍生出多元化、差异化、动态化的互联网证券格局。国外的发展路径也证明了这一点。

一、国外互联网证券模式现状

经过多年互联网环境下的市场化竞争，成熟市场的互联网证券模式已经形成多元化、差异化、动态化的格局。总体可以分为“线上线下兼顾”和“线上为主”两个大类，每个大类下面又有不同类别。

（一）线上线下兼顾

线上线下兼顾，即实体网点和网络服务结合的模式，分为综合金融服务商和综合服务经纪商。

1. 综合金融服务商

综合金融服务商财富管理、投资银行、资产管理及研究咨询能力突出，具有强大的、经验丰富的投资顾问队伍，主要服务于中高端零售和机构客户，佣金水平高。代表证券公司如摩根士丹利、美林等。

2. 综合服务经纪商

综合服务经纪商交易、资产管理和财富管理突出，以中小客户为主，兼顾大客户，佣金水平中等。代表证券公司如嘉信理财、富达投资等。

（二）线上为主

线上为主，即没有实体网点，或有少量实体网点。

1. 网络折扣经纪商

网络折扣经纪商拥有丰富的金融信息，便捷的服务流程，低成本、低佣金，同时不断拓展理财和服务广度，以服务中小客户为主。代表证券公司如美国 E－Trade、韩国的 Kiwoom、日本 Monex 证券等。

E－Trade：1992 年创立后不久，恰逢美国第二波降佣潮，凭借佣金战获得迅速发展，成为仅次于嘉信和 TD Waterhouse 的美国第三大网络证券公司。E－Trade 是同服务水平中佣金费率最低的证券公司之一，也是美国网络平台上点击率最高的证券公司之一。其成功得益于体验良好的网络平台、全球市场的业务拓展、丰富的信息咨询内容等。E－Trade 是纯网络经纪商，几乎没有其他线下业务，但由于纯通道业务价格非常低，虽然客户数较多，盈利能力却不高，2012 年一度出现亏损。

日本 Monex 证券：日本金融服务公司 Monex 集团的主要子公司，主要业务是在线证券销售。不同于以低佣金为核心竞争策略的网络证券公司，Monex 证券以拓展商品、服务种类为核心竞争策略，致力于开拓和充实基金销售、外汇保证金交易、投资者教育等产品或服务。

2. 网络附属经纪商

网络附属经纪商与集团旗下其他金融和商业协同服务，服务综合渗透力强，以服务中小客户为主，佣金水平低。代表证券公司如日本乐天证券、日本 SBI 等。

日本乐天证券：日本乐天是靠电子商务获得巨大成功的互联网集团，业务包括互联网服务、互联网金融和其他业务。2003 年，乐天收购一家证券公司，命名为“乐天证券”。乐天的战略是乐天电商和证券的相互促进，利用积分打通证券和电商等各种业务，通过乐天证券投资可以获得乐天积分，而积分可以在“乐天市场”购物。目前，乐天证券是日本第二位的网络证券公司，主营业务有日本国内、国外股票，以及投资信托、债券、国内外期货、外汇、基金、贵金属等。

日本 SBI：SBI 控股株式会社成立于 1999 年，是世界最大的综合网络金融集团。集团早年从事风险投资业务，是亚洲最大的风险投资、私募股权资产管理公司。集团还打造了完全基于互联网的网络证券公司、网络银行、网络保险、网络外汇保证金交易平台、私设证券交易系统（PTS）等金融服务业务，形成了以互联网金融为平台的金融集团公司。在日本网络证券公司中，SBI 证券的用户数、交易成交金额、管理客户资产规模、IPO 承销等均位列第一。

3. 网络特色经纪商

在特定客户群和业务领域强化交易、技术等专业化、综合化、便捷化优势，以面向特定客户人群、服务中低端客户为主，兼有专业高端客户，佣金水平低。代表证券公司如美国 Loyal 3、LightSpeed，Motif Investing、TradeKing、Personal Capital 及日本松井证券等。

（1）Loyal 3 属于网页版社会化媒体应用模式，任何一家公司可以通过 Facebook 向他们的“粉丝们”（顾客）出售股权，交易所不再是购买股票的唯一途径。其特点是低门槛、免费、操作简易：10 美元即可买卖股票，350 美元即可参与 IPO，3 步即可完成交易过程，交易手续费全免，以此来吸引小型投资者。

（2）LightSpeed 公司成立于 2006 年，鲜明的特色为其采用的 DMA 技术，这项技术使客户的交易指令不需要经过中间商就能直接传送至交易所，从而其交易速度远快于其他交易平台。LightSpeed 专注的细分市场特点明确：专业投资者、活跃交易主体等。对于专业和活跃的投资者，LightSpeed 收取极低的佣金费用，这种“薄利多销”的行为为 LightSpeed 创造了大量盈利。

（3）Motif Investing 是投资组合服务提供商，成立于 2010 年 6 月，它的投资组合被称为 Motif。一个 Motif 包含一组具有相似主题或理念的证券，包括股票、证券等，最多达 30 只。该平台的新颖之处在于：第一，提供了强大的自助式投资组合设计工具，用户可非常方便、直观地修改、创建、评估 Motif，只需要几分钟便可拥有个性化的投资组合。第二，引入社交机制，用户可以把自己的 Motif 分享给好友或者选定的圈子，大家共同对 Motif 进行讨论和优化。Motif Investing 的实质是应用先进的技术手段和社交机制，帮助每个用户成为自己的基金经理。

（4）Personal Capital 2009 年在美国加州成立。Personal Capital 更倾向于个人财富管理，利用分析工具确保用户的长期财务健康。它的业务包括两个部分，一部分是网站形式的投资分析工具，另一部分是专职财务管理顾问，通过电话和 Email 进行服务。其收入主要来自投资顾问的咨询费用。公司目标客户定位在可投资资产从 10 万美元到 500 万美元的群体。

当然，互联网证券的模式划分并非绝对，在每一个类型内部，各机构也有差异化的定位，并且各自的商业模式也在不断转型演化。从业态演变经验看，互联网企业跨界渗透与传统金融业互联网化转型是成熟市场互联网金融发展的两条主线，两者间的相互竞争、合作、渗透贯穿互联网金融发展的始终，促使互联网金融创新呈现多元化特点。

二、国内互联网证券模式展望

目前，国内互联网证券已初现多元化、差异化和动态化的格局端倪，推动互联网证券向纵深层次发展。

（一）总体格局展望

未来国内互联网证券将呈现“大型证券公司主打综合金融服务、中型证券公司适度综合与特色发展兼顾、小型证券公司主攻细分市场和特色发展”的格局。个别大型证券公司可能选择类似高盛的高端模式，战略重心在高净值和机构类短尾客户领域，而不选择互联网证券模式。

1. 大型证券公司——O2O 模式为主

类似摩根士丹利、美林的模式，充分应用互联网思维模式对自身模式架构进行颠覆式的重塑，打造中国版的互联网证券 O2O 模式。

通过物理网点与电子渠道并存、现场服务与远程服务并举、社交场景与生活场景互动等线上线下的深度融合，实现线上产品、咨询、服务丰富多样，线下特色化、个性化、增值性服务一应俱全，线上线下优势互补、多边互动、资源共享的O2O模式目标，并依托大数据、云计算、移动支付等手段，促使投融资双方在线上直接对接，实现客户服务的精确定位和无缝推送。同时，借助P2P网上借贷平台、众筹模式、社交网站、电子货币等形式，实现新生代金融生态圈的重构。

2. 中小型证券公司——与第三方平台合作的线上线下兼顾模式为主

多数中小型证券公司将选择与互联网机构合作，共同打造线上线下兼顾模式，与大型证券公司的O2O模式相抗衡，或打造针对特定客户、特色业务的网络经纪商，寻求细分市场的生存空间。

3. 互联网机构——网络证券为主

在牌照放开之前，互联网机构只能通过与证券公司合作开展证券业务。如果牌照放开，部分互联网机构将首先以低价策略为主打造网络证券公司，大型互联网机构也可能会考虑选择发展O2O模式。

（二）特色化、差异化的平台格局

平台打造仍将是互联网证券发展的重点。

1. 证券公司主导平台注重专业优势

在注重专业的基础上，要体现平台的开放性、社交性、整合性和个性化。

客户、企业、证券服务机构、私募机构、金融机构等都应当成为平台的参与者，凡是资金、证券的供需方都能参与。通过平台充分利用各种金融工具，在资金供需双方之间建立起顺畅的资金、证券流动渠道。B2B、B2C、C2C等各种互联网商业模式都可以发挥作用。股权、债权、理财产品、顾问服务等金融工具，以及各种金融工具组合和衍生品都能找到合适的需求方。客户之间、企业之间、客户与企业之间、证券公司与客户之间、证券公司与企业之间都能找到合适的资金、证券融通工具，将成倍放大平台的黏性。

由于在股权融资、金融衍生品、众筹、投行等方面具有专业优势，证券公司比银行、保险、基金、信托、期货等其他金融机构更具金融平台的搭建优势。

从成熟市场的发展经历看，众多证券公司在互联网证券中形成了各自的业务特色和市场定位，网络经纪商也没有撼动大型优势证券公司主导的行业格局。

2. 互联网主导平台优势大

互联网主导平台存在三种模式可能。

（1）证券公司是平台用户。模拟淘宝模式，证券公司是平台用户，客户、账户、服务归属不变。这种模式几乎不改变证券公司和互联网格局，证券公司可以凭借服务分享互联网的流量、黏性、用户体验等优势，互联网企业则可以通过证券公司通道和服务吸引证券客户。恒生的金融投资云平台——恒生云（HOMS）（见图3-1）是这种模式的探索。

图 3-1 恒生云（HOMS）金融投资云平台

资料来源：金融投资云平台网站 http：//www. ihoms. com。

HOMS 联合恒生聚源，引入沪深股票、债券、基金、股指期货、商品期货实时行情数据、金融基础数据，保障 HOMS 业务品种的平稳运行。HOMS 对接国内证券公司、期货公司、信托公司、基金公司、保险公司，打造全面稳定的交易网络，实现真正意义的平台化资产管理。

恒生云提供基于“云”的多业务品种服务。①资管云服务：HOMS 运营，与深证通联手。②资金云服务：机构间平台，为私募机构提供资金配对服务。③投资云服务：建立量化平台 iTP 为策略生成、验证、回测、执行、调整提供支持。④交易云服务：要素交易云服务，打通多层次市场。⑤托管云服务：云证券公司、云基金、云期货、云小贷、云支付、云担保、云银行……

（2）归集证券公司账户。把证券公司的柜台系统、账户系统等 IT 支持系统都部署在云计算平台上，客户只需要连接云计算平台，就可以参与投资交易，借助平台全面的金融大数据资源，对客户提供各类服务。

这种模式实际上是证券公司间接让渡了客户的所有权，对证券公司的盈利模式冲击较大，但这并非没有可能，支付宝就是这种模式在银行业的成功案例。比如阿里，如果与恒生电子继续深度合作，就能很快对接绝大多数基金、证券公司和其他金融机构客户，从而有可能把证券公司的柜台系统、账户系统等 IT 支持系统纳入其云计算平台。

（3）网络折扣经纪商。如果牌照放开，互联网机构最有可能成为网络折扣经纪商的先行者。在牌照放开之前，互联网企业也会通过参股或收购证券公司的方式把证券经纪、理财服务布局为自身平台服务的一部分。

3. 特色网络证券打造差异化优势

借助于互联网实现证券服务的差异化、特色化，是互联网证券未来创新的重要方向。

（1）专业投资平台：面向专业或高端投资者，通过网络提供专业的交易软件。客户账户资产需达到一定的基准之后方可使用，提供以软件平台为载体的交易平台，支持客户自定义软件界面、重点板块热力图显示、绑定财经实时新闻等。

（2）分析师平台：目前虽有这类平台，但多数实质上是经纪人性质。真正的分析师平台应当是一个平台概念，把各方投研人员和客户聚集在平台上，实现供需双方的匹配和对接。平台要做的是提升客户体验、增强客户黏性、提高平台吸引力。“爱投顾”比较接近这种模式。

（3）高频交易平台：面向高频交易等主动投资者，提供专业的交易软件或允许客户直接对接证券公司服务器收发交易指令。相较于普通交易软件，其支持更大范围的交易品种如复杂期权、期货、外汇等，进行策略自定义、估算策略执行效果等高级功能。

第三节　专业水平是互联网证券的核心竞争力

无论互联网业态如何演变，财富增值永远是证券参与者的追求目标。但投资并不是严谨的科学，而是掺杂了大量的心理因素，大数据或者高科技手段并不能完全替代人脑。互联网证券最终能否发展壮大，还是要看以人为主的综合专业服务实力。

面对平台强大的互联网，证券公司要想在互联网证券中把握主动，就必须在专业服务方面下功夫。

一、线上创新服务思路

标准化的、以中小客户为主的服务层面是互联网为主，同时兼顾专业。

标准化服务对象体量巨大，是未来互联网证券争夺的重点。当前的长尾客户也是未来的主流客户，尤其是 80 后、90 后群体，对网络高度依赖，证券公司应注重研究、吸收和培养这些新兴客户群体。比如，引入社交网络手段提供专业化的投资理财服务，建立完备的线上客服体系 、提供 7×24 小时电话和在线服务等。

近年来，国外（主要是美国）基于互联网的低门槛、自动化理财咨询/规划平台如

Mint、Personal Capital、WealthFront、Motif Investing 等纷纷涌现，吸引到大量“长尾”用户，呈现出良好的发展前景，值得国内证券公司认真借鉴。

二、线下打造专业优势

在非标准化的以企业和高净值客户为服务目标的层面上，互联网化相对困难，策略是做精做强专业，同时兼顾互联网。

证券服务有着专业化、复杂化、高风险的特性，个性化、差异化的深度高端服务还是要靠人，靠投资、研究、定价、风险控制等专业能力和智慧。尤其是面对一些高度复杂、专业性强的产品和服务时，互联网模式无法提供建立在人际信任关系基础上的高强度、多频度和个性化的互动沟通，这就必须依靠富有经验的金融专业人员，比如财富管理和资产配置、财务顾问业务、上市辅导业务、兼并收购业务、做市业务等专业领域，所以客户服务的“最后一公里路”问题仍然需要非常专业的团队。此外，证券公司金融服务的最大特点是，越高端的客户，就越需要得到专业人员有针对性的服务，面对面解答各种疑问，才能促使其更有效率地做出决定，而这正是互联网难以替代的短板，也是证券公司服务的专业壁垒和竞争优势所在。

个性化、差异化的服务并非排除互联网。实际上，大型互联网企业的成功不仅在于“规模化满足标准化需求”，更在于“规模化地满足个性化需求”。云计算、大数据、移动互联等相关技术的出现将使互联网金融在规模化与个性化之间得以兼顾。个别证券公司已经开始探索这种模式，比如中金公司将目光聚焦于资产管理业务，与雪球网合作，将目标瞄准具有潜力却募资能力有限的中小型私募，推出“私募工厂”，开展私募基金孵化业务，中金公司做交易证券公司。东海证券与 Wind 资讯合作推出的“东海证券 Wind 资讯金融终端旗舰店”，针对机构打造互联网金融创新模式，服务网上债券“超市”，并提供现券二级报价、融资融券、非标等金融产品的报价信息。

显然，无论模式形态如何演变，打造自身个性化、差异化的专业优势才是互联网证券的立身之本。

三、打造富有竞争力的产品体系

大资管时代，产品是互联网证券发展的核心要素，持续具有产品优势的互联网证券机构将具备更持久的竞争优势。证券公司要形成满足各类客户需求的产品体系，资管类、交易类、融资类、众筹、顾问咨询类等产品一应俱全，并提供“一站式理财服务”，客户可以按照自己的需求方便快捷地找到合适的产品。

证券公司要构建基于客户需求的快速产品开发流程，进一步强化部门协同运作，强化不同产品类型之间在客户使用、推出档期上的紧密关联性，持续加强客户关注度和投资黏性。

产品设计也将充分体现互联网用户体验思维，如场景化、碎片化、定制化、人性化，把产品更好地嵌入服务流程、场景。

第四节　移动互联平台将成为互联网证券竞争的战略制高点

目前，国内移动网民的数量已超过 PC 端，并以较快的速度增长。随着移动互联网时代的到来，互联网证券的移动化也是大势所趋。

一、移动金融正在成为互联网金融主角

2014 年，在阿里“双十一”交易中，移动端交易额占比高达 42.6%。2014 年，移动端证券开户占网上开户的比例已超过一半，达到 56.88%，移动端交易人数占网上交易人数比例为 25.49%，互联网金融向移动端转移的趋势已非常明显。

二、证券公司要加快移动证券布局

第一，要把移动互联思维上升到战略高度，加快移动金融服务创新步伐。在充分尊重“消费者主权”和“指尖证券”特征的基础上，设计布局移动互联证券业务。

第二，要注重移动平台特色的打造，强调功能多元化的有机结合。既注重方便、快捷、简易操作，又要满足合规性要求，以适应移动客户自助式、碎片化、体验式、场景式、差异化等多元需求。

第三，在线上线下整合中积极推进线上移动化，提高线上线下互动频率，扩大互动范围，构建移动式线上线下互联互通新模式。

第四，要加强风险控制，在安全可信、风险可控的前提下开展移动证券业务，这也是尊重“消费者主权”的重要方面。

三、证券公司有望成为移动互联证券主角

在移动互联领域，目前市场上还没有处于垄断地位的移动 IT 系统开发商出现，而证券公司自主研发 App 的市场认可度也比 PC 端高。证券公司应借助互联网向移动互联网升级的历史机遇，打造属于自己的移动 IT 开发团队，积极抢占移动互联网金融时代的战略制高点和突破口。

专题报告之三：
2014 年证券公司场外衍生品业务发展综述[①]

第一章
2014 年证券公司场外衍生品业务发展情况

2013 年 3 月，经中国证监会批准，证券公司场外衍生品业务试点工作正式启动。同年 8 月，经中国证券业协会授权，中证机构间报价系统股份有限公司（以下简称“报价系统”）开始进行证券公司场外衍生品交易报告管理工作。经过一年多试点，证券公司场外衍生品业务发展迅速，交易报告管理工作日臻成熟[②]。

第一节　证券公司场外衍生品交易整体情况

截至 2014 年底，共有 30 家证券公司与 499 家机构客户签署场外金融衍生品主协议 832

① 本报告中所涉及统计数据来源于中证机构间报价系统股份有限公司管理的“证券公司场外衍生品交易报告库”。

② 本部分仅包括证券公司场外权益类金融衍生品业务，不包括证券公司在银行间市场开展的业务及大宗商品衍生品业务。

份，并与其中310家客户开展初始交易6 779笔，涉及初始名义本金5 236.74亿元，未了结交易3 063笔，未了结交易名义本金余额2 983.48亿元（见表1－1）。目前，证券公司开展的场外衍生品业务包括收益互换和场外期权两类，远期业务暂未开展。

表1－1　　　　截至2014年底证券公司场外衍生品业务规模

签约方式	业务类型	主协议（份）	初始交易笔数（笔）	初始名义本金（亿元）	未了结交易笔数（笔）	未了结名义本金（亿元）
证券公司柜台签约	—	800	—			
	互换	—	5 822	4 120.67	2 505	2 364.01
	期权	—	943	1 114.53	555	619.17
合计	—	—	6 765	5 235.20	3 060	2 983.18
报价系统在线签约	—	32	—			
	互换	—	11	1.32	2	0.20
	期权	—	3	0.22	1	0.10
合计	—	—	14	1.54	3	0.30

证券公司场外收益互换与期权业务主要基于《中国证券市场金融衍生品交易主协议（2013年版）》和《中国证券期货市场场外衍生品交易主协议（2014版）》（以下将两种主协议统称为“中证主协议”）框架开展，在30家已签署主协议的证券公司中，共26家开展了交易，包括：场外衍生品业务试点公司21家（在证券公司柜台开展业务）和通过报价系统衍生品交易平台开展业务的证券公司9家。

第二节　证券公司场外衍生品业务创新情况

2014年，随着场外衍生品业务规模不断壮大，证券公司积极运用场外衍生品开拓业务和业务创新。

在互换业务中，有18家证券公司开展了以获得杠杆为目的的交易，此类交易在参与证券公司数量及初始交易笔数上均为最多，具有一定的代表性。在业务结构上，一般由证券公司与客户签订互换协议，客户在期初缴纳履约保证金（平均初始保障比例为34.24%），证券公司在保证金基础上为客户提供配资（证券公司与客户出资比例平均为1.92∶1），并购买标的证券，客户向证券公司支付固定费用，证券公司向客户支付标的证券的浮动收益。

互换交易在业务目的上类似于“两融”业务中的融资买券业务，交易期间一般由证券公司代客户持有证券，并根据客户交易指令调整标的证券仓位，从而实现客户杠杆交易目的。“两融”业务对证券公司资质、交易对手门槛、标的范围、投资额度均有明确的要求和限制性规定。与此相比，互换业务的交易方式更为灵活，杠杆比例更为宽松，其标的也包括境外股票，对交易所“两融”业务在场外有一定的补充作用。

在风险对冲方面，证券公司以自身名义在市场上交易（交易方向与客户相同）标的证券，从而完全对冲浮动端风险；同时，证券公司还根据标的证券市值变动情况依照合约要求客户追加保证金或平仓，以控制风险。对于涉及境外标的的业务，证券公司则通过境外子公司购买境外证券对冲风险。

在期权业务中，9 家证券公司开展了包括欧式期权、美式期权、看跌期权、看涨期权和各类奇异期权在内的相关交易。商业银行作为此类交易的主要对手方，通常买入证券公司设计的期权用于构造结构化理财产品以满足其客户需求。期权收益方式以二元与非线性居多，挂钩标的以沪深 300 指数为主，也有少量挂钩贵金属和其他指数的期权。

以相对复杂的双向鲨鱼鳍期权为例，期权一般内设高低障碍价格与高低行权价格，以触碰高低障碍价格为基准的障碍事件发生时，证券公司一般支付客户低于期权费的固定收益；在无障碍事件发生且结算价格在高低行权价之间波动时，证券公司一般支付低于期权费的固定收益；在无障碍事件发生且结算价格在高低行权价范围之外时，证券公司一般支付根据结算价格计算的收益（一般高于期权费）。证券公司通过对行权条件或障碍条件进行设置，可形成单向障碍、单向非障碍、双向非障碍期权、单向二元累计期权（将结算价超过或低于行权价的天数作为计算结算金额的重要参数之一）、区间数值期权等期权。

在风险对冲方面，证券公司以 Delta 对冲为主，进行动态盯市，对冲后证券公司不承担客户行权现金流亏损，主要赚取期权费与对冲成本的差价。但由于非线性结构期权在实际操作中难以完美对冲，证券公司仍将在一定置信期间内持有少量风险头寸。

第二章
2014 年证券公司场外衍生品业务分析与发展建议

第一节 证券公司场外衍生品业务数据分析

一、规模情况分析

（一）增长情况

2014 年证券公司场外衍生品业务规模增长较快，与 2013 年相比，初始交易笔数增长 11.35 倍（净增 6 230 笔），初始名义本金增长 30.34 倍（净增 5 069.62 亿元），开展交易的证券公司增至 26 家（见图 2－1、表 2－1）。

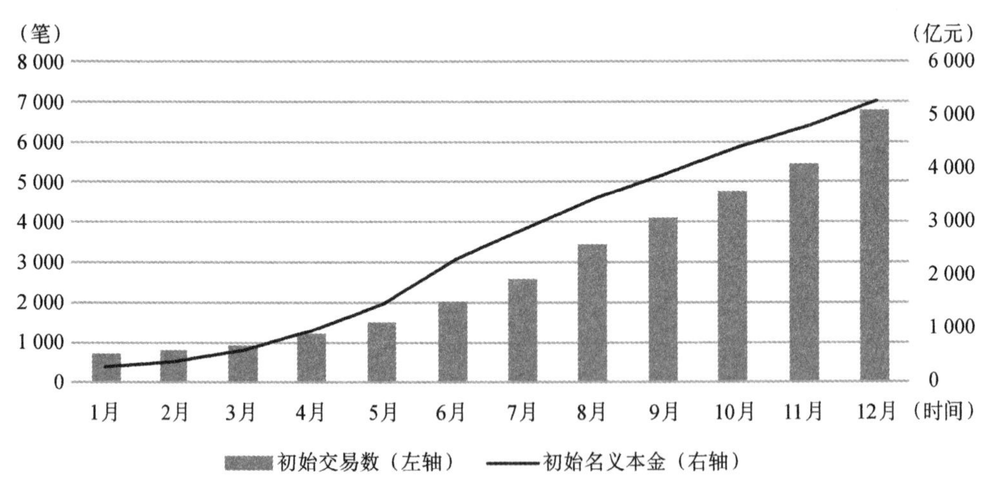

图 2－1　2014 年证券公司场外衍生品规模增长情况

表 2-1　2013 年和 2014 年证券公司场外衍生品业务规模对比

年末累计	互换			期权		
	证券公司数[①]（家）	初始交易笔数（笔）	初始名义金额（亿元）	证券公司数（家）	初始交易笔数（笔）	初始名义金额（亿元）
2013 年	12	548	166.39	1	1	0.73
2014 年	25	5 833	4 121.99	14	946	1 114.75
增量	13	5 285	3 955.60	13	945	1 114.02

注：①指签订主协议后开展具体交易的证券公司。

从增量看，互换类业务增长较大：初始交易笔数约占增长总量的 85%，初始名义本金约占增长总量的 78%。

从增速看，期权类业务增速较快：初始交易笔数增幅为 2013 年的 945 倍，初始名义本金为 2013 年的 1 526.05 倍，而互换类业务与之对应的增幅分别为 9.64 倍和 23.77 倍。

（二）业务分布情况

在总体规模分布上，互换业务约占场外衍生品业务总规模的 80%，具有绝对优势（见图 2-2）。然而，若将内嵌期权的互换业务纳入期权规模统计，互换业务的整体规模将减少 1 078.48 亿元，期权业务规模则增加大约同等金额；按初始名义本金计算，场外期权业务在衍生品交易总规模中的占比达到 41.88%，与互换业务在规模上达到基本平衡的状态。随着证券公司场外期权业务资格进一步放开及相应合约模板的进一步标准化，预计期权业务在权益类场外衍生品交易中的占比将达到甚至超过 50%，使权益类场外衍生品交易回归本源。

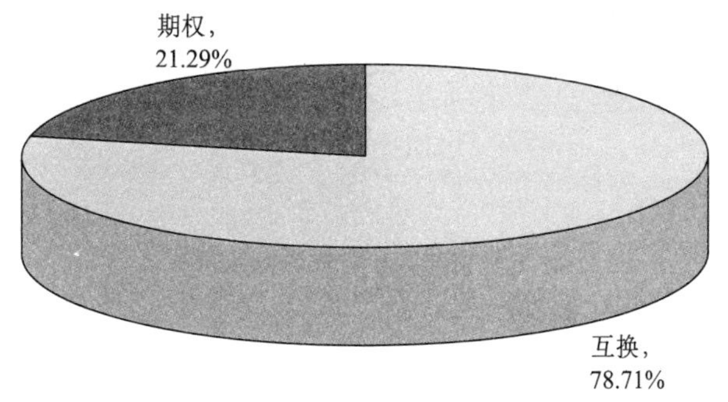

图 2-2　互换、期权业务规模分布情况（按初始名义本金）

在互换业务规模分布方面，以获取杠杆为目的交易在规模上呈笔数多、名义金额较小的情况，其他交易目的的互换正好相反，呈笔数少、名义金额较大的情况（见图 2-3）。其原因主要在于杠杆交易类互换的交易对手以一般机构为主（多为私募机构），其诉求主要为融资买券交易，与其他类型互换的交易对手方（多为商业银行）相比资金实力相对薄弱。随着证券公司场外衍生品业务监管政策进一步明确（如负面清单的建立）、证券公司融资渠道进一步拓宽（如开展收益凭证业务），预计以非杠杆交易、风险管理或套期保值为目的的业务规模将逐渐下降。

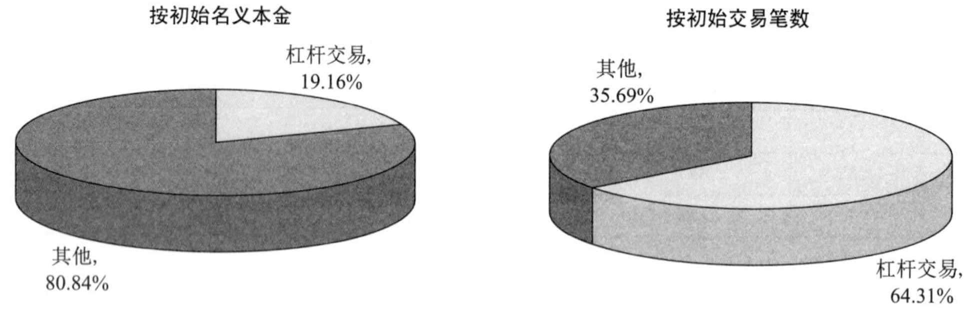

图 2－3　互换业务规模分布情况

在期权业务规模分布方面，证券公司卖出期权用于交易对手结构化产品构造的交易规模占有绝对优势（见图 2－4）。从实际业务看，一方面，通过期权业务开展其他目的交易的业务总体规模不大，属于个别证券公司和个别交易对手开展的业务，在市场上不具有影响性和方向性，其规模增减也将受到交易对手业务需求及监管部门相关政策的影响，不具有稳定性和代表性。另一方面，为证券市场投资者提供风险管理工具的场外期权相对较少，资本市场场内场外联动尚未形成，随着场内个股期权业务的推出，预计场外期权业务也将迎来快速发展。

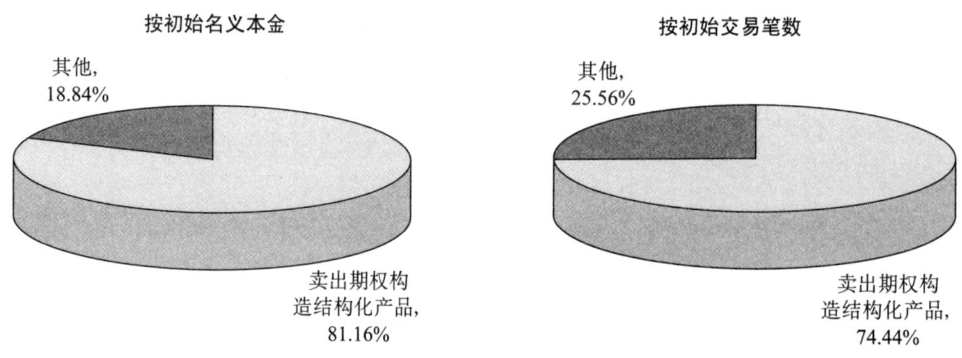

图 2－4　期权业务规模分布情况

二、业务集中度[①]分析

证券公司在开展场外衍生品业务规模分布上呈“一超多强，分化明显”的局面（见图 2－5），市场份额占比由最高的 41.96% 到不足 1%。其中，中金公司占比最高，超过 40%，连同第一创业证券、国信证券共 3 家证券公司占据市场总规模的近 70%，三家公司中，中金公司和第一创业证券仅开展了互换业务，国信证券在期权及互换业务方面均已开展。

① 业务集中度即各证券公司开展业务规模占比情况。

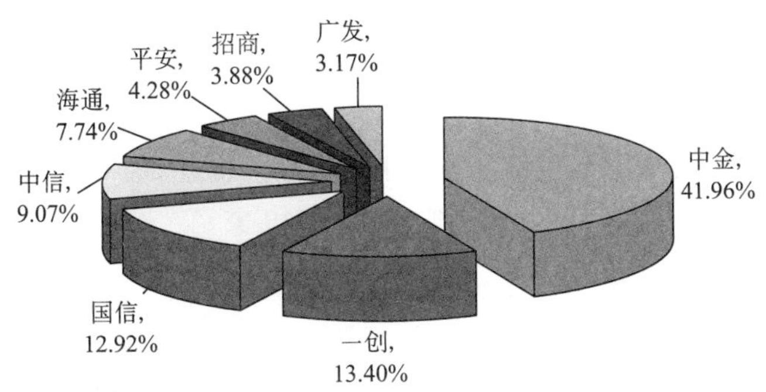

图 2－5 证券公司开展场外衍生品业务总体集中度

互换业务规模分布呈现“一家独大、明显分化”情形（见图 2－6），仅中金公司的业务规模就占比过半，连同第一创业、国信证券占据互换业务总规模的近 80%。

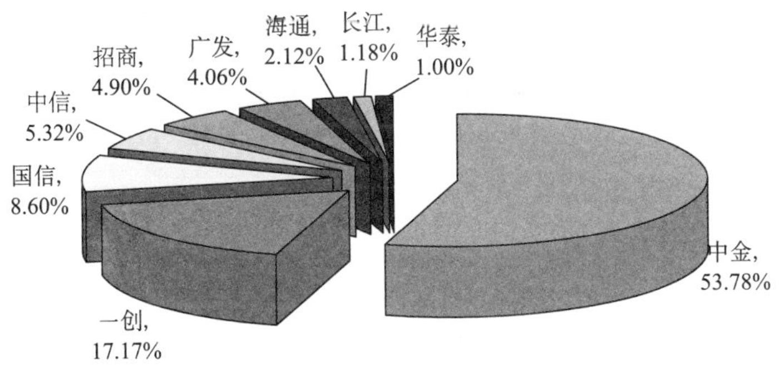

图 2－6 互换业务集中度

期权业务在规模分布上虽同样分化明显（见图 2－7），但与互换业务规模“一家独大”局面有所不同的是，单家机构规模占比均未超过总规模 30%，呈“四强鼎立”状态，而这四家机构（国信证券、海通证券、中信证券、平安证券）合计几乎占据了证券公司场外期权业务的全部规模（近 97%）。

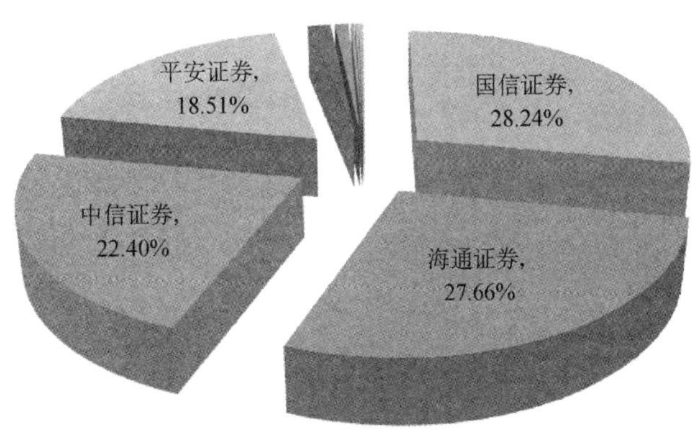

图 2－7 期权业务集中度

三、交易对手情况分析

截至2014年底，证券公司已签约交易对手499家，接近2013年的5倍（见图2-8），增长较快。在已签约对手中，2014年参与交易对手310家。

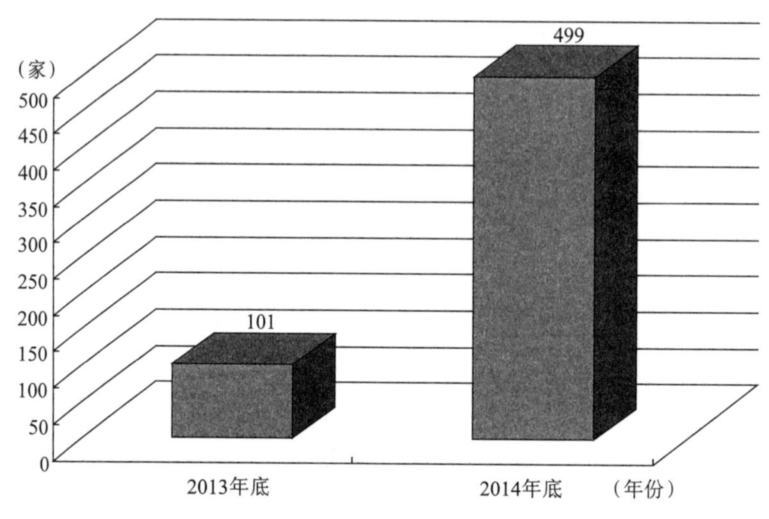

图2-8 证券公司已签约交易对手情况

在整体业务方面，交易对手数量和初始名义本金呈现“二八现象”（见图2-9），在参与机构数方面占比最低的商业银行，却在初始名义本金方面占比最高（约80%），而在参与机构数占比最高的一般机构（约80%），在初始名义本金方面占比不到20%。出现上述差异的主要原因在于：少数商业银行是证券公司场外期权业务和部分收益互换业务的主要交易对手，交易涉及初始名义本金规模和交易笔数占据目前证券公司场外衍生品业务总规模比例相对较高（约80%），在一定程度上反映了目前我国结构化理财产品的主力军仍然是商业银行；相反，一般机构（以私募基金、工商企业、期货公司为主）开展的多为杠杆交易类互换业务，虽然参与机构众多，但受资本实力的影响，所涉初始名义本金规模相对于商业银行较小。

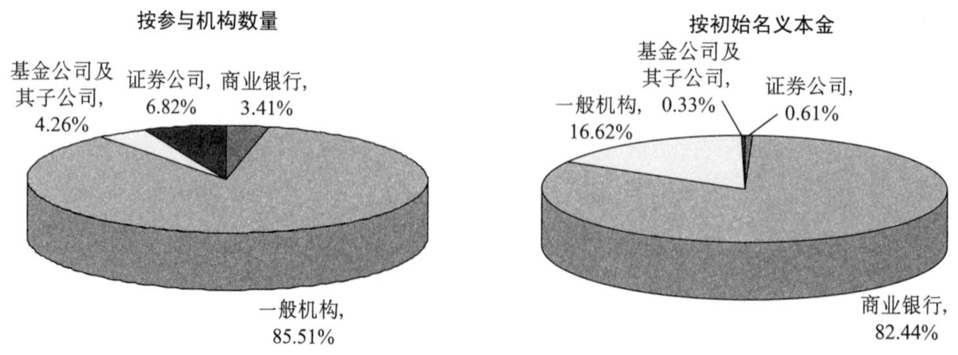

图2-9 证券公司交易对手结构分布

四、标的分析

目前，证券公司场外衍生品交易标的以股票类和股票指数为主，占比合计约 97%；其他类型标的占比仅为 3.18%，包括可转债、基金及其基金专户、贵金属等（见图 2－10）。

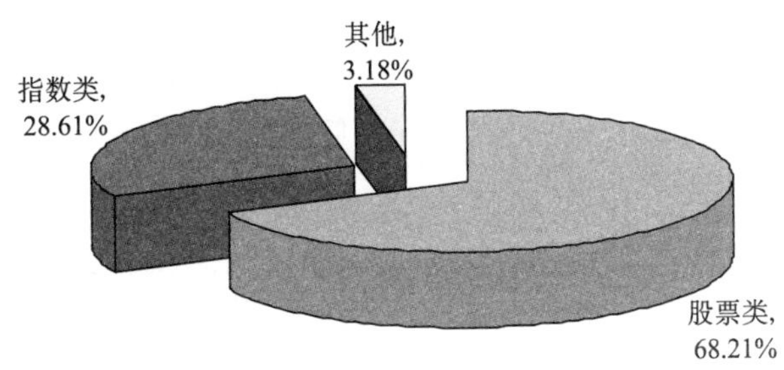

图 2－10　证券公司场外衍生品交易标的类型分布

从互换类业务标的数量来看，股票类标的数量占比最高，达 80% 左右，主要由于杠杆交易类互换笔数最多，而此类业务的挂钩标的以股票为主。从场外期权业务标的来看，指数类标的（基本为沪深 300 指数）占比最高，达 96%，主要由于大部分期权是根据商业银行构造结构化理财产品需求定制，市场上此类产品劣后收益挂钩标的仍以沪深 300 指数为主（见图 2－11）。

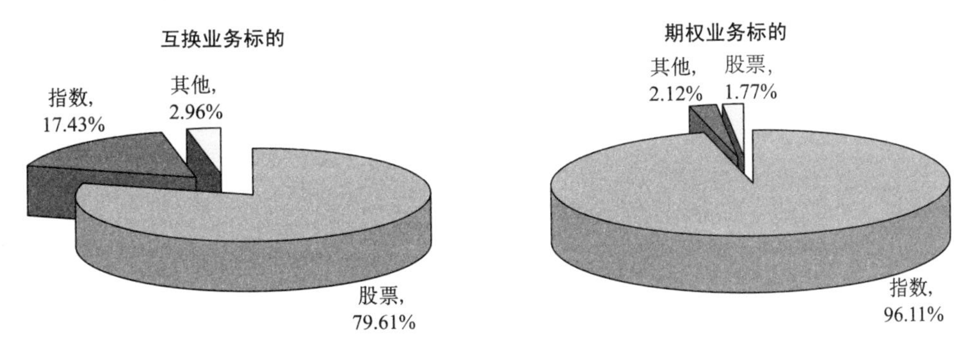

图 2－11　互换、期权标的类型分布对比

在标的集中度方面，根据月度标的集中度统计，截至 2014 年底，未出现挂钩股票标的超过其总股本 5% 的情形。

五、敞口情况分析

目前，证券公司场外衍生品业务的敞口主要集中在期权业务及包含期权结构的互换业务上。其他类型交易基本可以做到全部对冲，例如，在杠杆类互换交易中，证券公司通过进行与客户交易方向相同的现货股票交易及追加保证金、平仓措施可达到完全对冲；其他类型交易一般无须专门对冲，即使存在潜在亏损敞口，额度也可锁定。

在期权业务及包含期权结构的互换业务上，证券公司主要以 Delta 中性方法对冲大部分浮动风险。经不完全统计①，在 99% 置信区间内，证券公司场外衍生品交易的日在险价值（VaR）平均为 0.02 亿元。

六、盈亏分析

2014 年，签订主协议后开展交易的 26 家证券公司未审计净利润为 598.80 亿元，场外衍生品业务实现利润 13.67 亿元，占比约 2.28%（见表 2－2）。

表 2－2　　证券公司场外衍生品业务盈亏情况　　（单位：亿元）

业务类型	本年累计额		
	已实现损益	公允价值变动损益	损益合计
互换	12.97	－0.33	12.64
期权	0.70	－4.06	－3.37
合计	13.67	－4.39	9.27

在具体业务方面，互换类业务已实现损益远高于期权类业务，主要原因包括：一是杠杆交易类互换交易收入成本可控，且内嵌期权的互换交易规模相对较大；二是目前期权业务规模较小，尚未形成规模效应；三是证券公司期权风险对冲管理能力有待进一步提高，现有业务定价、对冲成本控制能力需进一步积累提高；四是个别证券公司结合其战略需要（力争市场占有率第一），期权定价相对较低。

第二节　证券公司场外衍生品业务整体运行评价

2014 年，证券公司场外衍生品业务整体发展良好，已成为证券公司具有代表性的场外业务之一，且无重大风险发生。

在规模方面：2014 年证券公司场外衍生品月度规模呈持续增长态势，互换业务增量大，期权业务增速快，随着场内现货交易及衍生品交易的不断发展完善，预计证券公司场外衍生品规模将继续快速稳定增长，并与场内业务形成联动。

在业务风险方面：一是无明显标的集中度过高情况发生，即单一证券公司因衍生品风险对冲持有的单只股票未出现超过总股本 5% 的情况，证券公司与同一交易对手签订的全部衍生品协议涉及单一标的股票累计占比也未超过对应股票总股本 5%；二是尚无直接违反证券

① 因部分证券公司未进行 VaR 计算，故样本范围有限。

公司场外衍生品业务相关禁止性规定的交易；三是无违约终止情况发生；四是单一证券公司场外衍生品业务风险敞口相对其净资本较小。

在业务模式方面：以杠杆交易为目的业务规模稳定增长，且交易笔数占比最高，但名义本金规模不大，有进一步提升空间；运用场外衍生品进行风险管理、套期保值的交易量较小，有待进一步发展。此外，通过开展场外衍生品业务实现其他金融交易目的的业务具有一定规模，随着针对证券公司场外衍生品业务限制性和禁止性规定的负面清单建立和完善，预计此类业务的规模相对于旨在以杠杆交易、风险管理、套期保值为目的的交易规模将会减少，逐渐达到利于证券场外衍生品市场向成熟方向发展的比例。

第三节　证券公司场外衍生品交易相关问题与发展建议

目前，证券公司场外衍生品发展迅速，对促进多层次资本市场建设起到了积极作用，但在发展中也存在一些问题。

一、交易对手种类丰富度、专业程度有待提升

（一）机构投资者种类不丰富

目前，从业务规模看，证券公司收益互换、场外期权业务的交易对手主要集中在少数几家商业银行，全行业对单一类型客户的依赖度较高。究其原因，主要在于：一是目前证券公司场外衍生品产品单一，资本市场相对于银行间市场等其他市场欠发达，不能吸引资金雄厚的机构投资者进行交易；二是跨行业间缺乏具体参与证券公司场外衍生品交易的监管规定，使得银行、保险、信托等金融机构（包括其管理的产品）因为政策因素不能或不愿参与证券公司场外衍生品交易。

（二）高净值个人投资者不能参与

根据《证券公司金融衍生品柜台交易业务规范》，个人投资者不能参与证券公司场外衍生品交易。部分高净值的个人投资者虽然具有强烈的衍生品交易需要、具备专业经验及风险承受能力，但不能直接与证券公司开展业务，反而是商业银行向此类投资者提供了挂钩证券的产品。长此以往，将导致高净值客户在商业银行进一步集中，致使证券公司场外衍生品成为银行的廉价期权供应商。

为进一步丰富场外衍生品交易投资者，提出以下建议：一是建立跨市场跨行业的场外衍生品交易规则体系，支持专业机构参与交易；二是丰富证券公司场外衍生品产品类型，吸引资金实力雄厚且有交易需求的机构投资者进行多元目的的交易；三是以较高门槛允许个人投

资者参与交易，进一步丰富交易对手种类；四是建立场外衍生品专业交易商制度，对其开展业务进行规范，明确业务信息告知和披露要求；五是依托衍生品交易，支持金融机构创设更多结构化产品，满足不同层次的市场需求。

二、标的种类丰富度有待提升

在中证主协议框架开展的证券公司场外衍生品业务标的以股票类标的和指数类标的为主。其中，权益互换业务标的以境内股票为主，期权业务标的则由沪深300指数占据主导；虽然交易中出现过可转债、贵金属、基金、境外股票等其他类型标的，但有较大市场需求的利率类标的并未出现。针对标的限制所造成的问题，提出以下建议：一是丰富可选标的种类；二是支持利率类标的相关业务发展，吸引更多银行间衍生品市场的参与者在证券公司场外衍生品市场开展业务。

三、配套制度不够完善

目前，我国证券公司场外衍生品的配套机制尚不成熟，在一定程度上对证券公司场外衍生品业务的发展造成了制约。

（一）部分风控指标过严，限制了业务规模

一是衍生品交易本身与其对冲持仓需要双重扣减净资本，使得证券公司交易规模受到限制；二是“证券公司自营权益类证券及证券衍生品合计额不得超过净资本的100%”指标在一定程度上限制了证券公司利用衍生品对冲自营证券交易或利用自营证券交易对冲其衍生品交易的风险管理行为。

（二）跨行业主协议不统一

由于银行间市场的NAFMII主协议与中证主协议框架下的主协议尚不统一，且中证主协议框架尚未得到银行间市场主要交易对手的普遍认可，在一定程度上限制了证券公司场外衍生品业务的发展规模。

（三）场外期权进场对冲规模受到限制

证券公司开展沪深300指数场外期权一般通过沪深300指数期货进行风险对冲，但由于无法提供现货持仓证明，其沪深300指数期货交易将被记入投机交易，风险对冲额度受限，场外业务规模难以做大。

针对上述交易机制问题，提出以下建议：一是加快优化风控指标体系，解决对冲持仓重复扣减净资本等问题；二是推进跨行业衍生品交易桥梁协议，吸引商业银行参与证券公司场

外衍生品交易；三是设定合理交易机制，拓宽风险对冲路径，增强对冲有效性，降低对冲成本。此外，建议进一步建立健全针对证券公司场外衍生品业务限制性和禁止性规定的负面清单，引导场外衍生品市场健康发展。

（四）证券公司场外衍生品交易全面报告机制尚未建立，难以全面监控证券公司衍生品业务风险

目前，证券公司场外衍生品交易报告管理工作仅覆盖证券公司场外权益类金融衍生品业务，不包括证券公司在银行间市场开展的业务及大宗商品衍生品业务，以至于无法全面掌握证券公司开展场外衍生品业务的总体情况和风险敞口。

针对交易报告覆盖面不全的问题，建议建立证券公司场外衍生品交易全口径报告机制，将证券公司在 NAFMII、ISDA 等各主协议框架下开展的全部场外衍生品交易均纳入报告范围。

专题报告之四：

中国证券公司固定收益业务发展综述

第一章

2014 年中国证券公司债券市场业务发展情况与 2015 年前景展望

回顾 2014 年，伴随着国家积极发展债券市场、服务实体经济的发展思路，债券市场的规模进一步扩大，发行量创历史新高。债券市场的价格亦持续上涨，中债指数创自 2008 年以来的年度最大涨幅。同时，债券市场产品创新步伐进一步加快，推出包括人民币定向债务融资工具、项目收益票据、并购票据、碳收益票据、非公开定向可转债融资工具、供应链票据等多个债市创新产品，而资产证券化业务从审核制走向备案制，进一步扩大了发展空间。不过，在债券市场整体呈现“牛市”格局的同时，我国信用债市场发生了多起违约事件和信用事件，兑付风险显著上升。另外，在固定收益衍生品业务方面，利率互换市场呈现出交易量高速增长、证券公司参与力度加大和引入集中清算机制三大显著特点；国债期货已经成为债券市场的风向标，表现出投资主体不断增大、持仓量和成交量不断攀升、期现联动引导市场走势的特征。在固定收益（FICC）业务方面，受制于基础市场不完善、业务产品不足、监管严格限制等因素，该业务仍处于试点、探索阶段。在债券市场做市商方面，银行间债券市场开始尝试做市业务，央行和相关监管部门强化对做市商制度的完善，对债券市场的完善和创新起到一定的推动作用。

展望2015年，债券市场或难以延续2014年的“牛市”格局。但在经济发展“新常态”的大背景下，担负着在经济转型发展中重要战略角色的债券市场，亦将迎来“新常态”发展，债券市场创新和发展将更加活跃，进一步提升其服务实体经济发展的效能。

一是债券市场将继续扩容。2015年，中央仍然坚持积极的财政政策和稳健的货币政策，这将增加利率债供给，进一步扩大债券市场规模。同时，地方债务风险依然面临高压，这也将允许地方政府发行适当规模的专项债券用于公益性项目或置换纳入预算管理的存量债务，以防范与化解地方政府债务风险。

二是资产证券化发行规模将进一步扩大。备案制的实施将提升证券化产品的发行效率和降低发行综合成本，为资产证券化业务打开广阔的发展空间，同时基础资产将从企业贷款逐步向个人抵押贷款、汽车贷款、信用卡应收款和基础设施收费等多元化方向转变。

三是债务违约刚性兑付或将打破。2015年，随着经济整体下行压力加大，微观经济体的信用链条更加绷紧，2015年债券违约规模将加大。此外，2015年又是地方债偿债的高峰期，债券风险亦将集中爆发，刚性兑付或将被实质性打破，这将有利于债券市场的长远发展。

第一节 2014年中国债券一级市场业务发展情况

一、债券一级市场业务发展回顾

（一）债券发行总量增长迅猛

2014年，债券市场共发行各类债券6 945只，发行规模12.15万亿元（含同业存单），较2013年增长3.1万亿元，同比增长34.32%，增速提高了22.61个百分点，主要原因是2013年发行量增长较慢，低基数效应所致（见图1－1）。

从新发债券的券种结构来看，2014年国债发行1.77万亿元，同比增长4.73%（见表1－1）；政策性银行债发行2.33万亿元，同比增长13.19%；受中国银监会《商业银行资本管理办法（试行）》影响，近两年二级资本工具发行规模与商业银行次级债呈现了此消彼长的特点，商业银行债发行0.08万亿元，同比下降26.1%；企业债券发行0.69万亿元，同比增长46.71%；中期票据发行0.98万亿元，同比增长40.15%；短期融资券（含超短期融资券）发行2.18万亿元，同比增长35.42%；非公开定向债务融资工具发行0.99万亿元，同比增长76.47%；政策性银行债和国债在发行规模中占据主要地位，二者发行量合计约占发行总量的31.45%。

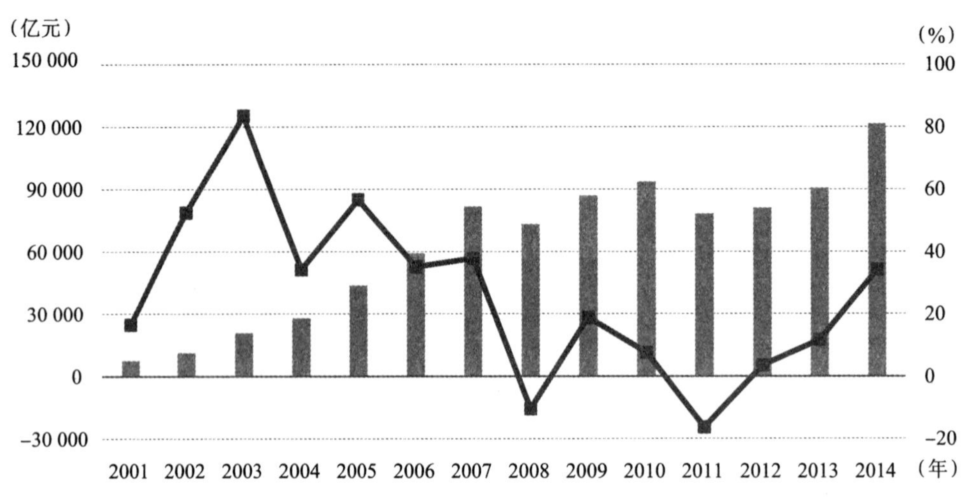

图 1－1　2001—2014 年中国债券市场发行总额及同比增速

资料来源：Wind 资讯。

表 1－1　2014 年中国债券市场累计发行额及占比、增速情况

券种	发行只数（只）	发行额（亿元）	发行额占比（%）	同比增速（%）
国债	78	17 745	14.61	4.73
地方政府债	43	4 000	3.29	14.29
同业存单	998	8 986	7.40	2 542.82
金融债	936	35 601	29.31	32.92
其中：政策银行债	432	23 306	19.19	13.19
商业银行债	45	824	0.68	－26.10
商业银行次级债券	42	3 449	2.84	20 185.29
保险公司债	9	332	0.27	101.27
证券公司债	106	2 447	2.01	104.90
证券公司短期融资券	252	4 115	3.39	41.61
其他金融机构债	50	1 129	0.93	43.41
企业债	584	6 972	5.74	46.71
公司债	443	1 365	1.12	－22.09
中期票据	720	9 781	8.05	40.15
短期融资券	1 521	21 850	17.99	35.42
非公开定向债务融资工具	1 204	9 982	8.22	76.47
政府支持机构债	11	1 500	1.23	0.00
资产支持证券	389	3 310	2.72	1 067.62
可转债	13	321	0.26	－41.08
可交换债	5	60	0.05	2 067.64
合计	6 945	121 471	100.00	34.15

资料来源：Wind 资讯。

从新发债券的期限结构来看，3 年以内短期品种、3—10 年中长期品种和 10 年以上长期品种发行量占比分别为 59.04%、38.94% 和 2.03%（见表 1－2）。

表 1－2　　2014 年各期限债券累计发行量及占比、增速情况

类别	发行只数（只）	发行总额（亿元）	金额比重（%）	同比增速（%）
1 年以内	3 388	46 926	38.68	77.52
1—3 年	1 692	24 701	20.36	33.04
3—5 年	906	20 326	16.75	29.63
5—7 年	711	15 274	12.59	15.05
7—10 年	193	11 640	9.59	49.41
10 年以上	32	2 461	2.03	－17.95
合计	6 922	121 329	100.00	43.16

资料来源：Wind 资讯。

（二）债券市场托管总量继续平稳增长

截至 2014 年 12 月 31 日，全国债券市场总托管量达到 35.92 万亿元（含同业存单），较上年末增长 5.93 万亿元，同比增长 19.79%（见图 1－2）。

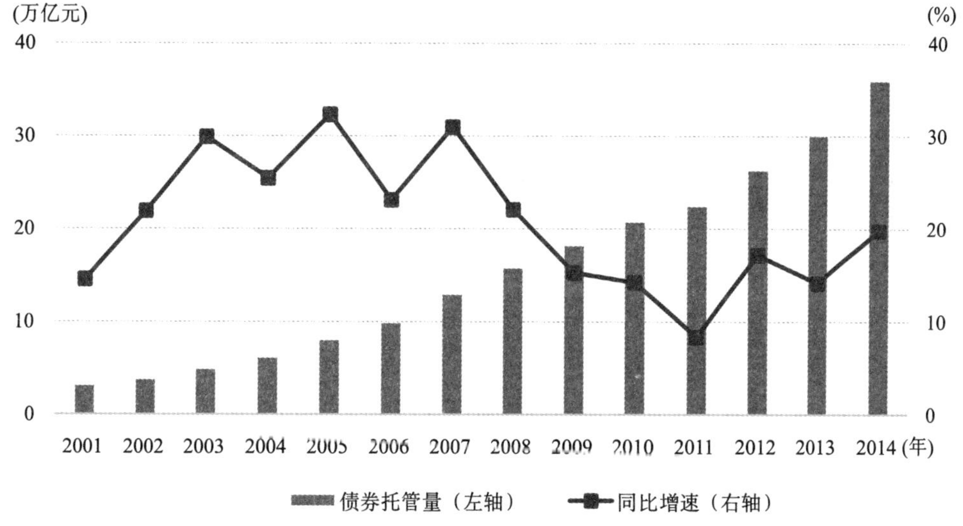

图 1－2　2001—2014 年各市场债券托管量及同比增速情况

资料来源：Wind 资讯。

（三）债券发行利率出现明显下行

2014 年，10 年期国债、10 年期国开债的发行利率分别下降 20%、33%（见图 1－3、图 1－4），而 5 年中期票据（AAA）的发行利率亦下降 26%（见图 1－5）。

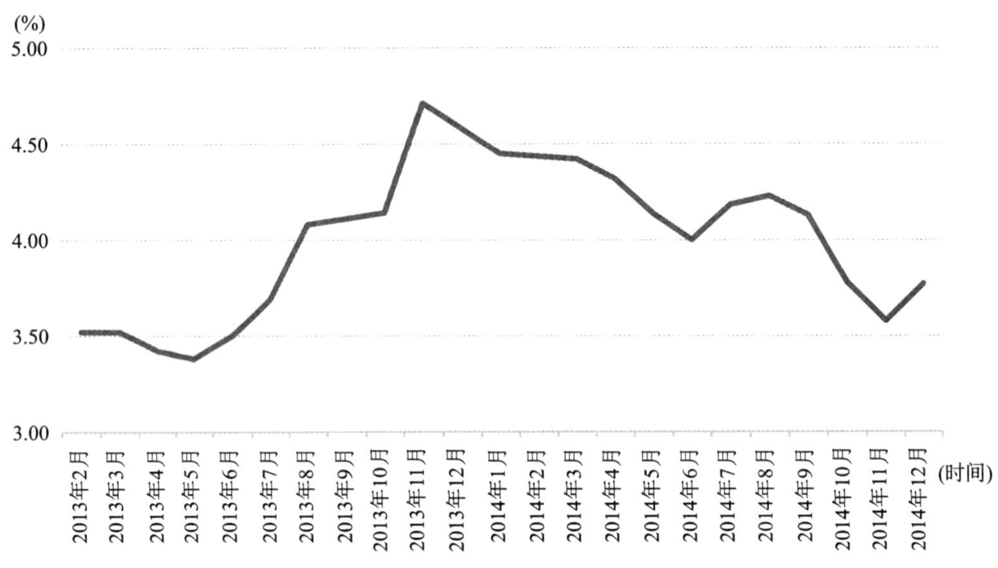

图 1-3　2013—2014 年 10 年期国债招投标利率走势

资料来源：Wind 资讯。

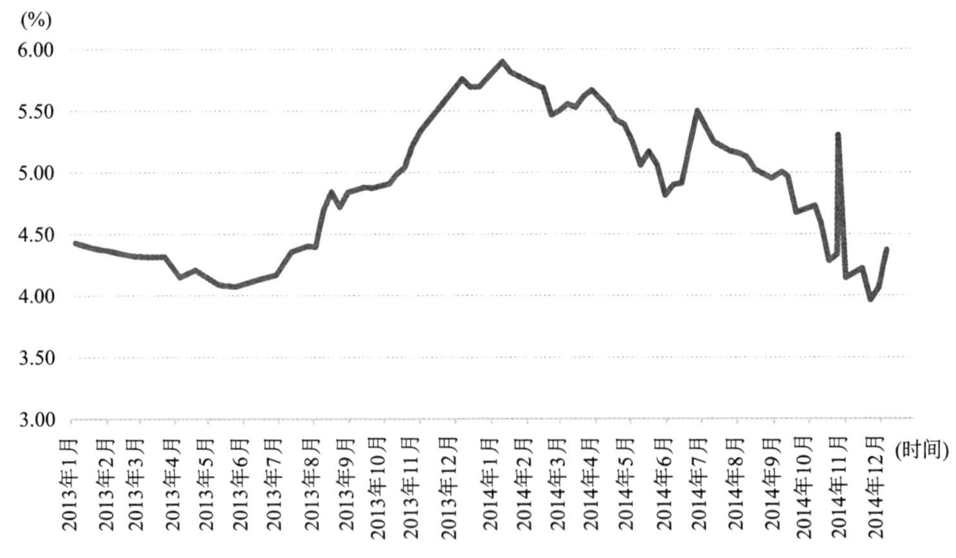

图 1-4　2013—2014 年 10 年期国开债发行利率走势

资料来源：Wind 资讯。

不同信用等级债券的发行成本下降幅度亦不相同，高等级信用债券利率下降较大，例如，1 年期短期融资券 AAA 级、AA-级的发行利率较年初分别下降约 235 个基点、151 个基点（见图 1-6）。低等级信用债券维持了较高的发行利率水平，利差扩大。例如，2014 年末，AA-和 AA 等级之间非金融企业债务融资工具的信用利差比年初上升了 72 个基点，反映出市场风险溢价扩大（见图 1-7）。

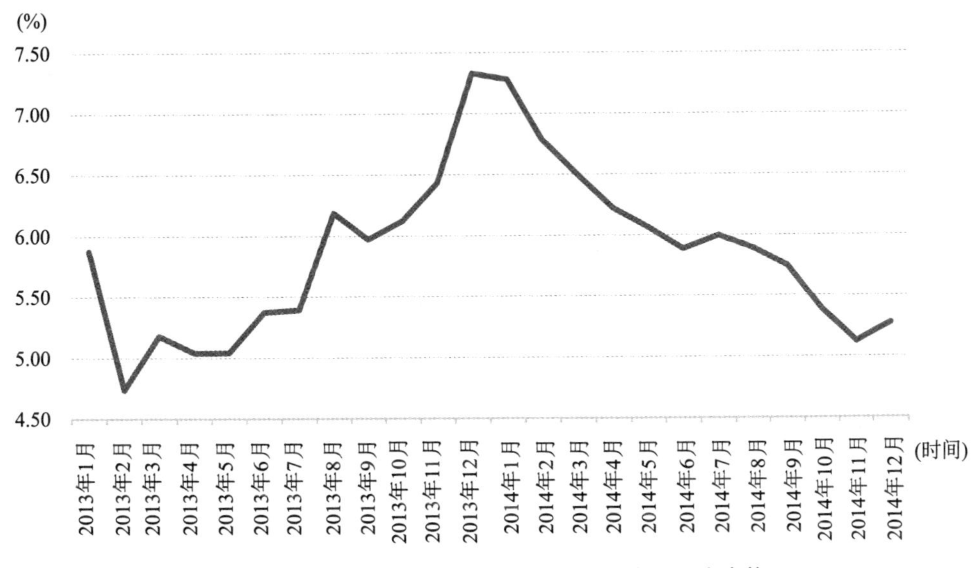

图 1－5　2013—2014 年 5 年期中期票据发行利率走势

资料来源：Wind 资讯。

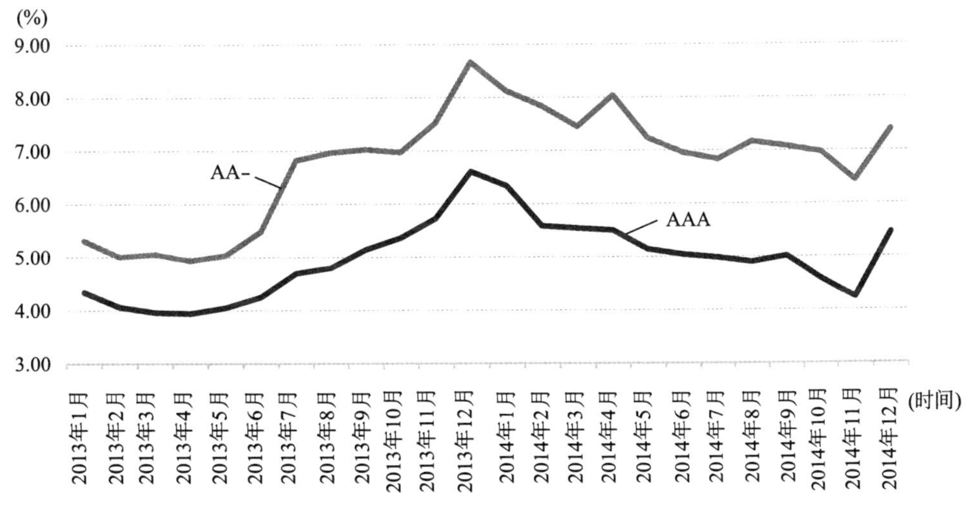

图 1－6　2013—2014 年 1 年期短期融资券 AAA 级和 AA－级的发行利率走势

资料来源：Wind 资讯。

（四）银行债券承销额市占率有所下降

2014 年，银行仍然主导债券一级市场承销业务，承销额占总承销额的比重达 67.54%，同比下降了 4.13 个百分点；证券公司承销额比重较 2013 年有所上升，同比增长了 4.16 个百分点至 32.29%。

在债券承销排名前 20 位中，证券公司仅占有 5 席，分别为中信证券、国开证券、中信

图 1－7　2013—2014 年非金融企业债券 AA 级和 AA－级的发行利率走势

资料来源：Wind 资讯。

建投证券、中金公司和国泰君安证券，其债券承销额依次为 3 471 亿元、1 842 亿元、1 317 亿元、1 157 亿元、1 068 亿元（见表 1－3）。

表 1－3　　2014 年债券承销机构前 20 名排名

排名	机构名称	总承销金额（亿元）	市场份额（%）	只数（只）	平均承销额（亿元）
1	工商银行	4 547.97	7.09	401	11.34
2	建设银行	4 456.51	6.95	483	9.23
3	中国银行	3 841.66	5.99	371	10.35
4	中信证券	3 471.33	5.41	275	12.62
5	浦东发展银行	3 153.64	4.92	437	7.22
6	兴业银行	3 144.74	4.90	409	7.69
7	农业银行	3 070.12	4.79	303	10.13
8	国家开发银行	2 902.07	4.52	329	8.82
9	中信银行	2 888.90	4.50	373	7.75
10	光大银行	2 748.98	4.29	274	10.03
11	招商银行	2 514.38	3.92	337	7.46
12	交通银行	2 172.05	3.39	255	8.52
13	国开证券	1 842.07	2.87	132	13.96
14	北京银行	1 525.84	2.38	214	7.13
15	民生银行	1 493.52	2.33	209	7.15
16	中信建投证券	1 317.72	2.05	142	9.28
17	中金公司	1 157.49	1.80	86	13.46
18	国泰君安证券	1 068.11	1.67	131	8.15
19	华夏银行	900.73	1.40	135	6.67
20	平安银行	897.57	1.40	135	6.65

资料来源：Wind 资讯。

（五）机构投资者队伍进一步扩大

2014 年，债券市场投资者类型更加丰富，投资者数量继续增加。中央结算公司数据显示，截至 2014 年末，银行间市场各类参与者共计 6 681 家，较 2013 年末增加 606 家。其中，甲、乙、丙类户分别有 115 家、5 761 家、805 家，较 2013 年末分别增加 1 家、575 家、30 家，比重分别为 1. 72%、86. 23%、12. 05%（见图 1－8）。

从主要券种投资者持有结构看，2014 年末，商业银行持债占比为 63%，较 2013 年末下降 1. 38 个百分点，信用社、证券公司、保险机构、基金等非银行金融机构持债占比共为 22. 48%，基本与 2013 年末持平，非金融机构及其他类投资者持债占比共为 14. 51%，较 2013 年末上升 1. 38 个百分点（见图 1－9）。

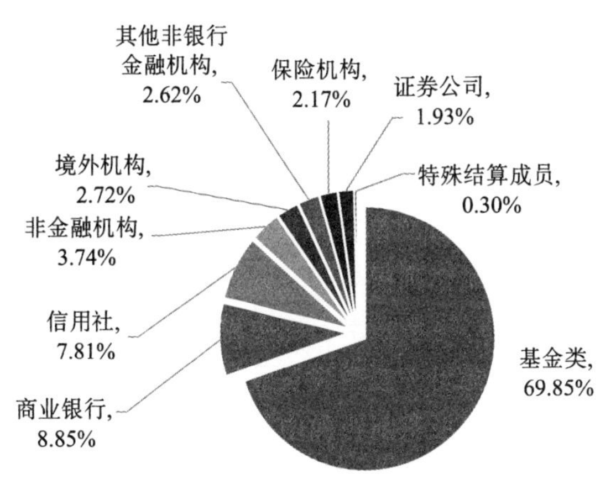

图 1－8　2014 年投资者数量结构

资料来源：中国债券信息网。

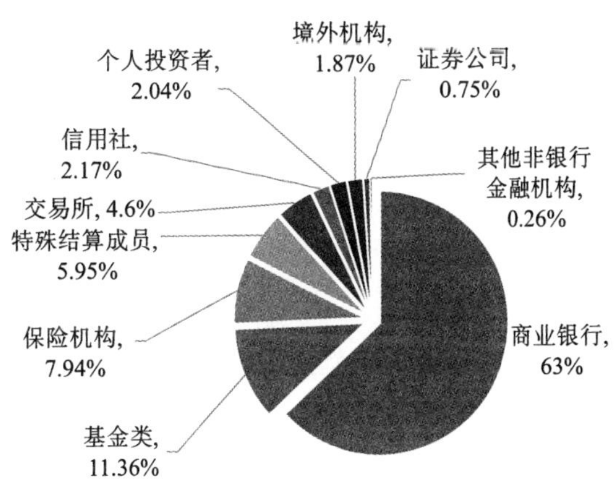

图 1－9　2014 年主要券种投资者持有结构

资料来源：中国债券信息网。

在经济下行背景之下，2014 年主要券种投资者持有结构也呈现出与 2013 年不同的特点：第一，各类型投资者总体风险偏好有所下降，普遍增持风险低、流动性好的利率类债券。第二，以证券投资基金、证券公司资产管理计划、信托计划、年金、社保基金、商业银行理财产品为主的投资者，更加偏好持有票据利率较高的公司信用类债券。第三，在大力发展信贷资产支持证券，盘活信贷存量的政策导向下，各主要机构普遍增持资产支持证券。第四，境外机构参与银行间债券市场的规模迅速增加，偏好持有国债、政策性银行债、央票、政府支持机构债等具有较高安全性的债券资产，RQFII 持有信用债的比例有所上升（见表 1－4 和表 1－5）。

表 1－4　　2014 年末在中央结算公司登记托管的主要券种持有者结构量　　（单位：亿元）

投资者	国债	政策性银行债	央行票据	企业债	中期票据	商业银行债	资产支持证券	政府支持机构债
特殊结算成员	15 785.92	169.10	499.40	62.10	296.88	12.70	58.16	142.59
商业银行	59 543.35	77 966.79	3 624.32	6 659.87	8 935.10	4 071.64	1 770.22	5 712.35
信用社	751.78	2 842.57	—	1 145.90	1 009.72	124.82	7.34	272.15
非银行金融机构	260.00	74.70	—	129.32	128.45	32.90	50.24	52.73
证券公司	290.83	217.64	—	1 025.91	476.33	17.35	38.78	83.72
保险机构	3 050.94	6 141.73	—	3 099.09	1 367.03	5 750.84	36.35	3 318.74
基金	947.68	9 702.05	—	6 619.42	7 959.37	2 491.71	726.22	1 388.76
非金融机构	18.43	39.68	—	31.55	11.20	23.20	0.30	0.26
个人投资者	2.34	34.93	—	0.08	—	—	—	—
交易所	2 653.36	—	—	10 520.60	—	—	—	—
境外机构	2 214.53	2 385.17	—	69.87	450.72	8.50	1.32	53.56

资料来源：中国债券信息网。

表 1－5　　2014 年末在中央结算公司登记托管的主要券种持有者结构比　　（单位:%）

投资者	国债	政策性银行债	央行票据	企业债	中期票据	商业银行债	资产支持证券	政府支持机构债
特殊结算成员	18.46	0.17	12.11	0.21	1.44	0.10	2.16	1.29
商业银行	69.62	78.30	87.89	22.68	43.30	32.49	65.83	51.81
信用社	0.88	2.85	—	3.90	4.89	1.00	0.27	2.47
非银行金融机构	0.30	0.08	—	0.44	0.62	0.26	1.87	0.48
证券公司	0.34	0.22	—	3.49	2.31	0.14	1.44	0.76
保险机构	3.57	6.17	—	10.55	6.62	45.88	1.35	30.10
基金	1.11	9.74	—	22.54	38.57	19.88	27.01	12.60
非金融机构	0.02	0.04	—	0.11	0.05	0.19	0.01	0.00
个人投资者	0.00	0.04	—	0.00	—	—	—	—
交易所	3.10	—	—	35.83	—	—	—	—
境外机构	2.59	2.40	—	0.24	2.18	0.07	0.05	0.49

资料来源：中国债券信息网。

（六）债券创新能力持续增强

2014 年，债券市场创新步伐明显加快，债券品种进一步丰富。

国债收益率曲线的深度应用得到有效扩展。2014 年 11 月，农业银行优先股的发行定价采用市场权威机构编制的中债国债收益率曲线 5 年期收益率为基准浮动。截至 2014 年底，已有 29 只永续债也是采用中债国债收益率曲线作为发行定价基准。

境外非金融企业首次在境内发行人民币债券。2014 年 3 月，戴姆勒股份公司首期 5 亿元人民币定向债务融资工具成功发行。

扩大超短期融资券发行主体范围。2014 年 5 月将超短期融资券发行主体范围扩展至 AA

级企业，新增潜在发行企业超过 200 家。

同业存单发展迅速。2014 年，同业存单发行量达 8 985 亿元，以 3 个月、6 个月品种居多，参与主体 103 家。

推出项目收益票据，探索建立规范透明的城镇化建设融资机制。

进行并购票据和碳债券产品创新，服务国家产业结构调整和转型升级。

上市商业银行发行的理财产品首次获准进入银行间市场。

研究推出永续票据和可转换票据，为实体企业降负债、去杠杆，发挥对债券融资的带动效应。两类产品的权益属性具有较强的带动效应，在填补资金需求的同时，进一步提升了企业负债能力。

探索多种渠道和方式支持中小微企业优化债务结构、降低融资成本，通过集合票据、区域集优票据累计支持中小微企业发债超过 300 亿元。支持创投企业、融资租赁企业、小贷公司、供应链核心公司发行债务融资工具。

地方政府债开启自发自还模式。财政部颁布《2014 年地方政府债券自发自还试点办法》后，10 个试点省市共完成 1 066.8 亿元地方政府债券的发行工作。

二、证券公司债券一级市场发展情况

（一）证券公司债券主承销额大幅增长

2014 年，84 家证券公司主承销债券 2 175 只，同比增加 1 113 只；主承销额共 2.07 万亿元，同比增长 80.61%（见图 1－10）；平均承销额 7.76 亿元，同比下降 28.15%（见图 1－11）。

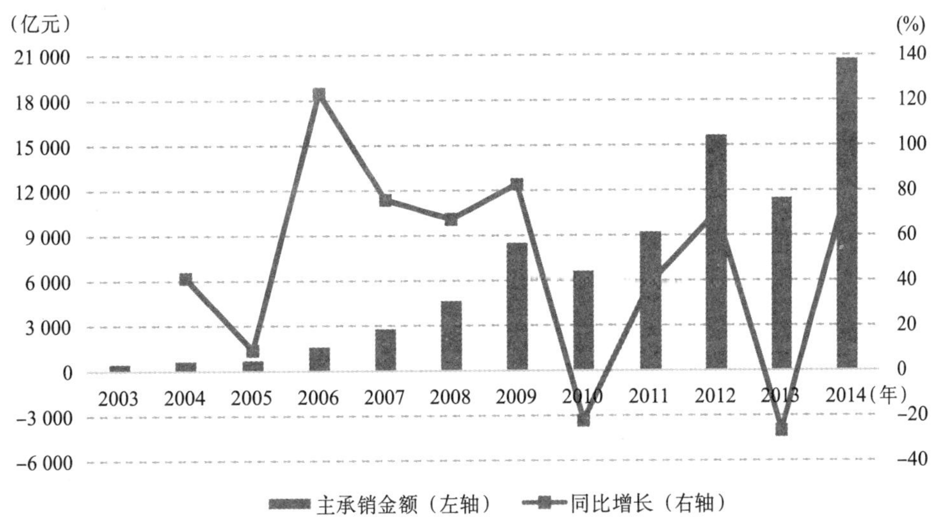

图 1－10　2003—2014 年证券公司主承销债券金额及增速变化情况

资料来源：Wind 资讯。

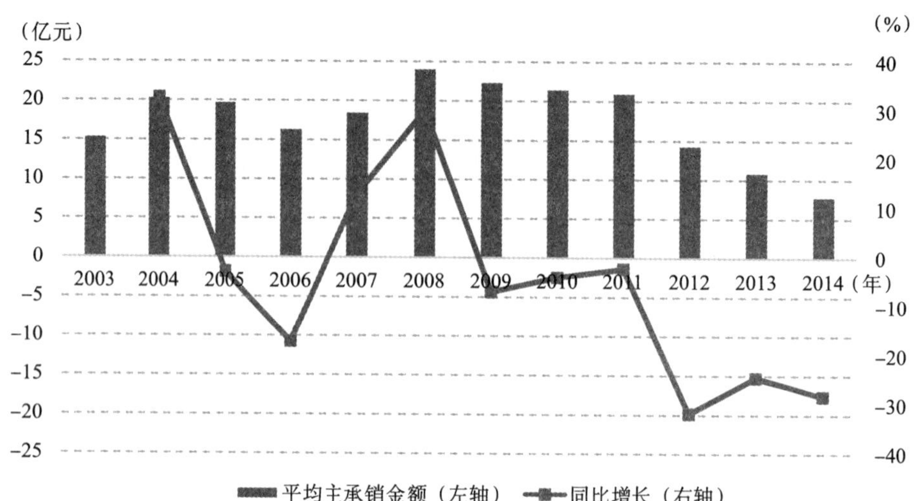

图1-11　2003—2014年证券公司主承销债券平均金额及增速变化情况

资料来源：Wind资讯。

2014年，在证券公司主承销券种中，公司债承销额继续下降，而资产支持证券承销额显著增长。主要券种的承销只数和承销额为：企业债发行711只，总承销额6 940.98亿元，同比增长47.37%；金融债发行255只，总承销额5 901.98亿元，同比增长193.26%；公司债发行458只，总承销额1 350.66亿元，同比下降20.36%；资产支持证券发行393只，总承销额2 948.65亿元，而2013年同期仅201.86亿元，同比增长14.61倍（见表1-6）。

表1-6　2013—2014年证券公司企业债、公司债和金融债主承销额及增速变化情况

年度	企业债主承销金额（亿元）	同比增长（%）	公司债主承销金额（亿元）	同比增长（%）	金融债主承销金额（亿元）	同比增长（%）	资产支持证券承销金额（亿元）	同比增长（%）
2014	6 940.98	47.37	1 350.66	-20.36	5 901.08	193.26	2 948.65	1 360.74
2013	4 709.80	-27.53	1 696.03	-35.35	2 012.25	-48.35	201.86	-17.41

资料来源：Wind资讯。

2014年证券公司资产支持证券主承销额情况见表1-7。

表1-7　2014年证券公司资产支持证券主承销额情况

机构名称	承销金额（亿元）	市场份额（%）	只数（只）
国开证券	933.08	31.64	33
中信证券	810.63	27.49	105
国泰君安证券	236.11	8.01	41
招商证券	224.13	7.60	24
中信建投证券	163.73	5.55	27
中金公司	155.06	5.26	32
海通证券	64.15	2.18	19

续表

机构名称	承销金额（亿元）	市场份额（%）	只数（只）
第一创业摩根大通证券	62.80	2.13	12
华融证券	49.65	1.68	11
华泰证券	48.74	1.65	10
中银国际证券	47.93	1.63	6
银河证券	33.70	1.14	15
兴业证券	29.60	1.00	8
西南证券	24.98	0.85	8
恒泰长财证券	14.16	0.48	4
齐鲁证券	11.96	0.41	5
东兴证券	8.07	0.27	3
民族证券	7.85	0.27	6
中投证券	6.35	0.22	7
中原证券	5.30	0.18	7
国海证券	5.00	0.17	3
光大证券	4.54	0.15	3
渤海证券	1.12	0.04	4
总计	2 948.65	100	393

资料来源：Wind 资讯。

（二）证券公司债券承销额市场集中度有所回升

2014 年，排名前 10 位的证券公司，合计承销额 1.25 万亿元，市场份额合计 60.29%，较 2013 年回升了 4.97 个百分点（见图 1－12）。

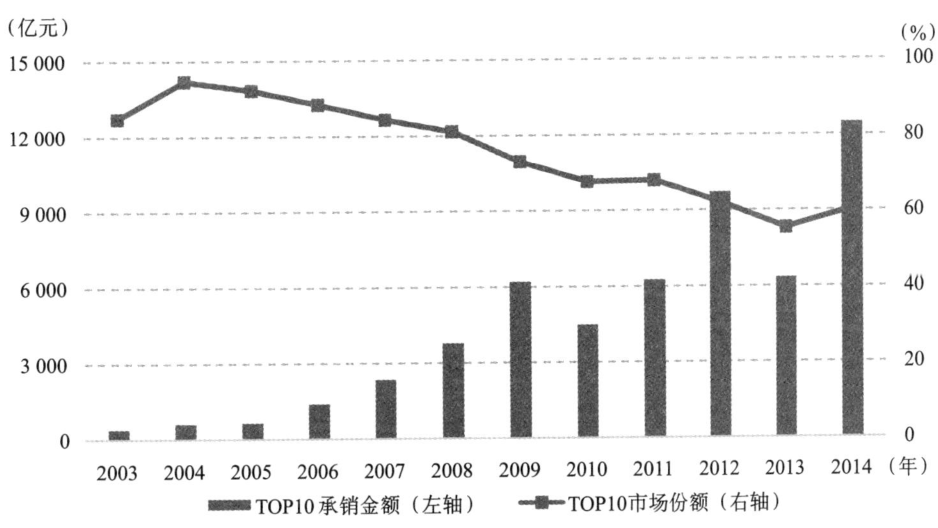

图 1－12　2003—2014 年证券公司债券主承销额 TOP10 市场份额情况

资料来源：Wind 资讯。

第二节 2014年中国债券二级市场业务发展情况

一、债券市场价格指数持续上涨，收益率曲线震荡下行

2014年，债券市场摆脱了2013年下半年的资金面冲击后，逐步回到基本面驱动行情中，演绎了贯穿整年的大牛市。分阶段来看，从年初到3月底，资金面实质宽松叠加市场谨慎预期，短端利率大幅下行，长端僵持，收益率曲线急剧陡峭化；从4月初到6月中旬，由于第1季度经济基本面弱势格局确认，而货币政策在2014年第1季度也始终维持宽松状态，市场普遍预期资金面将持续宽松，因此配置力量开始大举介入长债，导致长端利率迅速下行；7月份至8月份，在2014年第2季度经济数据短暂好转后，收益率出现了快速上行，而此后在央行诸如MLF、降息等操作下，收益率再一次下探，牛市重启；虽然12月份在股市资金分流、监管黑天鹅事件以及获利回吐等因素的影响下短期回调，但难改整体牛市格局。

截至2014年12月末，中债新综合财富（总值）指数为157.06点，较2013年12月末的142.34点上涨10.34%；中债新综合净价（总值）指数为99.48点（见图1－13），较2013年12月末的94.26点上涨5.57%，均创2008年以来的年度最大涨幅（见图1－14）。

图1－13 2007—2014年中债新综合净价（总值）指数走势变化情况

资料来源：中国债券信息网、Wind资讯。

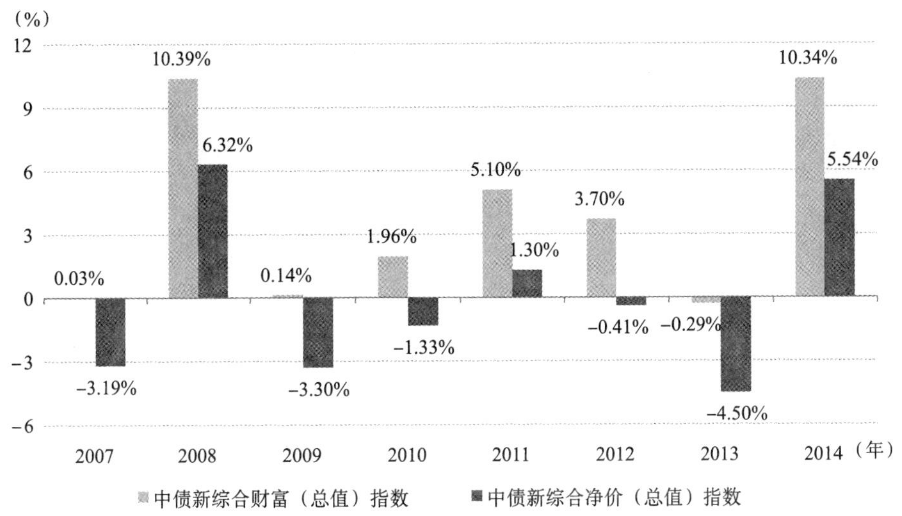

图 1－14　2007—2014 年中债综合净价指数年度涨跌幅情况

资料来源：中国债券信息网、Wind 资讯。

从分类型的债券收益率表现来看，截至 2014 年 12 月 31 日，国债收益率曲线 1 年、3 年、5 年、7 年、10 年期收益率较上年末分别下降 96 个、105 个、95 个、98 个、93 个基点（BP）。另外，10 年国开债、5 年 AAA 中票和 5 年 AA 城投相比于 2013 年年末分别下行 93 个基点、173 个基点、149 个基点和 168 个基点，国开债为表现最好的品种。

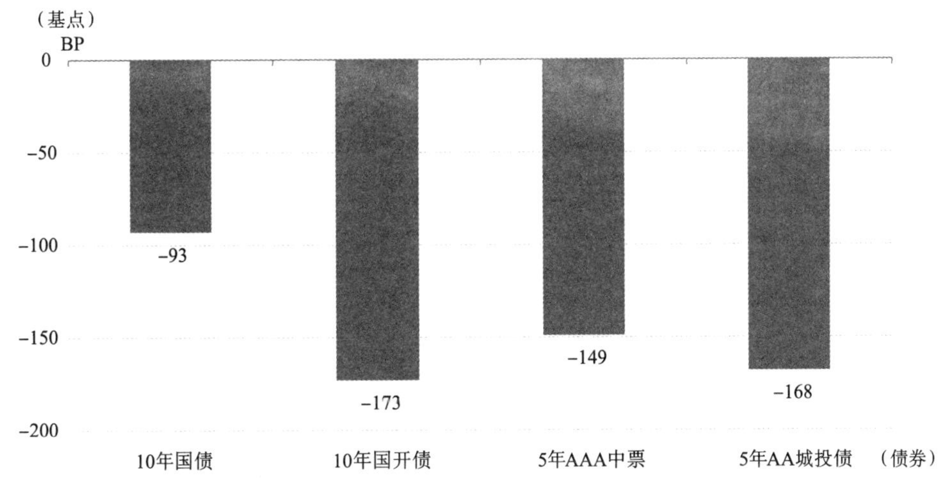

图 1－15　2014 年分类型债券收益率曲线变化情况

资料来源：Wind 资讯。

二、债券市场现券交易规模略有下降，回购交易活跃度明显上升

2014 年，债券市场交投活跃度明显回升，全年现券和回购交易结算量为 352.44 万亿

元，同比增长 34.17%。其中，现券交易量 40.33 亿元，同比下降 2.68%；回购交易保持活跃，全年结算量 312.11 万亿元，同比增长 41.07%。

从债券市场总成交量结构来看，2014 年现券交易量比重 11.44%，回购交易量比重 88.56%，其中回购交易在总成交中的占比为 2003 年以来的新高（见图 1－16）。

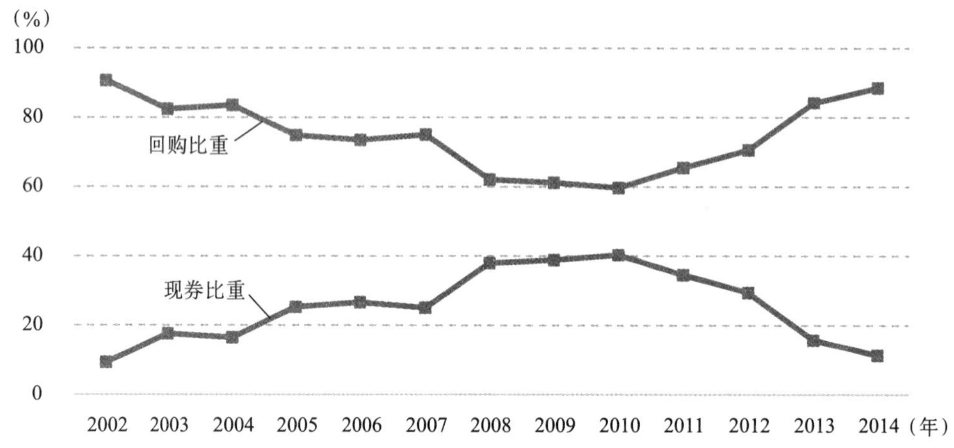

图 1－16　2002—2014 年债券市场交易量结构

资料来源：Wind 资讯。

从现券交易的成交品种来看，金融债、国债、短期融资券、中期票据、企业债 5 个品种是主要的交易品种，占比分别为 43.25%、14.33%、13.34%、12.96%、11.67%，其中金融债、短期融资券和国债占比都较 2013 年有所提升。而且从绝对交易量来看，金融债和国债的成交量同比增加了 34.25%、3.35%（见图 1－17、表 1－8），活跃度明显增加。

图 1－17　2002—2014 年债券市场现券交易品种构成情况

资料来源：Wind 资讯。

表 1-8　　2014 年债券市场现券交易品种成交额及增速情况

券种	2014 年		2013 年	
	现券交易量（亿元）	增速（%）	现券交易量（亿元）	增速（%）
国债	57 447.30	3.35	55 582.77	-39.55
地方政府债	1 064.13	-53.98	2 312.36	-88.88
央票	1 260.63	-88.03	10 532.04	-86.96
金融债	173 399.28	34.25	126 928.04	-42.71
企业债	46 784.70	-33.05	69 877.42	-18.31
公司债	2 977.97	29.70	2 297.13	45.97
中期票据	51 943.80	-37.21	82 714.03	-39.58
短期融资券	53 470.97	9.27	51 127.66	-41.09
国际机构债	0.96	-99.63	262.29	5.84
政府支持机构债	4 515.00	-37.43	7 215.50	-52.46
资产支持债券	16.06	—	—	—
可转债	7 825.18	60.16	4 885.98	130.58
可分离债	245.10	-54.30	536.33	36.29
合计	400 951.09	-3.23	414 288.97	-44.30

资料来源：Wind 资讯。

（一）银行间债券市场现券交易量继续萎缩，回购交易量增速较快

2014 年，银行间债券市场成交额 263.15 万亿元，同比增长 32.51%。其中，现券成交 38.91 万亿元，同比下降 3.74%；回购成交 224.24 万亿元，同比增长 41.77%。

从银行间债券市场交易量结构来看，2014 年银行间市场现券成交额在现券交易总规模中占比 96.49%，所占份额在 2013 年的基础上进一步下滑；在回购交易总规模中占比 71.85%，占比较 2013 年的低位小幅提升。

从现券交易品种看，2014 年银行间债券市场现券成交排名前三位的券种为政策性银行债、政府债券和企业债券，成交占比分别为 52.6%、18.8%、14.2%（见图 1-18）。与 2013 年相比，政策性银行债和政府债券的成交占比分别增加 17.2 个百分点、3.15 个百分点，企业债券则是减少 4.5 个百分点。

从机构买卖现券情况看，2014 年银行间债券市场现券买入量与卖出量前三位的机构类型均为城市商业银行、证券公司和全国性商业银行（见表 1-9），三类机构买入量占银行间债券市场现券总买入量的 62.91%，卖出量占银行间债券市场现券交易总量的 64.82%。净买入的前三类机构为基金类、境外机构和外资银行，净卖出的前三类机构为城市商业银行、信用社和农村商业银行。

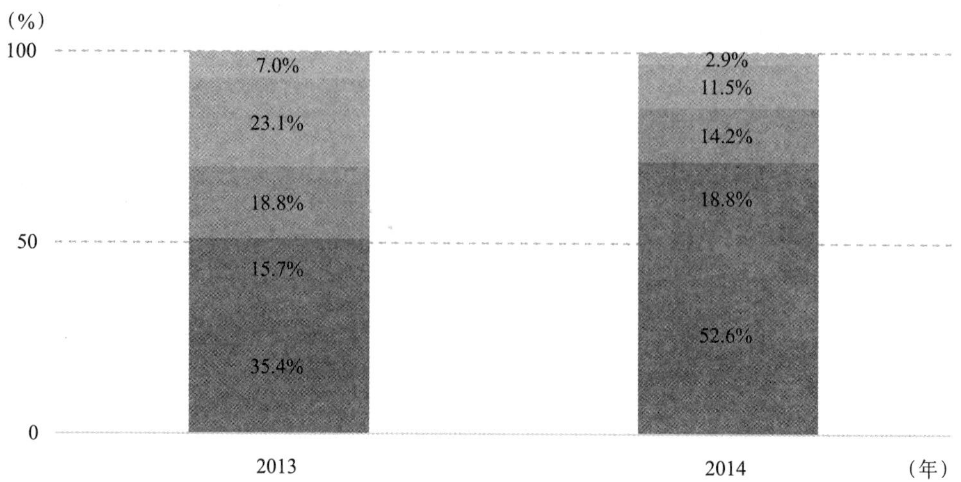

图 1－18　2013—2014 年银行间债券市场各券种交易量结构

资料来源：中国债券信息网。

表 1－9　2014 年银行间债券市场各机构现券买卖成交量结构

机构	现券买入量（亿元）	占比（%）	现券卖出量（亿元）	占比（%）
城市商业银行	83 950.13	27.10	89 289.42	28.82
证券公司	56 591.77	18.27	56 830.44	18.34
全国性商业银行	54 338.26	17.54	54 677.84	17.65
外资银行	38 727.24	12.50	37 464.93	12.09
农村商业银行	33 477.52	10.81	33 998.80	10.97
基金类	26 081.22	8.42	23 830.99	7.69
信用社	7 054.84	2.28	7 780.44	2.51
境外机构	2 414.99	0.78	506.43	0.16
其他	2 341.61	0.76	307.75	0.10
农村合作银行	1 832.94	0.59	1 923.38	0.62
保险机构	1 722.15	0.56	1 890.16	0.61
特殊结算成员	757.36	0.24	823.05	0.27
非银行金融机构	483.41	0.16	444.72	0.14
村镇银行	25.65	0.01	27.55	0.01
合计	309 799.10	100.00	309 799.10	100.00

资料来源：中国债券信息网。

从回购交易情况看，银行间债券市场质押式回购和买断式回购共计成交 213.55 万亿元，同比增长 34.37%，增速较 2013 年增加 26.69 个百分点，为 2008 年以来的最高增幅。其中，质押式回购累计成交 203.81 万亿元，同比增长 33.33%；买断式回购累计成交 9.74 万亿元，同比增长 60.57%。

在回购交易标的券种方面，以政府债券、央行票据、政策性银行债和政府支持机构债券为标的券种的质押式回购交易合计占比 88.29%，以公司信用类债券为标的券种的质押回购交易合计占比 11.71%；买断式回购中，以政府债券、央行票据、政策性银行债和政府支持机构债券为标的券种的交易占比 59.03%，以公司信用类债券为标的券种的交易占比 40.97%（见表 1－10）。

表 1－10　　2014 年银行间债券回购市场券种交易量及占比情况

券种	质押式回购交易		买断式回购交易	
	金额（亿元）	占比（%）	金额（亿元）	占比（%）
政府债券	840 883.04	41.26	17 892.21	18.36
记账式国债	818 264.14	40.15	17 678.60	18.14
地方政府债	22 618.90	1.11	213.61	0.22
央行票据	16 373.17	0.80	0.00	0.00
政策性银行债	891 321.99	43.73	37 145.92	38.11
国家开发银行	565 320.69	27.74	26 430.65	27.12
中国进出口银行	134 034.65	6.58	3 713.34	3.81
中国农业发展银行	191 966.65	9.42	7 001.93	7.18
政府支持机构债券	50 925.44	2.50	2 497.82	2.56
商业银行债券	23 512.25	1.15	823.67	0.85
资本工具	858.70	0.04	36.40	0.04
非银行金融机构债券	371.65	0.02	57.42	0.06
企业债券	116 746.95	5.73	26 986.05	27.69
资产支持证券	156.27	0.01	0.00	0.00
中期票据	96 802.72	4.75	12 027.21	12.34
集合票据	113.59	0.01	7.51	0.01
合计	2 038 066.27	100.00	97 474.21	100.00

资料来源：中国债券信息网。

从回购交易的净融资方向来看，资金净融入方前三位分别是城市商业银行、农村商业银行和信用社（见表 1－11），合计占到净融入总额的 73.30%；资金净融出方前三位分别是全国性商业银行、特殊结算成员（包括财政部、中国人民银行、政策性银行、交易所、中央国债公司和中证登公司等机构）和农村合作银行，合计占到净融出总额的 99.89%。

表 1-11　　2014 年银行间债券回购市场机构融资情况

机构名称	净融资	正回购	逆回购
城市商业银行	373 699.01	670 408.39	296 709.39
农村商业银行	197 235.06	315 091.89	117 856.83
信用社	100 236.32	177 277.14	77 040.82
证券公司	84 081.88	88 008.58	3 926.70
保险机构	82 631.35	100 851.77	18 220.42
基金类	64 196.48	181 760.63	117 564.15
外资银行	13 061.55	35 695.85	22 634.31
村镇银行	414.71	516.76	102.05
其他	56.00	56.00	0.00
境外机构	15.00	15.00	0.00
非银行金融机构	-989.83	15 585.44	16 575.27
农村合作银行	-10 552.91	23 002.66	33 555.57
特殊结算成员	-421 344.42	15 054.70	436 399.11
全国性商业银行	-482 740.19	414 741.46	897 481.66

资料来源：中国债券信息网。

（二）交易所债券市场交易总额持续提升，现券和回购交易量大幅增长

2014 年，交易所债券市场交易总额为 89.28 万亿元，较 2013 年增长 25.2 万亿元，同比增长 39.33%，占债券市场交易总额 22.37%。交易所债券市场交易规模的持续增长，主要受 2013 年监管机构对银行间市场乙类户及丙类户清理的影响，新发债券型基金、资管产品及机构客户参与到交易所债券市场的交易中所致。

2014 年，交易所市场交易活跃度略高于银行间债券市场，现券和回购交易量大幅增长。现券交易成交额 1.41 万亿元，同比增长 40.08%；回购成交金额为 87.87 万亿元，同比增长 39.32%。

交易所现券成交活跃度略超银行间债券市场，占整体的成交量比例也在稳步上升，主要在于监管政策变动后，相关机构转移交易场所所致。一方面，虽然 2014 年整体处于牛市行情中，但是因监管部门于 2013 年 4 月起便暂停了银行间乙类、丙类账户的债券买入和回购等交易，上述机构银行间账户年内大部分时间内仍处于关停状态，银行间的现券交易量年同比为负增长。另一方面，交易所对于投资者的限制较小，融资也较为便利，成功承接了银行间各类账户关停后的交易转移，现券交易量同比大幅增加。

从交易所债券市场交易量结构来看，2014 年交易所市场成交额在现券交易总规模中占比达 3.51%，在回购交易总规模中占比达 28.15%。

从交易所债券市场主要品种现券成交来看，受 2014 年下半年 A 股市场大幅上涨、可转债标的数量较少影响，可转债价格亦出现大幅上涨，2014 年可转债现券交易较 2013 年大幅

增长 2 939. 20亿元，增长幅度达 60. 16%。2014 年 1 月 7 日，首批国开债在上交所集中竞价交易系统成功上市，打破了以往政策性金融债只在银行间债券市场发行、交易的壁垒，尽管年内受制于发行数量及规模的限制，政策性金融债在交易所市场成交规模并不大，但对深化债券市场改革、推动市场互联互通有重大意义。交易所债券市场主要品种现券成交统计见表 1 - 12。

表 1 - 12　　交易所债券市场主要品种现券成交统计

项目	2014 年（亿元）	2013 年（亿元）	增长率（%）
国债	423. 33	439. 68	- 3. 72
政策性金融债	315. 13	9. 19	3 330. 22
企业债	2 232. 20	1 904. 68	17. 20
公司债	2 977. 97	2 296. 11	29. 70
可转债	7 825. 18	4 885. 98	60. 16

资料来源：Wind 资讯。

第三节　2014 年中国信用债市场存在的问题及建议

一、2014 年信用债券市场违约事件回顾

（一）信用债兑付危机频现

近年来，伴随着金融脱媒化、利率市场化及直接融资的发展，信用债市场迅速崛起。截至 2014 年 12 月末，存量信用债达 12. 06 万亿元，占债券市场比重的 33. 57%，已成为我国金融体系乃至整个宏观经济举足轻重的重要组成。

进入到 2014 年以来，信用债的市场环境出现了明显的变化。一方面，中国迎来了经济发展新常态的阶段，宏观经济增速放缓、经济结构调整不断深化，使得部分产能过剩行业需求下滑严重，不少强周期行业的经营状况也在恶化，企业偿债能力整体下滑明显。另一方面，伴随着信用债市场发行门槛的降低，越来越多的中小企业开始在债券市场发行债券，而这部分发行人抵御风险的能力并不高，较为容易发生信用事件。其实，早在 2012 年，诸多中小企业集合票据的发行方，比如地杰通信、康特荣宝、惠佳贝等也都出现了偿债困难的情况，但经过各方博弈后最终都如期兑付，债券市场保持了“零违约”的特征。不过，2014 年 3 月，“11 超日债”事件的出现终于打破了这一局面。随后，信用债兑付危机频现，私募债市场逐渐成为信用事件的集中地。诸如，2014 年 3、4 月份爆发违约风险的“13 中森债”、“12 华特斯”，7 月 24 日正式违约的“12 金泰债”，7 月 29 日违约的“12 津联债”，8

月25日利息违约的“13华珠债”，2015年新增实质性违约的“12东飞01”和“12蓝博01”等违约事件。

（二）债券刚性兑付仍未打破

目前违约债券的解决方式主要分为两种。

第一种是发行人引进投资者注入资金并进行债务重组，以此保障债券的本息偿还。此类债券的典型代表为“11超日债”。在超日太阳破产重整过程中，长城资产管理公司和上海久事为“11超日债”提供了8.8亿元人民币的连带责任保证，对该券最终兑付起到积极作用。2014年12月18日，超日太阳公告将对每手“11超日债”（面值1 000元）派发本息合计1 116.40元，其中包含了欠息的复利及罚息。至此，“11超日债”虽然发生实质性违约，但刚性兑付依然未能打破。

第二种是违约后发行方或担保方自行筹措资金偿付所欠本金或利息，如“13中森债”。除此以外，“锐01暂停”的发行主体＊ST锐电和“ST湘鄂债”的发行主体中科云网都在探索提前回购债券的方式避免债券违约，这也提供了另一条解决临近违约债券偿付危机的途径。

（三）违约事件的普遍特征

1. 违约品种多在私募领域

与公募债券相比，私募债没有净资产、盈利能力和资产负债率等财务指标的硬性要求，而且发行实行的是较为宽松的备案制，发行门槛较低，高信用风险特征与生俱来。另外，我国的私募债在2012—2013年间大量发行，期限机构多设计为“2＋1”，当前已接近其兑付及回售高峰期，集中违约成为可能。

2. 中小企业首当其冲

中小企业易受到经济景气度、金融环境及行业变化的影响，抗风险能力较弱，不可避免地出现资金链断裂等债务偿还问题，其所发债券也就成为违约常态化中的“排头兵”。

3. 民营企业为高发区

与国企和城投平台相比，民企既无强大的资源配置能力，又无隐性的政府信用支撑。一旦出现偿付危机，民企很难从银行以及地方政府方面得到有力支持，依靠自身力量又有心无力，自然陷入违约困境中。

4. 集中于产能过剩行业

目前已违约或出现偿债危机的债券主要集中于光伏、化纤等产能过剩的行业。由于该类行业景气度下降，企业面临收入增长乏力、资金链紧张、业绩亏损严重等困境，出现违约的概率会更大。

5. 担保方“担而难保”的现象较为突出

作为债券市场的基石之一，第三方担保在债券市场的发展中起到了不可或缺的作用。但从已有的违约事件来看，“13 中森债”、“12 蓝博 01”违约事件中的担保失信，以及“12 东飞 01”中无法确定担保责任的“担保乌龙”等状况，反映了第三方担保方契约精神尚有所缺失。

二、信用债市场所面临的问题和发展建议

（一）加强投资者风险教育，形成“买者自负、卖者尽责”的文化

在“刚性兑付”背景下，投资者存在“市场无风险”、“风险有兜底”的认识误区。随着未来债券违约常态化发展，监管者需要逐步引导市场接受违约的发生，培养投资者的信用风险意识，破除“刚性兑付”误区，使得“买者自负、卖者尽责”成为各类参与者所共同认可和遵守的基本准则。

（二）强化信息披露机制，提高发行人信息披露透明度

目前，违约重灾区的中小企业私募债因无须公开披露财务信息，信用风险很难为市场所周知，市场约束机制需要进一步强化。

（三）探索债券违约退出机制，完善投资者保护措施

在违约风险逐步释放的过程中，往往会出现投资者权益难以得到有效保护的情况。结合目前已有违约事件处理的经验，可以进一步提高担保方的增信作用、破产重组过程中债券持有人的参与程度以及违约后清偿率水平，最大限度地保护投资者权益。

（四）增加“安全垫”，减缓违约事件的波及影响

目前，监管机构已经开始着手为债券市场“拆弹”，例如中国证券登记结算有限公司通过下调质押库内风险债券折扣系数对交易所债券的融资能力进行限制，交易所通过提高合格投资者的门槛减少风险承担能力较低的投资者进入债券市场的可能等。未来还需继续在降低投资者杠杆率，完善投资者分层等方面采取相应措施，增加风险隔离，减少违约后的流动性冲击等影响。

（五）积极开发信用衍生品，有效规避信用风险

当前我国的债券市场还缺乏大规模发展信用衍生品的基本要素，但是相信未来违约事件陆续出现后，对信用衍生品的需求也会大量出现。借鉴国外成熟市场的经验，逐步开发信用衍生产品，也将成为我国债券市场发展的必由之路。

第四节　2015年中国债券市场业务发展前景展望

一、债券市场将迎来“新常态”发展

展望2015年，在经济发展“新常态”的大背景下，债券市场亦将迎来“新常态”发展：预计债券市场继续扩容、产品创新不断加快，而信用风险或将进一步分化、市场波动趋于强烈。

（一）债券市场将进一步扩容

2015年，我国宏观经济发展形势严峻，经济处于下行通道，财政收入增速下降。在此背景下，预计中央仍然坚持积极的财政政策和稳健的货币政策，这将推高财政赤字占GDP的比重，增加债券规模，预计利率债供给将进一步增加。同时，地方债务风险依然面临高压，这也将允许地方政府发行适当规模的专项债券用于公益性项目或置换纳入预算管理的存量债务，以防范与化解地方政府债务风险。

（二）资产证券化产品将大幅增加

2014年11月，中国银监会和中国证监会先后发布《关于信贷资产证券化备案登记工作流程的通知》和《证券公司及基金管理公司子公司资产证券化业务管理规定》及配套工作指引。前者将信贷资产证券化业务由审批制改为备案制，而后者则将业务主体扩展至基金子公司，取消事前行政审批，实行中国证券投资基金业协会事后备案和基础资产负面清单管理。

备案制的实施将提升证券化产品的发行效率和降低发行综合成本，为资产证券化业务打开广阔的发展空间，预计2015年新增资产证券化发行规模将进一步扩大，同时基础资产将从企业贷款逐步向个人抵押贷款、汽车贷款、信用卡应收款和基础设施收费等多元化方向转变。

（三）货币市场产品继续快速发展

同业存单自2013年底重启试点之后，发行规模在2014年迅速扩张，目前已经成为商业银行流动性管理的重要工具。进入2015年，同业存单市场规模同比翻倍迹象非常显著。截至2015年1月20日，已有44家银行披露了2015年同业存单发行计划，总规模达2.15万亿元，远超2013年92家银行全年发行1.5亿元的总规模，预计随着利率市场化加快推进，以及同业存单逐步替代网下同业业务，同业存单市场将持续火爆。

另外，2015 年大额存单也有可能推出。随着金融环境的变化、利率市场化加速推进、存款保险制度即将推出、同业存单的成功探索，都为大额可转让存单的推出奠定了良好的基础。

二、债务违约刚性兑付将逐步被打破

虽然 2014 年以来以“超日债”等为代表的债市“黑天鹅”事件频发，但债券市场的刚性兑付依旧未能实质性打破，缘于地方政府的兜底。2015 年伊始，佳兆业、中科云商等信用违约事件又频频出现，债券市场信用风险形势更不容乐观。预计随着经济整体下行压力加大，微观经济体的信用链条更加绷紧，2015 年债券违约规模将更加庞大，此外，2015 年又是地方债偿债的高峰期，政府兜底的概率正趋于降低，债券风险亦将集中爆发，债务违约的刚性兑付或将打破。

第二章
2014 年中国证券公司固定收益衍生品业务发展情况及建议

第一节　2014 年中国证券公司固定收益衍生品业务发展情况

固定收益衍生品可有效实现对固定收益产品进行风险的管理。按照衍生品标的物和衍生品的关系，分为基础衍生品和高级衍生品。基础衍生品都是以基础资产为标的的衍生品（包括利率互换和期货等）。高级衍生品主要指将基础资产抽象化或以衍生品为基础的衍生品，比如将多种市场因子模型化之后的因子作为标的物的信用违约掉期或担保债务凭证。目前，我国市场应用较多的固定收益衍生品主要是利率互换和国债期货两类基础衍生品。

一、利率互换业务总体发展情况

（一）利率互换业务发展概况

利率互换是指以约定的名义本金为基础，一方将该本金以某种利率类型计算的利息收入（支出）现金流与对方的以另一种利率类型计算的利息收入（支出）现金流相交换的交易。目前交易最多的是基于 7 天质押式定盘回购利率或 Shibor 3M 利率的浮动利率和约定期限的固定利率之间的互换，还包括定期存款利率、贷款利率等基准利率。

利率互换具有杠杆率高、期限灵活、双向交易的特点，可有效进行利率风险管理，降低金融机构和企业的融资利率，对冲利率波动风险；可有效调整资产负债结构，解决银行的资产负债期限匹配；可有效实现浮息债和固息债之间的转化，提高收益空间等等。

截至 2014 年 6 月，全球 OTC 市场共有 691 万亿美元的衍生品合约，其中利率衍生品有 563 万亿美元，而在利率衍生品中共有 421 万亿美元的利率互换合约，占据全部衍生品合约的 60.93%（见图 2－1）。利率互换是全球范围内广泛应用的利率风险和汇率风险管理工具，

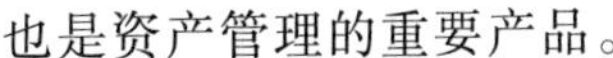

也是资产管理的重要产品。

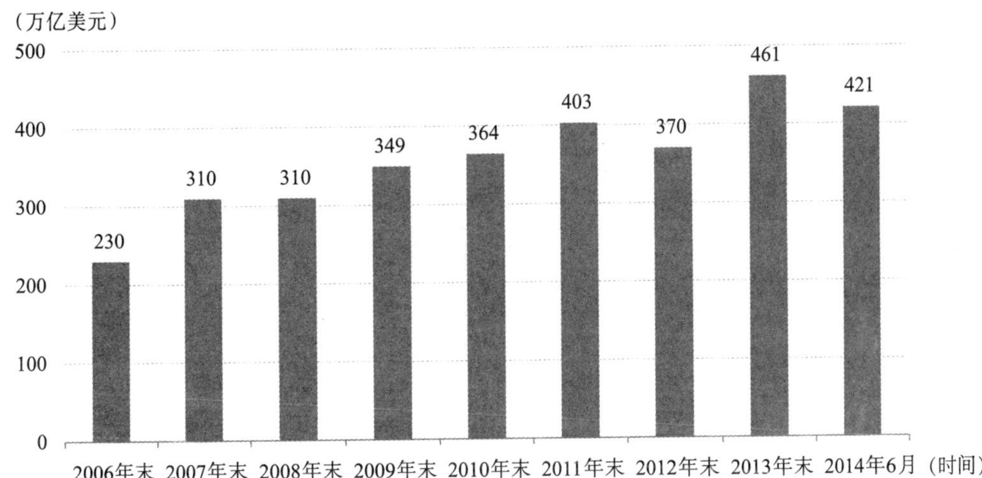

图 2－1　国际主要 OTC 市场 IRS 存量余额（名义本金）

资料来源：国际清算银行年报。

我国利率互换业务从 2006 年开始，经历 7 年多的发展，已从 245 亿元名义本金发展到目前 4 万亿元的规模，特别是 2010 年后，业务获得飞速发展。近两年随着利率市场化的发展和银行间债券市场的不断壮大，越来越多机构加入这个市场，截至 2014 年底，备案机构已达 100 多家。

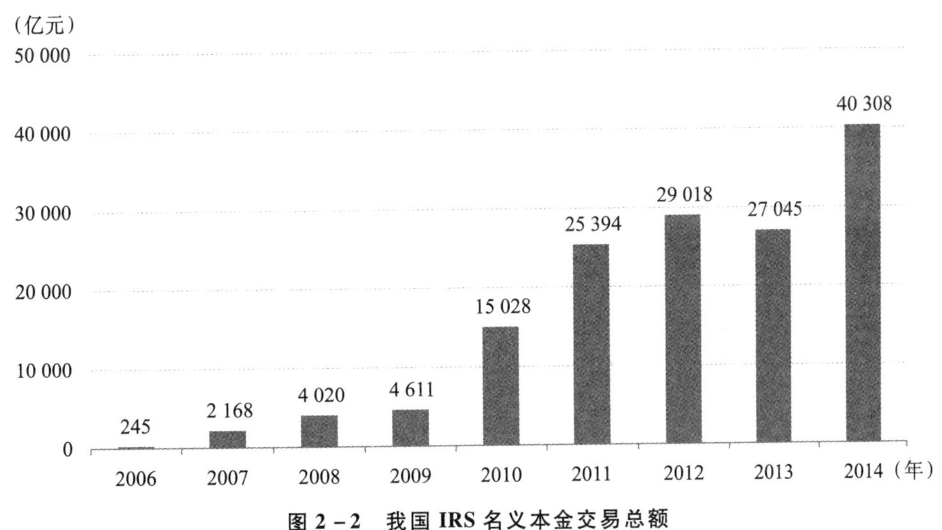

图 2－2　我国 IRS 名义本金交易总额

资料来源：Wind 资讯。

2014 年我国利率互换市场主要有三个变化：一是交易量重现高速增长；二是证券公司参与力度加大；三是引入集中清算机制。

从交易的总量来看，截至 2014 年底，全部品种的名义本金交易量为 4 万亿元，而 2013

年同期的交易量为 2.7 万亿元，增加了 1.33 万亿元（见表 2－1），直接原因是 2014 年 FR007 交易量大幅增加 85.8%（见图 2－3）；深层次的原因是利率互换市场影响力逐步增大，新增参与机构较多，从 70 家增加到 90 家。其次，冲销频率从以往的季度改为月度，增加了市场机构短期交易的热情。此外，2014 年市场的确定性使得高杠杆的互换更加受市场青睐。

表 2－1　　2006—2014 年利率互换名义本金交易量　　（单位：亿元）

年度	FR007	O/N Shibor	Shibor3M	1 年定存	1 年贷款	其他	总计
2014	32 712	3 747	3 578	208	16	47	40 308
2013	17 600	5 738	3 329	177	157	44	27 045

资料来源：Wind 资讯。

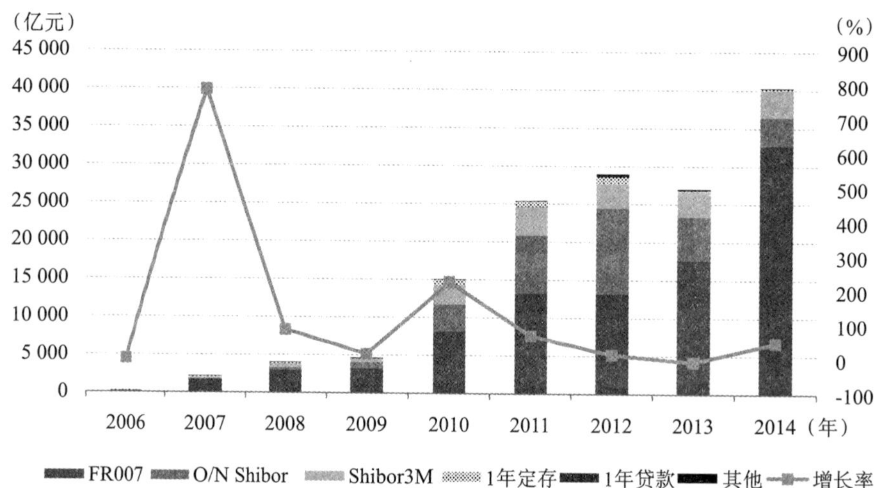

图 2－3　2006—2013 年利率互换交易名义本金及增长率

资料来源：Wind 资讯。

2008—2014 年利率互换走势见图 2－4。

2014 年初，中国人民银行发布了《中国人民银行关于建立场外金融衍生产品集中清算机制及开展人民币利率互换集中清算业务有关事宜的通知》，要求“自 2014 年 7 月 1 日起，金融机构之间新达成的，以 FR007、Shibor－ON 和 Shibor－3M 为参考利率的，期限在 5 年以下（含 5 年）的人民币利率互换交易，凡参与主体、合约要素符合上海清算所有关规定的，均应提交上海清算所进行集中清算”。这标志我国利率互换衍生品正式进入中央对手方集中清算机制，基于授信的 X－Swap 系统的不断推进，也在一定程度上提升了市场的价格透明度。

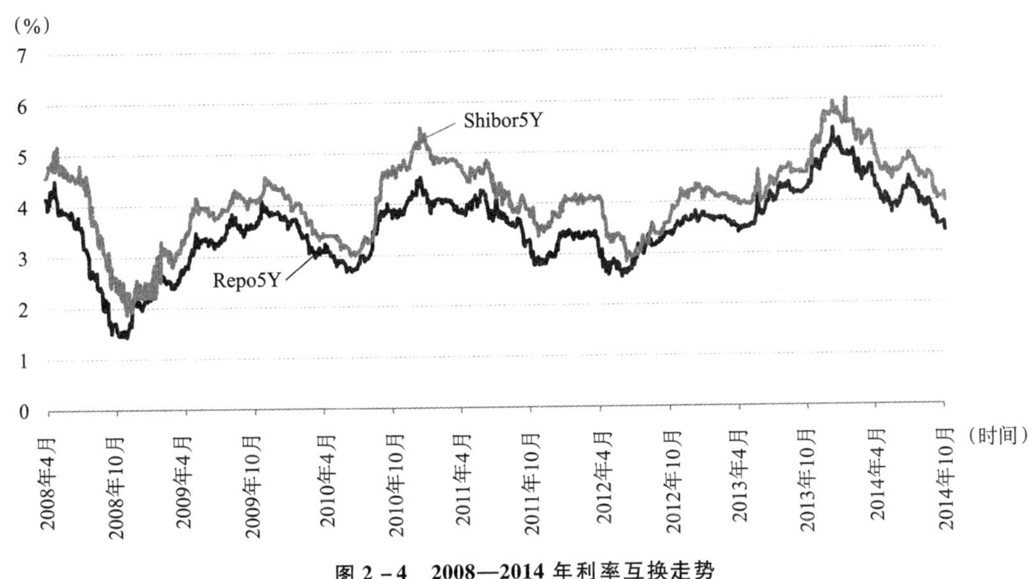

图 2-4　2008—2014 年利率互换走势

资料来源：Bloomberg。

（二）证券公司利率互换业务发展情况

利率互换业务于 2006 年推出，2012 年 11 月中国证监会颁布了《关于修改〈关于证券公司证券自营业务投资范围及有关事项的规定〉的决定》，允许“具备证券自营业务资格的证券公司可以从事金融衍生产品交易”，取消了证券公司只能以对冲风险为目的参与金融衍生品的交易的限制。2013 年很多证券公司开始寻求新的业务模式，而申请利率互换作为风险管理工具和创新业务模式成为一项举措之一。经历了 2013 年的市场暴跌之后，市场机构意识到衍生品对冲的重要性，纷纷推进该业务的发展。2014 年有近 10 家证券公司申请获得利率互换交易和本币系统成交确认功能的资格，利率互换市场参与者更加丰富，使得整体市场的交投更为多样化。截至 2014 年底，可在本币前台系统进行确认交易的有近 90 家，包括 57 家银行、31 家证券公司等。尽管中资机构占比在 2/3 左右，但目前市场活跃的机构主要是外资银行。随着证券公司固定收益业务的不断扩张、FICC 业务的推进，未来证券公司在利率互换业务上的影响力将逐步增强。

二、国债期货业务总体发展情况

（一）国债期货业务发展概况

国债期货是以国债为标的进行的现时成交、未来交割的远期交易，与一般远期交易的差异主要在于其采用标准合约、集中场内交易的方法。国债期货具有杠杆率高（一般月份合约 1.5% 保证金）、多空双向操作、流动性高、信息反应快、跨交易所和银行间两个市场等优势，能有效对冲债券组合的利率风险，调整资产组合的久期，起到价格发现的作用。

1976 年，美国芝加哥商品交易所推出第一个国债期货合约，之后国债期货得到飞速发展。我国早在 1992 年已经开始国债期货的交易，但是由于宏观经济不稳定、现券存量不足、制度设计的缺陷等原因导致造成市场大幅的波动，在 1995 年被迫叫停。时隔 17 年，国债期货于 2013 年 9 月 6 日重新回归市场，为利率市场化增添有效的利率风险管理工具。

（二）国债期货业务发展回顾

2014 年以来，国债期货投资主体不断增大，持仓量和成交量也不断攀升，盘活了国债整体的交易量，且国债期货已成为债券市场的风向标。

1. 国债期货交易交割制度不断完善

（1）调整交易保证金和涨跌停限制吸引更多投资者。2014 年 10 月，中国金融期货交易所将国债期货各合约的交易保证金标准由此前的合约价值的“2%—3%—5%”调整为“1.5%—2%—3%”，并将梯度保证金的调整时点与持仓限额调整时点保持一致。同时，将每日价格最大波动限制相应进行调整。降低保证金比例后，放大了期货原先较小的波动，提升了产品的吸引力。

（2）调整投机账户持仓限额降低被动平仓风险。2014 年 10 月，中国金融期货交易所将投机账户持仓限额由原先的“1 000 手—500 手—100 手”改为“1 000 手—600 手—300 手”的梯度模式。平常月份的持仓限额为 1 000 手，交割月份前一个月下旬的第一个交易日起，持仓限额为 600 手；交割月份第一个交易日起，持仓限额为 300 手。由此降低了投资者进入临近交割月被动平仓的风险，增加交易的活跃度。

（3）交割制度日臻完善，提升交易交割策略的多样性。2014 年，中国金融期货交易所对交割制度进行了完善，包括修改买卖双边举手制度为卖方单边举手模式，取消交割 10 手的门槛，优化交割结算流程，以及试行国债充抵保证金政策等。这些政策都有效地提高了交易交割的效率，为制定多样化的交易交割策略提供了基础。

2. 国债期货市场快速平稳发展

随着交易交割制度的日臻完善以及固定收益市场的快速发展，国债期货产品的吸引力与日俱增，投资者结构由初期单一的机构投资者交易为主逐渐演变成多样化的投资者群体相互博弈，交易量和持仓量迅速增加，国债产品的流动性不断提升，充分地发挥了国债期货价格发现机制的作用。

（1）投资者结构丰富。国债期货上市以来，投资者结构不断丰富，包括证券公司、自然人、私募机构、证券投资基金以及期货公司资管产品等，市场参与主体不断丰富。截至 2014 年 12 月 31 日，共 19 340 名客户参与了国债期货交易，法人客户成交和持仓的比重分别为 25% 和 63%，市场机构为主的特征逐步显现（见图 2－5、图 2－6）。

（2）市场活跃度大幅提升。随着交易交割制度的完善，以及固定收益产品的快速发展及市场的认可，作为对冲工具和替代品的国债期货交投量不断提升。2014 年持仓量由 2013

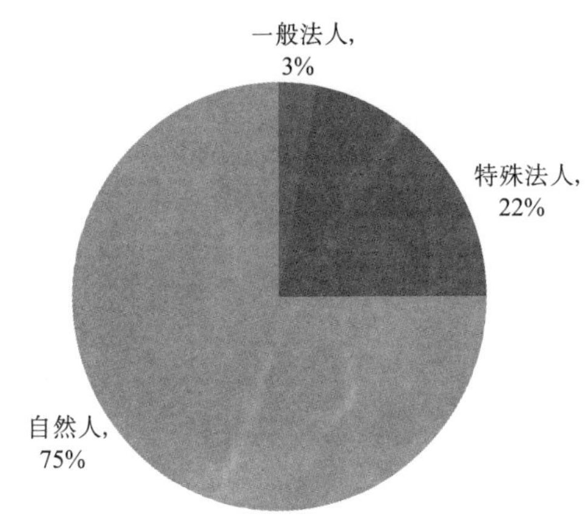

图 2－5　上市以来市场投资者成交结构

资料来源：Wind 资讯。

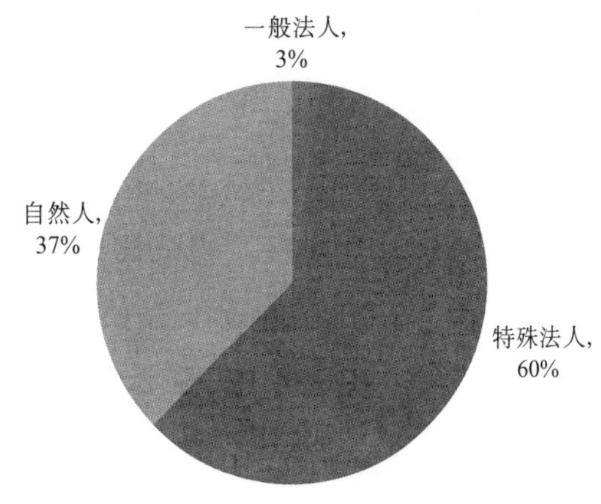

图 2－6　2014 年末市场投资者成交结构

资料来源：Wind 资讯。

年的日均 3 737 手提升至日均 9 384 手，特别是 2014 年 10 月以来，其持仓量逐步站至 1 万手之上，最高达到 24 588 手；而交易量也随之提升至日均 9 002 手，最高至 25 557 手；换手率达到 43.38%，最高至 73.98%（见图 2－7）。充分体现了市场对于国债期货产品的认可。

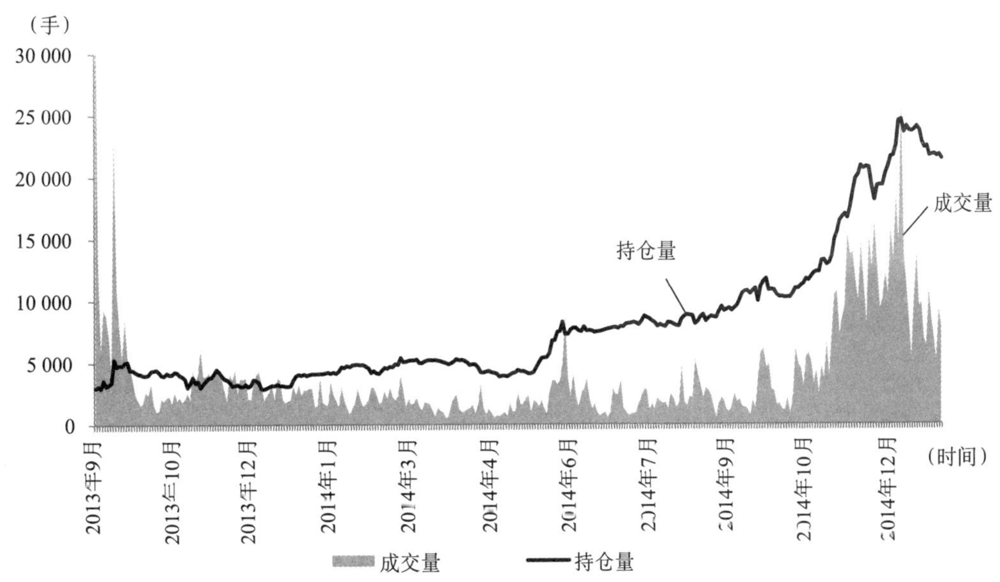

图 2－7　上市以来国债期货持仓量及交易量走势

资料来源：Wind 资讯。

（3）期现联动合理，充分发挥价格发现的作用。由于国债期货专业的机构投资者占据相对主导的地位，期货和现货之间联动合理，能充分发挥国债期货的价格发现作用，引导市场走势。自 2013 年上市以来，国债期货和现券之间的基差维持在一个相对合理的空间，其主要波动区间在－0.02 元到 0.02 元，均有较高的稳定性（见图 2－8）。由于其交易的低成本性、便利性和报价的连续性，使得其日内走势也相对领先于现券交易，成为现券交易的风向标。

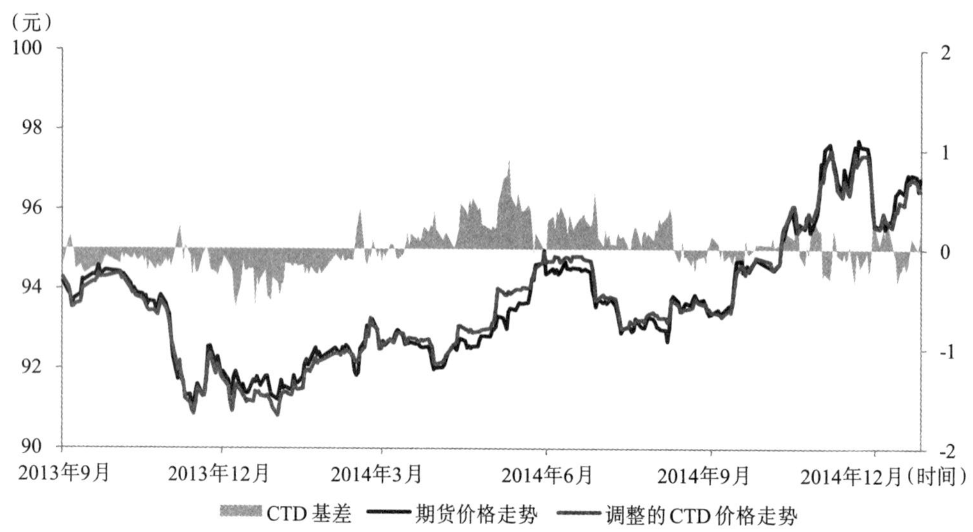

图2－8　上市以来经调整的CTD净价[①]和期货价格及基差走势图

注：①对于CTD使用转换因子进行调整，即经调整的CTD净价＝CTD净价/转换因子。

资料来源：Wind资讯。

（4）提高国债流动性。国债期货流动性的提升带动了国债现券流动性的提升，特别是可交割的5—7年国债流动性。如国债期货上市以来130015和130020的交易量从2013年9月到2014年6月都保持在较高的水平。而且，从交割的情况可知，历史上的老券100012、100019等因为其价格的优势也进入到二级市场交易并进入交割。

（5）促进金融产品创新。国债期货多空双向的操作，便捷的交易方式使得越来越多的资管、基金、理财产品都纷纷为其量身订制专业化的投资策略。截至2014年12月31日，参与国债期货交易的资产管理产品共343个。

综上，随着利率市场化的发展，固定收益产品在资产配置中的地位愈发重要，作为其衍生品的国债期货因其便捷性、杠杆性和多空双向操作的特点，注定在市场发挥着重要作用，未来也将会有更加广阔的发展空间。

第二节　2015年中国证券公司固定收益衍生品业务存在的问题及建议

固定收益衍生品有助于投资者进行风险的转移、对冲，但若管理不当，也会成为风险源，对市场造成冲击。目前，我国发展的固定收益类衍生品处于发展初期，各类产品的投资者数量及多样性相对成熟的权益市场与国外市场相比尚显不足，整体交易的深度和广度有待进一步挖掘。

一、利率互换广度深度不够，中央对手方机制有待继续推进

2014 年末互换的存量余额为 4 万亿元，而现券市场的存量为 36 万亿元，即使是与其关系紧密的活跃利率债也有 20 万亿元。目前，全球主要市场的利率互换存量规模约 425 万亿美元。市场相对深度不够使其波动远超资金利率市场，并对利率的定价作用被削弱，有时甚至形成负向反馈。

究其原因，主要是因为目前我国利率互换市场制度设计缺陷导致参与者少、广度不够、交易成本高、存量互换管理困难、实体需求很难引入。

首先，当前利率互换的主要参与大约有 30—40 家银行和若干证券公司，而中小城商行、企业等有实质性需求的机构只能通过做市商或结算代理机构进入市场，导致目前利率互换市场沦为零和博弈的战斗场。

其次，交易成本高。利率互换采用授信制度，外资银行对于中资的授信极为严格，中资相互之间的授信也要经过冗长的审批，从而导致市场参与者之间交易需要依靠“过桥”机构。由于“桥”资源集中在几家大机构中，交易双方往往需要支付不菲的“过桥”费用，导致市场交易活跃度大幅下降。

最后，集中清算机制未降低利率互换业务资本金的占用。虽然引入了集中清算机制，但证券公司利率互换资本金的占用指标并未因此降低，对于存量的互换合约，其中存在着相同品种不同方向的交易，应降低甚至取消该部分资本金的扣减。

因此，未来应该放开非金融机构仅能通过做市商或结算代理机构进行利率互换交易的限制，允许符合资质的证券公司进入结算代理市场，引入市场真实需求，拓宽并做实利率互换作为利率市场化风险管理的工具；完善中央对手方机制，取消利率互换相互授信的制度，降低清算保证金及费用，并适当降低风险资本金的扣减比例，降低交易成本。在未来利率市场化的进程中，充分发挥其作为全球占比最高、最成功的利率衍生品的优势，完善利率定价体系。

二、国债期货深度不足，投资者结构有待继续完善

国债期货自上市以来，其价格发现作用值得肯定，能一定程度上引导现货走势，并且在关键时刻起到平抑市场波动的作用，特别是在 2014 年降息、公开市场操作降低利率中，有效起到熨平市场波动的作用。但国债期货有时会对现券起反向引导作用，其流动性随着市场变动也是大起大落，没能够保持稳定的流动性。这在一定程度上说明，当前国债期货市场深度不足，投资方式不够多样化。

首先，需转移风险的银行缺席，导致风险偏好者无风险可觅。期货市场之所以有不同的投资行为，是由于投资者风险偏好和需求的不同。投机者是利用风险获利，套利者是无风险的追求者，而套保者是风险的出让方。银行作为国债80%的持有者，需要有工具对冲其持国债的波动风险，而银行的缺席使得国债期货市场投机者的风险需求得不到满足，当市场平稳时，注定整体市场处于几无流动性状态。

其次，现券市场和期货市场的相对割裂，一方面，使得部分投资者因信息不对称被排除在市场之外，另一方面跨市场的套利交易无法像股指期货市场一样顺利地开展，一定程度上降低了市场的流动性。

展望未来，建议应从以下几个方面入手发展国债期货业务：第一，有限度地引入银行机构投资者，在保证持仓量增加的同时，也要避免其对市场带来的冲击。第二，考虑引入做市商制度，盘活市场流动性，但也要注意做市商的权利和义务的对等，避免现券做市商的尴尬。第三，增加对中小投资者的保护，降低其进入门槛，只有市场的投资者更加丰富、更有层次，市场才会更稳定健康。第四，完善国债期货产品线，积极推出短期和长期国债期货，满足不同投资者的需求，特别可考虑在短期国债期货中降低个人投资者门槛，增加市场活力。第五，应积极推进银行间市场和交易所市场的互联互通，降低信息不对称。

第三章
2014 年中国证券公司固定收益业务情况及 2015 年前景展望

第一节 2014 年中国证券公司固定收益业务发展情况

一、证券公司固定收益业务进展概述

（一）黄金等贵金属现货业务

2014 年，中信证券、中信建投证券、国泰君安证券和海通证券四家证券公司成为上海黄金交易所会员，获得了黄金自营和机构客户贵金属代理交易资格。此外，中信建投证券还获得了个人贵金属代理交易资格，银河证券、华泰证券、申银万国证券和东方证券也在办理会员申请手续。

（二）直接参与市场交易与定价

2014 年，中信证券及其子公司已成为银行间市场清算所股份有限公司铁矿石和动力煤掉期合约交易市场最大的做市商。在碳排放权交易业务上，中信证券以下属中信证券投资有限公司为平台，成功开展了北京、天津、重庆三地的首单碳交易，成为市场重要的报价机构。

在人民币远期运费协议业务上，上海清算所推出人民币远期运费协议业务（FFA 交易）后，中信证券积极参与 FFA 的建设与交易。

（三）大宗商品收益互换业务

2014 年 8 月，中信证券获准试点开展大宗商品收益互换交易业务，成为我国首家获得该项业务资格的证券公司，开始为企业和金融类客户提供境内外大宗商品类做市、套期保值等商品衍生交易服务，进一步拓宽了服务客户的范围。

（四）外汇业务

过去十几年来，我国证券公司外汇业务仅包括 B 股有关的承销和经纪业务。国家外汇管理局于 2014 年 11 月 18 日批复同意国泰君安证券开展包括即期结售汇业务和人民币与外汇衍生产品业务在内的结售汇业务（汇复［2014］325 号）。此后，国泰君安证券于 2015 年 1 月 12 日收到了中国证监会证券基金机构监管部出具的开展代客及自营外汇和结售汇等业务无异议的函（机构部函［2015］115 号），并经中国外汇交易中心批准分别于 2015 年 1 月 9 日和 2 月 12 日成为银行间外汇市场即期和衍生品交易会员，可从事衍生品交易包括人民币外汇远期、外汇掉期、货币掉期和期权交易。由于中国证券公司客户账户体系与银行业和海外金融机构客户账户体系存在较大差异，为开展外汇业务，国泰君安证券重新设计了外汇业务的客户账户体系，在公司清结算体系、运维体系、技术系统等方面也进行了改造和准备，并在资本项目下证券公司的外汇及相关业务的创新方面进行了有益探索。

二、证券公司大宗商品业务的管理模式

（一）组织架构与制度建设

上述各家证券公司一般采取固定收益总部下设大宗商品业务二级部门或设立衍生产品总部等形式，负责大宗商品业务，个别公司大宗商品代理业务由零售业务部负责；中信证券出于业务需要，采取联合境内外子公司形式开展境内外大宗商品期现货交易。各公司初步形成了职责较为清晰的业务组织架构体系。

为使大宗商品业务合规、有序开展，相关证券公司分别制定了《大宗商品投资管理办法》、《大宗商品投资风险管理办法》、《大宗商品期现货套利管理办法》、《大宗商品代理客户交易管理办法》和《大宗商品自营业务结算规则》等相关制度，初步构建了涵盖自营投资决策、代理客户交易、期现货跨市场套利、风险管理、投资者教育和登记结算等方面的制度安排。

（二）登记、结算和托管安排

目前，中国证监会对证券公司开展大宗商品期现货交易登记、结算和托管尚无明确安排，各公司通行做法是在不违反有关法律法规原则规定，并符合上海黄金交易所、上海清算所等交易所规则的前提下，在公司内部自建大宗商品业务登记、结算和托管体系，为日后开发以大宗商品为标的的衍生产品打下基础。

（三）风险管理

根据大宗商品风险特征，各证券公司建立了“董事会—经理层—风险管理部和业务部门风控岗位”四级风险管理体系，着重对黄金等大宗商品业务市场风险、流动性风险和操

作风险进行管控。一般由公司董事会负责审批确定风险限额、持仓敞口等整体指标，业务具体实施由大宗商品投资委员会负责研究确定。

在市场风险控制方面，试点初期，各证券公司一般以日内交易为主，隔夜头寸规模控制较严，并通过严格执行日内风险敞口规模，日内、日间止损制度等方式控制市场风险。

在流动性风险控制方面，为防止资金头寸不足导致无法及时对外交付资金或保证金，造成交割失败或被动平仓，各证券公司普遍实施了严格的仓位控制，并通过将资金头寸纳入固定收益投资范围统一管理，提高资金使用弹性。

在操作风险控制方面，为防范流程缺陷、人员操作、系统故障及外部事件等造成的业务风险，证券公司采取的控制措施主要包括严格设置账户限额、操作权限、前中后台相互分离，建立高标准的信息系统等。

三、证券公司服务于大宗商品实体经济客户的探索

目前我国证券公司开展大宗商品业务仍处于探索中，而中信证券在这方面走在行业前列，很多经验值得我们借鉴。中信寰球商贸有限公司是中信证券 2014 年在上海自贸区成立的大宗商品实货业务平台，业务范围涵盖实货贸易、仓储、航运和投融资等大宗商品实货领域，立足于服务与大宗商品相关的采掘、冶炼、运输等行业实体经济客户。

（一）船舶买卖与租赁业务

2014 年 10 月，中信寰球商贸有限公司分别与泰州市三泰船业有限公司和江苏利电能源集团签署“船舶买卖合同”和“光船租赁合同”，办理了交船和起租仪式。这两个合同是我国证券公司首次涉足航运领域。当前航运市场低迷，运费低位徘徊，很多航运企业和造船企业资金紧张，经营面临压力。中信寰球商贸有限公司此次购船出租，即满足了船舶运营方的发展需求，又加速了船厂的资金回笼，这正是“金融服务实体”理念的具体体现。

（二）与中游客户探讨供应链金融业务

2014 年 10 月，中信证券大宗商品业务线与中辰电缆就大宗商品业务线及供应链融资模式进行了研讨交流，双方在大宗商品合作、企业发行上市、融资模式等多方面达成了全面的战略合作意向。中辰电缆表示，在当前经济相对疲软的环境下，中信证券的创新融资模式为电缆行业及其上下游行业的健康发展提供了一条崭新的道路，也将为中辰电缆的发展提供有力的保障。同时，中辰电缆也希望通过与中信证券深入全面的战略合作，在公司重组改制、发行上市和再融资等融资活动中得到中信证券专业的指导和优质的服务。

（三）直接进行大宗商品实货贸易

2014 年 7 月，中信寰球商贸有限公司与日照钢铁集团及永安资本签订了我国首单铁矿

石基差贸易合同，这标志铁矿石期货在定价作用发挥方面迈出实质性一步。基差交易本质上是现货交易，只是以期货和基差为竞价基础，而非一口价，其中基差即为现货价格减去期货价格。采取基差定价相当于钢厂、贸易商把价格波动风险转移到期货市场，而中信证券则可以在期货市场上再进行套保。

（四）拓展物流仓储业务

2014 年 11 月，中信寰球商贸有限公司与永泓集团正式签署谅解备忘录，共同宣布将成立一家仓储物流公司，未来将在我国合资经营仓储、物流、货运和码头业务。该合资公司将由中信寰球商贸有限公司控股，永泓集团将负责具体仓储业务的运营。

第二节　2015 年中国证券公司固定收益业务发展前景展望

一、我国证券公司 FICC 业务具备良好发展背景

（一）市场化改革对 FICC 业务带来新的机遇

1. 利率市场化改革

随着利率市场化进程的不断深入，利率不确定性的提升，市场对于规避、控制这样的利率风险的需求也不断放大，对于诸如利率期权、利率互换、利率期货等产品的运用就会加强，届时将会对证券公司 FICC 业务的发展提供一个优越的市场环境。

2. 汇率市场化改革

一方面，随着汇率市场化改革的逐步深入，市场供求在汇率形成中的作用将会越来越重要，人民币汇率双向浮动特征将会愈发明显，交易弹性逐步扩大；另一方面，随着人民币在国际货币体系中地位的不断提升，无论从监管层面还是市场需求层面，都会有丰富汇率风险的管理工具的需求与动力，因此，在实现浮动汇率制后，市场对外汇期货、外汇期权、外汇远期、外汇互换等产品的应用将会更为广泛，从而大大拓展 FICC 业务的市场。

3. 信用市场发展迅速

自 2012 年底以来，一系列新的监管政策以及监管层的表态都暗示政府对于信用债的隐形担保将顺应市场化的潮流而退出历史舞台。信用债的实质性违约作为成熟市场的正常组成部分，信用风险在中国信用债市场的出现将促使中国信用市场的逐步形成。

（二）我国证券公司参与大宗商品业务的优势

我国是各类大宗商品的最大消费国或生产国，贸易覆盖几乎所有类别的大宗商品，且近年来，从农产品到工业品，许多产品的进口量与日俱增，对外依存度日益增强。虽然在经济增速

下滑的背景下，商品贸易的增量在下降，但存量却依然巨大。同时，目前市场体系并不完善，企业对于大宗商品市场的认知度和参与度不够，存在着用金融服务实体经济的巨大市场空间。

大宗商品和债券从客户群体到交易对象、交易方式上，差异很大。国际资本市场包括股票、债券、商品和外汇四大市场，从这个角度看，大宗商品不是某个业务种类的概念，而是一个市场的概念。在我国，大宗商品贸易主角是央企，套保往往不是单一业务，而是与融资、会计、税收、外汇管制等金融服务相结合，需要证券公司具有综合服务能力。未来在大宗商品领域，合理借鉴海外投行大宗商品业务经验，国内证券公司将扮演越来越重要的角色。因此，证券公司有将“金融服务实体”作为大宗商品业务线的定位，也有证券公司将大宗商品部门作为独立二级部门设立，也有证券公司在已有期货公司之外，再设置大宗商品一级部门，业务发展策略以衍生品、电子盘以及实物贸易并举，核心就是为企业、行业服务。具体来讲，证券公司可以以实体经济供应链上的客户需求为导向，用金融创新特别是交易创新推动业务发展。

展望未来，我国证券公司直接介入大宗商品市场，将会大大提高该市场的容量和流动性，同时，原有的期货公司也将面临证券公司交叉持牌照的垂直冲击，可能演变为证券公司的一个部门。

（三）企业的发展加大了对 FICC 金融产品的需求

在提高直接融资比重、促进整体经济转型的政策导向下，企业的直接融资比例通过多渠道的融资方式和多种融资工具的利用而不断增加。企业直接融资规模的日益扩大也增加了其对于利率、汇率、信用风险的管理需求。

企业的国际化进程进一步增加了风险管理的需求。我国企业正处于不断地“走出去”的发展阶段，需要通过专业化、规模化的经营模式实现企业资源在全球范围内的优化配置。企业的国际化将为企业在融资、生产经营等各个环节带来锁定成本收益的需要，跨国兼并收购对于利率、汇率的波动也将更为敏感。大量的风险管理需要将大大增加 FICC 业务的需求量。

此外，民营企业的发展和国有企业的市场化改革也增加了对风险管理的需求。随着民营企业规模的不断扩大，其在生产经营、投资融资活动中产生的利率、汇率、信用风险敞口同时扩大，增加了风险管理的需求；而国有企业的市场化改革在一定程度上放宽了对国有资产的监管，优化了决策的机制，提升了国有企业参加 FICC 业务，进行套期保值的范围和意愿。

（四）金融机构的发展亦将增加 FICC 的需求

大力发展机构投资者是我国资本市场发展的主要任务之一，随着这一政策的持续落实，机构投资者的快速发展将加大对 FICC 业务的需求。

养老体制的改革促使长期投资者的出现，长期投资者对于固定收益类产品的偏好，对扩展投资边界、投资组合分散化以及期限匹配等需求提升了 FICC 业务的客户需求。

而对冲基金、私募基金的发展则增加了机构投资者投资策略的多样化，提升了金融机构对不同风险管理策略以及对冲工具等金融产品的需求。保险机构投资范围的放开也增加了FICC 业务的需求。在机构投资者方面，合格境内机构投资者，包括高净值个人客户的发展将大大增加 FICC 业务的需求量。

（五）监管政策的支持

2014 年 5 月，中国证监会发布《关于进一步推进证券经营机构创新发展的意见》，明确提出支持证券公司开展固定收益、外汇和大宗商品（FICC）业务。2014 年，证券公司有关业务试点逐步推进，业务拓展手段多种多样，业务范围稳步拓宽。

二、目前我国证券公司 FICC 业务尚需克服的限制性因素

我国证券公司 FICC 业务未得到大力发展，主要是基础市场不完善、场外交易市场刚起步以及监管过于严格等方面的限制。

（一）大宗商品市场存在部分制度性障碍

在资质取得方面，证券公司获取相关业务资格较为困难。第一，证券公司成为上海黄金交易所会员存在瓶颈，继续新增会员资格存在难度。第二，银行间外汇市场对证券公司开放有限，证券公司难以直接参与远期汇率市场。第三，银行间外汇衍生品市场和做市商准入均建立在即期会员资格的基础之上，证券公司在这一领域开拓业务难度较大。

在交易标的方面，不同交易所大宗商品相互交割困难。目前，上海黄金交易所具有黄金现货合约、黄金延期合约，而上海期货交易所具有黄金期货合约，但由于两个交易所黄金期货和黄金现货品种相互交割存在困难，导致跨市场套利难以操作。

在交易对手方面、保险公司等专业机构参与证券公司场外柜台市场不积极。由于相关监管部门对此类业务尚无明确指引，一定程度制约了相关机构的参与积极性，影响证券公司场外大宗商品业务发展。

（二）证券公司初涉该领域，自身实力有限

第一，在黄金市场上，银行等金融机构已经在市场开拓多年，特别是黄金代理业务，银行通过强大的网银系统，凭借其系统的简洁、高效，已经形成稳定的客户群体，证券公司需以更好的配套服务和更加优惠的价格方能有效开拓黄金代理业务。第二，对于大宗商品生产和消费企业客户，银行可以为企业提供产前贷款、产中租赁、产后销售等全方位的服务，而证券公司持续服务实体经济的业务不多，客户黏性较小，要想赢得客户，必须提供更有吸引力的服务和产品。

大宗商品属于交易驱动型的资本中介业务，具有交易金额较大、资金占用较长的特点。目前，证券公司资本实力相对较为有限，各类融资渠道，尤其是中长期融资渠道尚不够畅通，大宗商品业务的发展受到较大制约。

（三）监管较严格，业务的发展和自主探索受到一定制约

我国证券公司在监管层面所受到的限制制约了其 FICC 业务的发展。第一，对于参与产品种类的限制，在原本就并不完善的基础市场中再一次缩小了证券公司 FICC 业务的开展范围。第二，对于业务隔离体系的监管，将自营和代理业务的全面分开直接导致我国证券公司 FICC 业务主要停留在自营的层面，做市制度更是完全缺失。第三，对于证券公司风险管理体系的监管，包括对净资本的要求等政策限制了证券公司资产负债表的使用，尤其是在融资方面，自有资金的薄弱进一步限制证券公司 FICC 业务的发展。

第四章 2014 年中国债券市场做市商制度发展情况及建议

我国债券市场始于 20 世纪 80 年代，最早在柜台系统进行交易，随后进入交易所市场。后来由于虚假交易等问题，商业银行退出交易所市场，成立了银行间市场。目前，三个市场均成立了做市商机制。由于银行柜台市场规模小，做市商制度效果并未特别突出；交易所采取固收平台——做市商以及盘面指令竞价模式，银行间债券做市商机制采取双边做市报价模式。自 2001 年起，银行间市场率先开启做市商制度的探索，经历了 2007 年的规范、2014 年的大发展后，目前做市商制度在交易所市场和银行间市场都充分发挥了其流动性创造、价格发现和健全稳定市场发展的目的。

第一节 中国债券市场做市商制度发展情况

一、做市商制度发展历程

2000 年 4 月，为规范债券交易行为，促进债券健康发展，中国人民银行发布《全国银行间债券市场债券交易管理办法》（中国人民银行令［2000］2 号），首次提出债券做市商的概念："双边报价商系指经中国人民银行批准的在进行债券交易时同时连续报出现券买、卖双边价格，承担维持市场流动性等有关义务的金融机构。"2001 年 3 月，中国人民银行发布《中国人民银行关于规范和支持银行间债券市场双边报价业务有关问题的通知》（银发［2001］75 号），对做市商的审批和义务权利进行了初步的界定。2001 年 7 月，中国人民银行发布《关于批准部分商业银行成为银行间债券市场双边报价商的通知》（银办发［2001］198 号），正式批准中国工商银行、中国农业银行、中国银行、中国建设银行、光大银行、北京商行、南京商行、烟台住房储蓄银行、武汉商行 9 家商业银行成为我国首批双边报价商，标志着我国银行间债券市场做市商的雏形——双边报价商正式诞生。

经历数年的探索，2007 年 1 月中国人民银行颁布《全国银行间债券市场做市商管理规定》（中国人民银行公告［2007］第1号），重新确定了做市商制度的基本框架，全面规范了对银行间债券市场做市商的管理，标志着做市商制度的正式确立。2007年7月，上海证券交易所成立固定收益平台，并在该平台引入做市商机制，将市场参与者分为一级交易商、普通交易商及间接参与人，其中一级交易商需对在这一电子平台挂牌交易的各关键期限类型的至少一只基准国债进行做市。首批获得资格的包括中金公司、国泰君安、中信证券、长江证券、广发证券、申银万国证券、国信证券、中银国际证券、招商证券、银河证券、光大证券、中国人寿资产管理公司、中国人保资产管理公司13家。

2011年中国人民银行和财政部联合发布了新发关键期限国债做市的有关规定（中国人民银行、财政部公告［2011］第6号），规定做市商对1年、3年、5年、7年和10年5个关键期限中至少4个关键期限的新发国债进行做市，并且在每个关键期限最近新发的4只国债中至少选择1只进行做市。这个文件的颁布为提高国债流动性和完善国债价格发现机制提供了有力的支撑。

2010—2013年银行间债券经历了爆发性的增长，市场规模和投资者数量急剧增长。为了进一步健全多层次的市场结构，完善发挥价格发现机制，2013年初，首只国债ETF基金引入流动性服务商机制，为交易所做市商制度再添一筹。2014年6月，全国银行间同业拆借中心发布《银行间债券市场尝试做市业务规程》，完善和明晰了尝试做市的动态考核机制，旨在建立有梯次有竞争力的做市商团队，进一步健全做市商制度。

二、做市商机制的作用

《全国银行间债券市场做市商管理规定》中第一条就对做市商机制的作用进行了阐述：“提高市场流动性，完善价格发现机制，推动我国债券市场快速发展”。随着历史的发展，做市商在建立健全的多层次的债券市场方面也发挥着极为重要的作用。

（一）提高市场流动性

流动性是市场是否有效和稳定发展的基础要素。银行间债券做市商负有对做市券进行连续双边报价的义务，因此，不论在任何形式的市场下，总是有双边价格提供给市场投资者，而且考核机制中对于价差以及成交量的考核促使做市商有意愿缩窄双边报价的价格，使得大部分报价在市场可接受的范围之内，有利于提升整体市场的流动性。

（二）完善价格发现机制

当前的市场环境，不仅在人员配置、对冲工具，还在考核机制上，都要求做市商提高定价准确性，以便对于市场交易具有指导作用，发挥价格发现的能力。一方面，随着市场的发展，目前的尝试做市商队伍包含了市场上最为活跃的银行、证券公司和保险机构，并根据做市机构的意愿分为综合做市和专项做市两个类别，以提升整个做市队伍（包括尝试做市）

的专业性。另一方面，国债期货、利率互换等利率衍生品的推出也给予做市团队更多对冲持仓风险的工具。而在考核机制上，买卖价差以及成交量的考核，也促使做市机构更积极主动的缩窄报价价差，发挥做市的价格发现机制。

（三）建立多层次的债券市场

随着银行间债券市场的快速发展，银行间债券的投资者和投资品种不断壮大和丰富，各类投资者的水平和设备参差不齐，询价交易中间环节多，交易成本高、权利“寻租”等情况时有发生。通过做市商给予市场提供竞争性的报价，降低交易成本和提高市场透明度，有利于促进债券市场的健康稳定发展。

第二节　美国债券市场做市商制度发展情况

美国债券市场也分为交易所市场的场外市场，但几乎所有的联邦政府债券、联邦机构债券、市政债以及大部分的公司债都集中在场外市场流通。场外市场采取分层次的做市商交易机制。

一、美国债券市场做市商体系

（一）层次分明的多层次做市框架

首先是债券市场分层。一是面向客户的债券市场，采用做市商机制，即所说的债券 OTC 市场；二是面向做市商的市场，通过证券债券经纪商完成交易，或做市商之间直接完成交易。

其次是做市商分层，包括一级交易商和一般做市商。一级交易商是由美联储认可的，可直接与美联储发生交易的做市商，他们往往是一般做市商、大型经纪商、大型机构客户的做市商，实际上也是美国国债的承销团成员，总体数量较少，大概在 40 家左右。而一般做市商主要是服务于某一特定区域的中小投资者或中小经纪商，其数量较多，大概有几千个。

最后是做市价格分层。以美国全国交易商协会为例，其会员通过系统可获得三个层次的报价服务，一般会员仅获得最优买卖价，零售商获得最优买卖价及做市商名称，做市商不仅获得以上信息，而且可以修改买卖价。

（二）权责平衡的做市商交易机制

美国场外债券市场多层次的体系使得做市商本身无须承担过多的义务，即可实现做市的功能，一般只要求能持续报价。对于一级交易商，其主要义务包括：首先支持国债招标发行，有一定数量的承销额要求；其次进行做市报价，保障政府债券市场的流动性，但并不要求对所有国债进行报价，而且对报价价差也没有硬性规定，所有这些影响做市质量的指标仅通过竞争性淘汰的考核机制进行约束；最后要求支持国债零售市场，对中小客户负有零售义务。

做市商的考核主要包括：首先，做市商在一级市场上的表现（承销量、市场份额等）；其次，做市质量（报价价差、深度、广度、报价持续时间、成交量等）；最后还会考察与监管层合作的情况，比如是否对公债券提出积极建议、是否提供准确可靠的数据等。对于一级交易商来说，其国债交易量必须和国债承销量相匹配。纽约联储对一级交易商每年考核一次，对于没有按要求履行义务或已经不具备做市商条件的机构，将会被暂定或取消做市资格。

当然在履行以上职责的同时，美国做市商还享有以下权利：第一，一级市场的相关权利：对于国债招标的优先认购权、独享的追加发行认购权等，其缴款可晚于一般投资者，并且投标方式更加灵活（如通过电话投标）。第二，二级市场的相当权利：独享做市商间市场的报价信息，更加便捷的融券、借券卖空权利等。第三，作为一级交易商，通过参与美联储公开市场操作，可获准通过信用或贴现方式向央行融资或融券，从而获得更加及时准确的信息，并参与对市场政策制定和需求的讨论（如发行品种的建议等）。第四，由于做市商交易的频繁性，能获得一定交易费用的减免。

二、美国做市商制度经验的启示

（一）多层次的债券市场是做市商制度发展的基础

美国多层次的债券市场，使得做市商成为市场的核心。一级交易商从经纪商处获得政府债券的做市商价格，在此基础上确定自己的做市买卖价格，提供给大中型机构及中小交易商。中小交易商在此基础上确定自己的做市双边价格，进一步提供给中小机构。按照这个架构，做市商通过自身的信息和定价能力，可实现做市盈利。与美国债券市场相比，我国债券市场总体结构比较扁平化，不同投资者之间可直接或通过经纪商间接达成交易，做市商在整个债券市场中处于相对边缘位置，盈利模式不够确定。

（二）做市商权利是做市机制的保障

做市机制主要的盈利来自买卖的价差，最大的风险来自持仓风险。美国做市商享有的权利中最重要的一项是融券、借券卖空的便利性，并且具有广泛的对冲工具，能解决做市商现货头寸的后顾之忧。

（三）竞争性的考核机制是做市机制的助推力

在有明确的盈利模式下，且解决了做市头寸的风险之后，美国做市机构具有自发的做市动机，监管机构通过完善的竞争性考核机制，引导做市商积极参与一级国债招标，进行持续报价，自觉缩短买卖价差，并配合监管层工作，提升做市效率。

第三节　我国做市商制度的未来发展及建议

2014 年，我国债券市场有了新的发展，投资者结构不断丰富，相关制度不断完善，未来做市商在提供流动性、发挥价格发现机制及构建稳定健康的债券市场中将发挥更加重要的作用。为了保证做市商能积极主动地参与到未来做市体系的建设中，参照国外的经验，建议从以下四个方面努力：

一、构建多层次的债券市场

随着市场投资者的日益增加，特别是 2013 年债市反腐后，市场扁平化的问题凸显，构建多层次的债券投资市场成为未来发展的方向。而多层次的债券市场结构是做市机制的基础，是做市商盈利之源。当前，债券市场不论大小，所有投资者相互之间可直接交易，尽管降低了交易的信息不对称性，但也滋生了各种灰色腐败案例。做市机构因无利可图，亦无动力进行做市报价。随着北京金融资产交易所的建立，丙类户交易被强制限定在匿名报价系统中，一方面降低了灰色交易的可能性，另一方面为做市商提供了盈利的基础。

二、继续完善开发做市对冲工具

持仓头寸风险是做市商面临的最大风险，国外有广泛的对冲工具可供做市商选择，而我国目前仅有利率互换、国债期货两种利率衍生产品。未来可继续完善开发不同品种的固定收益衍生品，完善利率衍生品，如短期和长期的国债期货，开发完善信用风险对冲衍生品。

三、提供具有吸引力的做市权利

目前做市商负有严格的做市义务，包括持续报价、品种和数量限制等，但其所拥有的权利却十分有限。首先，做市商在报价中面临着巨大的卖空风险，监管机构未来可考虑针对该风险提供融券和借券的便利，提高债券借贷 30% 的警示水平，并在可能的情况下，由财政部或相关发债机构提供随卖随发的便利。其次，配套一级发行认购优先权，亦能提升做市商的优势，增加做市的动力。此外，做市需要较大的资金规模，因此，在融资上给予做市商更多的便利，以能降低做市融资方面的压力。

四、完善做市考核机制

未来对做市商的考核应转向更为市场化的竞争性机制，重点考核二级报价质量，并在一级赋予做市商更多认购优先权，将一级招标纳入考核体系。

专题报告之五：
2014 年中国证券业信息技术与服务发展综述

第一章
2014 年中国证券业信息技术与服务发展情况[①]

第一节　2014 年中国证券业信息技术与服务发展情况

2014 年，中国证券行业创新力度持续增大，证券市场交易量屡创新高。12 月 9 日，沪深市场 A 股日交易量突破万亿元。证券业信息技术在面临巨大运行压力的情况下，积极采取多种技术手段和管理手段，保障了市场正常运转。同时，证券业信息技术围绕“创新”作出了多项尝试和探索，努力以科技的力量推动业务发展，行业信息技术建设与服务呈现出多样化、开放融合的新面貌。

一、信息系统平稳运行

2014 年市场行情持续向好，第四季度交易量急剧放大，证券交易系统经历了前所未有

① 本章节数据来源为《2014 年中国证券业协会专项调查统计》。

的考验，行业公司在信息技术方面采取了一系列运维保障措施，确保信息系统全年稳定运行，未出现严重的安全事件。

2014年中国证券业协会专项调查显示，在部署有经纪业务客户交易系统的证券公司中，约2/3的证券公司采取了系统扩容措施，其中53%对核心交易系统实施了扩容，86%对网上交易、手机交易、呼叫中心等外围系统和网络带宽、线路实施了扩容。部分证券公司通过使用交易所行情云、阿里金融云等互联网服务，实现了对外围系统灵活快速的扩展，从而更好地集中力量保障核心系统的安全稳定运行。各证券公司还通过加强运行监控、积极组织压力测试、应急演练等措施，有效提升了对系统突发紧急情况的应对能力。

二、应用服务持续创新

随着证券市场的发展，行业信息技术创新继续深化，在深度和广度方面更为加强，对各项业务开展提供了有力支撑。

（一）交易所创新业务蓬勃开展

2014年是全国股转系统运行的开局之年。股转交易支持平台作为国内首个基于PC架构开放平台的证券交易所交易系统，于5月19日成功上线运行，8月25日顺利实施做市业务。截至2014年12月31日，已有122家挂牌公司采用做市转让，1 450家挂牌公司采用协议转让交易方式。股转作为支持中小微企业发展的新兴市场已初具规模。

“沪港通”是我国资本市场的重大制度创新，是推进两地资本市场双向开放的重大举措。沪港交易所在信息系统连通和风险控制等方面紧密合作、开拓创新，各证券公司积极参与，按期完成了系统改造和联调测试。2014年11月17日，“沪港通”业务顺利上线。

股票期权是沪、深证券交易所推出的重大创新业务。上交所从2013年10月开始规划建设，各证券及期货公司积极进行业务筹备、投资者教育、技术开发等系列工作。经过一年多的准备，完成了各项测试及现场检查验收工作。深交所也于2014年10月开始了股票期权各项仿真测试工作。

（二）大力拓展信息技术服务方式

随着市场与行业规模的扩大，证券公司已逐步具备交易、投资、托管、融资和支付功能。行业信息技术围绕五大基本功能相继建设了相关应用系统，信息服务范围不断扩大，对客户提供的服务手段也日益丰富，通过呼叫中心、在线客服、微信平台、QQ、短信、邮件等全媒体、多渠道的接入，为客户提供委托交易、理财、资讯等全方位金融服务，部分证券公司服务时间由开市时段向7×24小时转变。

（三）积极探索互联网证券

近年来，互联网金融蓬勃发展，证券行业服务模式也发生了根本性转变。2014年证券行业加速布局互联网证券业务，服务营销趋向于互联网电商化、投行精英化等新形态，行业机构以互联网为载体，将复杂的金融工具通过各种先进的技术手段送达到客户手中，尤其是移动技术的应用极大地满足了客户投资、理财和服务需求。

（四）逐步应用 SOA 技术架构

相较于传统面向对象的技术架构，面向服务的松耦合技术架构（SOA）可以借助现有应用来组合产生新服务的敏捷方式，提供给企业更好的灵活性来构建应用程序和业务流程，能更好地适应新服务和新应用的快速部署要求。随着证券行业创新的推进，证券公司信息技术架构也正在逐步向 SOA 体系转变，目前已有多家证券公司采用 ESB 企业服务总线实现多个系统间的联通和集成，有效解决异构系统、孤立数据之间的信息交互。同时，行业机构以敏捷开发方式为切入点不断提升自身的独立研发能力。

（五）行业内外合作不断加强

云计算和大数据等新技术的日渐成熟加速了行业内外合作步伐。2014 年，行业公共平台逐步建成，如证券行业全国骨干网——证联网于 2014 年底正式运行，行业测试中心、数据备份中心等也在稳步推进。同时，行业内外的合作不断深入，如深证通依托自身基础资源、技术能力、运营经验优势推出云服务，因其特有的行业特质，目前已有数家行业机构与之合作；阿里金融云服务于 2013 年底正式推出，2014 年底已经有 20 余家证券公司接入阿里云，有些证券公司在云上部署的 ECS 服务器已达百台以上。此外，行业间深入合作的新方式也不断出现，如国金证券与腾讯合作，东吴证券与同花顺合作，大智慧拟吸收合并湘财证券等。互联网公司和技术服务商借助“互联网金融”、“云服务”等各种方式介入证券业务，同时行业机构借助外部技术力量拓展和提高了自身的信息技术服务水平。

三、信息安全保护日益加强

信息系统的开放互连在推动证券行业整体发展的同时，也面临日益严重的安全挑战，尤其是系统中存放的客户信息数据是需要重点保护的核心数据，各行业机构通过不断完善管理措施和加强技术手段，以提升客户信息数据保护级别，防止客户信息被泄露和篡改。信息安全保护主要采取了以下措施：

（一）加强数据管理

制定数据安全管理规范，明确客户信息保密级别，规定客户信息数据所能存储的安全域范围，确保客户信息不被非授权访问；对客户信息实现集中专人管理，数据调阅及批量操作需要执行严格的审批流程；用户操作权限执行严格的最小权限管理，按岗授权，专人专用，各负其责；数据传输过程均采用高强度加密，防范传输过程被窃取。

（二）规范开发商管理

严格规范对开发商的管理，项目启动前与开发商签订保密协议；对开发测试环境使用的数据进行脱敏处理；在开发测试环境中引入应用虚拟化技术，通信全程加密，服务端数据不能上传下载，从而有效保障系统和数据的安全。

（三）加强事前、事中技术防护及事后审计措施

通过部署安全产品防止来自互联网的各种安全威胁；定期对系统进行安全评估和渗透测试，加强应用系统自身抵御外部攻击的能力；加强对数据异常访问的实时监控，及时对发现的安全问题进行警告及处置；通过堡垒机等措施对运维人员操作行为进行事后审计，以预防和及时发现内部人员的恶意行为。

四、行业监管与自律组织工作稳步推进

为推动行业信息系统建设、管理、运行的规范化和标准化，监管部门和自律组织在总结行业相关系统建设实践经验的基础上，编制了《资本市场信息化建设总体规划（2014—2020）》，修订《证券公司网上证券信息系统技术指引》、《证券期货经营机构信息技术管理规定》，完成第四届证券期货科学技术奖励、行业信息安全现场检查等工作，举办两期“证券公司信息化与信息安全培训班”。

第二节　2014 年中国证券业 IT 人员与投入情况

中国证券业协会对 2014 年证券公司 IT 人员及投入情况进行了调查，结果显示近三年来证券公司 IT 人员在构成上“一升一降”，总部 IT 人员数量持续增长，营业部 IT 人员数量逐步减少；2014 年证券公司 IT 总投入较 2013 年增加 14%。

一、IT 人员

根据中国证券业协会专项调查结果统计表明，近三年来证券公司总部 IT 员工人数逐年小幅增长，营业部专职 IT 员工人数则逐年下降，反映出随着营业部向营销服务的转型，信息技术集约化管理，信息技术力量向总部集中，B 型、C 型营业部由于没有现场客户而导致专职技术人员大幅减少。同时，由于证券公司大力发展特色业务，标准化产品逐渐无法满足业务及管理需求，与行业外信息技术力量的合作不断增强，常驻外包人员大幅增长，2014

年外包研发人员和运维人员常驻证券公司的数量较 2013 年分别增长了 80%、95%。

二、IT 投入

证券公司 2014 年 IT 总投入较 2013 年增长 14%，其中硬件投入增加 17%，软件投入小幅增加 3%，通信费用下降约 5%，人员外包费用增幅最大，达 47%，与外包人员数量正相关。近三年证券公司投入情况见表 1－1。

表 1－1　2012—2014 年证券公司 IT 投入情况表　（单位：万元）

类别	2012 年	2013 年	2014 年
IT 总投入	518 834.48	513 674.44	587 827.99
硬件投入	123 967.26	124 621.89	146 710.39
软件投入	121 917.43	135 866.95	140 666.68
通信费用	186 129.60	170 878.31	162 533.41
人员外包费用	6 503.11	8 029.99	12 016.24
其他费用	80 317.08	74 277.30	125 901.27

第二章
2014 年中国证券业信息技术应用与服务案例

第一节 交易结算系统

2014 年，证券行业创新力度持续增大，交易所推出了股转、“沪港通”等多项创新业务。证券市场交易日趋活跃，沪、深两市交易量首次突破万亿元，各证券公司经纪业务交易系统在压力骤增的情况下，除采取扩容原有集中交易系统的手段之外，还积极探索基于 SOA 松耦合架构的新一代交易结算系统方案，以解决现有集中交易系统开放性差、灵活性、扩展性不足的问题，快速响应创新发展要求，支持多金融产品代销、港股通、股转、OTC 等业务开展及客户个性化需求，并取得了实质性进展，为行业主导并掌握交易结算体系的核心技术迈出了重要一步。

一、全国股转系统交易支持系统

2014 年是全国股转系统面向全国运行的开局之年。全国股转交易结算系统于 2014 年 5 月 19 日成功上线，8 月 25 日顺利实施做市业务，形成了新兴市场的初始规模，支持中小微企业发展的效应初步显现。

在信息系统建设方面，全国股转系统充分利用晚起步、高起点的后发优势，仅用 403 天就完成了交易支持系统的立项、设计、开发、测试等各阶段工作，并实现了核心技术自我掌控，系统独立运行的目标，有效提升了市场运行效率和运行质量。

股转交易支持系统采用 Linux 平台，是国内首个基于 PC 架构开放平台的证券交易所交易系统。系统架构见图 2－1。

该系统具备如下特点：

（1）技术路线：采用 Linux PC 服务器构建开放分布式技术平台；

（2）高可用性：采用“多机同活”、“AB”双网、6 秒自动切换的“热备”和自动报警人工介入的“温备”机制；

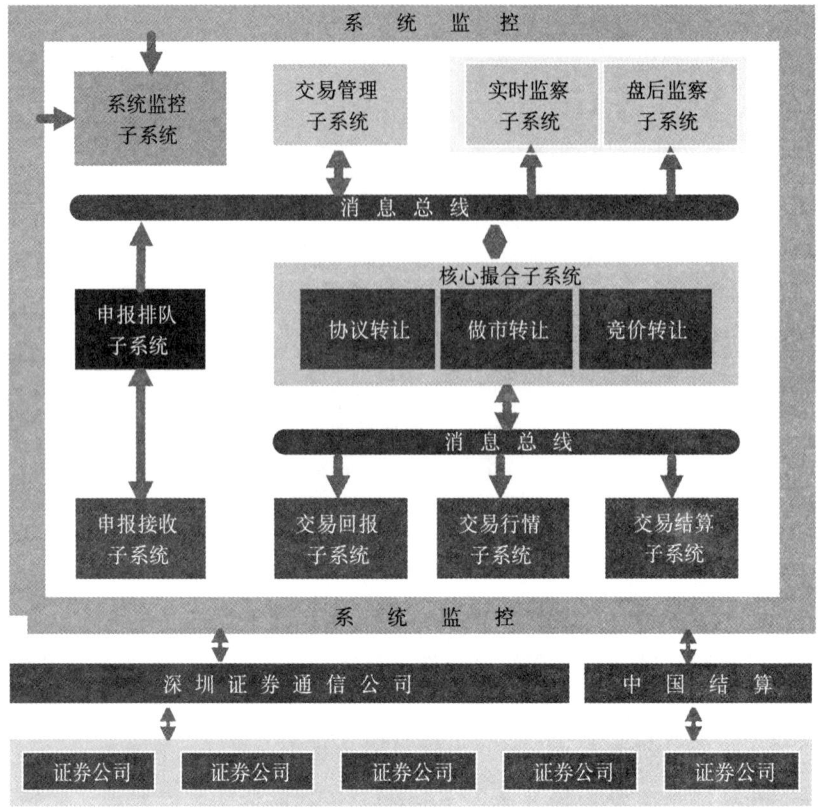

图 2－1 全国股转系统交易支持系统架构

（3）高速的、可靠的、具有去重功能和拥塞控制的组播网络；

（4）全内存方式撮合；

（5）全局统一时间片驱动；

（6）交易和行情相剥离；

（7）全方位的监控运维系统。

二、“沪港通”系统

2014 年 11 月 17 日，作为近年来我国资本市场改革开放推出的重大举措之一的“沪港通”在沪港两地同时启动。“沪港通”打通了港股市场与内地市场之间的通道，实现了内地市场与海外市场的双向资金开放，也实现了我国股票市场对全球经济市场的开放，是中国金融改革的重要一步。

“沪港通”包括“沪股通”和“港股通”。“港股通”，是指投资者委托内地证券公司，经由上海证券交易所设立的证券交易服务公司（以下简称“上交所 SPV”）向香港联合交易所（以下简称“联交所”）进行申报（买卖盘传递），在一定额度内买卖规定范围内的香港联交所上市的股票，以港币报价，人民币收付。“港股通”交易流程见图 2－2。

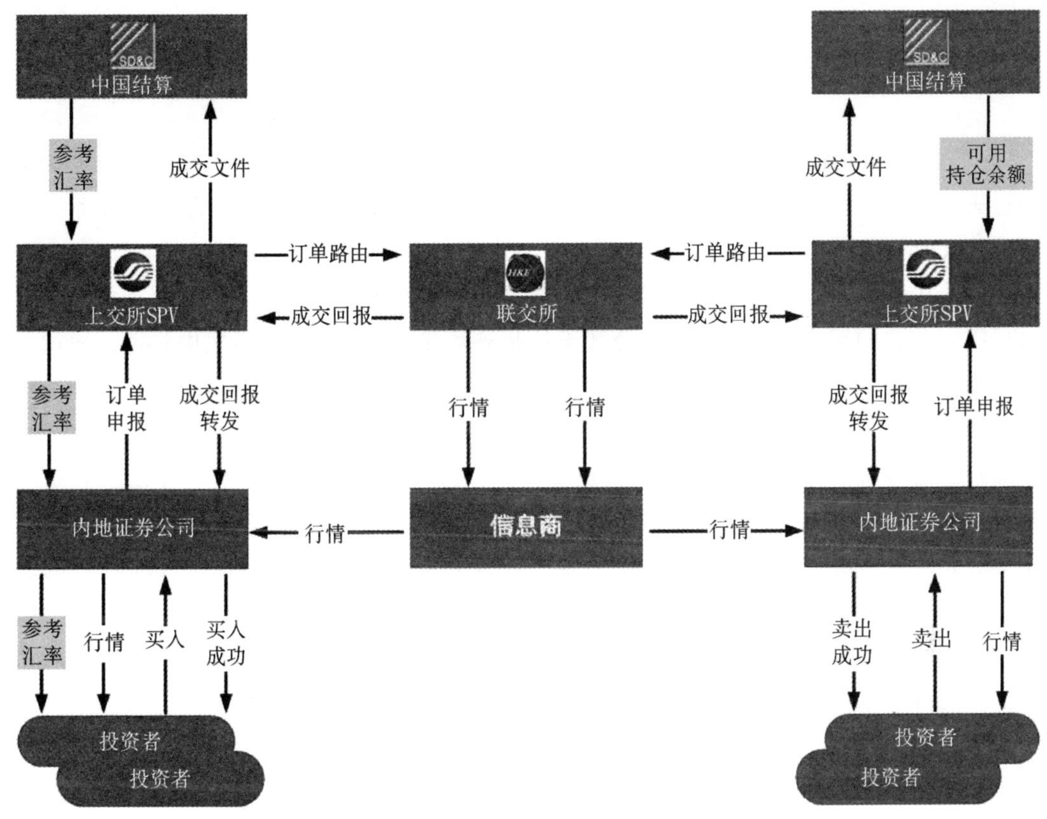

图 2－2 “港股通”交易流程

证券公司“港股通”系统通常采用以下两种模式：

(1) 与集中交易系统集成，在上海市场增加一个港股交易板块，允许上海 A 股账户做港股板块交易。

(2) 建设独立的“港股通”交易系统，处理“港股通”核心交易业务，与集中交易、账户系统通过 ESB 进行数据交互。

与沪、深证券交易所交易系统相比，“港股通”系统具有如下三个特点：

(1) 灵活资金模式控制。由于香港市场和内地市场交收制度的差异，系统通过简单灵活的参数设置，需支持资金垫付及资金不垫付模式。

(2) 支持多币种汇率扩展。汇率管理充分考虑国际化发展趋势，适应未来多币种业务扩展性的需要。

(3) 7×24 小时扩展。系统支持 7×24 小时连续业务，包括交易、清算等，适应国际化不同交易时间扩展性要求。

三、账户管理系统

“一码通”和互联网金融的出现使得一直以来证券公司通过证券账户拴住投资者的方式成为过去。将原有分散的账户体系进行整合，构建“以客户为中心”全方位的服务体系成为证券公司提供增值服务的必然选择。

为此，中信建投证券、齐鲁证券、国泰君安证券、宏源证券、光大证券等证券公司建立了公司级、完整的客户账户体系，将分散于各业务系统的账户资源进行集中管理，通过建设以客户为中心的统一账户管理系统，提供全面的客户资产视图，解决了客户账户管理、资金运用以及面向多渠道开展账户业务的核心需求。

账户管理系统基于 SOA 架构，全方位支持账户业务办理、账户信息管理以及客户资金信息管理等几大基础业务，引进“业务流 + 工作流”的设计理念，有效地整合了客户的账户服务和差异化服务，提升了客户体验；通过构建可扩充（包括云架构、云部署）的服务体系，支持海量并发及多样化的终端接入（如 PC 端、Phone 端、PAD 端、QQ 端、微信端等）；证券公司在账户管理系统的建设中，制定了统一的业务协议标准和规范，为实现系统之间的联通和新系统的敏捷开发奠定了基础。

四、快速交易系统

随着国内证券市场、衍生品市场的发展，机构客户和高端客户日益增多。这类客户对交易速度敏感，对于委托效率要求极高，使用程序化交易、算法交易、高频交易的比重逐步提高。针对客户要求使用专属交易通道的需求，华泰证券、广发证券、银河证券、招商证券、宏源证券等多家证券公司均采用了基于内存数据库建设的快速交易系统。

快速交易系统在保证自身快速、稳定的基础上，实现与原有集中交易系统的有效隔离，系统具有以下特点：

（1）采用内存数据库技术，提供极致快速的交易通道。

（2）快速部署，即插即用的差异化交易系统。

（3）提供标准接口供程序化交易、算法交易等系统接入。

（4）通过企业服务总线，与证券公司集中交易系统协同完成客户证券交易结算业务。

在功能实现上，快速交易系统主要提供快速的委托订单受理、委托申报、成交回转等与竞价交易相关的功能；账户管理、银证转账、日终清算、股份对账、历史数据查询等功能服务，均依托证券公司已有的集中交易系统。快速交易系统支持多节点部署，可按照客户规模、业务品种、地域分布等灵活快速扩展。

五、综合交易系统

为解决多金融产品代销、OTC 等非竞价业务快速开展及个性化交易需求，长城证券、海通证券、宏源证券等证券公司建设了综合交易系统。综合交易系统致力于为公司提供非交易所市场的基金产品、银行理财产品、保险产品、信托产品和柜台交易市场产品的发行、转让、清算、结算等服务，可以针对场外不同金融产品特性及交易规则进行灵活适配，建立稳定的交易渠道。综合交易系统与证券公司的集中交易、登记托管、账户管理等系统通过 ESB 进行数据交互，提供统一的用户交易终端和柜台管理终端，为客户提供便捷的服务。

综合交易系统通常具备以下五个特点：

（1）采用结构化、模块化设计的思路。

（2）采用 SOA 松耦合架构，基于证券公司企业服务总线（ESB）设计开发。

（3）高性能、高可靠和高安全。

（4）灵活性、高扩展性。

（5）交易与支付分离，支持线上线下多种支付方式。

六、机构经纪投资管理系统

随着证券公司盈利结构的逐渐转变，未来传统散户经纪开始受到冲击，证券市场去散户化进程有可能加快，专业资产管理机构将会成为市场主流；私募阳光化开启，小型的专业机构投资者快速发展，私募产品发行门槛大为降低。在这样的大背景下，国内证券公司的机构经纪业务开始扬帆起航，机构经纪投资管理系统应运而生。

机构经纪投资管理系统主要包括投资系统、资产托管系统、中后台运营系统。其中，投资系统是证券公司吸引机构客户的重要法宝，更是其区别于其他证券公司的重要服务渠道。

部署在证券公司本地的机构经纪投资管理系统作为证券公司的私有云系统，是证券公司发展机构经纪业务管理创新的基础云系统。系统通常采用 SOA 的技术架构，其与资产管理领域的交易系统在功能方面有着许多相似之处，但在业务本质和管理模式上具有非常大的差别。主要体现在以下几方面：

（1）系统是面对多管理人的私有云系统：机构投资管理平台架设在证券公司端，机构客户通过远程接入调用其服务。该平台需要提供高频率访问处理、高性能响应、高稳定运行、高精确计算等云端服务，同时必须考虑证券公司端和机构端账户、风险控制、费用、人员权限等方面的分级管理需求。

（2）系统是多样化、个性化的交易服务平台：机构投资管理平台需要能够突出其个性化服务的理念，提供丰富的功能选择。例如：交易上的批量交易、公平交易、自动交易、算法交易、策略交易；账户管理上的多账户管理、子账户拆分、种子基金模式；风控上的风控报表、止盈止损管理、强制平仓管理、全层次风控等内容。证券公司可以针对不同机构客户需求，进行个性化开放。

（3）易扩展的技术架构及强大的外接能力：机构投资管理平台需要更加易于扩展的技术框架和业务架构，方便证券公司进行服务创新，吸引更多的机构投资者。投资交易管理服务平台需要有足够的外接能力，方便机构客户第三方交易工具、清算估值数据，以及各市场行情和咨询数据的接入等需求。

（4）满足机构客户全通道混合资产管理要求：机构投资管理平台需要打通不同的产品交易和发行通道，覆盖多市场、多业务投资标的管理要求，以满足不同机构和不同产品/账户类型的投资需要。

第二节　消费支付系统

随着金融投资呈现多元化趋势，客户对金融资产灵活、高效配置提出了更高的要求。为满足客户通过证券资金账户进行投资、消费、支付的需求，使得客户通过一个账户就能查询和管理个人的综合金融资产，华泰证券、国泰君安证券等证券公司建设了客户资金（支付）系统。

该系统通过与第三方支付机构合作，在较低门槛前提下，让客户能够便捷地完成查询和购买各类以现金定价的普通资讯、交易软件、理财等产品。同时，支持客户通过注册用户名实现水电煤、手机充值等综合支付功能。对应的资金通过第三方支付系统进行快捷支付。

客户资金（支付）系统的建设弥补了证券公司长期存在的资金服务功能少、时间短和手段较为单一等问题，还能拓展证券公司的金融中介主体职能，进一步提升证券公司综合金融服务的水平。

系统的整体架构见图 2－3。

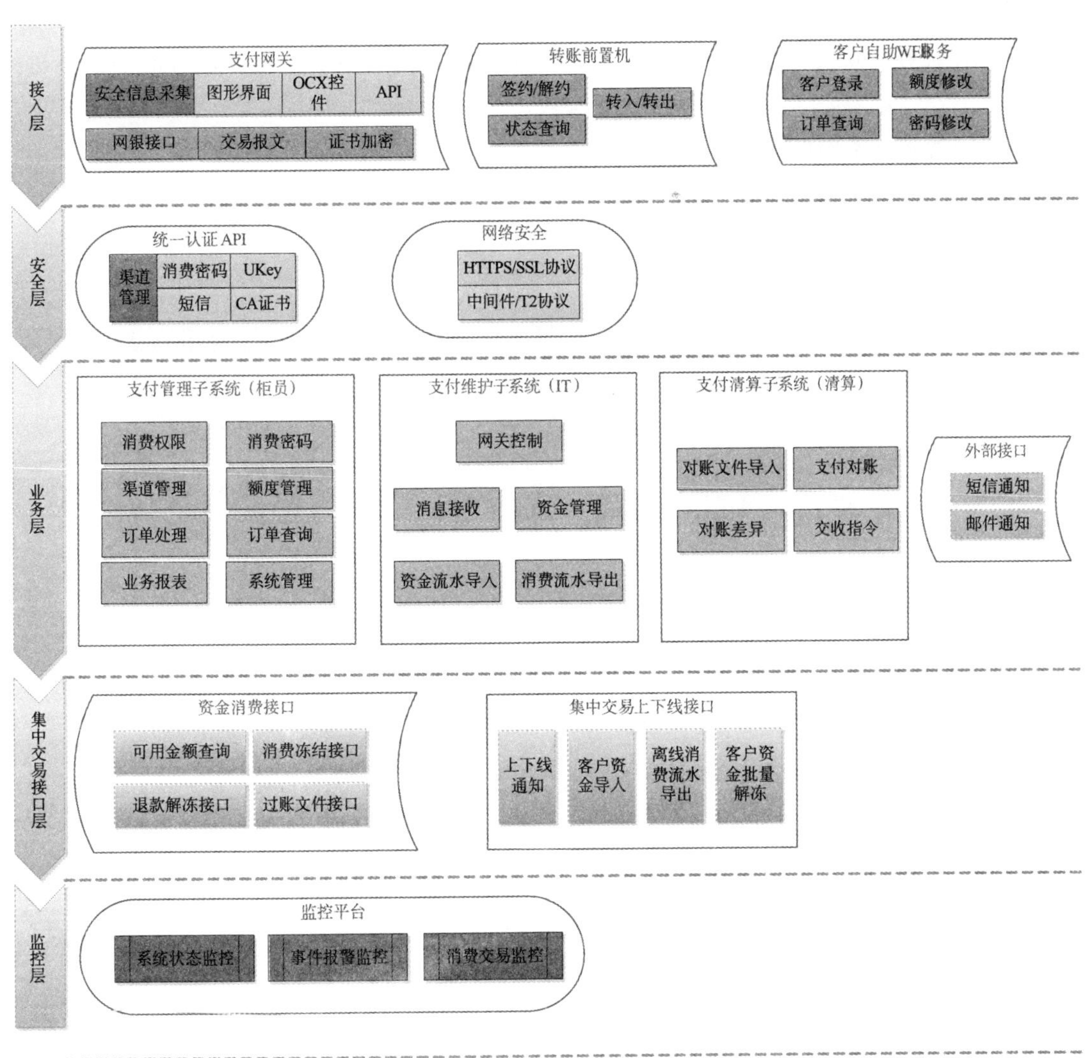

图 2－3　客户资金（支付）系统架构

第三节　资产托管系统

托管业务是证券公司的五大基础职能之一，托管费收入对证券公司而言是一块全新的中间业务收入，是新的利润增长点。取得托管资格的证券公司构建了独立的资产托管系统作为业务支持平台。

证券公司资产托管系统具有以下两方面的特点：

（1）支持全品种托管。包括已有私募基金的产品托管，以及未来托管品种的各种扩展，如证券资产管理、公募基金、私募、保险、社保等所有托管品种。

（2）按证券公司的行业需求进行开发，区别于银行托管系统，具备显著的证券公司托管特征。

资产托管系统架构设计见图2－4。

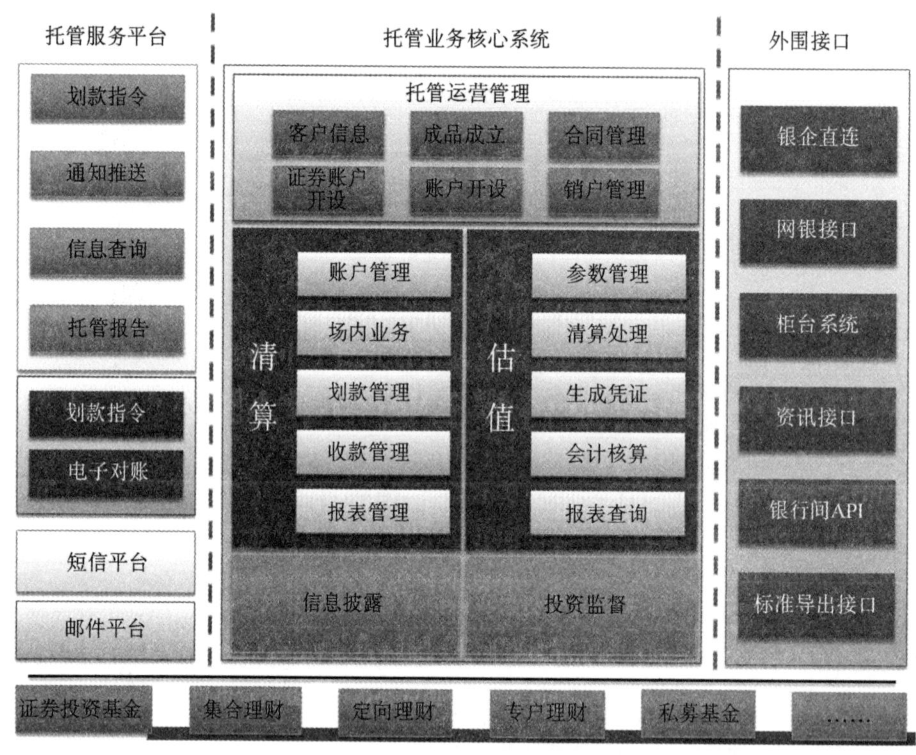

图2－4　证券公司资产托管系统架构

资产托管系统主要由托管清算、托管估值核算、合规监督与绩效评估、信息披露、托管营运管理、托管服务等应用模块组成，以帮助证券公司完成独立核算托管资产、托管资产资金清算与划拨、对监督管理人的投资运作结果、复核管理人的信息披露内容、提供完善的托管个性化服务等托管人职责。

第四节　互联网综合理财服务

互联网技术正在深刻地影响着人类的生活，随着物联网、大数据、移动互联网、云计算等信息技术的创新发展，互联网正在改变着传统金融存贷、支付、交易等核心业务，开创了互联网与金融融合发展的新局面，互联网金融产业链正在形成。越来越多的证券公司在互联网金融方面也开展了各种积极探索。与传统的经纪业务相比，互联网证券面对的客户群体不一样，客户的交易习惯不一样，客户的需求不一样，都使得开展互联网证券和现有的经纪业务相比有较大的差异。因此，证券公司在建设基于互联网的业务支撑系统上，大多采取了独立的信息系统。

一、互联网营销门户

互联网营销门户包括网上开户、线上柜台、理财销售、质押融资、社区服务等功能，同时，基于“前后台松耦合”，“管理系统和业务运营系统松耦合”的设计原则进行系统架构设计，提供标准服务接入接口，方便各种终端的快捷安全接入。

（一）网上开户

网上开户是向用户提供自助开户服务，引导用户完成包括客户登录、身份验证、风险揭示、资料录入、存管签约、风险测评等操作，在客户提交相关资料后，由证券公司柜员对客户资料进行审核复核，回访人员通过呼叫中心系统对客户进行回访，激活后账户开立成功。

（二）线上柜台

（1）金融服务在线受理：通过账户服务、业务办理、行情交易等为客户提供在线、完整、专业、可信赖的金融服务。

（2）引导客户进行业务转化：使用业务推荐的方式引导客户进行业务转化。

（3）临柜业务网上迁移，线下营业部职能转换：通过网上营业厅提供营业部业务运营平台和空间，使营业部业务资源从简单业务办理过渡到业务运营。改变传统低效高成本的线下业务办理模式，降低服务成本、提升服务效率。

（三）理财销售

理财销售不仅仅是将各种产品数据进行前台展示，它还为客户提供“开户—购买—赎回—分析报表—个性化定制”等一整套交易流程和功能服务，将客户从证券交易向客户理财管理延伸，推动证券公司经纪业务转型。

（四）质押融资

质押融资一方面可以把临柜业务搬到线上来处理，包括适当性、征信授信、交易权限开通等，另一方面跟传统融资业务相比，具有门槛低、效率高、到账快、期限活等优势，在资金用途上更加灵活，可用于融资打新、融资买股票、融资可取等模式。

互联网营销门户通常采用松耦合架构，中台业务处理模块可快速平行扩展。证券公司根据自身情况定制流程、合规控制、快速调整业务。随着 OCR 技术的普及，anychat 视频通信、公安验证等技术的成熟与推广，将这些支撑各业务合规化、流程简易化、体验极致化的基础模块整合起来，既缩减了证券公司投入成本，也便于证券公司运维人员维护系统，助力互联网金融在证券公司等金融机构快速推广。互联网营销系统架构见图2－5。

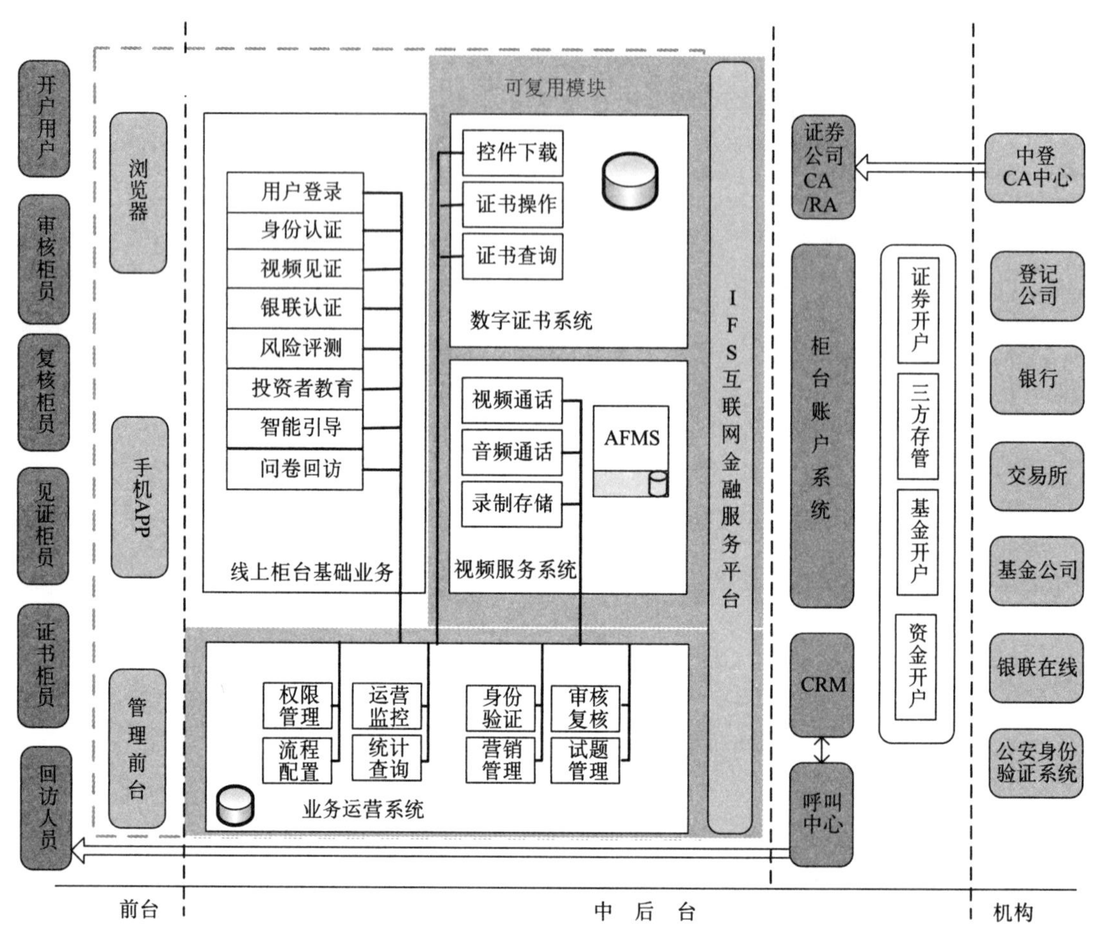

图2－5 互联网营销系统架构

二、多渠道整合服务系统

随着微信、QQ等新型互联网渠道的广泛应用，广州证券、中山证券、华龙证券等证券公司与行业开发商及腾讯公司合作，推出了QQ营销服务系统。该系统整合了传统呼叫中心、在线客服、微信、QQ开户、短信、邮件等全媒体、多渠道的接入及管理，使客户足不出户即办理证券业务，且能够根据客户的交易记录以及行为数据为客户提供更精准的营销服务。

QQ营销服务系统提供了账户类、资金类、交易类以及营销服务类等各类业务，通常由QQ网关、在线客服、信息服务系统组成。QQ营销服务系统能使证券公司在抢占互联网流量入口、积累用户数量的同时，降低运营成本，提升业务能力，其带来的影响涉及账户、客户、产品、新式营销服务、支付、绩效体系、业务模式、管理制度、IT 系统建设等多个方面，最大程度地将线下业务“低成本、广谱式”线上化。

第五节　全面风险管理系统

2014 年 2 月 25 日，中国证券业协会发布《证券公司全面风险管理规范》，要求证券公司建立健全与公司自身发展战略相适应的全面风险管理体系。全面风险管理体系包括可操作的管理制度、健全的组织架构、可靠的信息技术系统、量化的风险指标体系、专业的人才队伍、有效的风险应对机制以及良好的风险管理文化。

全面风险管理信息系统是证券公司全面风险管理体系的重要组成部分。全面风险管理信息系统帮助证券公司对风险进行计量、汇总、预警和监控，并实现同一业务、同一客户相关风险信息的集中管理，以符合公司整体风险管理的需要。系统逻辑架构见图 2 –6。

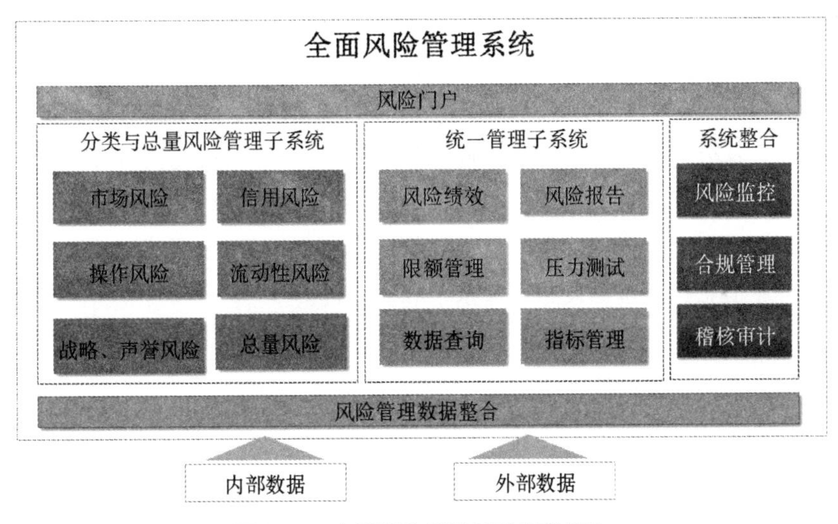

图 2 –6　全面风险管理系统逻辑架构

证券公司通过建立全面风险管理系统，对市场风险、操作风险、信用风险、流动性风险等各类风险进行识别、计量、监测、报告和控制，并对总量风险进行管理。同时，在同一个技术平台和数据基础上，整合风险监控系统、合规管理系统、稽核审计系统，促进信息在部门间的共享，以及风险管理流程的优化。

2015 年，行业机构将进一步完善和发展全面风险管理系统，以场外衍生品业务为代表的场外及私募市场的风险管理，以资本管理、资产负债管理为代表的总量风险管理将成为全面风险管理的方向。

第六节　基础环境建设

一、行业公共基础设施建设

为整合行业内资源，降低行业机构运行成本，在监管层的支持和鼓励下，证联网、行业测试中心、行业备份中心、行业公共支付系统等行业公共基础设施相继投入建设。

证券期货业数据通信专网（即证联网）于2014年12月31日开通运行。证联网实现了监管部门、资本市场各参与主体、银行等相关业务机构的统一接入，能够提供资本市场各主体间全面的网络覆盖，实现交易网络与外汇、利率、票据、银行间债券市场网络的互联互通；建设与境外主要资本市场交易网络的高速连接，全面支持跨境交易，具有“一点接入、多方通信”的特点。证联网是行业业务创新的重要基础平台，是强化资本市场基础设施建设的一项关键举措，能够提高市场效率、降低行业成本、提升行业信息安全保障水平。未来证联网将进一步实现与银行等行业外其他相关机构的高效互联，实现存管银行接入，开展深证通FDEP、中金所银期一线通、中国结算PROP等数据交换系统与证联网对接和迁移工作。

行业数据中心及公共托管设施建设飞速发展。例如，深证通建设了北方、南方、华东三大行业信息技术中心群，提供机房托管、技术研发、产品测试和人员培训等综合信息技术服务，并先后在北京、上海、深圳、大连、郑州等地建设和运营多个高标准行业信息系统托管设施，提高了行业信息技术基础设施保障水平和安全性。

二、高等级数据中心

2014年，国泰君安证券建成并正式启用全新建设的数据中心。国泰君安证券数据中心是行业内首个高等级数据中心，该数据中心按照国标A级机房标准建设，获得了国内金融行业首个LEED－CI金级认证和Uptime Tier4设计认证，开创了绿色行业数据中心级IT运营基础设施建设的先河，为行业建设高等级、低运营成本数据中心探索了一条可行之路。高等级数据中心的主要技术特点如下：

（1）高标准：按照国标A级机房标准、Uptime T4和美国USGBC的LEED－CI金级标准进行设计和实施，充分满足行业实时交易特性对运维可靠性提出的高要求。

（2）巧设计：是亚洲首个通过改建建筑实现Tier4数据中心的案例，可显著降低建设成本。

（3）绿色节能：采用了多种节能技术，环保且节约运营成本。

（4）智慧的数据中心：采用BA、环控、热场能源管理、自动化运维监控系统、二维码巡检系统等，将基础设施和 IT 设备按照设计参数和运行策略进行自动监控和调度运行，大大降低了数据中心级 IT 运行基础设施对人力的要求。

三、自动化运维监控系统

运维监控是保障证券业务系统正常运行的必备手段。证券公司通过建立自动报警监控系统，可以大大提高信息技术运行维护的故障反应能力。

目前，行业内多数证券公司均建立了智能化监控运维管理系统，将集中监控、自动化运行、知识库整合为一体，能够及时预警、发现问题、处理问题，保障信息系统平稳运行。部分证券公司将监控系统全面推广到营业部，有效解决了营业部技术力量不足的问题，帮助营业部快速完成业务转型。

华鑫证券建立了基于业务数据研究的证券运维监控系统，基于对一系列证券业务数据的连续性及堵单、错单等非正常业务数据形成两次不同的快照，并根据数据研究设计合适的报警阀值，两次快照的差值超出该阀值就自动进行报警。这些基于业务数据分析的监控，相对于系统级的监控具有投入少、更切合实际的效果，大大提高了业务处理的快捷性，在行业内具有一定的推广价值。

第七节　基础技术架构

一、企业服务总线

证券公司的核心信息系统由集中交易系统及各周边系统组成。这些系统往往由多个 IT 供应商承建，设计架构上各有不同。随着证券公司业务的快速发展，系统之间的关联日益密切。由于每个系统都有自己独特的协议和接口，系统之间相互访问通常通过协议转换网关进行。这种系统间两两互访的方式给业务和管理带来诸多不便，也增加了大量系统开发对接难度和安全隐患。

为此，长城证券、宏源证券、齐鲁证券、中信建投证券等证券公司规划构建了企业服务总线（Enterprise Service Bus，以下简称“ESB”）。ESB 是证券公司各系统间的信息交互通道，通过建立数据协议标准，在 SOA 体系中能有效解决异构系统、孤立数据之间的信息交互。

ESB 可以实现专有系统间的互联互通，以及专有系统与开放系统间的互联互通，提供便利的运维、管理工具，并对用户的接入做到事前认证、事中监控、事后审计。ESB 解决了证券公司新一代分布式系统的两大关键问题：

（1）解决了终端接入（互联网负载均衡）问题，ESB 实现了分布式架构中各个后台系统对外围终端系统的对接问题，前端系统与后台系统分别对接 ESB，并支持外围多终端渠道的高并发访问及可扩展的接入负载均衡。

（2）解决了后台各业务系统交互问题，协助证券公司完成系统架构中的统一标准协议制定。在新一代分布式系统架构中，解决了多 IT 供应商，多系统交互的接口问题，并通过总线的信息订阅发布机制，实现系统间的数据信息同步。

二、管理开发平台

与银行、保险等资金及 IT 研发实力雄厚的金融机构相比，证券公司 IT 服务大多以外购为主，自主研发能力相对较薄弱，创新业务受制于软件供应商的问题比较严重。为提高自主研发能力，构建先进、统一、灵活、可扩展的基础技术架构，加强公司在信息系统建设中的主导地位，各证券公司开始探索自主研发便捷、高效的工具平台。比如，兴业证券在借鉴当前主流开发平台及其他产品经验的基础上，自主研发了基于 J2EE 的兴业证券 X－UP 服务管理类开发平台，为提升行业自主研发能力进行了有益的探索。

兴业证券 X－UP 服务管理类开发平台（以下简称“X－UP 开发平台”）是基于 J2EE、Eclipse 等开放的技术和平台建立的专用于证券公司服务管理类应用的二次开发平台。X－UP 开发平台采用主流的 MVC 设计框架，通过构件化、图形化、一体化的技术手段，为公司服务管理类系统建设提供快速有效的支撑。平台涵盖设计、开发、测试、部署、运维监控等环节。借助该平台，可极大提升证券公司开发效率和快速响应业务需求的能力，打造低成本、高质量、灵活、易管控的服务管理信息系统。

目前，该平台已成为兴业证券信息化建设重要的底层架构，在兴业证券内部得到了有效应用。借助该平台，公司实现了 AFA 财富管理平台、网上商城等兴业证券核心系统。X－UP 开发平台架构见图 2－7。

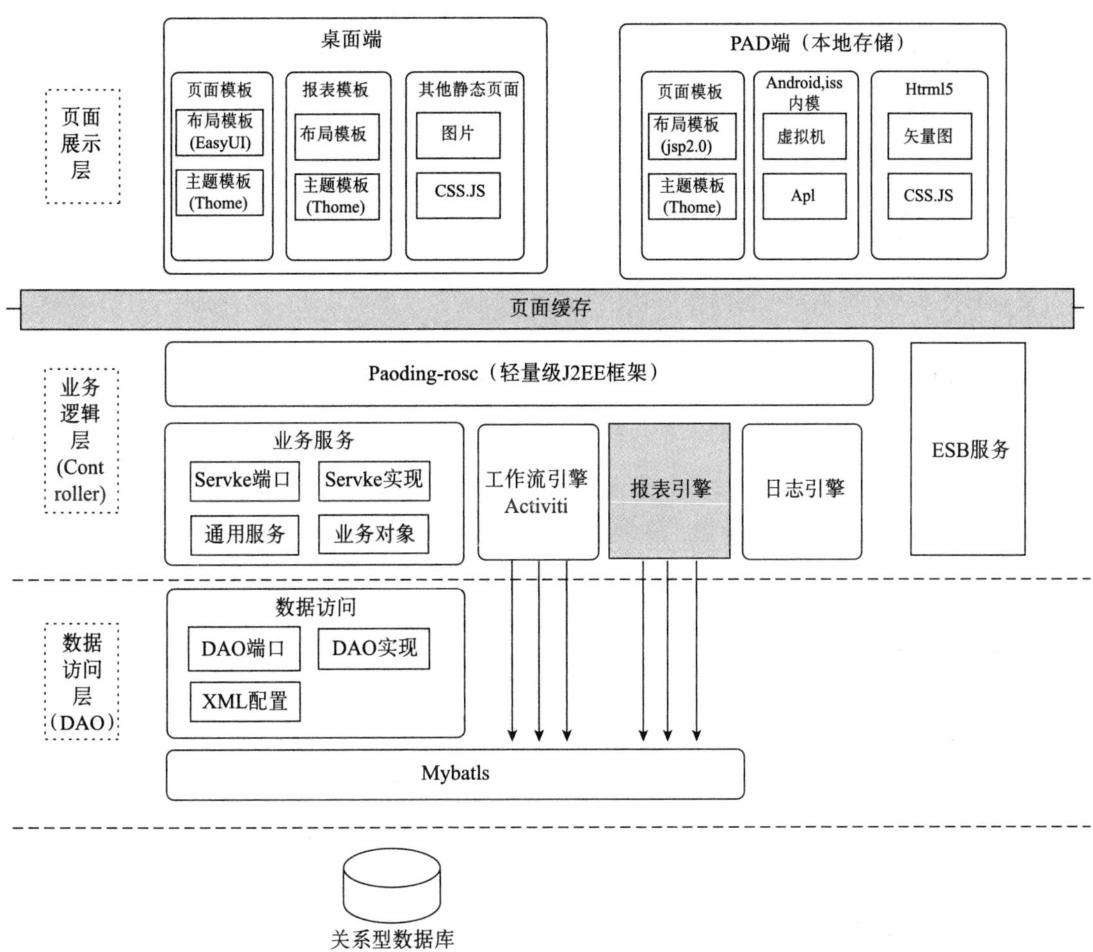

图 2-7　兴业证券 X-UP 服务管理类开发平台架构图

第八节　开源技术应用

一、开源监控系统

随着证券公司营业部的转型，营业部信息系统日益标准化，为降低营业部技术人员技能和数量，集约配置，高效利用人力资源，有效提高工作效率和工作质量，实现营业部信息系统远程监控就非常有必要。比如，宏源证券经多方调研分析，选择了开源的 Zabbix 监控系统进行开发部署，完成了全部 139 家营业部的设备及信息系统监控，从营业部反馈结果及监控系统运行情况来看，远程监控系统告警及时准确，在很大程度上减少了营业部信息技术巡检工作量，达到了预期效果。系统具有以下三个特点。

（一）告警及时性

项目上线两个月以来，已及时发现多起营业部通信线路、转码机、中间件、单向卫星等异常，经营业部及时处理，未对业务造成影响。

（二）准确性

营业部技术人员能根据告警内容及时定位并解决问题，误报率较低，大大提高了工作效率。

（三）减少工作量

采用“人工＋远程监控系统”并行的方式，在很大程度上减少了巡检的工作量，实现了营业部机房无人值守。

Zabbix 监控系统对硬件要求低，安装部署简单，支持监控设备多，便于扩展。因为全部基于开源系统，企业可以免费获取并使用，极大地节省了费用投入，具有行业推广价值。

二、数据服务平台

基于 SOA 架构的交易系统由不同的异构系统组成，很难在一套系统中展现客户完整、实时的交易情况。为解决以上问题，需将不同系统的数据进行整合，基于整合后的大数据，构建高性能、高可用的数据服务体系，为客户提供及时的数据查询服务。

基于此，宏源证券自主设计研发了数据服务平台。该平台大量采用现在互联网应用中流行的开源产品，并根据公司应用现状进行构建。在数据库层面，使用 Mongodb、MySQL；应用服务使用 java 编写，应用服务器采用 tomcat；分布式任务分配采用 Gearman。

数据服务平台的整体架构见图 2－8。其中，应用服务器和转换网关采用高可用、可线性扩展方式部署。

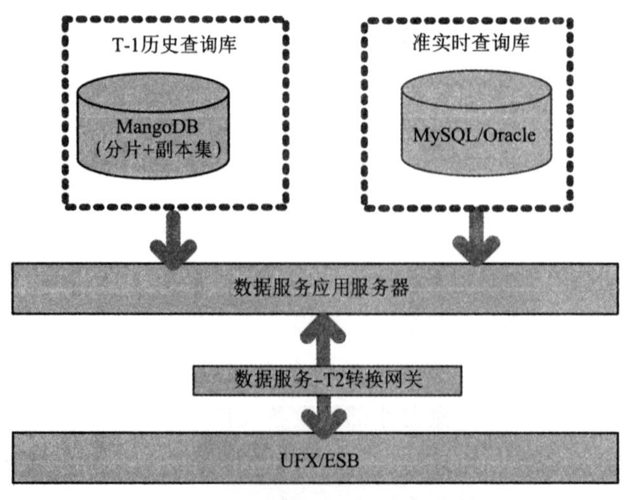

图 2－8　数据服务平台逻辑架构

平台容纳了从 2011 年以来数十亿条客户的持仓、资金、账户等数据，宏源证券已经在数据服务平台上开发了对账单、实时客户资产及交易流水查询等多项应用。该平台采用开放式技术架构，易于扩展，较具行业推广价值。

第九节　云计算服务

云计算是一种基于互联网、动态、可伸缩、按使用量付费的计算模式，这种模式提供可用、便捷、按需的网络访问，使得计算资源变得便宜、方便，且易于管理。低成本、可定制的、高效率的 IT 资源的使用方式结合证券业的发展，为行业信息技术服务带来了变革。

证券公司 IT 系统复杂而庞大，传统上需要解决 5 个层面的问题：基础环境、网络环境、主机和操作系统、数据库及应用系统。重设备、低价值的模式无法给证券公司创造价值，反而使 IT 人员没有精力聚焦在高价值的创新应用上。采用云解决方案，只需要关注应用系统，其他四个基础层面可以全部交由云服务来解决。一方面，不必在机房、网络、设备、基础软件和安全等方面投入过多精力；另一方面，每一元钱的云服务投入，会替代 3—4 元钱的传统 IT 投入。

2014 年以来，部分证券公司如宏源证券、浙商证券采用在云上部署应用系统，以解决机房容量不足、带宽不足、运维强度大等问题。目前，证券公司 IT 系统在遵循监管和合规的前提下，正在按照从小到大、从前到后、从外到内的步骤融入云计算。云计算在可用性、降低网络延时以及减少成本投入等方面的优势恰好匹配了证券公司的需求，使 IT 更好、更快地服务业务，甚至推动业务创新。

一、深证通云服务

云计算主要分为公有云和私有云两种，目前应用比较广泛的是公有云，公有云通常由第三方厂商提供，通过互联网为媒介提供各类服务。

云计算提供三个层次的服务：基础设施即服务（IaaS），平台即服务（PaaS）和软件即服务（SaaS）。这些服务都可以由专业的服务提供商提供。IaaS 服务主要提供计算机基础设施服务，如硬件服务器租用。平台即服务（PaaS）涉及平台底层服务，一般都由云计算服务商提供。软件即服务（SaaS）可以由证券行业内专业的软件开发商提供。

深证通依托自身基础资源、技术能力、运营经验优势，建设了金融云平台，为证券、期货、基金、银行、保险、信托、私募等金融机构提供云计算服务。

在深证通金融云的业务架构中，底层由深证通提供云计算平台以及计算、存储和网络的共享资源池，上层由深证通和各个软件供应商一起，合作提供 SaaS 服务。金融机构在这个开放的云平台上，可以使用基于各类具体业务的云服务，例如行情云、资管云、存储云等。

（一）行情云

深证通行情云有效进行资源整合，成本较证券公司自建模式有一定优势，行情源质量好、速度快，由于具有天然的行业公信力，丰富的行业服务经验，其提供的行情云服务受到证券公司的认同。

（二）资管云

深证通与证券行业内知名软件开发商（恒生电子、金证股份、赢时胜等）共同建立了资管云平台。深证通负责云平台的基础设施建设工作，提供包括场地、网络、硬件设备、虚拟化系统软件等云平台的基础设施，确保满足上层应用软件部署及运行需求。软件开发商负责资管云平台的业务软件系统建设工作，包括软件的开发、部署、维护、升级，提供软件支持容错功能。深证通和软件开发商双方共同制订资管云平台售后服务及运维工作计划、流程，保证系统安全稳定运行。

目前已经有朱雀投资、西藏信托、创金合信等多家公募和私募机构签约使用深证通资管云平台。

二、阿里金融云

阿里金融云服务是为金融行业量身定制的云计算服务，于 2013 年底正式推出，目前已经有 20 余家证券公司接入阿里云，有些证券公司在云上部署的 ECS 服务器已经在百台以上。

目前证券公司接入系统以互联网类和测试系统为主。随着证券公司对云计算的接受度的提高，无论是接入数量还是类型都有明显的加速趋势。目前提供的典型接入服务包括以下四种：

（一）行情/交易

这类系统比较简单，直接迁移上云即可，使用专线或互联网链路获取行情源，不须维护多个异地站点。由于其具有优质网络下的快速行情、开市期间的高带宽、多运营商链路、快速扩容、低运维投入和低成本等特点，得到证券公司广泛认可。

（二）官网/创新业务网站

官网/创新业务网站是典型的互联网应用，采用三层架构部署，使用的云产品有 SLB、ECS 和 RDS，具有优质网络、多运营商链路和弹性扩展的特点。

（三）手机证券/非现场开户等 App 应用

手机证券/非现场开户等 App 应用是典型的移动互联网应用，终端类型广泛，接入运营商链路多，访问体验要求高，App 升级或运营活动时带宽和计算资源需求量巨大，具有快速部署、弹性扩展和良好的用户体验。

（四）大数据分析类应用

大数据分析类应用尚没有部署正式生产系统，已有证券公司开始测试，包括自建 Hadoop 集群以及直接使用阿里云的 ODPS 大数据服务。

第三章
2015 年中国证券业信息技术与服务展望

第一节　基于 SOA 松耦合架构的新一代交易结算体系

证券公司目前使用的证券交易系统大多是于 2006—2007 年建成，采用“大集中”紧耦合的技术架构，满足交易所推出的股票、债券等标准化产品的竞价交易系统。随着证券市场的高速发展，这种紧耦合架构日益暴露出开放性差、灵活性和扩展性不足、对新业务支持缓慢等问题。基于此，部分证券公司开始规划基于 SOA、松耦合、分布式架构的新一代交易结算系统，采用“后台统一、中台解耦、前台整合”的设计思路，后台是统一的登记托管、资金存管及支付系统；中台是分别针对竞价及非竞价交易构建的分布式交易处理系统；前台是整合的柜台受理系统及客户终端系统。各系统通过企业服务总线（ESB）协同工作，实现了不同类型业务处理的相对独立，使交易结算体系架构能够灵活快速地适应业务的增长和变化，并逐渐摆脱单一系统开发商的制约，为投资者提供高效、完善的交易结算服务。2014 年，长城证券、海通证券、宏源证券等证券公司已经在多金融产品销售、OTC、港股通、股票期权等系统建设中采用该新型体系架构，进行了有益探索，有效降低了新业务上线的技术风险，实现了对创新业务的快速支持。

由于 SOA 松耦合架构的交易结算系统具有较强的灵活性、扩展性，能较大程度降低交易结算风险，其架构的先进性正被越来越多的证券公司所认可，部分证券公司采用该架构进行的成功探索也为行业未来交易结算系统的发展迈出了重要的一步。2015 年，预计行业公司将从系统架构、数据模型、业务流程、协议规范等方面进行优化，在进一步提升分布式架构跨系统处理效率、数据一致性的基础上，将基于此架构的新一代交易结算体系逐步向全行业推广。

第二节　云服务进一步深入广泛应用

创新的应用服务模式和高可扩展性是云计算区别于传统 IT 行业最显著的特征。许多国家将云计算和产业定位为维持国家核心竞争力的重要手段之一，制定了一系列的云计算政策，通过强制政府采购和指定技术架构来推进云计算技术进步和产业落地发展。我国在 2012 年发布的《通信业“十二五”发展规划》中，将云计算定位为构建国家信息基础设施创新的关键技术和重点发展方向，制定了《中国云科技发展“十二五”专项规划》，并且在云计算基础产品和操作系统技术方面均取得了突破性发展。

在企业层面，阿里、百度等互联网企业均开放了云计算平台，阿里在金融领域推出了阿里金融云；浪潮集团发布了云数据中心操作系统，帮助用户从低效的传统数据中心向智能高新的云数据中心转变。在金融行业，深证通将云计算和大数据作为其企业的战略发展方向，与计算厂商合作，建立了基于开源 Openstack 的云计算平台。这个平台主要服务于金融行业客户，提供 IaaS 层面的基础资源服务，同时联合业内主要的软件提供厂商推出了 SaaS 服务，目前已经建成了行情云、基金云、资管云、金融服务云。

2014 年已经有部分证券公司采用在云上部署应用系统，初期以 IaaS 和云行情为主，以解决机房容量不足、带宽不足、运维强度大等问题。随着云计算的日趋成熟，预计 2015 年将有更多的证券公司基于快速部署业务、弹性扩张、节约成本等角度开始建设或使用外包云服务。公有云与私有云，从竞争关系转为互补，金融证券领域行业数据中心和独立的软件提供商结合可以为行业提供越来越多、越来越灵活的业务服务。证券公司在受益于私有云安全性和可靠性的同时，也将充分利用公有云或行业云的易扩展性和灵活性，对混合云的需求将日益增加，技术平台外包和软件外包也将成为趋势和潮流。

第三节　跨界融合发展，互联网金融持续创新

跨界合作、融合发展在 2014 年互联网金融领域已经初现端倪。华泰证券、中山证券、广州证券、华林证券等证券公司与腾讯、阿里及行业软件开发商合作，推出了佣金宝、QQ 开户；中信证券与金融界合作推出证券通，将呼叫中心、在线客服、微信平台、QQ 开户、短信、邮件等全媒体、多渠道接入进行整合，使客户足不出户即办理证券业务。证券公司在互联网金融发展过程中，正在与越来越多的互联网企业进行跨界合作，互联网金融已经成为大势所趋。

互联网金融的快速发展也对建设行业公共支付或第三方存管平台提出了迫切需求，以实现投资者跨机构、跨行业的资金支付功能，让投资者拥有更便捷的交易、理财、消费渠道，加快投资者资金周转率，促进行业机构的业务拓展和创新。

互联网金融为证券公司、IT 企业提供了新的业务思路及技术手段。通过互联网金融，证券公司可以获取互联网公司庞大的客户资源及营销渠道，为客户建立全面的理财规划方案，提供各种交易或非交易类金融服务，大力扩展了公司的服务领域。2015 年，必将会有更多的证券公司与互联网公司跨界合作，把证券交易和理财服务从线下转移到线上，在抢占互联网流量入口、积累用户数量的同时，降低运营成本，提升业务能力。互联网“开放、平等、协作、分享”的精神将进一步向传统金融行业渗透，从“免费战略——获取用户”的初级阶段逐步向“利用金融技术深度挖掘客户价值”发展，全面影响证券公司账户、客户、产品、营销服务、支付、绩效、业务模式、管理制度等多个方面，证券公司融合便捷度和极佳客户体验的服务将大行其道。

第四节　构建大数据平台，充分挖掘数据价值

大数据技术在互联网企业已经有较为广泛的应用。2014 年国泰君安证券、中信证券等证券公司也开始在大数据技术平台上进行尝试开发，取得了初步成果，包括通过用户画像，实现用户服务的精准营销，开发高管驾驶舱、客户分析、合规反洗钱等数据应用。随着越来越多的证券公司认识到数据分析对公司经营管理的巨大助推作用，大数据技术平台和应用的建设将成为证券公司 2015 年的重点工作之一。证券公司通过大数据技术，将逐渐实现公司经营从以“客户为中心”向“以用户为中心”转变，实现从经验决策向数据决策转变，充分挖掘数据价值，为公司风险管理和经营决策提供数据支持，并提供更加精准的客户服务和产品营销策略，全面提升公司级客户信息服务能力。

第五节　深入探讨程序化交易的应用及风险防范措施

程序化交易、算法交易在欧美发达国家的金融市场上运用较为广泛，主要被机构投资者用于篮子交易、套利交易，对大单指令进行分拆，以降低市场的冲击成本，提高执行效率和订单执行的隐蔽性。ETF 基金、股指期货上市以来，我国程序化交易得到较快发展，量化投资规模不断扩大，但与发达国家相比，我国程序化交易发展水平仍处于起步阶段。目前，程序化交易主要被投资者用于 ETF 套利、期现套利、跨市场交易中。2013 年，某证券公司因

套利交易操作风险而引发的市场剧烈影响，使行业监管、证券公司认识到程序化交易风险的防范控制水平亟须提升。

程序化交易风险大致可分为业务风险、技术风险和操作风险，从信息技术角度可通过加强程序化交易系统的设计、开发及测试、运维规范等方面来尽量降低技术风险。近年来，交易所和各参与机构已逐步开始探索和实践程序化交易技术风险的控制研究，认识到风险控制是程序化交易系统建设的首要因素，监管层面也在不断探讨监管措施的完善。尽管程序化交易系统在推出前一般都会经过论证、模拟、分析、测试等过程，但仍不能预知所有的风险。在程序化交易的大趋势中，整个行业携手完善风险控制、监管制度等措施，才能共同促进未来的程序化交易健康、规范发展。

专题报告之六：
2014 年中国证券公司合规与风险管理发展综述

第一章
2014 年中国证券公司合规管理概况

第一节 2014 年证券公司合规管理基本情况

2014 年是中国证券行业全面推行合规管理工作的第 7 年。行业内证券公司普遍建立了完善的合规管理组织架构和制度体系，各项合规管理职能得到有效落实。证券公司各业务条线根据外部法律、法规和准则的规定，不断建立健全相应的管理制度和操作流程，并根据这些规则的变化，及时修订完善。2014 年全年整个行业合规管理工作进一步深化，有力保证了证券公司创新发展的有序进行。

中国证监会以证券公司风险管理能力为基础，结合公司市场竞争力和合规管理水平，对证券公司实施分类监管。2014 年参加中国证监会证券公司评价的公司共 115 家，其中 19 家公司与其母公司合并评价，共计 96 家单位参与评价。其中，评价结果为 A 类的公司占比 39.6%，比 2013 年下降了 4.2 个百分点，其中 AA 级公司 20 家，A 级公司 18 家；B 类公司数量占受评公司总数的 54.2%，比 2013 年提高了 15.7 个百分点，其中 BBB 级、BB 级和 B 级公司分别为 20 家、19 家和 13 家；C 类公司共 6 家，占比 6.3%，比 2013 年下降了 11.4

个百分点，其中 CCC 级、CC 级、C 级公司分别为 3 家、2 家、1 家。2014 年证券公司评价结果无 D 类和 E 类公司。

根据 2014 年底中国证券业协会组织的行业调查，在证券公司合规管理部门设置情况方面，大约 51.92% 的证券公司设立了专职的合规部门，48.08% 的公司将合规部门与风险管理部门合并设立，两者比例大致相当。同时，大多数（66.35%）证券公司已将法律部门与合规部门合并。

从证券公司合规管理人员情况来看，截至 2014 年底，公司专职合规管理人员数量在全体员工中平均占比 1.30%，专职与兼职合规管理人员总数平均占比 5.26%。其中，行业内证券公司均配备了专职合规管理人员（平均为 16 人），有利于确保合规工作的独立性；93.27% 的证券公司采取在分支机构及业务条线上配备兼职合规管理人员（平均为 55 人）的分散化管理方式，有利于合规工作与公司业务紧密结合。从合规管理人员的知识背景看，绝大多数（99.04%）证券公司配备了具有法律背景的合规管理人员，占全体合规管理人员的比例平均为 36.35%。行业内新产品新业务的不断涌现对合规管理人员的业务知识水平提出了更高的要求，因此已有较多的合规管理人员具备金融或经济管理（平均占比 32.48%）、财会或审计（平均占比 17.47%）知识背景。同时，随着合规管理对信息技术支持要求的日益提高，已有 73.08% 的证券公司配备了具有信息技术知识背景的合规管理人员，平均占比 8.59%。

从证券公司合规部门人员变动情况来看，2014 年度约 50% 的证券公司合规部门人数得到增加，与 2013 年度同期相比平均增长 30.63%；约 14.42% 的公司合规部门人数减少，减幅平均为 16.70%。从合规部门人员流向上看，大约 25% 的证券公司合规部门主要人员流动到了业务部门。

第二节　行业监管规则与自律规则体系的发展情况

2014 年，创新仍然是证券行业发展的重心和主线。5 月，“2014 年证券经营机构创新发展研讨会”召开，明确提出证券行业应当抓好学习、抓好创新，提升内部管理有效性、提升客户服务质量、强化全面风险管理，坚持依法合规经营，严守职业道德底线[①]。与此同时，中国证监会发布了《关于进一步推进证券经营机构创新发展的意见》，明确了中国证监会今后一段时期将通过支持建设现代投资银行、支持业务产品创新、推进监管转型来推动证券经营机构创新发展。在这一思路下，为支持建设现代投资银行，2014 年度中国证监会全面推进创业板市场改革，推动创业板市场成为支持创新型、成长型中小企业

① 《中国证监会主席助理张育军在 2014 年证券经营机构创新发展研讨会上的讲话》，2014 年 5 月 16 日。

发展的资本市场平台[①]；完善新股发行改革相关措施，突出事中事后监管，为下一步向注册制改革过渡打下良好基础[②]；开展优先股试点，拓宽融资渠道[③]；健全上市公司并购重组制度，减少和简化行政许可，采取市场化监管[④]；制定非上市公众公司并购重组规则体系，便于中小微企业集合优势资源、促进产业升级[⑤]；修订《公司债券发行与交易管理办法》，扩大发行主体范围、丰富债券发行方式、增加债券交易场所、简化发行审核流程、加强债券市场监管[⑥]。

为支持业务产品创新，2014 年度中国证监会与香港证监会启动沪港股票市场交易互联互通机制试点（以下简称“沪港通”），允许两地投资者通过当地证券公司（或经纪商）买卖规定范围内的对方交易所上市的股票。“沪港通”推进了沪港两地资本市场双向开放，开创了操作便利、风险可控的跨境证券投资新模式[⑦]。此外，中国证监会修订《证券公司及基金管理公司子公司资产证券化业务管理规定》及配套规则，取消资产证券化业务的行政审批，强化重点环节监督；制定《股票期权交易试点管理办法》及相关指引，推动股票期权业务的顺利开展[⑧]。

为推进监管转型，中国证监会逐步深化审批改革。2014 年度，中国证监会共取消涉及次级债、托管、转融通等业务的 11 项行政审批项目以及 2 项职业资格许可和认定事项[⑨]。此外，为加强资本市场诚信建设，中国证监会正式启动运行全国统一的“资本市场诚信数据库”，通过对市场参与主体诚信状况的全面记录、查询使用以及公开、共享，体现失信受制、守信得益的导向，督促市场参与主体自觉诚信守法，不断提高资本市场诚信水平[⑩]。随后，中国证监会修改了《证券期货市场诚信监督管理暂行办法》，明确规定将以诚信数据库为基础，建立违法失信信息互联网公示平台，进一步强化市场诚信监督与约束[⑪]。

---

① 中国证监会：《中国证监会健全多层次资本市场体系全面推进创业板市场改革》，http：//www. csrc. gov. cn/pub/newsite/zjhxwfb/xwdd/201403/t20140321_245897. html，2014 年 3 月 21 日。

② 中国证监会：《中国证监会完善新股发行改革相关措施》，http：//www. csrc. gov. cn/pub/newsite/zjhxwfb/xwdd/201403/t20140321_245900. html，2014 年 3 月 21 日。

③ 《优先股试点管理办法》（证监会令［第 97 号］）。

④ 《上市公司重大资产重组管理办法》（证监会令［第 53 号］）；《关于修改〈上市公司收购管理办法〉的决定》（证监会令［第 108 号］）。

⑤ 中国证监会：《中国证监会新闻发言人就非上市公众公司并购重组办法答记者问》，http：//www. csrc. gov. cn/pub/newsite/zjhxwfb/xwdd/201405/t20140509_248733. html，2014 年 5 月 9 日。

⑥ 中国证监会：《关于就〈公司债券发行与交易管理办法（征求意见稿）〉公开征求意见的通知》，2014 年 12 月 5 日。

⑦ 中国证监会：《肖钢主席在“沪港通”开通仪式上的致辞》，http：//www. csrc. gov. cn/pub/newsite/zjhxwfb/xwdd/201411/t20141117_263427. html，2014 年 11 月 17 日。

⑧ 《证券公司及基金管理公司子公司资产证券化业务管理规定》（证监会公告［2014］49 号）、《股票期权交易试点管理办法》（证监会令［第 112 号］）。

⑨ 中国证监会：《中国证监会取消三项行政审批项目》，http：//www. csrc. gov. cn/pub/newsite/zjhxwfb/xwdd/201402/t20140225_244259. html，2014 年 2 月 25 日；《中国证监会取消和调整一批行政审批项目等事项》，http：//www. csrc. gov. cn/pub/newsite/zjhxwfb/xwdd/201412/t20141212_265024. html，2014 年 12 月 12 日。

⑩ 中国证监会：《资本市场统一的诚信数据库正式运行》，http：//www. csrc. gov. cn/pub/newsite/zjhxwfb/xwdd/201408/t20140808_258971. html，2014 年 8 月 8 日。

⑪ 《关于修改〈证券期货市场诚信监督管理暂行办法〉的决定》（证监会令［第 106 号］）。

在放松管制、推动创新的同时，自律组织也加强了对证券公司创新业务管理的规范和指导。2014 年 1 月，中国证券业协会修订形成《证券公司客户账户开户协议指引》和《证券交易委托代理协议指引》，明确投资者可以通过见证、网上及其他方式开户，委托证券公司买卖证券时应保证其账户中有足够的资金或证券。2 月，为防范客户资产管理创新业务相关风险，中国证券业协会发布补充通知，规范银证合作定向、聘用第三方机构为集合资产管理计划提供投资决策、分级集合资产管理计划、投资非标品种等①。同月，中国证券业协会为推动证券公司建立健全风险管理体系，实现创新发展与风险管理的动态平衡，发布《证券公司全面风险管理规范》及《证券公司流动性风险管理指引》，要求证券公司需建立全面风险管理体系，加强证券公司流动性风险管理②。8 月，《证券公司柜台市场管理办法（试行）》发布，明确了柜台市场的业务规范、信息披露和自律管理等内容，规范证券公司柜台市场业务的开展。10 月，《证券公司短期公司债券试点办法》发布，规范证券公司短期公司债券的发行和转让行为，进一步拓宽证券公司融资渠道③。11 月，为推进产业转型升级，支持企业兼并重组，中国证券业协会发布《并购重组私募债券试点办法》，规范并购重组私募债券在机构间私募产品报价与服务系统的发行和转让业务④。12 月，在从业人员素质和执业操守日益影响行业能否健康持续发展的背景下，中国证券业协会发布了经修订的《证券业从业人员执业行为准则》，进一步明确从业人员的责任，强化从业人员的行为管理，将《证券业从业人员执业行为准则》的地位提高到从业人员执业基本前提的高度，督促从业人员合规执业⑤。

---

① 《关于进一步规范证券公司资产管理业务有关事项的补充通知》（中证协发［2014］33 号）

② 《关于发布〈证券公司全面风险管理规范〉及〈证券公司流动性风险管理指引〉的通知》（中证协发［2014］36 号）。

③ 《关于发布〈证券公司短期公司债券试点办法〉的通知》（中证协发［2014］184 号）

④ 《关于发布〈并购重组私募债券试点办法〉的通知》（中证协发［2014］197 号）

⑤ 中国证券报：《适应行业发展 新准则应运而生》，2014 年 12 月 25 日。

第二章
2014 年中国证券公司合规管理职能履行情况和面临的问题

第一节 2014 年中国证券公司合规管理职能的履行情况

根据《证券公司合规管理试行规定》，合规管理是指证券公司制定和执行合规管理制度，建立合规管理机制，培育合规文化，防范合规风险的行为。证券公司合规管理主要通过以下 10 项职能的履行得到实现。

一、合规咨询与合规审查

合规咨询是合规总监与合规部门为了防范合规风险，向证券公司各部门、各分支机构提供方便适用的法律法规、自律规则、相关政策和公司内部制度的解释和咨询服务。各证券公司的合规咨询工作基本涉及各项业务开展及内部管理中遇到的规则适用与理解问题，目标是保证法律、法规和准则得以准确理解和应用。各公司合规总监也根据实践中遇到的问题，向监管部门进行不定期的咨询活动。2014 年，各证券公司通过中国证监会机构部主任信箱等渠道就监管规定的理解与证券监管机构进行了良好互动，咨询结果及时有效地指导了证券公司合规管理工作。

合规审查是合规总监与合规部门对公司内部管理制度、重大决策、新产品和新业务方案等进行合规审查，并出具书面的合规审查意见。2014 年，证券公司普遍根据监管规定，就公司内部管理制度、重大决策、新产品和新业务方案、监管机构要求公司报送的材料报经合规总监审查及其他合规审查，并出具书面合规审查意见。各证券公司注重从新业务、新产品设计环节起就参与新业务、新产品方案的论证，出具专项合规意见。合规审查涵盖全国中小企业股份转让系统主办证券公司业务、股票质押式回购业务、权益收益互换业务、托管业务、资产证券化、资产管理计划业务创新、非现场开户、第三方支付、代销金融产品、互联网金融、“沪港通”、股票期权、上海自贸试验区业务等多项创新事项。

二、合规监测

合规监测是对证券公司及其工作人员的经营管理和执业行为的合规性进行监督的重要手段，其中对员工执业行为的合规性进行监测是合规监测的重要内容之一，主要目的在于防止员工违规进行股票交易、代客理财以及泄露或不当使用敏感信息。2014 年，证券公司普遍开展了员工执业行为合规监测工作，包括从业人员股票交易行为合规监测，办公网络及办公设备电子通信信息合规监测，以及相关的调查处理、教育培训、合规提示和责任追究等一系列措施。

在从业人员股票交易行为合规监测方面，证券公司普遍要求从业人员报备证券账户，指定交易或托管到公司营业部，公司对从业人员账户进行监控，或者定期提供交易记录，公司对交易记录进行审查。同时，证券公司一般还对公司配发办公设备上发生的股票交易行为进行合规监测，主要通过监测办公电脑、办公电话 MAC 地址在集中交易系统中的交易来实现。

在办公网络及办公设备电子通信信息合规监测方面，证券公司主要开展了以下工作：（1）办公邮件合规监测，主要对员工办公邮件收发归档留痕，个别证券公司开始尝试采用事前审批、事中预警监控、事后审计等监控措施；（2）上网通信信息监测，主要通过系统对办公网络即时通信信息（如 QQ、飞信、阿里旺旺等）和办公网络个人邮件收发进行合规监测；（3）重点敏感岗位办公电话监测，主要实施录音留痕、定期抽查、事后调用等措施；（4）私人设备带入办公场所、接入办公网络的准入控制。

基于境外证券公司有条件地允许员工从事股票交易的管控经验①，以及新《基金法》允许公募基金从业人员证券投资的实践，变堵为疏，允许证券从业人员买卖股票并进行适当监控将是今后的一种发展趋势，这将对证券公司合规监测工作提出更高的要求。在这种情况下，证券公司将需要建立严格的证券从业人员股票交易审批和监控机制，充分防范利益冲突。

---

① 以美国和中国香港为例，要求证券从业人员应向所任职的证券公司报备账户并一般在所任职公司或其关联公司进行交易，员工下单前应经所任职公司审批同意。如果员工在其他公司开户并交易，该开户机构应对员工交易是否会对其任职公司产生不利的影响进行判断，并将交易情况提供给其所在公司。对于易涉及重大敏感信息的投资银行项目，美国要求证券公司员工不得利用任何有经济利益的账户买卖该股票。同时，为了防范证券分析与客户之间的利益冲突，美国和中国香港对证券分析师的股票买卖行为规定了更为严格的禁止性要求。见《美国证券交易商协会规则 3040：关联人私人交易规则》（NASD Rule 3040：Private Securities Transactions of an Associated Person，amended by SR－NASD－99－60）；《美国证券交易商协会规则 3050：关联人交易规则》（NASD Rule 3050：Transactions for or by Associated Persons，amended by SR－NASD－2005－087）；《美国金融业监管局规则 5130：首次公开发行证券买卖限制规则》（FINRA Rule 5130：：Restrictions on the Purchase and Sale of Initial Equity Public Offerings，amended by SR－FINRA－2009－046）；《美国证券交易商协会 2711 规则：研究分析师及研究报告规则》（NASD Rule 2711：Research Analysts and Research Reports，amended by SR－FINRA－2007－011）；《美国证券交易商协会规则 2711》（NASD Rule 2711）；香港《证券及期货事务监察委员会持牌人或注册人操守准则（2012 年 6 月）》；香港《证券及期货事务监察委员会持牌人或注册人操守准则（2012 年 6 月）》。

三、法律、法规和准则跟踪

法律、法规和准则跟踪是指证券公司合规总监与合规部门密切关注并持续跟踪法律、法规、规章及其他规范性文件，行业规范和自律规则以及行业公认并普遍遵守的行为准则等的最新发展变化，及时准确地将相关信息分解和传递到业务部门和业务条线，指导其对内部相关规定或业务流程进行改进，确保修订后的政策和程序符合法律、法规和准则的规定。

2014 年度，在新产品、新业务不断推出，相应的法律法规准则不断发布的情况下，各证券公司合规部门动态跟踪法律法规准则的制定和修订情况，及时进行解读，并在合规管理报告、合规信息专栏等书面或网络媒介上发布，供公司领导或相关部门参考。同时，合规管理人员也积极与业务部门和职能部门开展互动交流，组织专项培训，督促相关部门对照最新监管规则，修订完善内部管理制度和业务流程。

四、信息隔离

2014 年度，行业内证券公司信息隔离墙制度不断完善，通过信息隔离墙制度管控投资银行、证券自营、证券投资咨询、客户资产管理、直接投资、证券经纪、融资融券等可能存在利益冲突的业务间敏感信息的不当流动和使用，防范内幕交易，管理利益冲突。证券公司普遍采取了物理、人员、资金、账户、系统等基础隔离措施，以及观察名单管理、限制名单管理、跨墙管理等信息隔离措施，加强对信息隔离风险的管控。证券公司信息隔离墙管理系统建设逐步成熟，电子化管理程度加深。在使用信息隔离墙管理系统的公司中，部分证券公司已实现系统与公司投资银行、自营、客户资产管理、投资咨询等业务系统的对接，提高了信息隔离墙工作的效率和准确性。

在行业创新过程中，证券公司业务协同、业务整合得到增强的同时，也容易发生敏感信息在利益冲突业务之间的流动和使用，可能导致内幕交易、利益冲突。证券公司也普遍认识到在业务创新的过程中必须加强信息隔离墙工作，并积极开展了针对新产品、新业务的信息隔离墙制度设计，保障创新工作的顺利开展。同时，证券公司的组织构架、产品业务逐渐打破了原有的业务条线并进行重新整合。目前，部分证券公司开始研究探索“以风险为本”的工作思路，从敏感信息不当流动和使用的风险出发，判断是否采取信息隔离墙措施以及采取何种措施。

五、反洗钱

2014 年，反洗钱金融行动特别工作组（FATF）对所有成员的反洗钱、反恐怖融资工作进行第四轮评估，标准比以往更加严格，给各国反洗钱工作带来新的挑战；有关国家和地区加大对洗钱犯罪的处罚力度，各国金融机构普遍面临新的监管压力；我国国内洗钱和恐怖融资形势依然严峻，对金融机构的发展带来威胁。在此形势下，中国人民银行 2013 年 1 月发布《金融机构洗钱和恐怖融资风险评估及客户分类管理指引》，指导证券公司完善洗钱和恐怖融资风险评估以及客户风险等级划分等工作；印发《金融机构反洗钱监督管理办法（试行)》，调整非现场监管报表的格式、频率及报送要求，并明确反洗钱年度报告规范；进行《金融机构大额交易和可疑交易报告管理办法》的修订工作，以期建立更为有效的大额和可疑交易报告工作模式。与此同时，中国证券业协会依据中国人民银行的相关制度，将原有的《会员反洗钱工作指引》和《证券公司反洗钱客户风险等级划分标准指引（试行)》修订合并为《证券公司反洗钱工作指引》，并给出《证券公司反洗钱客户风险等级评估参考指标》(《指引》附件)，对客户风险等级划分的有关要求予以细化。

2014 年度，证券行业按照中国人民银行监管要求和中国证券业协会自律规范要求，广泛持续开展了反洗钱制度建设、组织架构完善、客户身份识别及客户资料保存、客户洗钱风险评估及等级划分、大额和可疑交易报告、反洗钱培训宣传等反洗钱工作。在反洗钱制度建设方面，部分证券公司根据创新业务的发展情况，积极研究新型营业部建设、柜台交易、客户保证金第三方支付、互联网金融、上海自贸试验区业务等新业务涉及的洗钱风险，并制定相应的风险应对措施。在客户洗钱风险评估及等级划分方面，证券公司积极按照中国人民银行监管要求和中国证券业协会的自律规范，建立、完善反洗钱客户风险评估指标体系，开发反洗钱客户风险等级管理系统。在大额和可疑交易报告方面，大部分证券公司以中国人民银行《金融机构大额交易与可疑交易报告管理办法》及《金融机构报告涉嫌恐怖融资的可疑交易管理办法》为主要依据，建立大额交易与可疑交易监测报告系统，积极识别和报告大额交易、可疑交易。为了提升大额和可疑交易报告工作水平，证券行业还将总结 2014 年大额和可疑交易报告综合试点工作的经验，逐步完善大额交易和可疑交易报告工作。在反洗钱培训宣传方面，中国人民银行反洗钱局、中国金融培训中心联合中国人民银行各地分支机构逐步举办多期反洗钱高级管理培训班，主要面向金融机构各地从事反洗钱工作的高管人员。这些培训提高了证券公司管理人员的反洗钱意识，优化了证券公司分支机构的反洗钱工作顶层设计。同时，大多数证券公司自主开展了反洗钱培训宣传，提高了员工反洗钱意识。

六、合规投诉举报和合规事件的处置

合规投诉举报和合规事件的处置应对历来是证券公司合规管理工作的一项重点，是提高证券公司服务品质和客户服务水平的重要途径。业内证券公司普遍设立了合规举报电话和合规总监邮箱，受理员工和客户的合规投诉举报，并就举报进行分析报告，对相关事项进行调查和处理。2014 年，业内证券公司合规投诉举报事项主要涉及从业人员私下代客理财、代销金融产品销售适当性管理不到位等问题。2014 年，中国证监会通过加大稽查执法力度和科技投入，重点关注并持续严厉打击内幕交易、未公开信息交易、操纵市场等违法违规行为①。针对前述投诉举报和监管措施反映出证券公司合规管理方面存在的薄弱环节，证券公司通过优化管理制度，规范业务流程，健全内控机制，提高对员工的培训宣导力度，加强合规监测及合规检查等措施，切实防范相关违规行为。

2014 年，行业内证券公司还根据行业创新情况，重点开展了有关新股发行改革、创业板市场、全国中小企业股份转让系统业务、“沪港通”、股票期权、防范非法证券活动等方面的投资者教育工作，向投资者进行风险提示和教育，培养投资者合规交易意识和自我保护能力。证券公司还积极配合交易所做好客户异常交易管理工作，对投资者异常交易行为进行及时提醒、动态监控，加强理性投资教育，防止客户从事违规股票炒作等不正当交易行为。证券公司还密切跟踪媒体报道，积极关注重大突发事项，主动采取措施应对合规事件。

七、合规文化建设与合规培训

2014 年，随着证券业的创新转型，证券公司的各项业务创新呈现出个性化、差异化的特征，在业务品种、组织模式、流程、服务手段和方式等方面都可能不同，其中蕴含的风险点也千差万别。在这种背景下，证券公司普遍认识到必须做到合规价值观念先行，并通过多种手段开展合规文化建设。一些证券公司在公司内网上建设维护“合规管理平台”，将合规动态、法律法规、规章制度、合规培训等功能整合，成为员工合规学习、交流和培训的综合平台。一些公司定期编制员工合规手册、法律制度汇编等合规学习文件，及时向员工传递业务合规要求，督促员工遵守执业行为规范。一些公司汇总合规管理方面的媒体报道、监管信息，整理合规管理工作动态、工作经验，供广大员工学习、交流使用。一些公司整理分析典型合规案例，并据此对相关部门和人员进行合规风险提示，督促员工引以为戒、主动合规。

各证券公司还普遍举办了覆盖面广、有针对性的合规培训，提高员工合规意识和合规工作水平。证券公司合规培训一般包括新员工入职培训，公司内部培训，监管部门、自律组织或证券公司的外部培训，网上学习，多媒体课程等多种方式。

2014 年 9 月，中国证监会、公安部、国资委共同举办“内幕交易警示教育展”，并于 11 月起在全国巡展。本次展览全面系统地展示了内幕交易的相关法规和知识，重点剖析了近两年发生的典型案例，充分展示了证券监管执法的成果和决心②。通过该展览，广大证券从业

---

① 中国证监会：《中国证监会通报针对市场操纵的执法工作情况》，http：//www. csrc. gov. cn/pub/newsite/zjhxwfb/xwdd/201412/t20141219_265266. html，2014 年 12 月 19 日。《中国证监会通报对利用未公开信息交易的执法工作情况》，http：//www. csrc. gov. cn/pub/newsite/zjhxwfb/xwdd/201412/t20141226_265701. html，2014 年 12 月 26 日。《中国证监会通报针对内幕交易的执法工作情况》，http：//www. csrc. gov. cn/pub/newsite/zjhxwfb/xwdd/201501/t20150109_266364. html，2015 年 1 月 9 日。

② 中国证监会：《中国证监会、公安部、国资委共同举办内幕交易警示教育展》，http：//www. csrc. gov. cn/pub/newsite/zjhxwfb/xwdd/201409/t20140924_260958. html，2014 年 9 月 24 日。中国证监会：《内幕交易警示教育展全国巡拉开帷幕》，http：//www. csrc. gov. cn/pub/newsite/zjhxwfb/xwdd/201411/t20141103_262889. html，2014 年 11 月 3 日。

人员防范内幕交易的意识得到增强。2014 年 2 月至 12 月，中国证券业协会先后组织了“证券公司风险控制与流动性风险管理培训班”、“证券公司风险偏好和全面风险管理培训班”、“证券公司合规与风控高级研讨班”，行业内证券公司高管、首席风险官、风险管理相关负责人等参加了培训。学习和培训对我国证券公司合规管理与风险管理工作实践具有积极的借鉴意义，有利于提高我国证券公司合规和风险管理水平。

八、合规检查

根据监管要求、创新业务发展情况和合规管理工作计划，2014 年各证券公司持续开展了各类定期和不定期合规检查，包括 IB 业务的定期合规检查；根据中国证监会各地派出机构要求，组织实施经纪业务、投资银行业务、固定收益业务、客户资产管理业务、融资融券业务、约定购回式证券交易、股票质押式回购业务、权益类收益互换等的合规检查；根据交易所要求，组织实施“沪港通”、股票期权等业务的投资者适当性检查；积极配合中国证监会及其派出机构检查工作；主动开展传统业务和创新业务活动合规管理等方面的自查工作；针对违规事件或突发事件，开展专项检查工作。在以上各类各项检查之后，各证券公司合规部门及时出具合规建议或向合规总监报告，对发现的问题进行后续督导，落实整改，促进被检查单位合规管理水平的提高。

九、合规考核与合规问责

合规考核是证券公司动态衡量合规管理工作任务完成情况、合规管理工作职责履行程度的重要措施。2014 年，各证券公司普遍重视合规考核在推动合规管理工作中的作用。大多数证券公司将合规考核纳入员工绩效考核体系，强调合规考核与日常管理工作的结合。合规考核体系重点关注业务活动中的合规风险，根据风险影响程度确定不同的考评等级。一些公司将重大合规风险作为一票否决事项，列入员工考核指标体系，一些公司根据创新发展情况，研究修订合规考核指标，将新产品、新业务的合规风险管理情况纳入合规考核体系中。

合规问责是证券公司对员工违反法律法规、监管要求和公司规章制度，从而带来合规风险，造成或可能造成公司声誉、财产等方面损失的行为进行责任追究的一种机制。2014 年，证券公司大多通过完善制度和流程，明确了问责启动的情形、程序和具体措施；对违规事件的责任人进行责任追究，提高了合规管理的制度执行力。合规问责的方法包括形成问责决议、通报以及附带经济及行政处罚等多样化措施。

十、合规管理有效性评估

2014 年，证券公司普遍开展了合规管理有效性评估工作。证券公司合规管理有效性评估是证券公司对合规管理进行全面检查及反省的过程，起到了发现合规漏洞、不断修正完善、提高合规管理水平的作用。证券公司开展合规管理有效性全面评估，涵盖合规管理环境、合规管理职责履行情况、经营管理制度与机制的建设及运行状况等方面，重点关注合规咨询、合规审查、合规检查、合规监测、合规培训、合规报告、监管沟通与配合、信息隔离墙管理、反洗钱等合规管理职能是否有效履行。

通过评估，各证券公司检视公司高层是否重视合规管理、合规文化建设是否到位、合规管理制度是否健全、合规管理的履职保障是否充分等；对公司各项经营管理制度和操作流程是否健全，是否与外部法律、法规和准则相一致，是否能够根据外部法律、法规和准则的变化及时修订、完善进行了普查；纠正了经营管理制度和操作流程中有章不循、违规操作等问题。

第二节　证券公司合规管理工作面临的问题

一、证券公司合规管理理念受到一定程度的冲击

首先，发展的冲动对合规理念产生冲击。在旧法未破、新规未立的情况下，一些合规管理人员在认识上出现了困惑和动摇，全行业一致倡导的“合规从高层做起、人人主动合规、合规创造价值”的合规理念受到一定冲击。

其次，竞争的压力导致合规意识淡化。随着创新步伐的加快，行业竞争加剧，证券公司生存的压力愈来愈大。在这种形势下，部分证券公司业务部门动辄以行业内其他公司已开展此业务等为理由，倒逼合规管理部门放松合规管理标准，而忽视了业务运作的合规性。

最后，利益的驱动使合规约束软化。在规模、利润等考核指标的驱动下，部分证券公司过度注重经营业绩，一些业务或产品仓促上马，对可能涉及的利益冲突、影响公平原则和投资者利益的保护等问题认识不清，业务运作的合规管理往往被忽视或流于形式。

二、证券公司合规风险随业务创新呈现多样化

创新带来了发展，也促进了行业竞争。证券公司在竞争的压力下，往往容易过度注重业务扩张和经营业绩，对新业务、新产品可能涉及的合规问题认识不清，对业务运作的规范化管理有时流于形式，部分业务人员合规意识淡化①。这些导致了潜在合规风险点随业务创新而呈现多样化。从 2014 年中国证监会和各地证监局公布的行政监管措施中可以看出，证券

① 杨新平：“创新形势下证券公司合规部门的角色和职责”，《中国证券》2014 年第 6 期。

公司除了在经纪、投资咨询等传统业务上发生违法违规行为以外，在新股发行承销、融资融券、股票质押式回购、代销金融产品等新业务中也多次出现违法违规行为。

三、证券公司原有合规管理的重点、方式和内容亟待转变

在证券监管部门“放松管制与加强监管并举”的工作思路下，证券公司原有合规管理的重点、方式和内容亟待转变。

首先，很多审批事项改为事后备案，一些限制性规定被放开或取消。证券公司需要花更多的精力对业务经营或产品的合规性和风险进行前置审核，需要将合规审核全部嵌入业务流程。

其次，业务活动的合规边界放宽后，证券公司对合规性问题的判断难度加大。如何根据公平、诚信、保护投资者利益等法律法规的基本原则分析判断问题，如何把握好合规底线，是证券公司新形势下开展合规管理工作需要解决的一个重大课题。

最后，监管部门监管的重点已经转向事中监控和事后检查监督，监管执法和违规处罚力度显著增强。证券公司过程合规的重要性更加突出，合规管理难度明显加大。

四、证券公司合规管理能力不适应创新发展的需要

首先，证券公司现有合规管理队伍中部分人员由于知识结构单一，缺乏业务运作经验而无法适应业务创新发展的需求，合规管理职责履行的有效性和效率受到影响。

其次，合规管理人员不足、履职保障有待加强。证券公司合规管理团队普遍存在编制少、人员不足的问题，有的还存在待遇偏低、履职保障不落实等问题。证券公司普遍缺乏吸引和留住合规管理人才的有效机制，人才流失的问题比较突出。

最后，合规管理部门与业务管理、风险管理、内部审计等部门之间的合作有待进一步加强。在创新转型加速的情况下，面对新的风险特征和监管政策的变化，合规部门需要完善与其他部门的合作机制，借助业务、风险管理等部门的优势和专业技能，提升合规管理的有效性。

上述问题说明证券公司合规管理还需进一步深化，全行业还需持续不懈努力培养良性合规文化，将合规意识融入日常执业活动，真正实现从“要我合规”向“我要合规”的转变。

第三章

2015 年证券公司合规管理工作展望

在创新形势下，坚决守住合规底线，保持创新发展和合规管理的动态均衡，是中国证监会反复强调的基本原则。越是推进创新发展，越要强调合规。合规底线守住了，创新发展才能走得稳、走得远，行业才能长久[①]。

具体来说，证券公司在履行合规管理职能的过程中，需要在以下几方面有所侧重：一是要提高合规意识，使广大员工时刻牢记法律法规的红线。二是将合规管理工作嵌入创新流程，关注创新发展过程中合规风险变化的新特点，确保创新发展在法律的框架内进行。三是充分调动业务部门合规管理的自觉性和主动性，发挥业务部门对合规风险的一线管理责任。四是综合运用合规监测、检查、问责等手段，强化业务合规制度的执行力。五是完善与法律、业务管理、风险管理、稽核审计等部门的沟通、协调及合作机制，提高合规管理的有效性。六是加强合规队伍建设，充分发挥合规管理部门在公司内部管理中的制约作用，为合规专业人员履行职责创造必要的条件。七是重视监管沟通，积极寻求重大、疑难合规问题的指导意见，主动反映创新存在的共性问题，推动法制环境进一步适应行业发展的需要。

同时，也需要监管部门对创新业务的合规问题给予更多关注和指导，继续严格执法，对恶意破坏市场秩序、违规经营的证券公司给予及时且严厉的处罚，促使证券行业在创新中持续合规经营。

① 张育军："夯实合规风控管理，扎实推进行业创新发展"，在 2014 年证券公司合规风控高级研讨班上的讲话。

第四章
2014 年中国证券公司风险管理概况

第一节　2014 年证券行业风险管理转型的背景

2014 年，证券行业创新持续深入，业务和产品日趋多样化和复杂化。与此同时，证券公司的收入结构也发生了显著变化，传统经纪业务收入占比下滑，融资类业务收入占比迅速提高。创新业务的迅猛发展使证券公司的资金需求大幅上升。2014 年 5 月，中国证监会发布了《关于进一步推进证券经营机构创新发展的意见》，提出“支持证券经营机构进行股权和债权融资，在境内外发行上市、在全国中小企业股份转让系统挂牌，发行优先股、公司债，开展并购重组。鼓励证券经营机构探索新的融资渠道和新型融资工具。支持证券经营机构开展收益凭证业务试点”。2014 年 9 月，中国证监会发布了《关于鼓励证券公司进一步资本补充的通知》，鼓励证券公司进一步补充资本，并确保业务规模与资本实力相适应，公司总体风险状况与风险承受能力相匹配。证券行业进入了加杠杆周期。

2014 年对证券行业风险管理来说，是深入转型的一年。创新业务的发展、收入结构的变化、杠杆率提升等种种因素都对证券公司的风险管理能力提出新的挑战，风险管理转型迫在眉睫。同时，行业监管也对证券公司的风险管理提出了新的要求。2014 年 2 月，中国证券业协会发布了《证券公司全面风险管理规范》和《证券公司流动性风险管理指引》（中证协发［2014］36 号）。在监管要求和创新发展的双重驱动下，证券公司全面风险管理体系建设正式提上日程。《证券公司全面风险管理规范》明确全面风险管理体系应包括可操作的管理制度、健全的组织架构、可靠的信息技术系统、量化的风险指标体系、专业的人才队伍、有效的风险应对机制以及良好的风险管理文化，并规定全面风险管理应当由董事会、经理层以及全体员工共同参与，对公司经营中的流动性风险、市场风险、信用风险等各类风险进行准确识别、审慎评估、动态监控、及时应对和全程管理。

第二节　2014 年证券公司风险管理的基本情况

无论是证券公司内生发展的需要，还是监管对全面风险管理的要求，2014 年，各证券公司均对照《证券公司全面风险管理规范》要求开展全面风险管理体系建设。2014 年底，中国证券业协会的一项有关行业风险管理的调查显示，在参与调研的证券公司中，94% 的公司任命了首席风险官，52% 的公司将风险管理部门与合规部门分开设立。从风险管理部门的内部团队架构设置来看，2014 年已有 53% 的证券公司按照风险类型划分风险管理职能，比 2013 年的 18.4% 大大增加。但是，由于业务条线与风险类型并非简单的一一对应，这 53% 的证券公司也大多采用将业务条线和风险管理相结合的方式开展风险管理。从风险管理部门的人员配备上看，64% 的证券公司在 2014 年增加了风险管理人员配备，但只有 28% 的证券公司由风险管理部门直接向业务条线派驻风险管理人员[①]。

此外，问卷调查显示，大部分公司均在 2014 年制定了公司风险偏好、风险容忍度及风险限额指标体系，仅有极个别综合证券公司及部分主营投资银行业务证券公司和主营经纪业务证券公司尚未制定风险偏好、风险容忍度和风险限额。在制定方法上，证券公司基本都会结合公司自身的发展战略来制定风险偏好，绝大部分公司以监管部门对净资本的监管指标为依据来制定风险容忍度，部分公司也会借鉴行业内其他公司经验来制定。在风险限额的制定上，大部分公司会根据各业务条线的风险特征来制定限额指标，包括规模限额、止损限额、集中度限额、敏感度限额、流动性限额等。

第三节　2014 年证券公司风险管理的新特点

一、流动性风险

中国证券业协会于2014 年2 月发布了《证券公司流动性风险管理指引》，对证券公司的流动性风险管理工作提出了明确规范，规定证券公司的流动性覆盖率和净稳定资金率在 2014 年 12 月 31 日前达到 80%，在 2015 年 6 月 30 日前达到 100%。

据中国证券业协会的调研数据显示，截至 2014 年 7 月底，证券公司优质流动性资产总计 3 279.94 亿元，未来30 日的现金净流出为 1 904.62 亿元，行业可用稳定资金总计 9 990.26

① 派驻人员指非业务条线人员，其聘任和考核由风险管理部门主导。

亿元，所需稳定资金总计 7 173.90 亿元。3—7 月，行业平均流动性覆盖率（LCR）和净稳定资金率（NSFR）指标分别为 184.81% 和 142.40%，均高于 100%。

虽然指标已达要求，但随着证券业创新业务和创新产品的不断推进，其交易结构以及资产负债结构更加复杂，表外负债迅速上升。如何通过分析流动性覆盖率（LCR）、净稳定资金率（NSFR）评估资产的流动性和资产负债结构的合理性，合理制订现金流计量模型以及流动性压力测试方案以搭建流动性风险指标体系是 2014 年，甚至是 2015 年证券公司流动性风险管理的重要内容。

二、信用风险

信用风险又称违约风险，是指借款人、证券发行人或交易对手方因种种原因，不愿或无力履行合同条件而构成违约，致使资金融出方或交易对手方遭受损失。

2014 年，资本中介业务的重要性和贡献占比在证券公司业务中逐步提高，特别是“两融”业务。2014 年，证券公司“两融”规模呈现爆发式增长。沪、深两市交易所数据显示，截至 2014 年 12 月 31 日，沪、深两市市场融资类业务（融资融券、约定购回、股票质押）余额总量达到了 13 739.64 亿元，相比年初增幅达 200.83%，其中融资融券业务余额总量达到了 10 256.56 亿元，相比年初增幅达 195.20%。因此，融资类业务是证券公司开展信用风险管理的重点领域。根据“两融”业务特点和其重要性，要求证券公司进一步夯实客户征信授信管理、客户集中度和标的券集中度管理，并在此基础上研究、搭建信用风险计量体系和监控指标体系，特别是信用风险评级体系和评级应用方案，包括客户准入、资产分类、拨备计提等。

三、操作风险

《证券公司全面风险管理规范》要求证券公司对操作风险等各类风险进行准确识别、审慎评估、动态监控、及时应对及全程管理，并建立与之相适应的全面风险管理体系。据此，证券公司开展了一系列操作风险管理体系建设活动，包括但不限于制定可操作的管理制度、健全操作风险管理组织架构、引入或开发可靠的操作风险管理信息技术系统、培育操作风险管理专业的人才队伍、形成有效的操作管理风险应对机制以及宣导良好的操作风险管理文化等。中国证券业协会 2014 年专项调研显示，近 52.4% 的证券公司设有专门的操作风险管理人员，约 31% 的证券公司正在搭建专门的操作风险管理系统。

四、市场风险

《证券公司全面风险管理规范》对证券公司的风险管理工作提出了明确规范，在市场风险方面要求证券公司制定市场风险限额指标体系，采用风险价值、敏感性分析、压力测试等方法或模型来计量和评估市场风险，建立逐日盯市等机制，准确计算、动态监控关键风险指标，从而为证券公司市场风险管理指出了明确的方向，对市场风险量化工作提出了具体的要求。随着监管层对证券公司创新支持力度的增强，证券行业业务创新和产品创新步伐不断加快，2014 年全国中小企业股份转让系统做市、黄金交易、资产证券化、场外金融衍生品、收益凭证等业务陆续推出，证券公司传统自营业务逐渐呈现多元化发展趋势，资本中介业务的重要性和贡献占比逐步提高。同时，证券公司正在积极准备即将推出的个股期权和股指期权等业务。在证券公司的业务创新和产品创新呈加速度发展的同时，风险管理的难度也不断增大，创新业务呈现出复杂化、多元化、高风险的特点。如何对新业务的市场风险进行有效识别，能否迅速掌握科学计量和控制技术，是市场风险管理面对的难点。采用合适的市场风险量化分析工具，提高产品科学定价能力，有效控制市场风险是目前创新趋势下市场风险管理自身发展的要求。

第四节　2014 年证券公司面临的关键风险和管理方法

一、市场风险

证券公司面临的市场风险主要指因证券市场整体或局部变动导致损失或收入减少的可能性。证券公司的经营状况与证券市场景气度高度相关，具有较大的不确定性。2014 年，沪深 300 指数开盘于 2323 点，随后延续 2013 年的震荡下挫趋势，最低探至 2077 点。经历四个月的横向窄幅整理后，于 7 月底结束整理趋势，步入上涨通道。股指的震荡易使证券公司自营交易持有的权益类和固定收益类证券受到资产价格、利率、汇率等市场因素波动的影响。行业内的公司已经普遍开始采用较为先进的风险价值工具（VaR）对持有金融资产的市场风险进行估计。上市证券公司通常采用的置信度水平设定在 95%，VaR 计算中的另一个参数持有期通常设定在 1 天，也有个别公司将其设定为 5 天或 10 天。部分公司运用各种金融工具及衍生品开展对冲交易，如期现套保、统计套利、可转债套利等策略，有效分散了市场风险。在《证券公司全面风险管理规范》的要求下，证券公司通过多方调查与研究，加快建立跨市场、涵盖公司各类金融资产头寸的统一市场风险管理体系，引入市场风险管理系统，通过结合自主建立的风险模型，对公司证券投资业务的总体市场风险进行计量。

在对风险进行评估的基础上，证券公司通常通过规范投资决策流程，采用多元化的资产配置和投资策略，设定投资限额和风险集中度指标，对投资活动进行实时监控，及时止盈止损。2014 年，中国证券业协会专项调查统计显示，绝大多数（约 92%）证券公司制定了风险限额。证券公司对风险限额体系还处于持续完善的过程中，通过头寸规模限额、VaR 风险限额管理、止损限额等控制手段来管理市场风险。此外，证券公司持续优化市场风险计量方法和模型，建立压力测试机制和估值与模型校验机制，实现风险的有效计量和评估。

汇率风险是指因外汇汇率变动而导致的风险。随着证券公司国际化的拓展，汇率风险逐步显现。证券公司着手对外汇市场进行跟踪研究，部分证券公司对汇率风险管理进行了初步尝试，以逐日盯市方式对资产价格进行跟踪，从资产限额、VaR、敏感性分析、压力测试等角度监控汇率风险，并通过调整外汇头寸、用外汇远期/期权对冲、进行货币互换等多种手段管理汇率风险敞口。

利率风险是指因市场利率变动而导致的风险。证券公司资产中有关利率的风险主要来自融出资金、银行存款、固定收益类证券投资等。证券公司对利率风险的控制，主要采用规模控制和投资组合等方法，合理配置资产，并通过定期测算投资组合久期、凸性、DV01 等指标衡量利率风险。一些公司进一步使用敏感性分析作为监控利率风险的工具，以衡量在其他变量不变的假设下，利率发生合理、可能的变动时，将对利润总额和所有者权益等指标产生的影响。2014 年，证券公司继续使用国债期货和利率互换等衍生金融工具对利率风险进行管理。另一方面，随着证券公司融资渠道不断拓宽，在 2014 年整个证券行业加杠杆的过程中，负债规模迅速扩大，伴随着利率市场化的过程，利率波动幅度和频率增加，证券公司利率风险管理面临更大的挑战。证券公司通过发行不同期限产品，如短期融资券、公司债、次级债、可转债、收益凭证等，在做大杠杆的同时，锁定负债端的利率风险，赚取利差。

二、信用风险

2014 年，随着融资类业务规模的迅速扩大，以及收益互换、利率互换等创新业务的开展，信用风险已成为证券公司面临的最重要风险之一，业内各证券公司也加大了信用风险管理力度。信用风险从根源上分析，因其产生的根本在于交易双方拥有的信息不对称，容易引发“逆向选择”和“道德风险”。从证券公司各业务条线来看，信用风险主要集中在融资类业务、信用债投资、互换类业务等方面。证券公司管理信用风险的方法主要有以下几个方面。

（一）控制业务总规模

交易规模失去控制会造成证券公司面临较大的风险敞口，并使得各类风险之间的相关性迅速提高，加大风险管理和控制的难度。证券公司应确保业务规模与自身的资本实力、资金筹措能力、业务管理能力和风险承受能力等方面相匹配。

（二）建立风险限额指标，进行限额管理

制定违约率和违约损失率限额等限额指标，超过风险限额后，证券公司可暂停办理该业务或只针对优质客户办理业务。

（三）建立内部信用评级制度

信用风险的产生是还款能力和还款意愿这两者共同作用的结果。在日常业务中，客户由于自身的实力不同，实际存在的不能履约的风险是有着本质区别的。在实际工作中，证券公司必须将这些客户区别对待，以获得最好的管理效果。

（四）合理确定标的证券库、质押率

证券公司依据系统性风险、估值、流动性风险等因素建立量化模型计算并制定合理的标的证券范围和质押率标准，针对限售股及其他特殊证券设定特别质押率，由专业部门跟踪标的证券的质押率并定期进行初步调整。

（五）建立履约风险管理机制

建立实时监控系统，设定预警履约保障比例和最低履约保障比例。当履约保障比例无法达到规定标准时，要求融入方可采取履约保障措施。针对证券公司融出资产建立分类管理制度，监控资产质量并根据资产质量计提损失风险准备。

（六）建立融入方违约处置机制

对于处置全部标的证券后仍未足额收回融资款项的，证券公司对融入方进行追索。

三、流动性风险

2014 年，中国证券业协会发布的《证券公司流动性风险管理指引》对流动性风险做出如下定义：流动性风险，是指证券公司无法以合理成本及时获得充足资金，以偿付到期债务、履行其他支付义务和满足正常业务开展的资金需求的风险。流动性风险管理的目标是建立健全流动性风险管理体系，对流动性风险实施有效识别、计量、监测和控制，确保其流动性需求能够及时以合理成本得到满足。

同时，创新业务的迅猛发展加大了证券公司的资金需求。随着融资渠道的拓宽，证券公司负债经营程度提高，杠杆率提升，这也从内生的角度加速了证券公司流动性风险管理。2014 年，各证券公司均确定了流动性风险管理的主管部门。中国证券业协会 2014 年专项调研显示：65% 的公司选择财务资金部门作为主管部门，22% 的公司财务部门与风险管理部门共同管理流动性风险。流动性风险管理措施如下。

（一）建立有效的组织架构

明确董事会、经理层及其首席风险官、相关部门在流动性风险管理中的职责和报告路径。

（二）拓宽融资渠道扩充流动性

2014 年，中国证监会发布了《关于进一步推进证券经营机构创新发展的意见》，为证券公司寻求新的融资渠道打开了更为广阔的政策空间。目前证券公司的融资渠道主要有短期融资券、同业拆借、短期公司债、收益凭证、公司债、次级债、转融通、“两融”收益权转让、银行间回购、交易所回购等。

（三）关注通过杠杆放大资产规模类业务

该类业务的杠杆交易性质决定了其属于流动性风险监管的重要风险点。伴随着创新业务的不断发展，整个行业的杠杆亦有上升之势。由于国内证券公司的风险管理能力与国际投行有差距，证券公司也将杠杆率水平纳入日常监控。

（四）强化融资抵（质）押品管理

以满足正常和压力情景下日间和不同期限融资交易的抵（质）押品需求及履行向相关交易对手返售抵（质）押品的义务。

（五）建立监控指标和定期编制报表

建立包括流动性覆盖率和净稳定资金率在内的流动性风险管理监控指标，并在公司内定期编制流动性风险监管指标报表。对于指标不符合规定标准的，说明基本情况、问题成因以及解决问题的具体措施和期限。

（六）定期开展压力测试

证券公司按照监管要求每半年开展一次流动性风险压力测试，分析承受短期和中长期压力情景的能力，通过对压力测试结果分析，确定风险点和脆弱环节。

（七）建立应急计划

应急计划包括合理设定应急计划触发条件；规定应急程序和措施，明确各参与人的权限、职责及报告路径；列明应急资金来源，合理估计可能的筹资规模和所需时间，充分考虑流动性转移限制，确保应急资金来源的可靠性和充分性。

因为国内证券公司流动性风险管理经验匮乏，在短期内很难迅速完善，还需要在实践中不断摸索，且市场上又没有成熟的系统可以直接外购，所以在自身开发的过程中如何集成实现资金预约、资金期限匹配、风险敞口计算、监管指标计量等功能也需要进一步摸索。

四、操作风险

根据《新巴塞尔协议》2004 年对操作风险的定义：操作风险，是指由不完善或有问题的内部程序、人员以及系统或外部事件所造成损失的风险。操作风险可以按损失事件原因类型分为组织机构操作风险、政策流程操作风险、技术风险、人员风险和外部风险等；按发生频率和严重性分为高频低损、低频高损、高频高损、低频低损四类。操作风险的损失可能来自于内部人为操作失误、内部流程不完善、信息系统故障或不完善、交易故障等，也可能来自公司外部的欺诈行为等。

证券公司进行操作风险管理的依据主要为财政部、中国证监会、审计署、中国银监会、中国保监会于2008年印发的《企业内部控制基本规范》（财会［2008］7号）和中国证券业协会于2014年发布的《证券公司全面风险管理规范》。根据《企业内部控制基本规范》，证券公司应当建立内部控制体系，不断强化各业务条线和管理职能领域的内部控制机制，坚持事前、事中、事后管理。具体而言，在事前，证券公司应建立合理的制度流程体系，规范业务操作流程，加强业务操作系统化和标准化，控制操作风险；在事中，证券公司应通过构建信息隔离墙制度体系，规范从业人员执业行为，防止内幕交易的发生，同时建立技术防范体系，完善实时监控系统，对业务风险进行实时监控和风险预警；在事后，证券公司应加强业务检查稽核力度，保证各项制度、流程和风险管理措施有效执行，同时加大对员工的合规培训，宣传推动合规文化，提高员工合规意识和风险管理能力。

根据《证券公司全面风险管理规范》，证券公司应当建立健全与公司自身发展战略相适应的操作风险管理体系。操作风险管理体系包括可操作的管理制度、健全的操作风险组织架构、可靠的操作信息技术系统、量化的操作风险指标体系、专业的操作风险人才队伍、有效的操作风险应对机制以及良好的操作风险管理文化。通过操作风险管理体系的建立，进而实现对操作风险的准确识别、审慎评估、动态监控、及时应对和全程管理。

第五章
2014 年中国证券公司风险管理工作面临的问题及 2015 年展望

第一节 全面风险管理体系建设中面临的主要问题

2014 年，证券公司均按照《证券公司全面风险管理规范》和《证券公司流动性风险管理指引》的要求开展了全面风险管理体系建设，虽然已初步搭建了风险管理框架，但在建设过程中仍然存在一些困难和问题。

一、金融工具估值模型有待完善

随着证券市场的进一步开放和金融衍生品的日益复杂化，对金融工具的估值和风险计量模型管理提出了更高的要求。2014 年，部分证券公司风险管理部门开始对复杂金融工具的估值结果、估值模型进行复核确认，还需进一步建立健全模型风险管理框架、模型验证机制，检验和评价估值模型和市场风险计量模型的有效性，强化对模型风险的管理。估值模型的发展离不开信息系统与基础数据的支持，虽然部分证券公司已建立了市场风险管理系统，但与全面风险管理的要求相比，还存在差距，对于新业务新产品的支持处于较被动状态，基础数据汇总、分类和校对难度较大，信息技术系统已成为创新背景下完善市场风险管理的瓶颈之一。

二、操作风险的量化管理尚无成熟经验可循

证券行业创新发展的步伐在持续加快，创新产品不断推出，行业格局不断变化，证券公司面临的因开展创新业务而带来的操作风险越来越大。落实到操作风险的管理，具体有以下几个难点：第一，证券公司操作风险的量化工作存在诸多障碍：金融领域很多经典的操作风险管理模型基本都是源于商业银行或者其他类型的公司，证券公司无法直接复制。第二，证

券公司操作风险的量化，尚不具备模型落地所需的实际环境及数据库，很多证券公司尚未建立数据中心对市场数据、业务数据及财务数据进行归集整理，甚至缺乏时间序列的数据积累，无法满足量化管理的需要。第三，市场中能够真正理解、达到监管要求的操作风险管理系统并不多，多数证券公司、开发商尚处于摸索阶段，因此，操作风险管理系统的开发，将是一个在证券公司长期使用中不断优化的过程。

三、信用风险量化评估难度较大

随着融资类业务规模的扩大，证券公司也在不断加强对信用风险的管理，尤其是加大尽职调查力度、建立量化评估体系。但是，目前证券公司客户的规模和资质参差不齐，且企业征信体系尚不健全，收集客户的资料难度非常大，也无法有效保障资料的真实性。另外，由于证券公司开展融资类业务时间较短且违约样本少，无法支撑建立评级模型的数据要求，即使建立内部评级模型，模型的准确性仍需时间验证。

四、融资渠道的相对单一增加了证券公司资产和负债的期限错配，使得证券公司的资本实力和抵御风险的能力不足

由于证券公司流动性风险管理经验匮乏，如何加强表外资产业务的管理，对流动性风险进行建模和定价，在系统开发过程中如何实现资金预约、资金期限匹配、风险敞口计算、监管指标计量等功能，在短期之内很难迅速完善，还需要在实践中不断摸索。

第二节　风险管理信息系统建设需持续加强

《证券公司全面风险管理规范》中明确要求："证券公司应当建立与业务复杂程度和风险指标体系相适应的风险管理信息技术系统，对风险进行计量、汇总、预警和监控，并实现同一业务、同一客户相关风险信息的集中管理，以符合公司整体风险管理的需要。"目前，业内风险管理体系建设处于起步阶段，尚没有成熟的经验可循，也缺乏成熟的风险管理系统可以借鉴，尤其是信用风险、操作风险这些较新的领域。同时，风险管理系统又存在一定的特殊性，各家证券公司业务规模、资本实力不尽相同，风险容忍度和限额分配方法不同，风险管理系统建设的需求也不同，这也对证券公司的风险管理和系统开发能力提出了较大的挑战。

此外，实现同一业务、同一客户相关风险信息的集中管理也存在较大困难，如不同业务数据的整合、各 IT 系统的对接、业务系统与风险管理系统的衔接、后期校验等。2015 年，

证券公司均需加大信息系统建设力度，充分考虑全面风险管理对数据集中和风险汇总的要求，选择框架全面、延展性强的系统，提出系统建设的具体需求，逐步实现全面风险管理系统建设。

第三节　人才队伍建设

全面风险管理体系建设对证券行业风险管理人员的专业水平提出了很高的要求。尽管 2014 年很多证券公司都大力引进了风险管理人才，但总体来看，风险管理专业人才仍然不足。证券公司尤其缺乏既掌握风险管理专业知识又熟悉证券业务的国际化人才，这也成为制约证券公司风险管理水平的重要因素之一。2015 年，各证券公司必将在风险管理人才队伍建设方面持续加大力度，引进专业化人才，建立健全人才培养机制和薪酬激励机制，为全面风险管理体系建设打好基础。

专题报告之七：
2014 年证券公司投资者保护工作报告

第一章
2014 年证券公司投资者教育工作开展情况

2014 年是证券行业贯彻落实《国务院关于进一步促进资本市场健康发展的若干意见》和《国务院办公厅关于进一步加强资本市场中小投资者合法权益保护工作的意见》（以下简称“国办 110 号文件”）的一年。2015 年第一季度，中国证券业协会开展的 2014 年证券公司投资者保护工作专项调查显示，2014 年，证券公司积极行动，在推动业务创新、产品创新的同时，将投资者保护工作渗入到与客户权益相关的各业务环节，面向公众的投资者教育不断向广度和深度延展，投资者保护工作取得了新进展。本次专项调查中，具有证券经纪业务资格的 99 家证券公司参与了问卷调查，具体情况如下。

一、投资者教育工作组织与制度建设情况

中国证券业协会专项调查显示，99 家证券公司均建立了公司层面的投资者教育服务工作小组，一般由经纪业务、法律合规、客户服务、财富管理、运营管理、互联网金融等前后台部门组成，在总公司设投资者教育专岗并在营业部设有联系人。统计显示，近年来各证券公司组织机制建设及专岗人员保持相对稳定。2014 年部分证券公司从实际出发探索投资者

教育工作新机制，如安信证券在广东省实行投资者保护专员工作制，由投资者保护专员组织协调本机构或所代表机构的投资者保护工作；大通证券建立投资者委员会制度，委员会由投资者代表和证券营业部工作人员共同组成，通过委员会章程和定期召开会议，实现委员会的良性运作和自律管理。这些工作机制为证券公司做好投资者保护宣传、帮助投资者树立理性投资理念、改善公司与投资者之间的关系、营造和谐稳定的投资环境、形成投资者保护工作长效机制等方面发挥了积极作用。

近年来，证券公司持续进行投资者教育工作规范、管理办法及业务细则建设，工作制度日趋完善。大部分证券公司制订了投资者教育管理办法、客户服务指引，以及创业板、融资融券、约定购回式证券交易、私募产品等专项业务投资者教育与服务细则，工作制度建设保持稳定。

二、投资者教育经费投入情况

投资者教育经费投入主要包括证券公司在组织投资者教育活动、制作并发放投资者教育产品及媒体宣传等方面的费用。2014 年，99 家证券公司投资者教育经费总计约 7 亿元，由于“沪港通”、个股期权等新业务上线，融资融券等业务快速发展，新开户投资者迅速增加等原因，投资者教育经费比年度预算增加了 31.83%；平均每家公司投入约为 709 万元，较上年度提高了 47.37%；占同期代理买卖证券业务净收入的 0.72%，较上年度提高了 14.29%。近 6 年，行业年均投资者教育经费投入约为 5.36 亿元（其中，2011 年度统计口径略有差异，2011 年将各证券公司相关投资者信息系统建设费用计入，见图 1－1）。

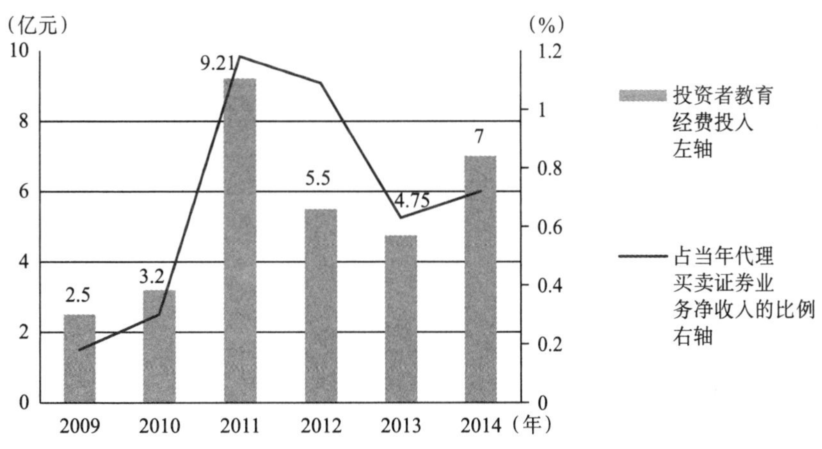

图 1－1 2009—2014 年证券行业投资者教育经费变化情况

同时，调查显示，各家证券公司的投资者教育经费投入差异较大，且与业务规模，尤其是代理买卖证券业务净收入水平呈现一定正相关性。2014 年，经费投入在 1 000 万元及以上的有 16 家公司，500 万（含）至 1 000 万元的有 21 家，200 万（含）至 500 万元的有 22 家，100 万（含）至 200 万元的有 15 家，100 万元以下的有 25 家。

从经费投入占同期代理买卖证券业务净收入的比重来看，平均为 0.72%，占比在 1% 以上的有 18 家，占比在 0.5%（含）至 1% 之间的有 33 家，占比在 0.2%（含）至 0.5% 之间的有 32 家，占比在 0.2% 以下的有 16 家（见图 1－2）。

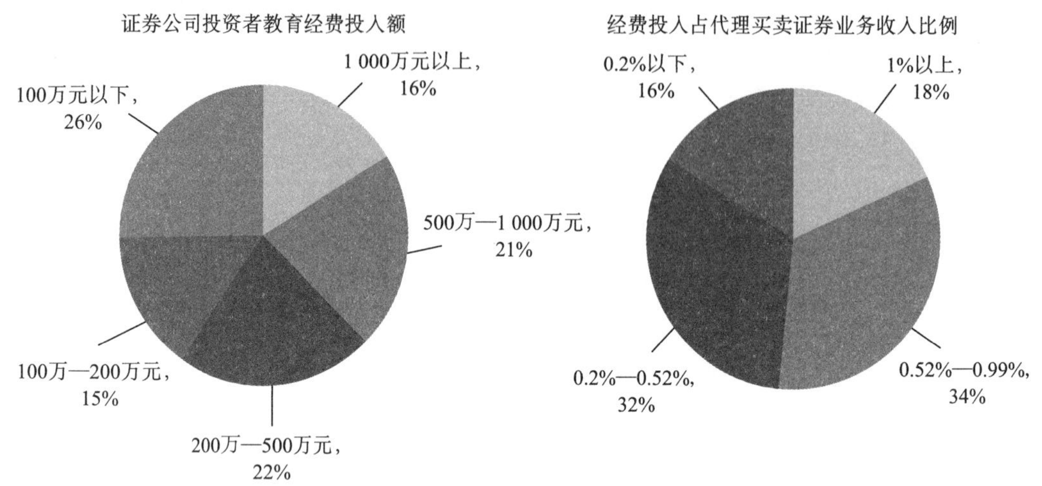

图 1－2　2014 年投资者教育经费不同投入的证券公司占比

三、投资者教育工作覆盖情况

证券公司主要按照“集中管理、分散执行”的模式开展日常投资者教育活动，各证券营业部是开展投资者教育的主要阵地。随着客户交易习惯的变化，现场客户数量急剧减少，证券公司总部及营业部主要通过以呼叫中心为主要形式的对外语音服务及短（彩）信联系投资者，宣讲新业务和风险防范措施。在互联网快速发展的背景下，证券公司更加注重利用官方网站、网上交易终端、移动交易终端、官方微信（微博）等方式为投资者提供信息服务，更多的证券公司开始提供互联网在线客户服务。

（一）客户通讯服务情况

2014 年，证券公司客户通讯服务更加成熟，截至 2014 年底，95 家证券公司设立了以呼叫中心为主要形式的对外语音服务统一业务管理系统或机构，为客户提供咨询、投诉、回访、调查、产品查询、交易委托等信息服务，比 2013 年度提高了 5.6%。95 家证券公司中，86 家证券公司向投资者提供以 95 或 400 开头的客服热线电话，9 家证券公司向投资者提供其他客服电话等。60 家证券公司为客户提供了非工作日时段（周一至周五 8:30—17:30 外）的电话服务，比 2013 年提高了 50%，其中 7 天 24 小时提供对外语音服务的证券公司数量已提高至 27 家（见图 1－3）。

71 家证券公司客服电话接通率（接入）在 80% 以上，平均电话接通率约为 82.85%，与 2013 年基本持平。据不完全统计（部分公司无此项统计技术），证券公司 2014 年客户回访电话数量达 1 408 万次，平均接通率（接出）为 68.03%（见图 1－4）。

2014 年度证券公司累计发送与投资者教育内容相关的短（彩）信数量达 16.36 亿条，发送短（彩）信覆盖客户占全部投资者的 80%。2014 年证券公司总体上通过电话、短信、面对面等方式至少联络过 1 次的客户占全部客户的 58%，该比例（客户联络覆盖率）达到 90% 以上的证券公司有 27 家，60%—90% 的证券公司有 26 家，在 60% 以下的证券公司有 46 家（见图 1 - 5）。

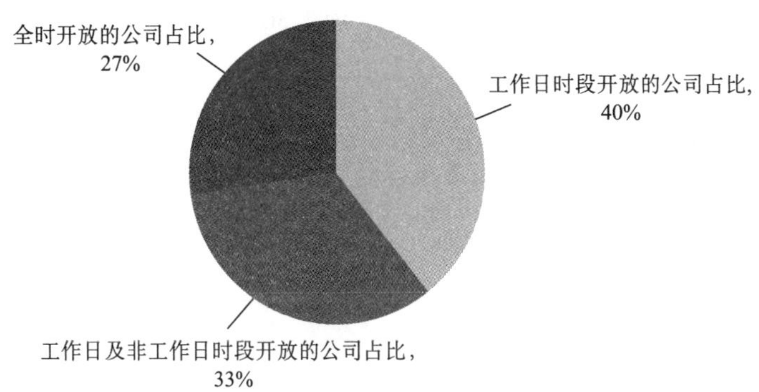

图 1 - 3　2014 年对外语音服务时间不同情况的证券公司占比

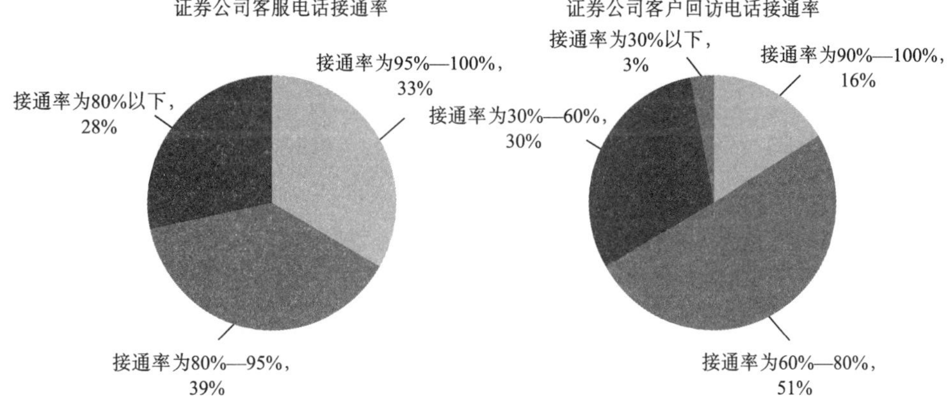

图 1 - 4　2014 年客户服务和回访电话不同接通率的证券公司占比

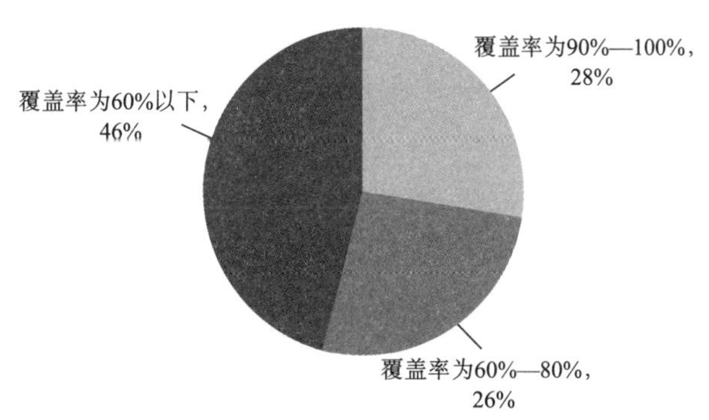

图 1 - 5　2014 年客户联络不同覆盖率的证券公司占比

（二）网上开展投资者教育工作情况

证券公司通过互联网开展投资者教育工作的覆盖面扩大。调查显示，2014 年 68 家证券公司在官方微信、微博中设置了投资者教育专栏，官方微信、微博覆盖人群达 337 万人；98 家证券公司在官网中设置了投资者教育专栏，日均访问 296 万人次；79 家证券公司在网上交易终端设置了投资者教育专栏，日均登录人次为 1 360 万人；62 家证券公司在手机等移动交易终端设置了投资者教育专栏，日均登录人次 848 万人。

使用官方网站作为投资者教育渠道的证券公司最多，占证券公司总数的 98%，其他依次是短信、网上交易终端、官方微信、微博、移动交易终端（见图 1－6）。

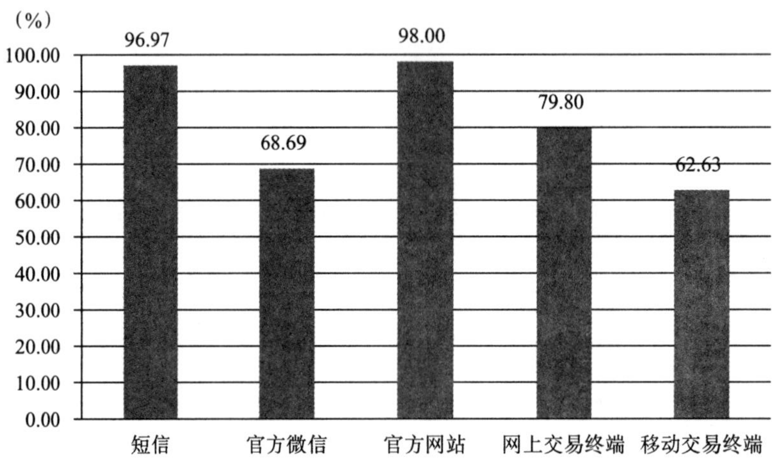

图 1－6　2014 年通过各种渠道开展投资者教育的证券公司占比

使用网上交易终端开展投资者教育工作的覆盖面最广，其投资者教育专栏日均登录人次是移动交易终端的 1.6 倍，是证券公司官方网站的 4.5 倍。随着移动交易终端逐渐被投资者所接受，其投资者教育专栏日均登录人次也达到了证券公司官方网站的 2.8 倍（见图 1－7）。

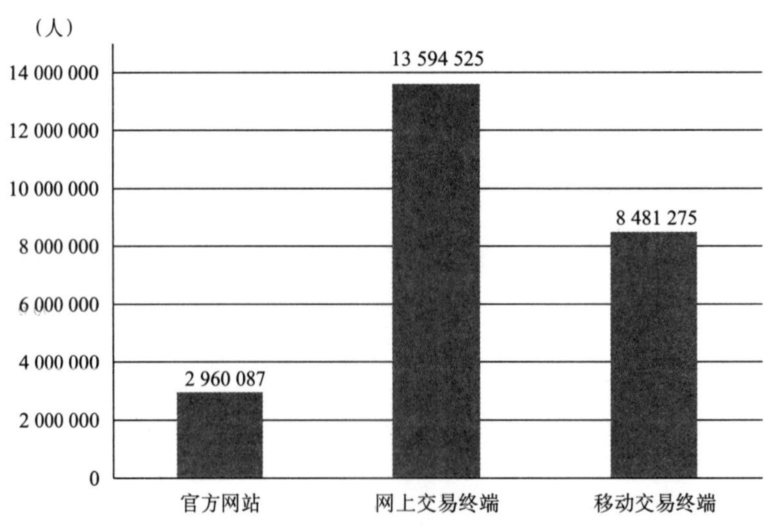

图 1－7　投资者通过不同渠道登录投资者教育栏目日均人次

证券公司积极利用微信、微博等新媒体开展投资者教育工作，如申银万国证券[①]利用微博与投资者互动，在证券公司官方微博设置即时论事类（早盘、午盘、后市、闭市）、“金色梧桐”简报类、投资教育类、新闻资讯类、趣味互动类等多档栏目，每天 8:00—22:00 配备专业的客服人员，实时监控微博中的用户提问，并在第一时间转交相关公司部门提供专业解答。

四、投资者教育产品制作和活动开展情况

（一）投资者教育产品制作情况

由于投资者开户、交易呈现非现场趋势，投资者对于传统媒介产品如宣传手册等需求逐渐减少，证券公司加大了对电子产品的开发，包括动画片、微电影、视频、漫画、课件、手机软件等形式，使投资者教育更具趣味性和互动性。2014 年，证券公司制作投资者教育产品共计 570 种，内容涉及“沪港通”、期权等创新产品和业务，以及金融法律知识普及、投资者权益保护、投资策略及行业分析等。

1. 针对创新产品及业务的投资者教育产品制作情况

2014 年，证券公司注重针对创新产品和业务制作投资者教育产品，主要涉及“沪港通”、期权、融资融券、一码通、分级基金、股票质押式回购、报价回购、约定购回、非现场开户、债券质押回购、代销金融产品等新业务或产品，共计 299 种。其中，以“沪港通”、期权、融资融券为主题的产品最为普遍，有 250 种，占比为 83%（见图 1－8）。

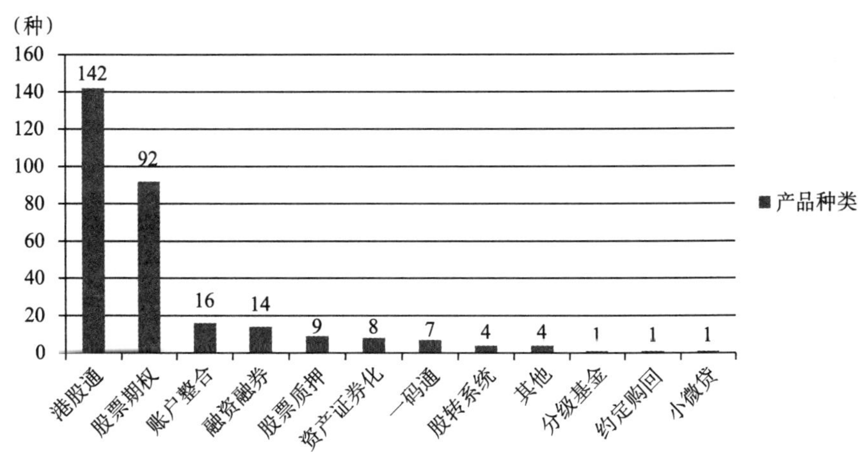

图 1－8　针对创新产品及业务制作投资者教育产品情况

证券公司在投资者教育产品制作中尝试创新形式，如财达证券与河北新闻网合作，制作了《股票质押回购》与《金融产品销售》两个视频动画宣传片；东吴证券设计制作了“牛

① 2014 年投资者保护工作对原申银万国证券和宏源证券进行分别调查，下同。

在东吴争霸赛——权王争霸”手机游戏作品，并在公司官方微信平台推出答题闯关有奖活动及“玩转‘沪港通’”页面式互动小游戏，取得了良好效果；中投证券为方便客户随时随地享受移动互联网带来的便捷，设计了“中投期权宝”手机软件，方便客户了解期权知识和各类资讯，拓宽投资者教育范围和渠道。

2. 其他主题投资者教育产品制作情况

2014 年，证券公司除针对创新产品或业务以外，还在监管部门和中国证券业协会的组织下或自主策划制作了其他主题投资者教育产品，产品种类达 271 种，产品内容涉及上交所“我是股东”活动、“3·15”投资者权益保护宣传、打非宣传、金融知识普及、金融风险教育等（见图 1－9）。

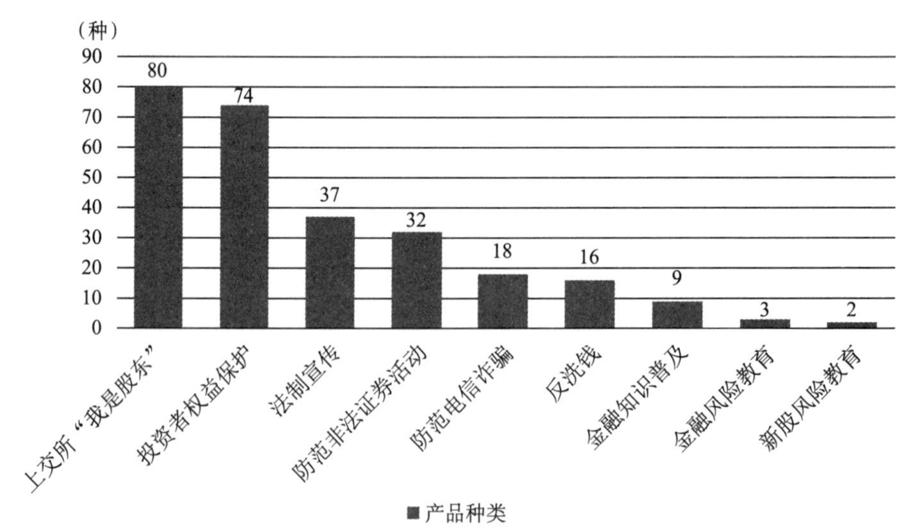

图 1－9 其他主题投资者教育产品制作情况

（二）投资者教育活动开展情况

证券公司开展的投资者教育活动的主要形式包括各类报告会、知识讲座、股民学校、视频课堂、模拟炒股大赛以及网上信息互动活动等。2014 年证券公司开展投资者教育活动 400 多种，内容除传统的金融法律知识普及、投资策略及行业分析外，还增加了对“沪港通”、个股期权、融资融券、约定购回交易、互联网金融及各类代销金融产品等的介绍与宣讲，对投资者关注度较高的新产品、新业务进行解读。

1. 针对创新产品和业务的投资者教育活动开展情况

2014 年，证券公司注重针对创新产品和业务开展投资者教育活动，活动主要涉及“沪港通”、期权、融资融券、小微贷、资产证券化、一码通等新业务或产品，活动种类达 207 种，其中以“沪港通”、期权、融资融券为主题的活动最为普遍，有 147 种，占比为 71%，具体数据见图 1－10。

证券公司尝试采用创新形式针对新产品或业务开展投资者教育活动，如银泰证券在

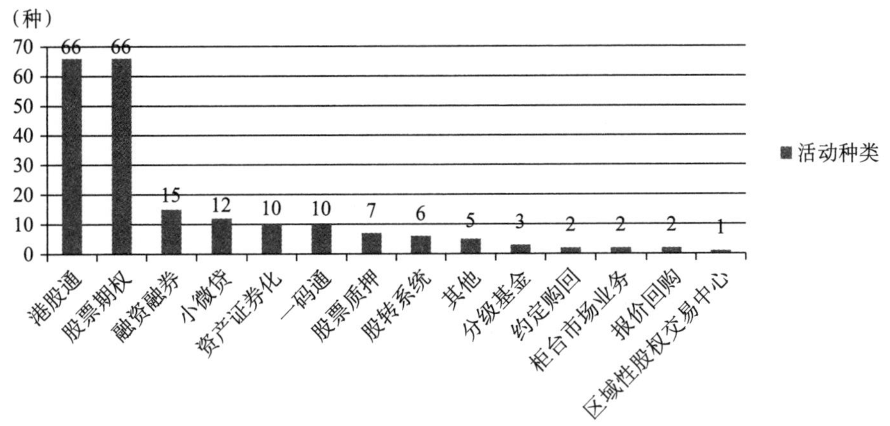

图 1－10　针对创新业务开展投资者教育活动情况

“港股通”业务上线前期，在官网开展了为期 10 天的“港股通投资者有奖知识竞答”的活动，投资者可以通过公司官网、同花顺、通达信的页面链接至“如意理财竞答专栏”参与活动。

2. 其他主题投资者教育活动开展情况

2014 年，证券公司除针对创新产品或业务举办投资者教育活动以外，还积极响应监管部门、自律组织的号召，参加“3·15”投资者权益保护活动、“12·4”法制宣传活动、上交所“我是股东”活动、打非宣传月等，或自主策划开展了其他投资者教育活动，活动种类近 200 种，活动内容涉及金融知识普及、金融风险教育、新股风险教育等，活动种类情况见图 1－11。

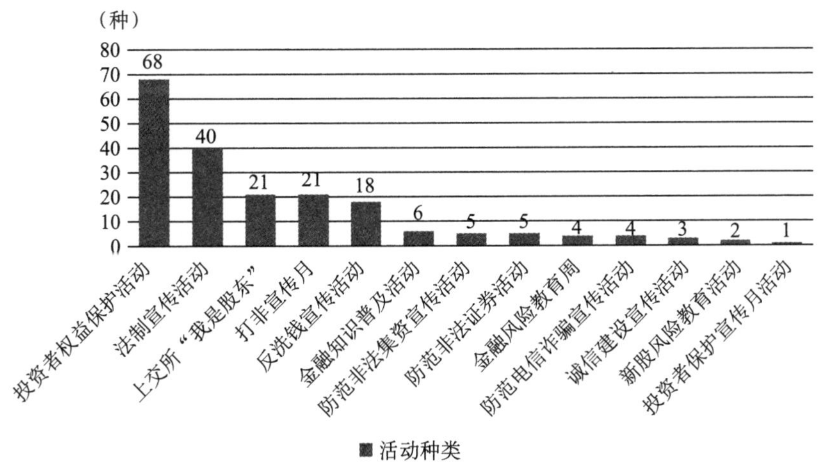

图 1－11　2014 年其他主题投资者教育活动开展情况

第二章
2014年证券公司投资者适当性制度实施情况

2014年，根据《国务院关于进一步促进资本市场健康发展的若干意见》和《国务院办公厅关于进一步加强资本市场中小投资者合法权益保护工作的意见》关于健全投资者适当性制度的要求，证券公司进一步完善投资者分类标准，依据风险测评问卷、系统分析、人工沟通等方式对客户进行分类，并对投资者进行后续动态评估和调整；更加科学地对产品或服务的风险进行评估并划分产品风险等级，产品分类更加多样；风险揭示和适当性匹配进一步加强，不同类型投资者参与投资的范围和方式更加明确；针对员工的产品销售内部检查常态化，督促员工在销售过程中落实投资者适当性制度。

一、了解客户与客户分类

（一）了解客户

风险承受能力问卷是证券公司评估客户风险承受能力的主要手段。大部分证券公司根据中国证券业协会参考模板编制了风险承受能力问卷，其测评维度主要包括客户财务状况、投资知识、投资经验、风险偏好、流动性需求等方面。据中国证券业协会专项调查显示（调研对象包括99家证券公司），99家证券公司全部通过风险承受能力问卷对客户进行风险测评，其中有60家公司还利用系统分析对客户进行后续风险承受能力测评，有10家公司通过人工沟通方式对客户进行了解，2家公司还通过客户信用状况对客户进行风险测评（见图2－1）。

2014年证券公司客户风险承受能力评估测评率较高，证券公司已进行风险测评客户数量占全部客户（不含休眠账户）的比例约为79%，超过风险测评有效期（二年）的客户占全部风险测评客户数的比例约为25.3%。

（二）客户分类

证券公司根据风险承受能力问卷结果制定了明确的客户分类标准，包括不同风险承受能

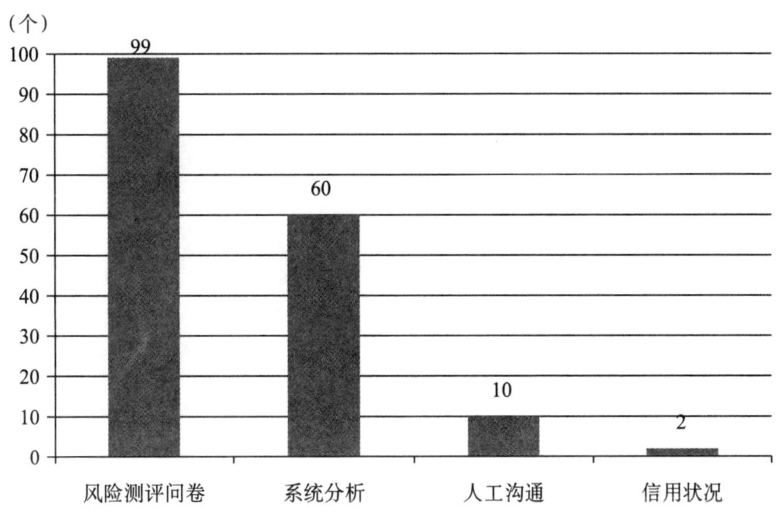

图 2－1　使用各种客户风险承受能力评估手段的证券公司数量

力客户的测评得分区间，要求客户签署确认分类结果，并对客户分类结果进行定期的跟踪、更新。证券公司对客户评估结果的更新主要是以回访形式进行，部分公司客户可以通过网上营业厅、网上交易客户端等系统在线接受评估或更新评估结果。

证券公司采取多种客户分类方式，截至 2014 年底，34 家证券公司将客户分为低风险（保守型）、中风险（稳健型）、高风险（积极型）三档；14 家证券公司将客户分为低风险（保守型）、中低风险（稳健型）、中风险（成长型）、高风险（积极型）四档；51 家证券公司将客户分为低风险（保守型）、中低风险（相对保守型）、中风险（稳健型）、中高风险（相对积极型）、高风险（积极型）五档。

在证券公司客户分类中，中等风险客户占比最高，其中三档分类方式下中等风险客户占 52%；四档分类方式下中低风险客户占 31%，中等风险客户占 35%；五档分类方式下中低风险客户占 13%，中等风险客户占 35%（见图 2－2）。

证券公司投资金额在 50 万元人民币以下的客户约占全部有效客户的 89.19%；在 99 家证券公司中，50 万元以下的客户占总客户数 90% 以上的证券公司有 81 家。

二、了解产品与产品分类

（一）了解产品

证券公司基本建立了对本公司金融产品或服务进行评估、审核的管理制度，管理制度中一般都对金融产品的尽职调查流程及项目进行了明确规定。2014 年，93 家证券公司规定了产品的风险等级评估指标，根据特定指标评估产品风险等级，与 2013 年基本持平；与往年相比，2014 年采用量化评价方法进行产品评估的公司增加至 16 家，依托外部第三方机构对产品进行评估的公司增加至 5 家，考核方式更加多样。

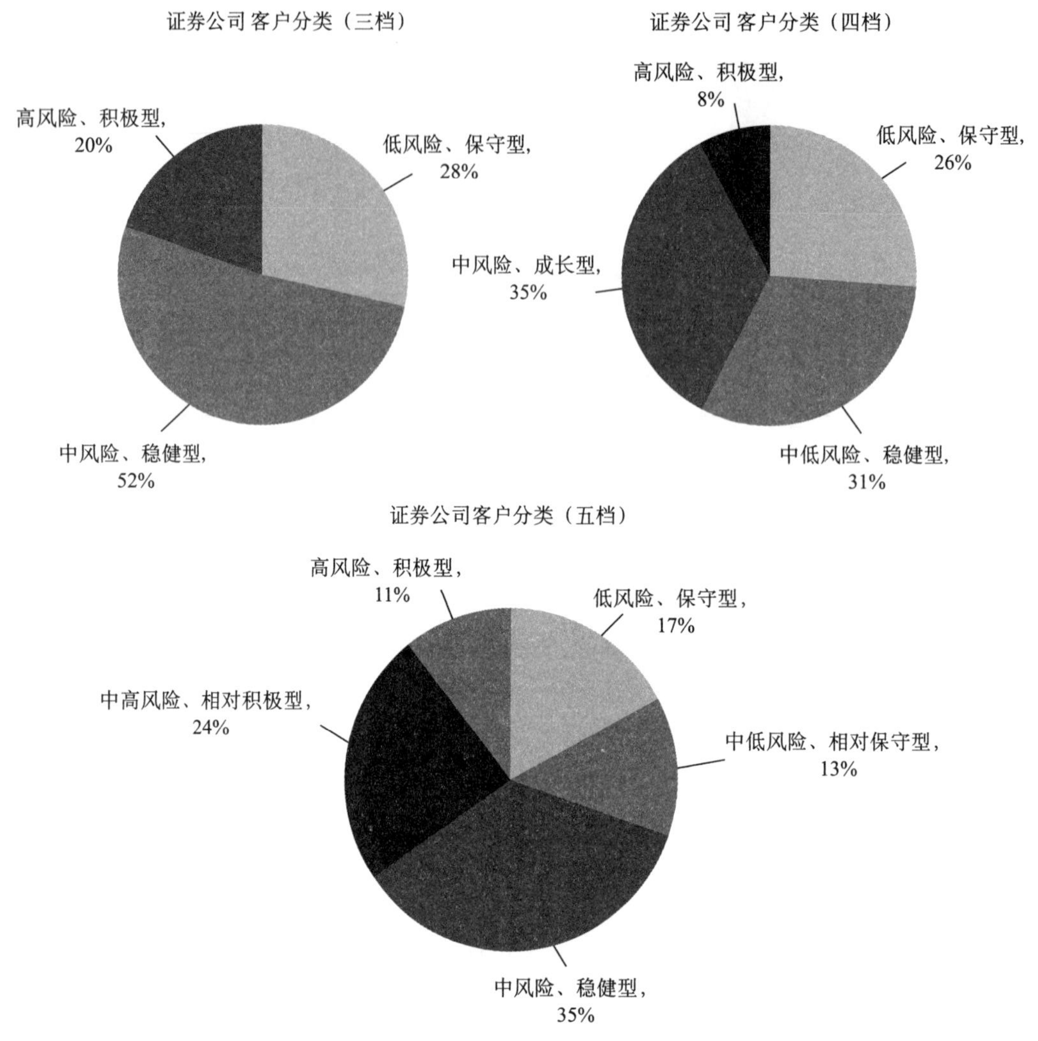

图 2－2 2014 年证券公司客户分类情况

2014 年，证券公司对金融产品采用的风险评估指标更加丰富。金融产品风险评估指标涉及发行合规性、发行人或管理人资质、流动性风险、市场风险、信用风险、投资范围及比例、预期收益、交易成本、交易限制、产品结构及基础资产状况等多个方面。证券公司中产品风险评估指标最多的达 26 个，整体平均从 7 个方面对产品进行评估，同 2013 年相比，评估指标更加丰富。此外，证券公司在内部产品评估执行方面普遍建立了产品评估分类结果的核准流程，一般是由产品设计或销售部门发起评估申请，由产品审核委员会或相应职能部门审核批准。

（二）产品分类

证券公司一般按照风险由低到高将产品分为 3—5 档不等，截至 2014 年底，40 家证券公司设低风险、中风险、高风险三档产品，14 家公司设低风险、中低风险、中风险、高风险四档产品，35 家公司设低风险、中低风险、中风险、中高风险、高风险五档产品。证券公司销售的金融产品中，各风险类型的产品种类相对均衡，为客户提供了全面的产品选择（详细占比见图 2－3）。

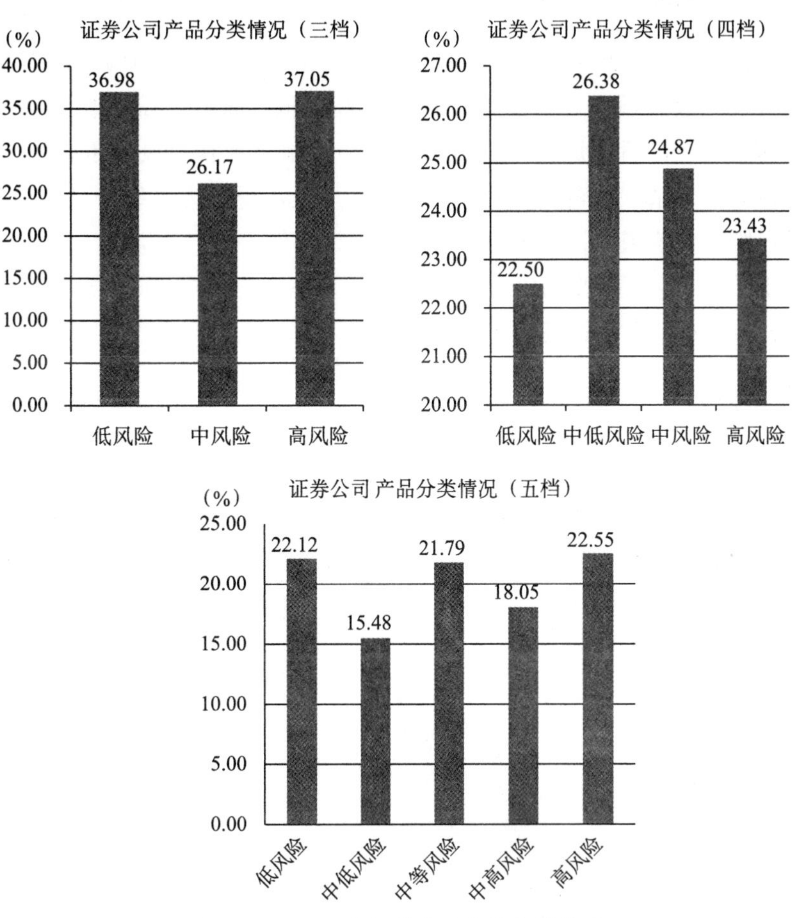

图 2－3　2014 年证券公司产品分类情况

三、适当性管理

（一）信息披露

2014 年，证券公司对销售金融产品的信息披露工作有所加强，99 家证券公司中，93 家公司向投资者提供产品资料，包括产品合同、产品说明书、产品风险揭示书等，比 2013 年提高了 5.7%。

证券公司在新产品、新业务信息披露和风险揭示方面进行了一些尝试，如华西证券为保证投资者全面掌握“港股通”及股票期权业务，针对业务知识点分类设计了《港股通期权知识培训确认表》和《股票期权知识培训确认表》，投资者在接受培训后，营业部对投资者进行知识点确认后方可为其开户；齐鲁证券安排专人负责收集风险信息，并开发综合金融管理平台，对客户进行分类以及动态风险评估，将风险提示信息高效、准确地发送给客户，提示投资者在自己可承受的风险范围内进行投资活动。

（二）适当性匹配

证券公司依据客户与产品风险等级，履行适当性销售义务，在风险等级不匹配时进行风险警示。证券公司一般遵循客户风险承受能力从高到低与金融产品风险等级“一一对应，向下兼容”的客户与产品适配原则。证券公司大部分制定了客户风险承受能力与产品风险等级匹配的具体对应关系，在客户主动购买高于其风险承受能力等级产品时向其提示风险，对于充分提示风险后仍购买的，由客户签署风险确认文件。

2014 年，证券公司不适当警示书签署率提高，与不匹配客户 100% 签署不适当警示书的有 65 家证券公司，较 2013 年提高了 32.65%。

（三）客户回访

2014 年，88 家证券公司对购买金融产品的客户进行了回访，11 家证券公司没有进行回访或无代销产品业务。证券公司对最近一年购买金融产品客户回访的数量占全部购买产品客户的 71.81%。38 家证券公司对购买金融产品客户的回访率达到了 100%；20 家证券公司对购买金融产品客户的回访率在 60%—100%（不含）；30 家证券公司对购买金融产品客户的回访率在 60% 以下（见图 2－4）。

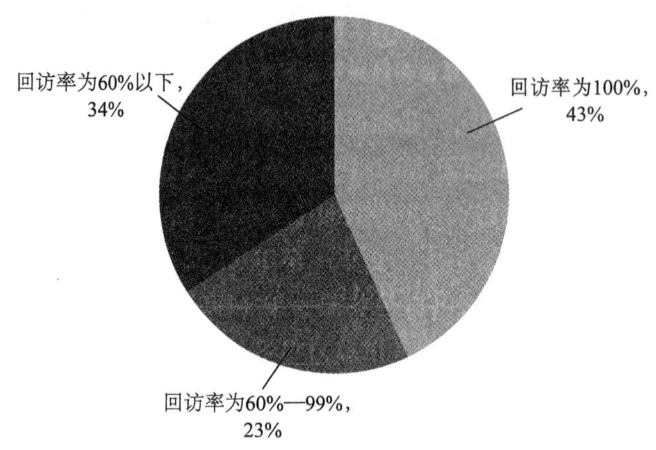

图 2－4　2014 年客户回访率不同情况的证券公司占比

四、金融产品销售培训与检查

（一）员工培训情况

2014 年，证券公司普遍重视对营销人员进行培训，并在培训中突出适当性管理内容。

2014 年，组织金融产品销售员工培训达 16 000 场，参加培训员工平均覆盖率达 90% 以上。

（二）金融产品销售检查

2014 年，证券公司通过现场或非现场检查，以及自查或专项检查等形式开展金融产品销售检查。全年组织金融产品销售检查约 4 000 场，对分支机构的检查覆盖率平均达 73.37%。通过检查，有效抑制了违规金融产品销售行为，全年只有 2 家证券公司收到 4 人次的关于违规销售金融产品的客户投诉；2 家证券公司 3 人次受到监管、司法部门查处非法销售金融产品（见图 2－5）。

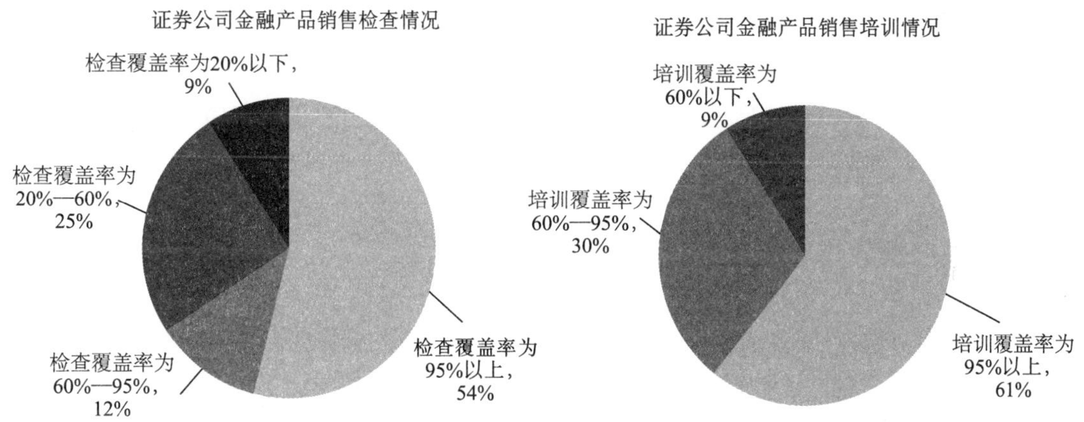

图 2－5　2014 年金融产品销售检查及培训不同覆盖率的证券公司占比

第三章

2014年维护投资者合法权益情况

2014年，证券公司继续推进证券市场多元化纠纷解决机制建设，保障中小投资者求偿权、知情权、投票权，防范非法证券活动，努力维护投资者合法权益。

一、客户投诉处理情况

投诉处理是维护投资者求偿权的重要途径。据中国证券业协会专项调查显示（调研对象包括99家证券公司），99家证券公司均向投资者公示了多种投诉渠道，制定了客户投诉处理相关制度，统一投诉处理流程，明确了客户投诉受理、处理、督办、反馈、回访、归档、报备等流程以及职责分工和期限要求，并对处理过程进行留痕。从投诉内容来看，各证券公司对于客户投诉问题的归类标准不完全一致，总体可分为操作流程类、信息系统类、工作差错类、服务态度类、产品业绩类、情绪宣泄类及其他不满情况等。证券公司向客户公示的投诉渠道包括电话、电子邮箱、现场、网站、传真、信函、监管机构、自律组织行业调解、微信、微博、网上交易系统等（见图3-1）。

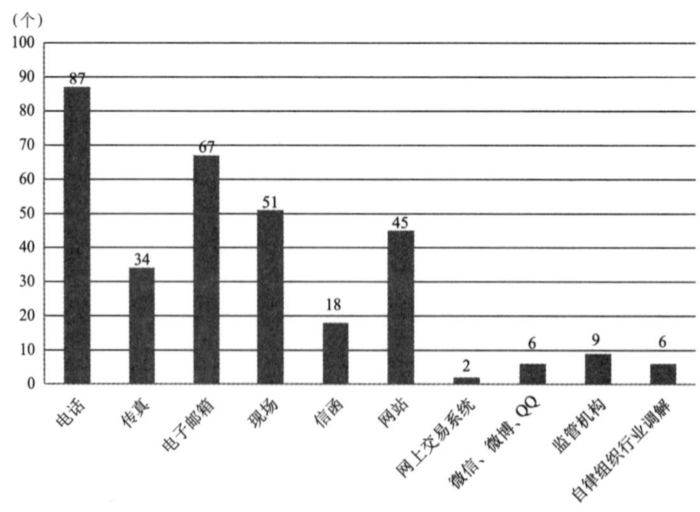

图3-1　2014年采用各种投诉渠道的证券公司数量

从投诉处理情况来看，2014 年，99 家证券公司收到客户投诉近 6 000 起，平均投诉处理率（已处理完成数量/受理的投诉数量）达 97%，处理率同上年持平。其中：73 家证券公司客户投诉处理率为 100%；16 家证券公司处理率在 90%—100%（不含）；7 家证券公司处理率在 80%—90%（不含）；3 家公司处理率在 80% 以下（见图 3－2）。

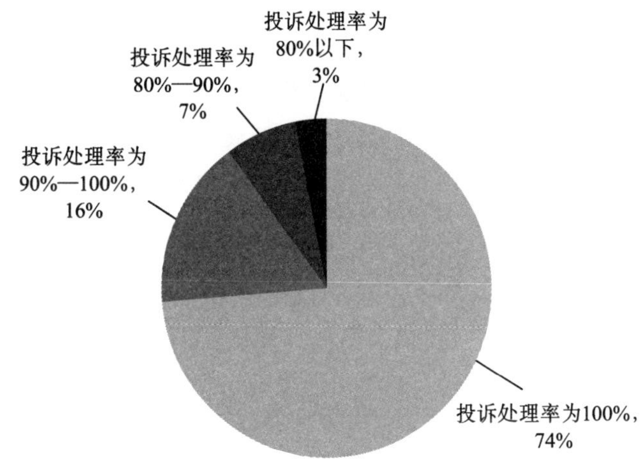

图 3－2　2014 年客户投诉处理率不同情况的证券公司占比

二、与行业调解对接情况

据中国证券业协会专项调查显示：2014 年共 79 家证券公司的官方网站链接了中国证券业协会证券纠纷调解在线申请平台，较 2013 年提升 38%；82 家证券公司在公司相关业务合同或协议中加入通过证券纠纷行业调解方式解决证券纠纷的争议解决条款，较 2014 年提升 46%。

三、维护投资者求偿权、知情权、投票权情况

证券公司配合中国证券业协会组织的“海联讯虚假陈述事件投资者利益补偿服务工作”，完成 9 823 名投资者的利益补偿服务工作，完成率达 95.7%；配合上海证券交易所组织的“关于协助处理海润光伏投资者补偿服务工作”，完成 500 多名投资者的补偿工作，完成率达 98%。

在维护投资者知情权与投票权方面，据不完全统计，证券公司组织投资者走进上市公司 900 多次，参与人数超 12 000 人；组织投资者参与上市公司表决事项投票近万次，参与投资者达 200 多万人次。

在维护投资者求偿权、知情权、投票权方面，证券公司在拓宽形式上进行了有益探索。山西证券自 2010 年以来与上海市汇业律师事务所合作，为投资者提供“证券虚假陈述民事

赔偿”案件诉讼方面的法律服务，并在投资者自愿的情况下代理集体诉讼，4 年来向 14 家公司提出集体诉讼。2014 年，在五粮液、安妮股份、神火股份及武昌鱼等案件中有较大进展。银泰证券江阴营业部与《今商圈》杂志合作，策划组织“中国酒文化投资千人行”系列活动，对几家酒类上市公司进行实地考察和调研，促进投资者充分了解上市公司有关情况，为投资者方便顺畅行使股东权利提供了良好平台。申银万国证券在参与上市公司表决事项工作中，形成一套成熟的组织机制：一是及时向各分公司、营业部发布工作通知；二是通过公司网站、微博、营业部、短信、电话等途径积极做好活动宣传；三是向投资者发放活动宣传册，介绍活动的意义和投票方法；四是营业部开展培训或讲座，引导投资者积极参与投票和互动交流；五是明确将营业部动员客户参与网络投票情况列为年底对营业部投教工作考核的重要内容之一，加强对营业部的工作督导。

四、防范非法证券活动情况

2014 年，证券公司积极开展防范非法证券活动工作，制作与防范非法证券活动内容相关的宣传品达 297 种，印刷约 380 万份；组织相关专场投资者教育活动达 20 000 多场，参与客户 86 万人次（见图 3－3）。

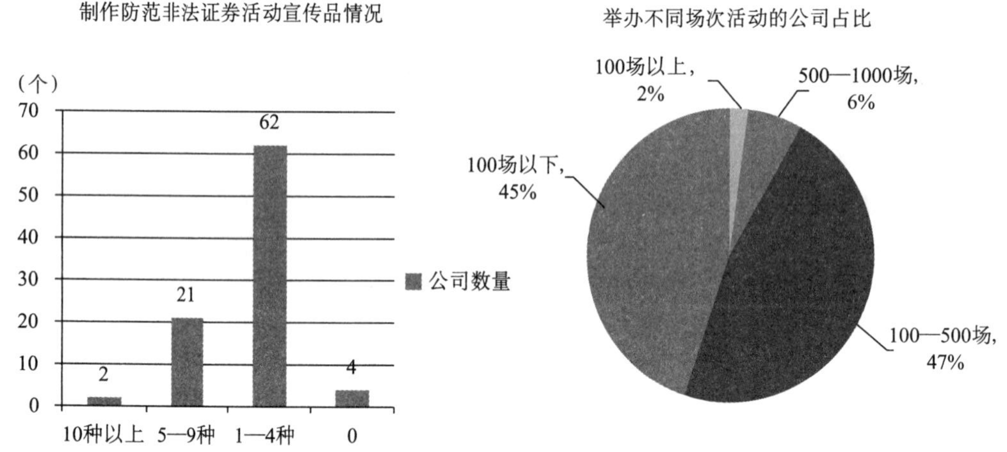

图 3－3 公司与防范非法证券活动相关的宣传产品、活动情况

2014 年，39 家证券公司向证券监管机构、电信局、中国反钓鱼网站联盟机构等举报假冒本公司网站 575 起。12 家证券公司接到客户投诉非法投资咨询 17 人次。证券公司本着打击非法证券活动的目的，通过多种渠道揭示非法网站及非法投资咨询，揭示渠道主要包括监管部门、行业协会、公司官网、营业场所、客服电话、短信、网上交易软件、移动交易终端、微博、微信、媒体等（见图 3－4）。

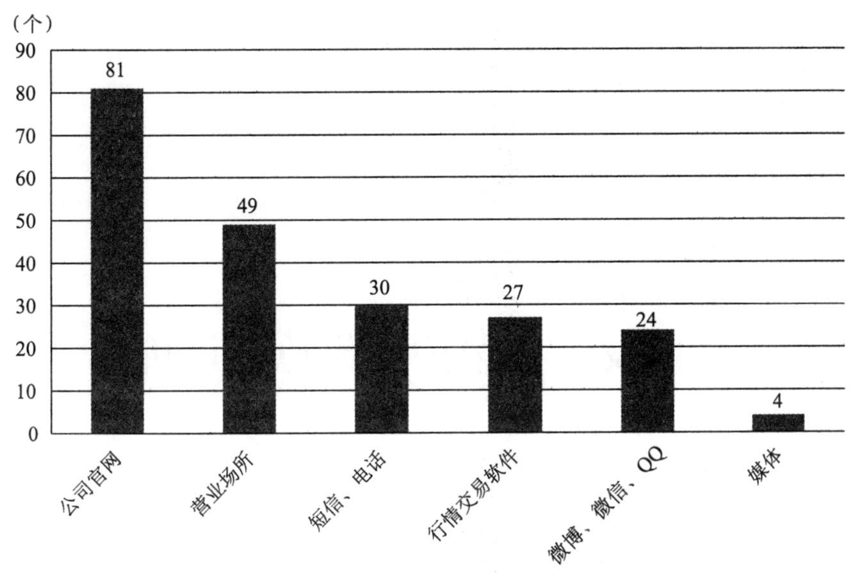

图 3－4　2014 年选择各种打非揭示渠道的证券公司数量

2014 年，证券公司充分发挥媒体的舆论引导和宣传教育功能，40 家证券公司在电视、广播、报纸、网络等媒体合作发布防范非法证券活动内容相关宣传文章，合作媒体包括中央人民广播电台、中央电视台、中国国际广播电台、中国证券报等，以及各省级电视台、省级人民广播电台，发布宣传稿件 289 篇。

第四章

2014年证券公司投资者保护工作总体评价

一、2014年投资者保护工作的特点

2014年，证券公司投资者教育工作覆盖面进一步扩大，投资者适当性制度进入全面落实阶段，维护投资者权益受到普遍重视，证券公司投资者保护工作呈现出以下几个特点：

（一）投资者教育工作进一步网络化、多样化

随着投资者开户、交易的非现场化，投资者教育产品制作与投资者教育活动开展呈现了电子化、网络化的趋势。证券公司投资者教育服务内容与证券公司创新发展紧密结合，针对创新产品与业务、防范非法证券活动、保护投资者权益等方面开展了多种多样的投资者教育活动，开发了动画片、微电影、视频、漫画、课件、手机软件等多种形式的投资者教育产品，并在网上发布，使投资者教育更具趣味性和互动性。

（二）投资者适当性管理工作更加全面和深入

同往年相比，证券公司进一步将投资者适当性管理融入日常工作流程，客户风险承受能力测评比率提高，客户分类工作进一步细化；公司普遍对金融产品进行了分类，建立了更科学的评估标准体系，金融产品的内部评估、审核流程更加明确，金融产品尽职调查指标更加丰富；信息披露和风险揭示工作不断加强，适当性匹配工作进一步完善；证券公司加强了对客户信息的持续动态评估工作，逐步建立起对后续客户信息重大变化及时跟踪评估机制；加强了对客户适当性的风险揭示，签署不适当警示书率有所提高；客户回访覆盖面扩大，员工培训覆盖率提高，金融产品销售检查手段丰富。

（三）维护投资者合法权益成为投资者保护工作的重中之重

在维护投资者合法权益方面，证券公司制定了客户投诉处理相关制度，向投资者提供多种投诉渠道，客户投诉处理率较高；客户投诉与证券纠纷行业调解对接渠道进一步畅通；维

护投资者求偿权、知情权、投票权工作力度加大；打击非法证券活动工作持续开展，效果显著。

二、加强投资者保护工作的几点建议

根据 2014 年证券公司投资者保护工作专项调查结果，行业应从以下几个方面加强投资者保护工作：

（一）投资者教育应注重提升投资者理性投资意识

目前，证券公司投资者教育仍以新业务知识介绍、一般性投资方法、市场分析及风险提示为主，下一步应在各项创新业务、产品推介过程中，做好金融创新环境下的财富管理、风险管理教育，提升投资者理性投资意识。

（二）投资者教育工作应体现差异化

随着证券市场的不断发展以及各项创新业务的推出，证券公司应根据客户资产、风险承受能力等细分的客户类别，在提供差异化的产品与服务的同时，将投资者诉求回应、关系管理等融入各业务环节，针对不同的客户群体，提供差异化的投资者教育与服务。

（三）进一步探索通过互联网平台开展投资者保护工作

随着非现场开户、交易的普及，传统的服务方式已不能适应投资者的需要，而互联网已成为证券公司与客户的纽带。因此，证券公司应进一步探索通过互联网平台开展投资者保护工作，提升网络交易平台的安全性，提升客户体验，充分利用互联网高效、便利、形象的特点，增强与投资者的交流、互动，及时揭示风险，解答疑问，维护投资者合法权益。

（四）进一步完善证券纠纷多元化纠纷解决机制

证券公司要承担起投资者投诉处理的首要责任，进一步完善证券纠纷投诉处理机制，努力在形成证券纠纷的初始阶段化解矛盾纠纷。对无法自行和解的证券纠纷，积极与投资者商讨其他解决途径，促进公司投诉处理工作与行业调解的有效对接。

附 录

2014年中国证券行业大事记

时间	大事
1月2日	上海证券交易所发布《上海证券交易所开放式基金业务管理办法》。
1月3日	中国证券业协会修订发布《证券公司直接投资业务规范》。
1月7日	中国保监会发布《关于保险资金投资创业板上市公司股票等有关问题的通知》，明确保险资金可以投资创业板上市公司股票。
1月13日	中国证券业协会发布《证券公司客户账户开户协议指引》和《证券交易委托代理协议指引》。
1月17日	中国证券投资基金业协会发布《私募投资基金管理人登记和基金备案办法（试行）》，自2月7日起施行。
2月12日	中国证券业协会发布《关于进一步规范证券公司资产管理业务有关事项的补充通知》，自2014年2月17日起实施。
2月18日	中国证监会取消3项行政审批事项：证券公司借入次级债审批、境外期货业务持证企业年度外汇风险敞口核准、证券公司专项投资审批。
2月25日	中国证券业协会发布《证券公司全面风险管理规范》及《证券公司流动性风险管理指引》。
3月19日	上海证券交易所发布《上海证券交易所合格境外机构投资者和人民币合格境外机构投资者证券交易实施细则》。
3月21日	中国证监会发布《关于修改〈证券发行与承销管理办法〉的决定》。
3月21日	中国证监会发布《优先股试点管理办法》。
3月24日	国务院印发《关于进一步优化企业兼并重组市场环境的意见》。

续表

时间	大事
3 月 25 日	中国证券登记结算有限责任公司发布《私募投资基金开户和结算有关问题的通知》，明确私募基金开户可由基金管理人、也可由资产托管人向中国结算申请。
3 月 25 日	国务院常务会议提出促进资本市场健康发展的六项措施（简称“国六条”）。
3 月 28 日	中国金融期货交易所将面向全市场开展上证 50 股指期货的仿真交易。
4 月 1 日	中国证监会发布三项操作细则，即《公开发行证券的公司信息披露内容与格式准则第 32 号——发行优先股申请文件》、《公开发行证券的公司信息披露内容与格式准则第 33 号——发行优先股发行预案和发行情况报告书》，以及《公开发行证券的公司信息披露内容与格式准则第 34 号——发行优先股募集说明书》。
4 月 8 日	中信证券、国泰君安证券、银河证券、长城证券、平安证券、华创证券六家证券公司获得第一批互联网证券业务试点资格。
4 月 10 日	中国证监会、香港证券及期货事务监察委员会决定原则批准上海证券交易所、香港联合交易所有限公司、中国证券登记结算有限责任公司、香港中央结算有限公司开展沪港股票市场交易互联互通机制试点。
4 月 28 日	中国证券业协会发布《证券公司反洗钱工作指引》。
5 月 9 日	国务院印发《关于进一步促进资本市场健康发展的若干意见》。
5 月 9 日	中国证券业协会发布《首次公开发行股票网下投资者备案管理细则》、《首次公开发行股票配售细则》。
5 月 14 日	中国证监会发布《首次公开发行股票并在创业板上市管理办法》和《创业板上市公司证券发行管理暂行办法》。
5 月 15 日	中国证监会发布《关于进一步推进证券经营机构创新发展的意见》。
5 月 16 日	中国人民银行、中国银监会、中国证监会、中国保监会、国家外汇管理局联合发布《关于规范金融机构同业业务的通知》。
5 月 29 日	中国证监会发布《首次公开发行股票并在创业板上市管理办法》和《创业板上市公司证券发行管理暂行办法》。
6 月 5 日	中国证监会发布《全国中小企业股份转让系统做市商做市业务管理规定（试行）》。
6 月 13 日	中国证监会发布《沪港股票市场交易互联互通机制试点若干规定》。
6 月 13 日	中国证监会发布《关于大力推进证券投资基金行业创新发展的意见》。
6 月 17 日	上海证券交易所发布《可交换公司债券业务实施细则》，对上市公司股东公开发行的可交换债券在上交所上市交易、信息披露、换股等事项作出具体规定。
6 月 20 日	中国证监会发布《关于上市公司实施员工持股计划试点的指导意见》。
6 月 23 日	中国证监会发布《非上市公众公司收购管理办法》和《非上市公众公司重大资产重组管理办法》，自 2014 年 7 月 23 日起施行。

续表

时间	大事
6月27日	中国证监会发布《证券期货违法违规行为举报工作暂行规定》。
7月3日	全国中小企业股份转让系统有限责任公司发布《全国中小企业股份转让系统股票转让方式确定及变更指引（试行）》。
7月7日	中国证监会发布《公开募集证券投资基金运作管理办法》，自2014年8月8日起施行。
7月15日	中国证监会公布2014年证券公司分类结果，证券公司分为A（AAA、AA、A）、B（BBB、BB、B）、C（CCC、CC、C）、D、E 5大类11个级别。其中，AA类20家，A类17家，BBB类20家，BB类19家，B类13家，CCC类3家，CC类2家，C类1家。
7月25日	全国中小企业股份转让系统公司发布《全国中小企业股份转让系统非上市公众公司重大资产重组业务指引（试行）》及其配套指南。
8月11日	深圳证券交易所发布《可交换公司债券业务实施细则》，针对上市公司股东公开发行可交换债券的上市交易、信息披露、换股等相关事项作出明确规定。
8月15日	中国证券业协会发布《证券公司柜台市场管理办法（试行）》和《机构间私募产品报价与服务系统管理办法（试行）》。
8月21日	中国证监会发布《私募投资基金监督管理暂行办法》。
8月22日	中国证券业协会、中国期货业协会、中国证券投资基金业协会发布《中国证券期货市场场外衍生品交易主协议（2014年版）》及补充协议、《中国证券期货市场场外衍生品交易权益类衍生品定义文件（2014年版）》。
8月25日	全国中小企业股份转让系统做市业务正式实施，43家挂牌公司采取做市转让方式，涉及42家做市商。
8月25日	中国证券登记结算公司发布账户整合配套制度《证券账户管理规则（修订稿）》，并拟于统一账户平台“十一”期间上线时同步实施。
9月4日	上交所、联交所、中国结算和香港结算四方在上海证券交易所共同签署《四方协议》，就“沪港通”中的沪港交易通、沪港结算通分别做出安排。
9月5日	中国证监会发布《关于修改〈证券期货市场诚信监督管理暂行办法〉的决定》，自2014年10月15日起施行。
9月16日	中国证监会发布《关于进一步推进期货经营机构创新发展的意见》，明确推进期货经营机构创新发展的总体原则和具体措施。
9月19日	中国证监会发布《非上市公众公司信息披露内容与格式准则第7号——定向发行优先股说明书和发行情况报告书》、《非上市公众公司信息披露内容与格式准则第8号——定向发行优先股申请文件》。
9月19日	广发证券、海通证券、申银万国、中信建投、国信证券、兴业证券、华泰证券、万联证券8家证券公司获得第二批互联网证券业务试点资格。

续表

时间	大事
9月26日	中国证券业协会发布《证券公司资本补充指引》。
10月10日	中国证监会发布《关于证券公司参与“沪港通”业务试点有关事项的通知》。
10月15日	深圳证券交易所发布《深圳证券交易所证券投资基金交易和申购赎回实施细则》。
10月15日	中国证监会发布《关于改革完善并严格实施上市公司退市制度的若干意见》，自2014年11月16日起施行。
10月15日	第3批华泰证券等13家证券公司获准开展柜台市场业务试点。
10月17日	中国证监会与香港证券及期货事务监察委员会共同签署《“沪港通”项目下中国证监会与香港证监会加强监管执法合作备忘录》。
10月20日	中国证券业协会发布《证券公司短期公司债券试点办法》。
10月20日	深圳证券交易所正式推出首批交易型货币市场基金（简称“货币ETF”）。
10月23日	中国证监会发布《上市公司重大资产重组管理办法》和《关于修改〈上市公司收购管理办法〉的决定》，自2014年11月23日起施行。
11月5日	上海证券交易所、深圳证券交易所及中国证券业协会发布《并购重组私募债券试点办法》。
11月6日	中国证监会、中国人民银行联合发布《债券统计制度》。
11月10日	中国证券监督管理委员会、香港证券及期货事务监察委员会决定批准上海证券交易所、香港联合交易所有限公司、中国证券登记结算有限责任公司、香港中央结算有限公司正式启动沪港股票交易互联互通机制试点。
11月13日	中国证券业协会发布《关于证券公司报送资本补充规划有关工作的通知》。
11月17日	沪港股票市场交易互联互通机制试点正式启动。
11月21日	中国证监会发布《证券公司及基金管理公司子公司资产证券化业务管理规定》及配套的《证券公司及基金管理公司子公司资产证券化业务信息披露指引》、《证券公司及基金管理公司子公司资产证券化业务尽职调查工作指引》。
11月24日	财富证券、财通证券、德邦证券、东海证券、方正证券、国金证券、国元证券、长江证券、招商证券、浙商证券10家证券公司获得互联网证券业务试点资格。
11月24日	中国证券业协会发布《关于建立全国证券自律协调体系的若干意见》，同时废止《关于进一步发挥地方证券业协会作用的通知》。
11月25日	上海市政府发布《上海市人民政府贯彻〈国务院关于加快发展现代保险服务业的若干意见〉的实施意见》，自12月1日起实施。
11月25日	上海证券交易所发布《关于规范上市公司筹划非公开发行股份停复牌及相关事项的通知》。
11月25日	深圳证券交易所发布《深圳证券交易所资产证券化业务指引》（2014年修订）。
11月26日	上海证券交易所发布《上海证券交易所资产证券化业务指引》。

续表

时间	大事
11月27日	上海证券交易所发布《关于上海信用账户可用于新股申购的通知》，自2014年12月1日起，投资者可利用融资融券信用证券账户申购沪市新股。
12月4日	国泰君安证券获国家外汇管理局批复，取得结售汇业务经营资格，业务范围包括即期结售汇业务和人民币与外汇衍生产品业务。
12月5日	海通证券获深圳证券交易所同意开展上市公司股权激励行权融资业务试点。
12月8日	中国证券登记结算有限公司推出“一码通”业务。
12月8日	中国证券登记结算公司发布《关于加强企业债券回购风险管理相关措施的通知》。
12月9日	光大证券获深圳证券交易所同意开展上市公司股权激励行权融资业务试点。
12月16日	第4批东兴证券等14家证券公司获准开展柜台市场业务试点，至此共有42家证券公司取得柜台市场业务试点资格。
12月17日	中国证券业协会修订发布《证券从业人员执业行为准则》。
12月19日	中国证监会与最高人民法院联合发布《关于加强信用信息共享及司法协助机制建设的通知》。
12月24日	中国证券投资基金业协会发布《资产支持专项计划备案管理办法》及《资产证券化业务基础资产负面清单指引》、《资产证券化业务风险控制指引》等配套规则。
12月25日	中国证监会发布《关于证券经营机构参与全国股转系统相关业务有关问题的通知》，进一步明确证券经营机构参与全国股转系统业务的有关事项。
12月26日	中国证监会发布《公开发行证券的公司信息披露编报规则第15号——财务报告的一般规定》（2014年修订）。
12月26日	中国证监会发布《公开发行证券的公司信息披露内容与格式准则第17号——要约收购报告书（2014年修订）》和《公开发行证券的公司信息披露内容与格式准则第26号——上市公司重大资产重组申请文件（2014年修订）》。
12月26日	中国证监会启动证券期货市场运行失信记录查询平台。
12月26日	华宝证券、东方证券、南京证券、西南证券、中原证券、齐鲁证券、安信证券、华林证券、东兴证券、第一创业证券、太平洋证券11家证券公司获得互联网证券业务试点资格。
12月29日	国信证券在深圳证券交易所挂牌上市，股票代码为002736。

后 记

《中国证券业发展报告（2015）》由中国证券业协会组织编撰。本报告的编撰工作由协会和11家单位组成的写作组共同完成。本报告分为总报告、分报告及专题报告，撰稿单位情况如下：海通证券股份有限公司负责撰写“总报告：2014年中国证券业发展回顾与展望”及“专题报告之六：2014年中国证券公司合规与风险管理发展综述”；国泰君安证券股份有限公司负责撰写“分报告之一：2014年中国证券经纪业务发展回顾与展望”；中信建投证券股份有限公司负责撰写“分报告之二：2014年中国投资银行业务发展回顾与展望”；申万宏源证券有限公司负责撰写“分报告之三：2014年中国证券公司资产管理业务发展回顾与展望”及“专题报告之五：2014年中国证券业信息技术与服务发展综述”；中信证券股份有限公司负责撰写“分报告之四：2014年中国证券公司融资类业务发展回顾与展望”和“分报告之五：2014年中国证券公司投资业务发展回顾与展望”；广发证券股份有限公司负责撰写“分报告之六：2014年中国证券公司国际化业务发展回顾与展望”；中国银河证券股份有限公司、联合信用评级有限公司共同撰写“分报告之七：2014年证券经营机构投资咨询业务及证券资信评级业务发展回顾与展望”；中国银河证券股份有限公司、中证机构间报价系统股份有限公司共同撰写“专题报告之一：2014年场外市场发展综述”；华泰证券股份有限公司负责撰写“专题报告之二：2014年互联网证券发展综述”；中证机构间报价系统股份有限公司负责撰写“专题报告之三：2014年证券公司场外衍生品业务发展综述”；第一创业证券股份有限公司负责撰写“专题报告之四：中国证券公司固定收益业务发展综述”；中国证券业协会纠纷调解中心负责撰写“专题报告之七：2014年证券公司投资者保护工作报告”。总报告所附“中国证券业发展规划纲要（2014—2020）”由中国证券业协会组织行业共同编撰完成。按报告顺序，各写作组负责人为：李明亮、朱志雄、贾新、严志辉、刘威、张黎、李坤堂、常丽娟、邓纬安、潘志坚、罗再宏、王海航、王建业、谈志琦。

在本报告编写过程中，得到了中国证监会证券基金机构监管部、中国证券金融股份有限公司的大力支持。初稿完成后，中国证监会证券基金机构监管部，中国证券金融股份有限公司，中国证券业协会证券经纪业专业委员会、投资银行业专业委员会、资产管理业务专业委员会、直接投资业务专业委员会、融资融券业务专业委员会、证券公司合规专业委员会、创新发展战略专业委员会、国际合作专业委员会、场外市场专业委员会、固定收益专业委员会、财务会计与风险控制专业委员会、证券分析师与投资顾问专业委员会、证券资信评级专业委员会和信息技术专业委员会的专家对报告内容进行了认真审阅并提出了宝贵的修改意见和建议。此外，本报告的完成也得到了沪深证券交易所、全国中小企业股份转让系统及广大会员单位的支持，在此一并表示感谢！

《中国证券业发展报告（2015）》编委会

2015 年 4 月